Tusculan. Quest. L. 5.

Divine Philosophie, Maitresse respectable, Guide fidelle de nos pas, dans touts les moments de nôtre vie! Aimable Sagesse, qui nous sollicitez continuellement à l'acquisition de toutes les vertus, & qui nous preservez de touts les vices! Que serions nous, helas! nous qui voïons la Republique dans le plus eminent peril: C'est trop peu dire; que seroit le Genre humain, sans vous? Il etoit dispersé: vous l'avez rassemblé dans les Villes. Quelle autre que vous, lui fit sentir la douçeur de ces liens tendres, par lesquels aujourdhui nous y vivons enchaînés de toutes les manieres les uns aux autres; & sçut donner à la Société raisonnable mille agreements; par l'introduction d'un commerce mutuel de language, & de politesse, par l'etablissement des Arts, & des Sçiences? D'où nous sont venues les Loix, augustes guardiennes de touts nos biens, que de vos pures suggestions? N'est-ce pas auprès de vous qu'on puise à souhait ces lumieres, egalement capables de consoler, & de conduire; à vôtre ecole qu'on s'affectionne aux bonnes mœurs? Nous nous rejettons par consequent avec ardeur entre vos bras. De vous nous attendons generalement touts les secours, & touts les remedes. Le mouvement des affaires nous deroboit autrefois en partie à vous. Presentement, incapables d'y remettre l'ordre, & de soutenir de près aussi la vue des maux terribles, qui nous menacent; nous nous livrons à vous sans partage, & sans reserve. De tout temps nous avons pensé, qu'UN SEUL JOUR, OU L'ON AURA VECU DANS UNE EXACTE OBEISSANCE A VOS PRECEPTES, DONNE A L'AME UNE PLUS GRANDE ABONDANCE DE PLAISIRS, QUE NE FEROIT UNE ETERNITE' TOUTE ENTIERE, PASSE'E DANS LES FAUSSES JOIES DU CRIME. Auprès de qui donc chercherions nous des consolations, dans nôtre situation presente, & du soutien, qu'auprès de vous; de vous, à qui nous avons l'obligation inexprimable, de nous avoir heureusement rendus au port de la VIE TRANQUILLE, & parfaitement gueris des FRAIEURS DE LA MORT?

Ciceron, dans ses Tusculanes, Liv. 5.

LA
REPUBLIQUE
DE
PLATON;
OU
DU JUSTE, ET DE L'INJUSTE.

Traduit,

Par *Mr. DE LA PILLONNIERE.*

Imprimé à LONDRES, aux frais, & sous les yeux du Traducteur.

M DCC XXVI.

AU ROI.

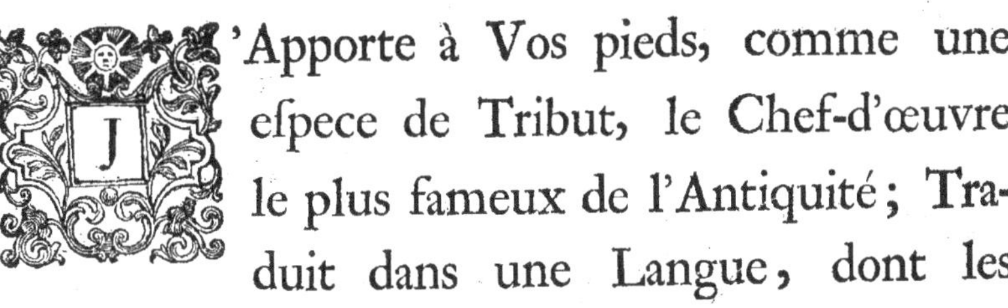

'Apporte à Vos pieds, comme une espece de Tribut, le Chef-d'œuvre le plus fameux de l'Antiquité ; Traduit dans une Langue, dont les beautés ne se font pas moins sentir à VOTRE MA-

MAJESTE', que celles de la fienne propre.
Vous y verrez, SIRE, les maximes d'une Politique bienfaifante au plus haut point, etablies
fur les principes d'une Morale admirable, &
d'une Theologie fublime. Rois, Sujets, n'auront de faveur auprès du SOUVERAIN
ETRE, & ne jouïront du Bonheur, que fes
arrangements favorables mettent fi parfaitement
à leur portée, qu'autant qu'ils aimeront la JU-
STICE, & qu'ils auront l'INJUSTICE en
horreur. *Platon*, SIRE, n'oublie pas les Recompenfes, & les Chatiments d'une autre vie;
dont, en finiffant, il laiffe dans les Efprits une
peinture des plus animées, & des plus reffem-
blantes à celles, qu'on en fait dans le Chriftianifme. Mais, jufqu'au moment de les etaler aux
yeux de fon Lecteur, il ofe les perdre entierement de vue; pour s'attacher uniquement à
montrer que le VICE eft le plus grand Mal, &
la VERTU, le plus grand Bien de la vie prefente.

Ce

EPITRE DEDICATOIRE.

Ce n'eſt point trop dire à V. M. SIRE, que toute la force du raiſonnement eſt jointe à touts les charmes de l'Eloquence, pour l'execution d'un ſi beau Deſſein. Quand on voit tant d'efforts, depuis vingt Siecles faits par le DIEU DES ECRIVAINS, comme *Ciceron* l'appelle,* pour apprendre aux Hommes les moïens d'être Heureux, & pour leur perſuader qu'avant tout il faudroit devenir Meilleurs; on a peine à comprendre que, par une eſpece de fatalité, le nombre des Mechants ſurpaſſe toûjours celui des Gens de bien. Mon Auteur, SIRE, prouve que les premiers ſont Miſerables, dans les deux parties qui compoſent leur durée; & que la Mort acheve la Felicité, qui fait, en deçà même du Trepas, le partage infaillible des autres.

J'ai cru, SIRE, qu'un Ouvrage, rempli de touts les ſentiments de ce genre, plairoit à V. M. Ceux d'un GRAND PRINCE, auxquels

* Deus ille noſter Plato.

toute

toute l'Europe applaudit en Elle, m'en aſſû-
rent; & m'ont fait prendre cette nouvelle occaſion d'exprimer que je ſuis, avec un très profond reſpect,

S I R E,

DE VOTRE MAJESTÉ,

Le très humble, & très obeïſſant
Serviteur, & Sujet,

DE LA PILLONNIERE.

AVANT-PROPOS.

NOUS croïons devoir, pour l'EDIFICATION PUBLIQUE, & pour l'INSTRUCTION d'un GRAND NOMBRE, achever ici de raconter la maniere, dont il a plu à DIEU de benir la fincere ardeur, qu'il nous infpira dès notre plus tendre jeuneffe pour la RECHERCHE de la VERITE'; en nous faifant trouver enfin les CLEFS du SANCTUAIRE de la NATURE, & de la GRACE; où, fans une direction particuliere de fa main, jamais nous ne les aurions cherchées. Aujourd'hui que nous y contemplons à fouhait les merveilles ineffables de l'une, & de l'autre; nous regrettons non feulement le temps, qui nous a, comme à Tous les Hommes, eté, quand la lumiere commençoit à poindre, derobé par mille MAITRES D'ERREUR; mais encore celui, que nous ne croïons pas avoir affez bien emploïé; depuis qu'il nous à fallu, pour nous fatisfaire, quelque chofe de plus que des AUTORITE'S RESPECTE'ES, des OPINIONS REÇUES, des VRAI-SEMBLANCES, & des CONJECTURES. Nous rendrons, comme nous avons dejà fait autrefois, la juftice au P. MALEBRANCHE, (aux bonnes graces particulieres duquel nous nous ferons toûjours un grand honneur d'avoir eu part, & dont nous honorons tendrement la memoire,) de reconnoître que c'eft lui, qui le premier nous a fait entrer dans cette precieufe difpofition d'efprit. Nous avons un droit d'en être crus, plus grand peut-être que perfonne; après les divers dangers que nous avons couru, en refpirant autour de nous le mauvais air des Prejugés; lorfque nous dirons, qu'il n'eft point d'Auteur, plus propre à guerir un Commençant de cette Lepre, infinuante dans fa contagion, opiniâtre dans fa malignité, innombrable dans fes genres. Il n'en eft point, qui puiffe mieux lui rendre, ni lui conferver cet etat de fanté parfaite; fi neceffaire, pour aller, fans interruption, à la decouverte de ce qu'il importe le plus de connoître au Monde, & de pratiquer. On peut tirer beaucoup d'autres excellents fruits de fes Ouvrages; pour la Pieté furtout. Mais il faut avoüer que ce Grand Homme ceffe beaucoup d'être luimême; prefque auffi-tôt qu'une DOCTRINE REÇUE, en matiere de RELIGION, fe prefente à lui : pendant que chacun doit alors être d'autant plus en garde, pour n'être pas trompé miferablement, avec le gros du Genre humain, que le fujet eft de fa nature plus intereffant que tout autre; & que l'ARTICLE DE FOI PRETENDU eft auffi plus fierement annoncé. De plus, en Theologien-Philofophe, quand il parle de DIEU, & de l'AME; il eft certain qu'il n'a fait qu'entrevoir d'affez loin, du plus haut cependant où puffent le conduire la MORALE, & les MATHEMATIQUES pures, ce que, placé dans un point de vûe encore plus avantageux, plus etendu, il auroit confideré des mêmes yeux que l'Avare fait fon threfor; & compris, developpé, mieux que perfonne. Mais le Monde n'a malheureufement pu fçavoir tout ce qu'il valoit; parcequ'il ne fçavoit pas lui-même que la FOI

IMPLI-

IMPLICITE, qu'il vante fouvent, donna moïen d'introduire, & fait regner les erreurs, & les abus, au point qu'on le voit, dans toute l'etendue de la Chretienté. Il eût encore fallu ne pas ignorer, qu'il ne pouvoit bien arriver à fon but, que par la NATURE. Mais, effleurée, à la façon de l'illuftre Mr. DESCARTES, ou même prodigieufement approfondie, à celle de l'incomparable Mr. NEWTON, elle ne peut donner aucune connoiffance du PREMIER ESPRIT, tel qu'il eft en lui-même; ni par confequent du notre; qui n'en eft qu'une portion infiniment petite; & dans lequel, comme dans fon Chef-d'œuvre, il a, beaucoup plus fidellement qu'ailleurs, exprimé fon image. La NATURE, mefurée tant qu'on voudra, connue feulement par fon dehors, il eft vrai, fournit à notre admiration un nombre infini d'EFFETS, plus merveilleux les uns que les autres. Mais nous n'en fommes que plus jettés dans l'impatience d'en connoître, fi je l'ofe dire, perfonnellement la CAUSE.

Longtemps nous fûmes dans la grande erreur, de penfer, qu'Elle vouloit demeurer pour nous Mortels inconnue à ce haut point. Arrêtés de ce côté là; nous avons, pour un temps, cru ne pouvoir mieux faire, que de nous rafraîchir la lecture des Philofophes anciens; & l'eftime que nous avons conçue pour le Chef-d'œuvre du plus reveré d'entre eux, nous a fait entreprendre de le traduire. Mais, à peine avions nous fini; qu'une TROUPE DE MAITRES NOUVEAUX, beaucoup trop oubliée, quoique fort nombreufe, & fort illuftre, parcequelle mene par des chemins longs, fatiguants, bordés même, pour ecarter le Vulgaire, prefque à chaque pas de fauffes enfeignes, eft venue nous arracher (j'allois dire auffi les NEWTONS, & les MALEBRANCHES,) nous arracher PLATON des mains. Pour efficacement tourner fur eux les yeux du Public, divertis, offufqués, fafçinés, de toutes les manieres; nous communiquerons un PLAN d'Ouvrage, qu'il nous ont entierement fuggeré; & dans l'execution duquel nous ne ferons guères, lorfque le temps fera venu, qu'exercer encore à leur egard l'humble office de Traducteurs. Nous nous tiendrons affez honorés, de prêter notre orgâne à des THAUMATURGES; qui n'ont qu'un corps immenfe de VERITES, nouvelles pour la plûpart des Hommes, & plus propres dans la bouche des ANGES, que dans les notres, appuïées fur des OEUVRES MIRACULEUSES de toutes les fortes, & fans nombre, à nous prefenter.

PLAN D'UN OUVRAGE NOUVEAU;

Infiniment propre à diminuer la confiance des ESPRITS FORTS; à confoler, rejouïr, & confirmer les VRAIS CHRETIENS; à ranimer les TIEDES; à remettre, affermir les CHANCELANTS; à faire naître fortement le goût d'une reformation aux MAUVAIS; à faire trembler, couvrir de honte les HYPOCRITES; enfin à reünir TOUTS CEUX QUI CROIENT EN J. C. DE BONNE FOI, & qui n'efperent le Salut que par lui. Ces derniers auront l'equité pour les autres, & fe feront à eux-mêmes auffi la juftice d'avoüer, qu'une connoiffance EXPERIMENTALE, IMPLICITE, plûtôt que SCIENTIFIQUE, & DEMONSTRATIVE, de ce que DIEU eft en lui-même, & de toute fa Conduite fur nous, mife à profit par un grand nombre de SEDUCTEURS, entraînée par les CHALEURS, toûjours malignes, du FAUX ZELE, au gré d'un plus grand nombre encore d'ESPRITS ARDENTS, embrouillée, bien loin d'être eclaircie, par les fauffes explications de GUIDES, Fiers très fouvent d'avoir appris à l'ECOLE de l'HOMME, ce qu'on meprife, & que l'on condamne, à celle du SAINT ESPRIT: Ils reconnoîtront, dis-je, que c'eft là veritablement la CAUSE, auffi pardonnable en eux, qu'elle eft inexcufable dans leurs CONDUCTEURS, qui les a fi cruellement divifés. On s'affûre qu'ils fe trouveront par là, tout à fait engagés à

finir

finir leurs SCHISMES. Ils le feront; principalement s'ils confiderent en même temps, qu'à la CHARITE', qu'à la DOUÇEUR, à TOUTES les VERTUS CHRETIENNES, on connoît un DISCIPLE DE J. C. comme l'ARBRE à fes FRUITS; & que TOUTE l'HERESIE PRETENDUE confifte feulement, à ne pas entendre CERTAINS PASSAGES embaraffants de l'ECRITURE les uns comme les autres: Pendant que TOUTS ils declarent à l'envi, que CHACUN a DROIT, eft même OBLIGE' de l'entendre toûjours fuivant fes propres lumieres; fans egard aux INTERPRETATIONS, à l'AUTORITE' d'AUCUN HOMME fur la terre, ni même d'AUCUN SYNODE, & d'AUCUN CONCILE.

Voici le TITRE.

LA VERITE',

ET LA NECESSITE' DE LA RELIGION CHRETIENNE,

DEMONTRE'ES;

Par le MAL, qui fe manifefte partout dans l'Univers; & dont l'ORIGINE fut de tout temps le PLUS FAMEUX ECUEIL de la RAISON HUMAINE: Parcequ'Elle n'eft allé qu'à demi, par fes plus grands efforts, jufqu'au BIEN PUR; dont les traits echappés fe montrent à nos premiers regards, auffi partout; mais qui, du refte, eft CACHE', dans l'interieur de la NATURE, le plus inacceffible aux yeux du Vulgaire; d'où c'eft lui qui nous envoie ces foibles ecoulements, dont notre âme & notre corps font penetrés; & dont l'abfence feroit de notre Demeure, dejà trifte, incommode, affreufe même à bien des egards, une PRISON INFERNALE, un Sejour plein d'horreur.

Quand on remonte à la SOURCE UNIQUE, infiniment aimable, infiniment terrible, du BIEN, & du MAL; par une connoiffance beaucoup plus intime que l'ordinaire de l'ESPRIT HUMAIN, dont toute l'action eft de fe tranfporter de l'un à l'autre; & par une analyfe, auffi beaucoup plus complette, de la MATIERE, qui ne prefente à fon activité que l'un & l'autre, enfemble, ou tour à tour: On voit croître extraordinairement l'idée, que nous avons touts, du malheur de notre Condition prefente; pendant qu'à chaque pas on apperçoit, on fent, on manie, les gages les plus precieux, & les plus grands indices du Bonheur parfait, auquel alors la RAISON, dejà beaucoup retrouvée, eft la premiere à nous dire que nous fûmes originairement deftinés.

Le BIEN, & le MAL, plus avant contemplés, dans leur ENTIER DEBROUIL-LEMENT, à la verité nous montrent une alternative après cette vie, la plus à craindre pour nous; fi notre fort nous entraîne vers le MAL PUR. Mais nous decouvrons, en recompenfe, (auffi clairement que le Cœur humain, depuis qu'il a le fentiment de fa mifere, fans venir à bout de contenter que très imparfaitement fa plus violente paffion, l'a fouhaité,) une HEUREUSE PATRIE; qui nous recueille, quand notre LIEU D'EXIL nous echappe; fi le BIEN PUR a confervé fes droits fur nous. Nous apprenons même les plus grandes nouvelles de ces DEUX MONDES; incapables d'aucune communication entre eux; quoique, l'un dans l'autre, ils foient les DEUX AMES, toujours occupées à la con-

quête

quête de CELUI-CI; à la prochaine apparition defquels CELUI-CI ne fert que
de Prelude; & dans le fein defquels, tout beau qu'il eft, à touts moments il fe
hâte, comme un Ouvrage manqué fans reffource, d'aller entierement fe diftri-
buer.

La DEGRADATION de l'HOMME, & l'efperance de fon RETABLISSE-
MENT, ou la crainte de fa PERTE ENTIERE, font, comme on fçait, les trois
BASES, qui characterifent la RELIGION CHRETIENNE.

Après en avoir bien reconnu la folidité; nous venons à comprendre le BESOIN
INDISPENSABLE que nous avions d'un HOMME-DIEU, SAINT, & SANS TACHE;
pour nous delivrer tout à fait du MAL, & nous remettre en poffeffion du BIEN.
Nous ne tardons pas à voir, qu'il ne pouvoit y reüffir, que par un mouvement
tout contraire à celui de l'HOMME PREVARICATEUR : Quand, par un mecontentement de cœur, dans l'exercice de fon empire abfolu fur tout le Monde
Elementaire, dans la pleine jouïffance du Monde Angelique, de n'avoir effaïé
que le BIEN; & par une recherche, ardente, perilleufe, horrible du MAL, au dedans, au dehors, partout concentré, pour le fuir; il creufa jufques dans fes abîmes, pour le forçer de fe produire. Dans le Plan du CREATEUR; nous aurions fans fin jouï du BIEN PUR, en commun avec notre PREMIER PERE.
Mais, eblouï par un vain efpoir, de reünir tout à la fois les DEUX MAGIES;
(entreprife temeraire, pernicieufe, à DIEU lui-même impoffible;) ennuïé de n'ê-
tre TOUT-PUISSANT que dans le BON GENRE; au lieu de fe conferver
ARCH-ANGE, Habitant d'un CORPS GLORIEUX, Maître d'un Monde, rempli de toutes parts d'enchantement pour lui; ADAM fe metamorphofa, pour
l'AME, en DEMON, en BRUTE, pour le CORPS. Ainfi devenu MECHANT;
& MONSTRUEUX, à rougir de lui-même, à ne penfer plus qu'à fe mettre à
l'abri de fa honté; il nous avoit touts perdus, avec lui; fans le DON ineftimable,
que DIEU nous a fait d'un autre CHEF; entierement oppofé dans fes demarches,
& dans les foins tendres qu'il a pris de nous. FRERE CHARITABLE, &
MAGNANIME, autant que MONARQUE NÉ, JUGE SOUVERAIN; par
fon empreffement à defçendre de ce haut THRÔNE, où les Anges même ont
ordre de l'adorer; par une fuppreffion generale de fes Prerogatives divines; par
le facrifice même douloureux de la CHAIR DU PECHÉ, dont le Chef-d'œuvre de la Mifericorde l'avoit fi meconnoiffablement revêtu; par touts ces moïens,
dis-je, marqués dans la nature même de notre chute, pour le faire arriver au bout
de la grande Carriere qu'il a fourni; J. C. a pleinement triomphé du MAL, en
notre faveur. Pour Touts les Hommes fans exception, qui n'arrêteront pas en
eux-mêmes avec effort le cours naturel de fa victoire; mais en particulier pour
ceux qui vaincront, à fon exemple, & fous fes aufpices; Il a REMIS la CREA-
TION dans fon PREMIER LUSTRE.

De ces verités, comme d'autant de Flambeaux, dont la Providence de Dieu
va de fiecle en fiecle augmentant le nombre, & dont l'eclat diffipe beaucoup plus
victorieufement que jamais les Tenebres de l'Incredulité; fe repand la plus con-
folante lumiere fur toutes les autres, que nous enfeigne le CHRISTIANISME.
Mais prenons le par deffus tout dans fon aimable fimplicité; foigneufement dechargé de toutes les GLOSES HUMAINES : Par la multiplication journaliere
defquelles en Touts lieux on l'a fi prodigieufement OBSCURCI; à l'abri defquelles on le fait en touts lieux ignominieufement fervir au LUCRE; &, par un
Sacrilege plus affreux, plus enorme encore, on s'eft, dans toutes les parties de la
Chretienté, créé le droit de fe damner, de s'anathematifer, de fe haïr, de fe regarder du plus mauvais œil, de fe denigrer, de fe PERSECUTER reciproquement, de
ces autres manieres, que l'EVANGILE abhorre d'avantage, & que l'ENFER dans
fa fureur a fuggerées.

PRE-

PREFACE.

*Eaucoup de gens ne connoiſſent pas tout le merite de Platon, ni toute l'excellence, en particulier, de l'Ou-vrage, qu'on donne au Public. Ce qu'on en pourroit dire, ſeroit peut-être combattu par les uns, & tenu pour ſuſpeſt par les autres. Il eſt donc mieux ici, pour engager les Eſprits les moins favorablement diſpoſés dans une Leſture, qui plaira beaucoup à touts les vrais Amateurs de la Vertu, de rapporter ce qu'en dit le celebre Mr. Dacier, dans la Preface de ſa Traduſtion de Plutarque, p.* 17, 40, *&* 44.

..... Je ne manquois pas de matiere pour des Ouvrages nouveaux. Outre les Morales de Plutarque, que je prepare; j'en ai actuellement un autre entre les mains, qui demanderoit un des plus ſçavants hommes, & des plus conſommés dans la Philoſophie, & dans la Politique. C'eſt la Traduction de LA REPUBLIQUE, & des *Loix* de *Platon,* & des *Politiques d'Ariſtote,* dont j'eſpere de faire un corps de Politique entier, & parfait; où l'on verra le bon & le mauvais des Gouvernements, & la cauſe de leur decadence, & de leur durée. A mon âge, je ne puis guere eſperer de finir des Ouvrages ſi longs, ſi conſiderables, & qui demandent de ſi profondes meditations. Mais je ferai ce que je pourrai; & j'aurai du moins la conſolation de finir mes jours dans une Occupation utile, & digne d'un homme de bien. Quelqu'un a dit que c'etoit un beau Suaire que la Tirannie: mot horrible; & moi je dis que le plus beau, & le plus honorable de touts les Suaires, c'eſt un Travail entrepris pour le bien public. La moiſſon eſt ſi riche; & il ſe preſente tant de choſes neuves, qu'on pourroit donner, & qui ſeroient très utiles, que rien ne marque davantage la

diſette

diſette où l'on eſt aujourdhui de gens ſçavants & habiles, que cette infinité d'ouvrages frivoles, que l'on donne touts les jours au Public, au milieu de tant de choſes excellentes, qu'on neglige.....

Theodore de Gaza, qui floriſſoit dans le XV. Siecle, & qui etoit un des plus ſçavants hommes de ſon temps, interrogé un jour, ſi par une dure neceſſité, il etoit obligé de jetter dans la mer touts les Auteurs generalement, quel ſeroit celui qu'il y jetteroit le dernier, & qu'il voudroit ſauver de ce naufrage, repondit que ce ſeroit *Plutarque*.....   On peut appeller de ce jugement. Car quelque grande idée que j'aie du merite de Plutarque, je ſuis perſuadé que les œuvres de *Platon* meriteroient encore davantage d'être reſervées. Car, à mon avis, il n'y a point d'Auteur payen, qui puiſſe être plus utile aux hommes, ni qui ait plus ſervi à eclairer le genre humain.....

On voit, & je l'ai montré en quelques endroits, que c'eſt de la lecture de *Platon* que *Plutarque* a tiré cette profondeur de ſens, cette ſolidité, cette ſageſſe, qui regnent dans ſes Ouvrages.....

La plainte de cet Illuſtre Mort, illuſtre par ſa pieté, plus encore que par ſa grande erudition, n'eſt que trop bien fondée. Jamais on ne vit plus de ſçavants, ni plus d'ecrits inutiles. Pendant que les Chefs-d'œuvres de l'Eſprit humain, en fait de Morale, & de Politique, ces Threſors, où les Cicerons autrefois, & les Fenelons, de nos jours, ont, pour ainſi dire, tout puiſé, demeurent enſevelis dans le fond de nos Bibliotheques; un Roman, une Poëſie, très ſouvent propre à corrompre les mœurs, un Commentaire d'une epaiſſeur enorme ſur Petrône, un Livre de Parti, ſeront lus avec fureur, & reïmprimés un grand nombre de fois. Au milieu de toute la grande opinion, que nous avons de nos lumieres, ſuperieures à celles de touts les Siecles precedents, tel eſt nôtre goût depravé!

On n'avoit en François qu'une fort mauvaiſe Traduction de la Republique, par le Roy; d'auſſi vieille datte que 1600. *Mr. Dacier en preparoit une, comme il vient de nous le dire; qui devoit être ſuivie des* 14. *Livres des Loix. Le Public a lieu de regretter, qu'il n'ait pu nous faire encore ces deux beaux preſents. Entre nos deux anciennes Verſions*

La-

Latines, il donne, comme on l'a toûjours fait, l'avantage à celle de Mar-
ſile Ficin; de laquelle il parle cependant aſſez mal, dans un des avant-
propos de la Traduƈtion, que lui-même il publia de pluſieurs des princi-
paux Dialogues de Platon, en 1699. Nous rencherirons ſur lui, pour
dire, qu'elles ſont l'une & l'autre ſi litterales, qu'eſtimables ſi l'on veut
d'ailleurs, il eſt impoſſible d'en lire de ſuite quelques pages, ſans un parfait
degoût. A Cambrige, on voulut mieux faire, en 1713; mais on s'en acquitta
beaucoup plus mal. Ainſi la Muſe Attique, l'homme le plus eloquent qui
fut jamais, eſt juſqu'ici, le peu que Mr. Dacier en a traduit excepté, un
des Auteurs anciens, comme on le voit, les plus malheureux en Interpretes.

Ce n'eſt pas aſſez d'entendre les deux langues; ſi l'on ne fait du reſte que
rendre un Auteur admirable ſyllabe à ſyllabe. De cette façon, la plume, il
eſt vrai, coule rapidement ſur le papier. Mais on irritera bientôt un Le-
ƈteur habile; qui n'eſt point indulgent, pour qui n'a pas la hardieſſe de lui
plaire, avec l'heureux art, depuis le commencement juſqu'à la fin, de l'enga-
ger. Surtout on eſt coupable, d'être ſervile; quand un Original a tout enſem-
ble de grandes beautés, & de grands defauts. L'application du Traduƈteur,
comme de l'Artiſte, qui copie un morçeau de peinture admiré, quoiqu'aſſez
plein de fautes, doit être, de ne rien perdre des unes, de leur prêter même
ſouvent de l'eclat, & de couvrir, s'il eſt poſſible, entierement les autres.

Sans dire que le genie des Langues eſt different; & que peu de choſe
offenſe la delicateſſe très eſtimable de la nôtre; Platon n'eſt certainement
pas exempt de negligences. Comment excuſer, par exemple, je le demande,
les dis-je, & les dit-il, repetés ſans ceſſe; des vingt paroles, où trois
diront tout; le tour à parler mal menagé d'Interlocuteurs, dont l'un oc-
cupera le dialogue un ou deux livres entiers quelquefois, pendant qu'un ſeul
autre, chargé de cet office au hazard, ne repond à tout, qu'oui, & non;
des obſcurités embaraſſantes, des tranſitions froides, des redites ennüieu-
ſes; enfin dans les images, il en faut convenir, les mieux choiſies, les plus
vives, les plus majeſtueuſes, les plus belles, une deſcription étendue, & lan-
guiſſante, des aſſemblages de parties mal rapportées, qui les empêchent de
ſe preſenter avec toute leur juſteſſe, leur force, leurs graces, à l'eſprit?

Mais afin que nous ne ſoïons pas accuſés de vouloir, aux depens de
nôtre Auteur, ici rehauſſer nôtre Travail, qui n'a pas aſſurement eté me-
diocre; voici le jugement d'un de nos plus celebres Ecrivains, agreable-
ment exprimé, dans une Lettre, qu'il nous a fait l'honneur de nous ecrire
ſur le ſujet..... " Quoique le fond de Platon ſoit très bon en lui-même;

        " *le*

" *le Dialogue en est assez mal entendu, trop chargé de choses inutiles,*
" *languissant, à faire enrager l'impatience Moderne d'aller au fait,*
" *confus, & sans ordre.*"

Sans rien pretendre diminuer de la reputation, justement acquise, de Mr. Dacier, dont le stile est certainement recommendable à beaucoup d'egards; le sommeil prend à toute heure, pendant qu'il fait parler son Auteur. On en a cherché la cause; & l'on n'en a point vû d'autre, sinon qu'il paroît craindre de donner l'essor à son genie, & qu'il suit toûjours Platon de fort près. Pour eviter un inconvenient si redoutable; & pour satisfaire aux devoirs de Traducteur, aussi parfaitement qu'on les a conçûs; on a pris des libertés; on ose en avertir. On s'est, en esclave, attaché partout au sens de l'Original; & partout on s'est rempli des idées, qu'il a fourni. Mais on a du reste, sans aucun scrupule, negligé les tours, les expressions, & les manieres. C'est ainsi que les Interlocuteurs se taisent, jusqu'à ce qu'ils aient quelque chose à dire; & que, pour lier d'avantage le Dialogue, on leur a même quelquefois mis à la bouche un mot de reponse, presenté naturellement par le sujet.

Le Public jugera si les soins qu'on a pris, pour lui faire trouver des charmes dans une lecture, constamment des plus belles, & des plus instructives, egaux, superieurs même, s'il se pouvoit, à ceux qu'elle a dans le Grec, meritent son applaudissement; ou, sur un Ouvrage des plus difficiles à traduire, si l'on n'a pas toûjours reüssi. Du moins, à son Tribunal, obtiendrons nous les eloges, que Mr. Dacier promet à l'Homme zelé, qui se chargera d'un travail utile; ajoûtons, capable de faire une extrême honte aux Chretiens. Nous aurons, avant tout, la consolation d'opposer une digue à la corruption des mœurs; qui se manifeste beaucoup, par cette multitude infinie d'ecrits frivoles, ou pires encore, dont il se plaint.

On a cru faire plaisir, de commencer par quelque chose de la vie de Platon. Le travail eût eté grand, de la composer à neuf; &, puisqu'elle est déjà bien par Mr. Dacier, assez inutile. Mais plusieurs n'auront pas son Ouvrage; & peu l'achetteront volontiers. Nous avons seulement retrenché quelques endroits, moins necessaires; avec les deux articles de la fin, qui sont fort etendus. Dans l'un, il repousse les traits de la Malignité; qui n'a pas epargné l'Homme divin, auquel il va servir d'organe; & dans l'autre, il fait une analyse de sa doctrine. Le tout, aussi bien que le Discours sur Platon, qui sert de frontispice, auroit orné ma Traduction, & rehaussé la gloire de ce Philosophe, après Socrate, le plus digne de touts nos hommages. Mais cela auroit trop augmenté les frais de l'impression, qui sont dans ce païs plus grands qu'ailleurs.

A V E R-

AVERTISSEMENT.

ON a differé la publication de cet Ouvrage ; parcequ'il etoit juste, par la voie ordinaire des Soufcriptions, de s'assurer au moins du rembourfement de fes frais, a-
vant que de l'expofer à l'avidité connue des Libraires de Hollande, fuppofé que le Public ne le rejettât pas entierement ; & que des occupations, d'un autre genre, qui fe font
prefentées à nous, incontinent après qu'on y eût mis la derniere main, nous ont empêché d'y
penfer plutôt. Nous fouhaitons qu'un livre ancien, qui montre, plus que pas un autre, combien Dieu ne s'eft point laiffé parmi les Païens fans temoignage, produife dans nôtre
langue tout le fruit, que nous nous en fommes propofés ; & nous le prions d'y donner fa
benediction, fans laquelle touts nos travaux font vains. Mais, quand on y reflechit tout
de bon, & qu'on voit de nos jours à quel haut point la corruption eft montée ; quelle apparence que Platon, quoique devenu (comme on le croit ordinairement) l'homme divin qu'il
eft à l'ecole de Moïfe, reforme le Monde, par une Morale, où l'on remarque un fi grand
defaut † ; puifque J. C. qui, par des miracles eclatants, par des exemples de vertu,
dans leur entier inimitables à la foibleffe humaine, a foutenu celle qu'il a prêchée, ne l'a
point fait ? Cent defauts, fouvent condamnés dans la Morale même du Portique, la plus
admirée de toutes, font bien voir, fans autres preuves, que l'Efprit humain, par le malheur
de fon origine, eft trop avant tombé dans les tenebres, pour avoir pu jamais, par les lumieres naturelles feules, atteindre à la perfection de celle de l'Evangile ; avec toute cette
extrême fimplicité qu'on lui reproche. C'eft une obfervation, qui doit en rehauffer beaucoup
le charactere dans nos efprits, par deffus tout ce dont l'Antiquité païenne fait gloire. Cependant il eft bon que les hommes extraordinaires, que Dieu a femés dans les differents fiecles, comme des Aftres, pour luire pendant la nuit affreufe du Paganifme, viennent eclairer
ceux que parmi nous elle couvre encore de fon voile ; & menacer des chatiments les plus
terribles ceux, qui ne font qu'un accueil mediocre au grand jour du Chriftianifme. C'eft le
double but que nous avons en vûe, en donnant au Public ce fruit de nos veilles. Puiffe-t-il,
encore une fois, contribuer à l'avancement du regne de J. C. fous les aufpices duquel, après
qu'il aura fini de vaincre le Monde hypocrite, nous efperons un Monde, où, fans ennemis,
regneront la *PAIX*, la *VERITE'*, la *JUSTICE* !

Si quelque Libraire juge prefentement à propos de s'emparer de ma Traduction ; je le prie
de ne le point faire, fans m'en avertir ; afin que je la retouche en quelques endroits, pour le
ftile. Je ne promets pas de la reformer à d'autres egards, fur les critiques juftes qu'on en pourroit faire ; parceque la chofe demanderoit du temps peut-être ; & que des etudes nouvelles,
beaucoup plus intereffantes, plus chretiennes encore que celle-ci, m'occupent entierement.

† On veut parler de fa regle de politique favorite ; par laquelle il etablit la communauté des femmes.
Sans dire que cette regle eft impraticable ; (comme il paroit d'abord, feulement de ce qu'en aucun lieu du
monde elle ne fut jamais pratiquée ;) elle favoriferoit trop la corruption de nôtre nature ; qui ne fe declare
par aucun endroit davantage, que par les dereglements enormes d'un penchant, qui, lors même qu'il eft
le plus retenu, egale parfaitement l'homme à la brute. Le Mariage, tout fanctifié qu'il eft par l'inftitution
divine, n'a que trop de quoi le faire rougir. Cette honte, que toute l'impudence même raifonnée des Cyniques
autrefois n'a pu furmonter, (pour le dire en paffant,) d'ou viendroit-elle, que d'un fentiment confus de
fa dignité primitive ? Elle doit, plus qu'aucune peut-être de ces miferes nombreufes, qu'il apporte en venant
au monde, & dont les moindres le conduifent à la Mort avec rapidité, le faire fouvenir de l'etat Angelique,
& bien different de celui-ci, dans lequel il auroit vecu ; fi le premier plan du Createur, infiniment bon, infiniment jufte, n'eût eté tout à fait derangé ; d'une maniere, qui n'eft connue qu'à certains grands depo-
fitaires des fecrets les plus cachés, & les plus merveilleux, tant de la Nature, que de la Grace ; & que l'E-
criture laiffe beaucoup dans l'obfcurité, pour donner lieu à l'exercice d'une foi foumife. Je dirai le contraire de la communauté des biens. Le parfait repos d'efprit, par rapport aux befoins de la vie, que devant nos yeux même elle procure à des millions de perfonnes, rivales des premiers Chrêtiens, & les fujets
innombrables de conteftation, qui fe trouvent par ce moïen retranchés entre elles, fuffifent pour montrer,
que l'etabliffement univerfel ne pourroit en être qu'extremement fouhaitable. Mais l'homme eft trop
mauvais, pour efperer que jamais il recueille, avec tout le foin qu'il faudroit, les debris de fa premiere
condition ; trop mauvais, pour être, avec fes plans infinis de bonheur imaginaire, difons le, mediocrement
heureux. Jufqu'au temps, après lequel tout ici bas foupire, de la feparation entiere du bien & du mal ; dont
l'eclypfe prefque abfolue du Souverain Bien, arrivée lorfqu'il en detourna premierement fon cœur, y a
caufé le deplorable melange ; il eft jufte que l'homme trouve fon propre fupplice dans fon defordre. Il
faut, en affez grande partie, qu'il eprouve deja l'Enfer ; dont il couve l'effentiel dans les abimes profonds
de fon ame ; & dont il fent les flammes à toute heure, fans les connoître, lors même fouvent qu'il les regarde comme chimeriques ; moins adoucies, que ranimées, à mefure qu'il cherche avec plus d'ardeur fon
Paradis hors de lui-même, ailleurs qu'en DIEU.

LA

VIE DE PLATON.

LATON defcendoit d'un frere de Solon, & par confequent il eftoit de la famille de Codrus Roy d'Athenes, & remontoit jufqu'à Neptune par Nelée Roy de Pylos cinquième ayeul de Codrus. Ainfi du cofté de la naiffance, voilà la plus grande nobleffe dont l'orgueil des hommes fe puiffe flatter. Arifton ayant epoufé fa coufine germaine Perictione, on pretend qu'Apollon luy apparut en fonge, & luy ordonna de ne pas approcher de fa femme qui eftoit groffe de luy. Arifton obeit à cet ordre : il regarda Perictione non pas comme fa femme mais comme une Déeffe jufqu'à ce qu'elle accoucha de Platon le mefme jour que les Deliens affeuroient qu'Apollon eftoit né. Sur cela Plutarque fait une reflexion qui merite de n'eftre pas oubliée. Il dit que ceux qui ont donné à Platon Apollon pour pere, n'ont pas fait de deshonneur à ce Dieu en luy attribuant la generation d'un homme qui eft le medecin des ames, & qui travaille à les guerir des plus violentes paffions & des plus grandes maladies. Et faint Jerome remarque en quelque endroit, que les philofophes qui ont les premiers divulgué cette fable, n'ont pas crû que celuy qu'ils regardoient comme le Prince de la fageffe, pût naiftre autrement que d'une vierge.

Platon nâquit la premiere année de la LXXXVIII. Olympiade, c'eft à dire 426. ans avant la naiffance de Jefus Chrift. Il fut d'abord appellé Ariftocles du nom de fon grand pere : fon maiftre de paleftre l'appella Platon, à caufe de fes epaules larges & quarrées, & ce fut le nom qui lui refta. Pendant qu'il eftoit encore au maillot, un jour qu'il dormoit fous un myrte on dit qu'un effaim d'abeilles fe pofa fur fes levres, d'où l'on augura que fon ftyle feroit d'une très-grande douceur. Il commença fes etudes chez un grammairien appellé Denys, fit fes exercices fous Arifton d'Argos, apprit la Mufique fous Dracon l'Athenien, & fous Metellus d'Agrigente, s'appliqua à la Peinture & à la Poëfie, & fit mefme des tragedies qu'il brûla à l'âge de 20. ans apres avoir entendu Socrate. Il s'attacha

tacha uniquement à ce Philofophe, & comme il eſtoit merveilleufement
né pour la vertu, il profita fi bien des difcours de cet homme juſte, qu'à
25. ans il donna des marques d'une fageſſe extraordinaire, & fit voir
qu'il eſtoit deja capable de conduire un Eſtat.

Les Lacedemoniens fe rendirent alors maiſtres d'Athenes, & Lyſander
y eſtablit la domination des trente qui gouvernerent d'abord avec quelque
forte de douceur, mais qui ufurperent bien-toſt une autorité tyrannique.
Dés ce temps-là Platon donna une marque tres-confiderable, d'une ame
libre & qui ne pouvoit s'abaiſſer à faire la cour à un Tyran. Lyſander,
fous qui tout flechiſſoit, & qui par fes cruautez s'eſtoit rendu très-redou-
table, tenoit auprès de luy des Poëtes qui celebroient fa gloire & encen-
foient à fa vanité; Antimachus & Niceratus eſtoient de ce nombre. Ils
firent tous deux des vers à l'envi pour Lyſander, qui ayant eſté pris pour
juge, donna le prix à Niceratus. Antimachus au defefpoir de cet affront
fupprima fon poëme. Platon, qui l'aimoit à caufe de fa belle poëfie, le
confola, & fans craindre le reſſentiment de Lyſander, il lui dit que le
juge eſtoit plus à plaindre que luy, car l'ignorance eſt un auſſi grand mal
pour les yeux de l'efprit, que l'aveuglement pour les yeux du corps.

Le merite de Platon qui eſtoit deja fort connu, porta les miniſtres de
la tyrannie à faire tous leurs efforts pour l'attirer & pour l'obliger à fe
meſler du gouvernement. On ne luy propofoit rien là qui ne fût con-
forme à fon âge & à fes maximes. Toute fon ambition tendoit mefme
à faire que les lumieres qu'il avoit acquifes fuſſent utiles à fon pays; &
flatté par les promeſſes de ces trente Tyrans il ne defefperoit pas de les
porter enfin à quitter ces manieres tyranniques, & à gouverner la ville
avec toute la fageſſe & avec toute la moderation de bons magiſtrats. Occupé nuit & jour de ces penfées, & cherchant les moyens les plus propres pour reüſſir dans ce deſſein, il obfervoit avec foin toutes leurs demarches; mais il vid bien-toſt que le mal ne faifoit qu'empirer, & que
l'efprit de tyrannie eſtoit fi enraciné qu'on ne pouvoit efperer de le detruire. Toute la ville eſtoit remplie de meurtres & de profcriptions par
ces trente Tyrans; & en ayant part aux affaires, il falloit eſtre le complice de leurs crimes, ou la victime de leur paſſion. Affligé de ce malheur, auquel il n'y avoit que Dieu qui puſt remedier, il modera fon ambition, & attendit des temps plus favorables.

La Fortune parut bien toſt vouloir feconder fes bonnes intentions; car
les trente Tyrans furent chaſſez, & la forme du gouvernement toute
changée. Cela ranima un peu les efperances de Platon, qui eſtoient deja
prefque eteintes; mais il ne fut pas long-temps fans s'appercevoir que ce
nouveau gouvernement n'eſtoit pas meilleur, & qu'on faifoit touts les
jours à l'Etat de nouvelles playes. Socrate mefme fut immolé à ce changement. Les loix eſtoient foulées aux pieds, il n'y avoit ni ordre ni difcipline, & toute l'autorité fe trouvoit entre les mains du peuple toûjours
plus

plus redoutable que tous les Tyrans. Il eſtoit impoſſible de remedier à ce deſordre; car pour l'entreprendre, il falloit avoir des amis, & dans une ſi grande confuſion la fidelité des anciens amis eſt auſſi ſuſpecte que celle des nouveaux eſt dangereuſe.

Platon ne ſçavoit à quoy ſe déterminer : Il ne voyoit aucun ſecours à attendre des villes voiſines où le deſordre ne regnoit pas moins qu'à Athenes. Dans un ſiecle où la Philoſophie eſtoit parvenuë à ſa plus haute perfection, l'injuſtice eſtoit portée à ſon dernier comble, effet ordinaire du mepris que les hommes font de la verité qu'ils ont devant les yeux. Ce debordement d'iniquité augmenta l'amour que Platon avoit pour la Philoſophie. Il ſe rejetta entre ſes bras comme dans un port aſſeuré, pleinement convaincu que le ſalut des villes & des particuliers depend d'elle, & qu'on ne peut eſtre heureux que par ſon moyen. Pendant ce temps-là il entendit Cratylus qui enſeignoit la philoſophie d'Heraclite, & Hermogene qui enſeignoit celle de Parmenide. Il alla enſuite à Mégare pour voir Euclide qui fonda la ſecte Megarique. De Megare il paſſa à Cyrene pour ſe perfectionner dans les Mathematiques ſous Theodore qui eſtoit le plus grand Mathematicien de ſon temps. Il viſita enſuite l'Egypte, & converſa long-temps avec les preſtres Egyptiens qui luy enſeignerent une grande partie de leurs traditions, & luy firent connoiſtre les livres de Moyſe & ceux des Prophetes.

Pendant qu'il eſtoit à Memphis, il arriva un Spartiate qui venoit de la part d'Ageſilaus prier le preſtre Connuphis, de vouloir expliquer certaine inſcription qu'on avoit trouvée ſur une plaque de cuivre dans le tombeau d'Alcmene. Ce preſtre apres avoir employé trois jours à feüilleter toutes ſortes de figures & de caracteres, repondit que les lettres de cette plaque eſtoient celles dont on uſoit en Egypte du temps de Protée, & qu'Hercule avoit portées en Grece, & qu'elles contenoient un avertiſſement que Dieu donnoit aux Grecs de vivre en paix, en inſtituant des jeux en l'honneur des Muſes par l'etude de la Philoſophie & des belles lettres, & en diſputant les uns contre les autres, avec des raiſons & des paroles de juſtice, ſeulement pour connoiſtre la verité & pour la ſuivre. Il y a de l'apparence que ce preſtre n'avoit pû lire cette inſcription, mais qu'il ſe ſervit habilement d'une occaſion ſi favorable pour appaiſer les guerres des Grecs, & cela eſt infiniment plus beau que de l'avoir luë.

Ce ſtratageme de Connuphis ſervit bien-toſt à Platon pour un ſemblable deſſein. Car comme il s'en retournoit avec Simmias, & qu'il coſtoyoit la Carie, il rencontra des hommes de Delos qui le prierent de leur expliquer un Oracle tres-faſcheux, qu'ils avoient reçu d'Apollon. Cet Oracle contenoit que les maux, dont les Grecs eſtoient affligez, ne ceſſeroient qu'aprés qu'ils auroient doublé l'Autel cubique qui eſtoit dans ſon Temple. Ils luy dirent qu'ils avoient voulu executer cet ordre, mais qu'ayant doublé chaque coté de l'Autel, au lieu de le faire double, comme ils l'a-

voient

voient penfé & comme le Dieu le demandoit, ils l'avoient fait octuple, ce
qui leur faifoit craindre la continuation de leurs maux. Platon fe fouvenant
alors du preftre Egyptien, leur dit que Dieu fe moquoit des Grecs qui
meprifoient les fciences, & qu'en leur reprochant leur ignorance & leur
ftupidité, il les exhortoit à eftudier ferieufement la Geometrie, qui feule
pouvoit leur faire trouver les deux lignes proportionnelles pour doubler
un corps cubique en augmentant egalement toutes fes dimenfions, & il
ajoûta que s'ils vouloient corriger leur ouvrage, ils n'avoient qu'à s'adref-
fer à Eudoxe ou à Helicon; mais que Dieu n'avoit que faire qu'ils dou-
blaffent fon Autel, & que la feule chofe qu'il leur ordonnoit par cet
Oracle, c'eftoit de quitter les armes pour s'entretenir avec les Mufes en
adouciffant leurs paffions par l'eftude des lettres & des fciences, & en
s'aimant & fe fervant les uns les autres, au lieu de fe hair & de fe detruire.   Il alla enfuite en Italie où il entendit Philolaus & Eurytus Philofophes Pythagoriciens : de là il paffa en Sicile pour voir les merveilles de
cette Ifle.   Il avoit alors quarante ans.

Ce voyage qui n'eftoit qu'un pur effet de fa curiofité, jetta les premiers
fondemens de la liberté de Syracufe, & prepara les grandes chofes qui furent executées par Dion beau frere & favori de l'ancien Denys.

C'eftoit alors un jeune homme qui avoit naturellement le courage grand
& magnanime, mais qui eflevé dans des mœurs, ferviles fous un Tyran,
& accouftumé aux foûmiflions & à l'efclavage d'un Courtifan lâche & ti-
mide, & ce qui eft encore plus pernicieux, nourri dans le luxe, dans l'o-
pulence & dans l'oifiveté auroit laiffé mourir ces precieufes femences, fi
Platon ne les avoit reffufcitées par fes difcours.   Il n'eût pas plûtoft entendu fes preceptes, qu'enflammé d'amour pour la vertu, il ne demanda
qu'à la fuivre ; & comme il voyoit avec qu'elle facilité Platon avoit changé
fon cœur, il crut qu'il feroit de mefme de celuy de Denys, & il n'eut
point de repos qu'il n'euft porté ce Prince à avoir une converfation avec
luy.   Denys, qui joüiffoit alors d'un grand loifir, confentit à cette entre-
vuë.   Il n'y fut parlé que de la vertu, & l'on difputa d'abord fur la nature de la veritable force.   Platon prouva qu'elle n'eftoit nullement le
partage des Tyrans, qui bien loin d'eftre appellez vaillans & forts, font
plus foibles & plus timides que des efclaves.   On vint enfuite à parler de
l'utilité & de la juftice.   Platon fit voir qu'on ne peut veritablement appeller utile, que ce qui eft honnefte & jufte, & il montra que la vie des
hommes juftes eftoit heureufe dans les plus grandes adverfitez, & que celle
des hommes injuftes etoit malheureufe dans le fein de la profperite mefme.   Denys, qui fe fentoit convaincu par fa propre experience, ne put
foûtenir plus long temps la converfation, & faifant femblant de fe moquer
de fa morale, il luy dit que *fes difcours fentoient le vieux :* Platon luy repondit que *les fiens fentoient le Tyran.*   Ce Prince peu accoûtumé à entendre des veritez fi odieufes, luy demanda avec emportement *ce qu'il*

b

eftoit

eſtoit venu faire en Sicile ? Platon luy repondit, *qu'il y eſtoit venu cher-cher un homme de bien. A t'entendre parler,* reprit Denys, *on diroit que tu ne l'aurois pas encore trouvé?*

Dans une autre converſation qui ne fut pas moins vive, le Tiran, pour inſinuer à Platon qu'il devoit ſe menager avec luy, & ne pas prendre de ces libertez odieuſes, luy dit ces deux vers,

—— à la Cour d'un Tyran,
On eſt eſclave né quoiqu'on y entre libre.

Platon luy rendit ces meſmes vers dont il changea le dernier,

—— à la Cour d'un Tyran,
Quand on y entre libre on n'eſt jamais eſclave.

pour luy faire entendre qu'un veritable Philoſophe ne peut jamais perdre ſa liberté. Dion, qui craignoit que le mecontentement du Prince n'euſt enfin quelque ſuite faſcheuſe, demanda le congé de Platon, afin qu'il puſt profiter de l'occaſion d'un vaiſſeau qui devoit ramener Poluides Ambaſ-ſadeur de Lacedemone. Denys accorda le congé ; mais il pria tres-in-ſtamment cet Ambaſſadeur, ou de faire perir Platon en chemin, ou tout au moins de le vendre, l'aſſeurant que cela ne luy feroit aucun tort ; *car s'il eſt homme juſte,* dit-il, *il ſera auſſi heureux eſclave que libre.* On ecrit que Poluides le mena dans l'Iſle d'Egine, où l'on avoit publié une loy qui ordonnoit que touts les Atheniens qui y aborderoient ſeroient mis à mort. Platon fut donc pris & mené devant les Juges. Il atten-doit ſon arreſt ſans donner aucune marque de crainte, lors que quel-qu'un s'aviſa de dire que c'eſtoit un Philoſophe & non pas un Athenien. Ce mot dit en riant luy ſauva la vie : on le condamna ſeulement à eſtre vendu, & en meſme temps il fut acheté trente mines par un Cyrenien nomme Anniceris, qui le remit en liberté, le renvoya à Athenes, & ne voulut point eſtre rembourſé, diſant que les Atheniens ne connoiſſoient pas ſeuls le merite de Platon, & qu'ils n'eſtoient pas ſeuls dignes de luy rendre ſervice. Platon ne dit pourtant rien de ces particularitez dans ſa ſeptiême lettre où il parle de ce voyage de Sicile, & il y a de l'apparence qu'il n'auroit pas oublié de parler au moins de ſon bienfai﬇eur.

Aprés la mort de l'ancien Denys, ſon fils le jeune Denys luy ſucceda. Il avoit eſté fort mal elevé ; car ſon pere, à qui ſes enfans meſme eſtoient ſuſpe﬇s, l'avoit toujours tenu enfermé, de peur que s'il venoit à ſe con-noitre ou à frequenter des hommes de bon eſprit & las de la ſervitude, il ne conſpirât contre luy. Ce jeune Prince ne fut pas plutoſt ſur le thrône, qu'ebloüi de ſa grandeur, & ne ſe connoiſſant pas luy-meſme, il ne put s'empeſcher de tomber dans les pieges de ſes Courtiſans qui n'oublioient rien pour le corrompre, & qui devinrent les miniſtres & les artiſans de

ſes

ſes plaiſirs. Ce n'eſtoit dans le Palais que diſſolutions & qu'excés horribles, on 'y faiſoit des debauches de trois mois, pendant leſquels l'entrée en eſtoit deffenduë à tout ce qu'il y avoit de gens ſages, dont la ſeule preſence auroit condamné ou troublé ces honteux divertiſſemens. Dion, qui craignoit encore plus pour l'Etat les voluptez du jeune Denys, qu'il n'avoit craint les cruautez de ſon pere, ne perdoit pas une occaſion de luy repreſenter les abyſmes où il ne pouvoit manquer de tomber ; & croyant que ſes vices ne venoient que d'ignorance & d'oyſiveté, il tâchoit de le jetter dans des occupations honneſtes & de luy faire aimer les ſciences, ſur tout celle qui peut reformer les mœurs. Il luy diſoit qu'il n'y avoit que la vertu qui pût le faire joüir d'une veritable félicité qui s'eſtendroit ſur tout ſon peuple ; que c'eſtoit en vain que ſon pere s'eſtoit flatté de luy laiſſer un empire lié avec des chaiſnes de diamant, que ces chaiſnes ſeroient bien-toſt amollies par ſes debauches ; que la crainte & la force n'eſtoient pas les veritables ſoutiens du thrône, mais l'affection & l'amour des ſujets, & que cet amour eſtoit toujours le fruict de la vertu & de la juſtice des Princes. Il luy repreſentoit que la veritable grandeur ne conſiſte pas à avoir de grands equipages, des palais ſuperbes, des meubles ſomptueux & des habits magnifiques, mais à avoir le palais de ſon ame royalement paré ; qu'il n'y avoit que Platon capable de luy communiquer toutes les vertus dont une ame royale doit eſtre ornée. En l'entretenant de ces diſcours, où il entremeſloit toûjours ainſi les grandes veritez qu'il avoit appriſes de ce Philoſophe, il luy inſpira un ſi violent, ou pluſtoſt un ſi furieux deſir de l'attirer aupres de luy & de ſe mettre entre ſes mains, qu'il envoya des couriers à Athenes avec des lettres tres-preſſantes, accompagnées d'autres lettres de Dion & de tous les philoſophes Pythagoriciens qui eſtoient dans la grande Grece, & qui le prioient tres-inſtamment de profiter d'une ſi belle occaſion que Dieu luy offroit de rendre un Roy philoſophe, le conjurant de ſe haſter avant que les debauches de la Cour puſſent faire changer Denys qui brûloit d'amour pour la Philoſophie.

Ces grandes promeſſes n'ebranlerent pas d'abord Platon qui connoiſſoit trop les jeunes gens pour ſe rien promettre d'aſſeuré des lueurs d'un jeune Prince dont les inclinations ſouvent oppoſées, paſſent d'ordinaire tres-promptement, & en qui l'amour de la vertu ne jette pas toûjours d'aſſez profondes racines pour reſiſter aux efforts des vices qui l'attaquent de tous coſtez. Platon ne pouvoit donc ſe reſoudre à faire ce voyage ; mais enfin aprés avoir conſideré qu'en gueriſſant un ſeul homme il rendroit tout un peuple heureux, & que Dieu luy ouvroit peut-eſtre là un moyen d'effectuer le parfait ouvernement dont il avoit deja donné l'idée dans les premiers livres de ſa Republique ; il ſe reſolut de partir, non pas par vanité ny pour acquerir des richeſſes, comme ſes ennemis l'en ont accuſé ; mais vaincu par le ſeul reſpect qu'il avoit pour luy-meſme, afin de ne pas donner occasion aux hommes de luy reprocher qu'il ne faisoit que discourir de la vertu, & qu'il ne s'estoit jamais mis volontairement en estat de la mettre en pratique.

A ces raisons se joignit encore un motif beaucoup plus pressant ; ce fut la honte d'abandonner Dion dans le danger où il se trouvoit, attaqué de tous costez par les calomnies de ses ennemis, qui ne pouvant supporter la severité de ses mœurs & la sagesse de sa vie, taschoient de le rendre suspect à Denys, & qui l'auroient infailliblement perdu si on eust donné à ce Prince le temps de retomber dans ses premiers desordres. Cela acheva de determiner Platon à quitter ses occupations à l'âge de soixante-quatre ans pour aller peut-estre avec trop de confiance, comme il le dit luy-même, essuyer les caprices d'un jeune Tyran.

Il fût reçeu en Sicile avec toutes sortes d'honneurs. Denys ne se contenta pas de luy envoyer, comme à une Divinité, une galere ornée de bandelettes, il alla luy-mesme le recevoir dans le port sur un char magnifique où il le fit monter, & par un sacrifice public, il remercia les Dieux de sa venuë, comme de la plus grande felicité qui pouvoit arriver à son Etat.

Un si heureux commencement eût des suites encore plus heureuses ; car comme si un Dieu avoit parù & qu'il eust pris plaisir à changer les cœurs, toute la cour se trouva si reformée, du moins en apparence, que le Palais de Denys ressembloit plutost à une ecole de philosophes ou à un saint Temple, qu'au palais d'un Tyran.

Quelques jours apres l'arrivée du Platon eschut le temps d'un sacrifice qu'on faisoit tous les ans dans le Chasteau pour la prosperité du Prince. Le Herault ayant prononcé à haute voix selon la coustume, la priere solemnelle, dont la formule estoit, *qu'il plust aux Dieux de maintenir long-temps la tyrannie & de conserver le Tyran*, Denys, à qui ces noms commençoient à estre odieux, luy dit tout haut, *ne cesseras-tu pas enfin de me maudire?* Ce mot fit juger que les discours de Platon avoient fait une veritable & forte impression sur son esprit: c'est pourquoy tous ceux qui favorisoient la tyrannie crurent qu'il n'y avoit pas de temps à perdre, & qu'il falloit ruiner Dion & Platon avant qu'ils eussent acquis assez d'autorité & de puissance auprés du Tyran, pour rendre touts leurs efforts inutiles. Ils en trouverent bien-tost une occasion tres-favorable, & dont ils ne manquerent pas de profiter. Platon avoit deja persuadé à Denys de congedier les dix mille estrangers qui composoient sa garde, de casser dix mille hommes de cheval avec la plus grande partie de son infanterie, & de reduire à un petit nombre les quatre cens galeres qu'il tenoit toûjours armées. Les mal-intentionnez empoisonnerent ce conseil en faisant entendre à Denys que Dion avoit aposté ce Sophiste pour luy persuader de se defaire de ses gardes & de ses troupes, afin que les Atheniens le trouvant sans deffense, pussent venir ravager la Sicile & se vanger des pertes qu'ils avoient faites sous Nicias, ou qu'il pust luy-mesme

l'en

l'en chaffer & prendre fa place. Cette calomnie, qui n'avoit que trop d'apparence pour furprendre un Tyran, ne fit pourtant que la moitié de l'effet qu'ils en avoient attendu; Dion feul fut la victime de la colere de Denys, qui le fit mettre fur un vaiffeau en fa prefence, & le bannit honteufement.

En mefme temps le bruit courut auffi à Syracufe qu'il avoit fait mourir Platon, mais c'eftoit fans aucun fondement; car au contraire Denys redoubla pour luy fes careffes, foit qu'il cruft qu'il avoit efté trompé le premier par les artifices de Dion, ou qu'il ne puft fe paffer veritablement de le voir & de l'entendre.

La paffion qu'il avoit pour Platon augmentoit tous les jours, & elle monta à un tel excés qu'il en eftoit jaloux comme d'une maiftreffe, & qu'il faifoit tous fes efforts pour l'obliger à preferer fon amitié à celle de Dion. Mais, comme dit Platon, il fe prenoit mal à obtenir cette preference; car il ne tafchoit de l'acquerir que par les demonftrations d'un amour ambitieux & tyrannique, au lieu de la meriter, fi cela eût efté poffible, par une conformité de mœurs, en profitant de fes maximes & en fe liant à luy par les nœuds de la vertu. Sa timidité plus que fon mechant naturel, l'empefcha de prendre cette voye: car quoy qu'il aimaft Platon avec fureur, il n'ofoit prefque le voir qu'à la derobée, de peur d'irriter ceux à qui ce commerce deplaifoit; ainfi flottant toujours entre le defir & la crainte, il rendit inutiles toutes les exhortations de Platon, & demeura efclave du vice. Cependant comme il craignoit qu'il ne quitaft la Sicile fans fa permiffion, il l'avoit fait loger au Chafteau, en apparence pour luy faire honneur, & en effet pour s'affeurer de fa perfonne. Là il tafchoit de le gagner par les offres les plus magnifiques dont il pouvoit s'avifer. Il luy ouvroit fes trefors, & ne demandoit qu'à le rendre maiftre de fes forces & de toute fa puiffance, pourvû qu'il vouluft l'aimer plus qu'il n'aimoit Dion: peu de Philofophes auroient refifté à des tentations fi fortes. Platon qui ne pouvoit faire ceder dans fon cœur la vertu au vice, difoit toujours à Denys qu'il l'aimeroit autant que Dion, quand il feroit auffi veritablement vertueux que Dion. Cela jettoit le Tyran dans des emportemens horribles; il le menaçoit de le faire mourir, & un moment après il luy demandoit pardon de toutes fes violences. Platon auroit trouvé fa prifon plus fupportable fi on l'avoit hay; car il falloit tous les jours de nouveaux menagemens pour accorder les devoirs de l'hofpitalité avec les interefts de la Philofophie. Enfin la fortune le tira de cette captivité. Une guerre qui furvint, força Denys à le renvoyer en Grece. A fon depart il voulut le combler de prefens, que Platon refufa, fe contentant de la promeffe qu'il luy fit de rappeller Dion dés que la guerre feroit finie. Comme il eftoit preft à s'embarquer, Denys luy dit: *Platon, quand tu feras à l'Academie avec tes Philofophes, tu vas bien dire du mal de moy. A Dieu ne plaife,*

luy

luy repondit Platon, *que nous ayons affez de temps à perdre à l'Academie pour y parler de Denys.* Le defintereffement de Platon avoit paru en plufieurs rencontres: fes rivaux mefme en convenoient. Denys ayant voulu faire des prefens aux Philofophes de fa Cour, & leur en ayant donné le choix, Ariftippe prit de l'argent, & Platon ne demanda que des livres : & comme on railloit Ariftippe de fon avarice, il repondit, *Platon aime les livres, & moy j'aime l'argent.*

En s'en retournant en Grece il paffa à Olympie pour voir les jeux ; & ce fut là qu'il donna des marques d'une modeftie qui approche fort de l'humilité, & qui merite d'eftre remarquée. Il fe trouva logé avec des eftrangers confiderables. Il mangeoit avec eux, paffoit avec eux les journées entieres, & vivoit d'une maniere tres-fimple & tres-commune, fans jamais leur parler ni de Socrate ni de l'Academie, & fans leur faire connoiftre de luy autre chofe, finon qu'il s'appelloit Platon. Ces eftrangers eftoient ravis d'avoir trouvé un homme fi doux & fi fociable, mais comme il ne parloit que de chofes fort ordinaires, ils ne crurent jamais que ce fuft ce Philofophe dont le nom eftoit fi connû.

Les jeux finis, ils allerent avec luy à Athenes où il les logea ; ils n'y furent pas pluftoft, qu'ils le prierent de les mener voir ce grand homme qui portoit le mefme nom que luy, & qui eftoit difciple de Socrate. Platon leur dit en fouriant, que c'eftoit luy-mefme ; & ces eftrangers furpris d'avoir poffedé un fi grand perfonnage fans le connoiftre, ne pouvoient affez admirer qu'il euft vefcu avec eux d'une maniere fi fimple, & qu'il euft fait voir que par la feule douceur de fes mœurs, fans le fecours de fon efprit & de fon eloquence, il pouvoit gagner l'amitié de touts les hommes avec lefquels il converferoit.

Quelque temps aprés il donna les jeux au peuple, & ce fut Dion qui fournit les habits & qui fit tous les frais, Platon ayant bien voulu luy ceder cet honneur afin que fa magnificence luy acquift encore plus la bienveillance des Atheniens. On ne fçait pas fi Dion fit un long fejour à Athenes ; on fçait feulement que Platon n'oublia rien pour le porter à moderer fon reffentiment & à ne rien attenter contre Denys. Il luy reprefentoit que l'injuftice qu'on luy avoit faite, & la mauvaife conduite de ce Prince, n'eftoient pas un fujet legitime de prendre les armes contre luy: qu'il falloit tafcher de le ramener par la raifon, ou attendre quelque changement de la fortune, qu'il ne pouvoit avoir recours à la force, fans fe faire à luy-mefme un fort grand tort, & fans ruiner entierement la Sicile: & pour le mieux difpofer à goûter ces maximes, il tafcha d'egayer & d'adoucir fes mœurs par des plaifirs honneftes, & fur tout par la converfation de fon neveu Pfeufippus qui eftoit tres-agreable, & cela reüffit pour quelque temps.

Apres que Denys eut fini la guerre, il craignit que le traitement qu'il avoit fait à Platon, ne le decriaft parmi les Philofophes, & ne le fit paffer

pour

pour leur ennemi; c'eſt pourquoy il fit venir les plus ſçavans hommes d'Italie, & il tenoit dans ſon Palais des aſſemblées où il s'efforçoit par une folle ambition de les ſurpaſſer tous en eloquence & en profondeur de ſçavoir, debitant mal à propos les diſcours qu'il avoit retenus de Platon; mais comme ces diſcours n'eſtoient que dans ſa memoire, & que le cœur n'en avoit point eſté touché, la ſource en fut bien-toſt tarie. Alors il connut ce qu'il avoit perdu, de n'avoir pas mieux profité de ce treſor de ſageſſe, & de ne l'avoir pas retenu, & il commença à le deſirer avec une extrême impatience qu'il luy temoigna par de frequentes lettres. Platon s'excuſoit ſur ſon âge, & ſur ce que Denys n'avoit rien fait de tout ce qu'il avoit promis. Enfin Denys ne pouvant plus ſupporter ce refus, obligea Archytas à luy ecrire, & à eſtre caution qu'il pouvoit venir en toute ſeureté, & qu'on luy tiendroit parole. Il fit partir en meſme temps une galere avec quelques-uns de ſes amis, du nombre deſquels eſtoit le philoſophe Archidemus : ils aſſeurerent Platon de la forte paſſion que Denys avoit pour la Philoſophie, & luy rendirent cette lettre de ſa part.

Ce que je deſire avec le plus d'ardeur, c'eſt que te laiſſant perſuader, tu viennes promptement en Sicile. Je feray pour Dion tout ce que tu voudras, car je ſuis perſuadé que tu ne voudras rien que de juſte, à quoy je me rendray toûjours tres-volontiers. Mais ſi tu refuſes de venir, je te declare que ni pour les affaires de Dion, ni pour toutes celles où tu prendras quelque intereſt, je ne feray jamais rien de tout ce qui pourra t'eſtre agreable, &c.

Cette lettre, qui eſtoit plus d'un Tyran que d'un Philoſophe, auroit eu un effet contraire à ſes deſirs, ſi Dion n'euſt joint ſes ſollicitations & ſes prieres, en conjurant Platon de ne pas l'abandonner, & ſi tous les Philoſophes d'Italie & de Sicile ne luy euſſent ecrit, que s'il refuſoit de venir, il les rendroit tous ſuſpects à Denys qui ne manqueroit pas de croire qu'il ne les avoit inſinuez dans ſes bonnes graces, qu'afin qu'ils puſſent le trahir. Et ce fut ce qui determina Platon à aller pour la troiſiême fois en Sicile à l'âge de ſoixante & dix ans.

Son arrivée releva les eſperances de tout le peuple qui ſe flattoit que ſa ſageſſe vaincroit enfin la tyrannie, & Denys en temoigna une joye qu'on ne ſçauroit exprimer. Il le fit loger dans l'appartement des jardins, & eut en luy tant de confiance, qu'il le laiſſoit approcher à toute heure ſans le faire foüiller. Platon employa d'abord toute ſon adreſſe pour connoiſtre s'il avoit un veritable deſir de devenir vertueux. Il dit luy-meſme de quelle maniere il en fit l'epreuve; mais il connut bien-toſt qu'on ne l'avoit appellé que par vanité, & pour eloigner de Dion un amy fidelle. Dés qu'il voulut propoſer le rapel de cet exilé, bien loin de raccommoder ſes affaires, il les gaſta entierement. Denys deffendit à ſes Intendans d'envoyer à Dion ſes revenus, ſous pretexte que tout ce bien appartenoit à ſon fils Hipparinus qui eſtoit ſon neveu, & dont par conſequent il eſtoit

le

le tuteur naturel. Platon outré de cette injuſtice demanda ſon congé. Denys luy promit de luy donner un vaiſſeau, mais il le remettoit de jour à autre; & aprés l'avoir amuſé aſſez long-temps, il luy dit un jour, *que pourvû qu'il vouluſt demeurer encore un an avec luy, il renvoyeroit à Dion tout ſon bien, à condition qu'il le placeroit dans le Peloponeſe ou à Athenes, qu'il ne jouïroit que du revenu, & qu'il ne pouroit lever le capital ſans le conſentement de Platon & de ſes amis.* Car dit-il, *je ne me fie point à luy, & il employeroit cet argent contre moy.* Platon accepta ce parti, mais Denys le trompa encore; car aprés que la ſaiſon de s'embarquer fut paſſée, il dit qu'il ne vouloit plus donner que la moitié du bien de Dion, & qu'il vouloit retenir l'autre moitié pour ſon fils. Et quelque temps aprés il fit tout vendre à l'encan, au prix qu'on voulut, & ſans en parler à Platon, qui laſſé enfin de ſes feintes & de ſes menſonges, & convaincu que la Philoſophie eſtoit foible & molle, contre la dureté d'un Tyran, ne cherchoit qu'à quitter la Sicile. Mais il luy eſtoit impoſſible de partir ſans permiſſion, & tres-difficile d'obtenir ſon congé auquel on faiſoit naiſtre tous les jours de nouveaux obſtacles. Denys continuoit d'avoir pour luy en public toutes ſortes d'egards, & l'accabloit toûjours de careſſes. Mais enfin Platon ayant embraſſé avec chaleur les intereſts de Theodote & d'Heraclide qu'on accuſoit à tort d'avoir fait ſoulever les troupes, leur meſintelligence eclata. Denys donna ordre à Platon de quitter l'appartement des jardins, ſous pretexe que les femmes du Palais devoient y faire un ſacrifice qui dureroit dix jours, & le fit loger hors du Chaſteau au milieu de ſes Gardes; afin, diſoit-on, que ces ſoldats irritez de longue main contre luy de ce qu'il avoit voulu les faire caſſer ou diminuer leur paye, l'immolaſſent à leur reſſentiment. Quelques Atheniens avertirent Platon du danger où il eſtoit, & Platon en donna ſur l'heure meſme avis à Archytas qui eſtoit à Tarente. En meſme temps Archytas fit partir une Galere à trente rames, & ecrivit a Denys pour le faire reſſouvenir qu'il avoit promis une ſeureté entiere à Platon, & qu'il ne pouvoit ni le retenir, ni ſouffrir qu'on luy fiſt aucune inſulte, ſans manquer ouvertement à ſa parole dont il avoit voulu que luy & tout ce qu'il y avoit de gens de bien & d'honneur fuſſent les garents. Cela reveilla un reſte de pudeur dans l'ame du Tyran, qui permit enfin à Platon de retourner en Grece.

Voilà quel fut le ſujet de ce troiſiême voyage, ſur lequel les ennemis de Platon ont fait tant d'efforts pour le decrier, comme s'il n'eſtoit retourné en Sicile que pour la bonne table de Denys, & pour ſe plonger dans toutes les voluptez qui regnoient à la Cour de ce Prince. Diogene qui avoit beaucoup d'eſprit, mais un eſprit tres-ſatirique, & qui ne voyoit pas ſans quelque envie le grand eclat de Platon, fut le premier qui s'aviſa de luy faire ce reproche; car le voyant un jour ne manger que des olives à un grand repas, il luy dit *puiſque la bonne chere vous a fait aller en Sicile, pourquoy la mepriſez-vous tant icy? Je vous aſſeure, Diogene,* luy
repondit

repondit Platon, *que le plus souvent je ne mangeois que des olives en Si-*
cile. Qu'estoit-il donc besoin d'aller à Syracuse? reprit Diogene: *L'At-*
tique ne portoit-elle point d'olives en ce temps-là?

Jamais calomnie n'a esté plus mal fondée, aussi un ancien Philosophe en
parlant des avantages de la vie active, n'a pas fait difficulté de loüer Platon sur ce voyage dont il rapporte le veritable motif; car il dit, *que ce fut*
pour un de ses amis depoüillé de ses biens, & banni que Platon eut le cou-
rage d'aller affronter un Tyran tres-redoutable, & s'exposer à sa haine &
à tous les perils dont elle le menaçoit. Dans la lettre que Platon ecrivit
peu de temps aprés aux amis de Dion, il leur marque en propre termes
que les bonnes tables d'Italie & de Sicile luy deplurent extremement, & qu'il
regarda avec horreur la coûtume de ces peuples, de se remplir de vin & de
viandes deux fois le jour, & de se plonger dans toutes sortes de debauches.
Dés qu'un homme est accoustumé à ces excés dés sa jeunesse, il n'est pres-
que pas possible qu'il en revienne jamais, quelque bon naturel qu'il ait d'ail-
leurs, & qu'il soit jamais temperant & sage: encore moins doit-il pre-
tendre aux autres vertus. La vie ne me seroit pas suportable, ajouste-t-il
dans la suite, *si j'estois ainsi l'esclave de ces passions.*

Platon en traversant le Peloponese trouva Dion aux Jeux Olympiques,
& luy raconta tous les procedez de Denys. Dion plus touché des injures
que Platon avoit receuës, & du peril qu'il avoit couru, que de toutes les
injustices qu'on luy avoit faites, jura qu'il alloit travailler à se venger. Platon fit tout ce qu'il put pour le detourner de cette pensée; mais voyant
que ses efforts estoient inutiles, il luy predit les malheurs qu'il alloit causer, & luy declara qu'il ne devoit attendre de luy ni secours ni conseil, &
que puisqu'il avoit eu l'honneur d'estre commensal de Denys, de loger
dans son Palais, & de participer aux mesmes sacrifices, il se souviendroit
toûjours des devoirs ausquels cela l'engageoit, & que pour satisfaire d'ailleurs à l'amitié qu'il avoit pour Dion, il seroit neutre, toûjours prest à
faire les fonctions d'un bon mediateur pour les reconcilier, & toûjours
egalement opposé à leurs desseins quand ils chercheroient à se détruire.

Dion assembla quelques troupes, passa en Sicile, detruisit la tyrannie,
chassa le Tyran, & rendit la liberté à sa patrie. On sçait tous les maux
que cette entreprise causa. Comme il est difficile de conserver long-temps
la justice & l'innocence parmy les desordres d'une guerre & d'une guerre
civile, Dion eut le malheur de soüiller par une seule action la gloire de
toutes les autres; car il permit le meurtre d'Heraclide, qui ne demeura
pas long-temps impuni, Dion ayant este assassiné par l'Athenien Callippus
au milieu de ses prosperitez & de ses triomphes.

Aprés la mort de Dion ses parens & ses amis particuliers ecrivirent à
Platon pour le prier de leur donner conseil dans l'estat deplorable où ils
se trouvoient; les uns voulant ressusciter la tyrannie, & les autres faisant
tous leurs efforts pour retablir la domination du peuple. Platon leur ecrivit, *Qu'un Etat ne seroit jamais heureux, ni dans la tyrannie ni dans la.*

c

trop

trop grande liberté ; que le milieu estoit d'obeïr à des Rois qui fussent eux-
mesmes sujets au loix ; que la grande liberté & la grande servitude estoient
egalement dangereuses, & produisoient à peu prés les mesmes effets ; que
l'obeïssance qu'on rendoit aux hommes estoit toûjours excessive & sans bor-
nes, parceque leurs cupiditez n'en avoient point ; qu'il n'y avoit de mode-
ration que dans l'obeïssance qu'on rendoit à Dieu qui estant toûjours le mes-
me, ne demandoit toûjours que la mesme chose à ses sujets ; que c'estoit la
seule qui pouvoit faire la felicité des peuples, & que pour obeïr à Dieu, il
falloit obeïr à la loy ; que la loy estoit le Dieu des sages, & la licence le
Dieu des fols : qu'il leur conseilloit donc d'establir trois Rois, le fils de Dion,
le fils de Denys qu'on avoit chassé, & celuy de l'ancien Denys : de choisir
sous leurs ordres tel nombre qu'ils voudroient de vieillards qui auroient
soin de faire les loix & de regler le gouvernement de l'Etat, de maniere
que les Rois auroient l'intendance des choses saintes & de la Religion, &
de toutes les autres choses, qu'il est juste de laisser en la disposition des
bienfaicteurs : qu'il falloit créer ensuite trente-cinq gardiens ou conservateurs des loix qui disposeroient de la paix & de la guerre conjointement
avec le senat & avec le peuple ; que les affaires criminelles seroient jugées
par ces trente-cinq conservateurs des loix, ausquels on joindroit pour com-
missaires les plus anciens & les plus gens de bien des Senateurs qui seroient sortis de charge ; que les Rois n'assisteroient point à ces jugemens,
parce qu'estant Prestres ils ne pouvoient sans se soüiller & sans déroger à
leur caractere, condamner personne à la mort, à l'exil, ou à la prison.   Il
lenr enjoignoit aussi particulierement de chasser les barbares de touts les
lieux qu'ils occupoient dans la Sicile, & d'y retablir les anciens habitans.

Platon ne survecut à Dion, que cinq ou six ans qu'il passa dans l'Academie, sans vouloir en aucune maniere s'entremettre du gouvernement,
parce qu'il voyoit les mœurs de ses Citoyens trop depravées.   Les Cyre-
niens luy envoyerent des deputez pour le prier d'aller leur donner des
loix, ce qu'il refusa, leur disant, *qu'ils estoient trop attachez aux riches-*
ses, & qu'il ne croyoit pas possible qu'un peuple si riche pust estre soûmis
aux loix. Les Thebains luy firent la mesme priere, & il les refusa de mesme ; *parce,* dit-il, *qu'il les voyoit trop ennemis de l'egalité.* Il envoyoit de ses
disciples dans les lieux où l'on estoit en estat de se conformer à ses maximes.

Platon estoit naturellement ennemi du faste & de l'ostentation, & ne
cherchoit que la verité, la simplicité & la justice. Il avoit les mœurs douces & meslées de gravité.   Jamais on ne le vid rire immoderement, ni se
mettre extremement en colere.   On jugera de sa douceur par la maniere
dont il corrigea son neveu Pseusippus qui estoit extremement debauché.
Lorsque son pere & sa mere l'avoient chassé, il le retiroit dans sa maison,
& vivoit avec luy comme s'il n'avoit jamais oüy parler de ses debauches :
ses amis etonnez & choquez d'un procedé qui leur paroissoit si indolent,
le blasmoient de ne pas travailler à corriger son neveu, & à le retirer de
cet abysme : & il leur repondit qu'il y travailloit plus efficacement qu'ils
                                                                              ne

ne penſoient, en luy faiſant connoiſtre par ſa maniere de vivre, la difference infinie qu'il y a entre le vice, & la vertu, & entre les choſes honneſtes & les deshonneſtes. En effet cette methode luy réüſſit ſi bien, qu'il
inſpira à Pſeuſippus un tres-grand reſpect pour luy, & un violent deſir de
l'imiter & de s'adonner à la Philoſophie, dans laquelle il fit enſuite de fort
grands progrés.

Sa maniere de parler eſtoit ſi agreable & ſi inſinuante, qu'il ne manquoit
jamais de faire impreſſion ſur ceux qui l'écoutoient. Un jour qu'il ſe pro-
menoit hors la ville avec quelques-uns de ſes diſciples & de ſes amis, Timothée General des Atheniens, revenant de l'Armée dans ſa plus grande
fortune, & lorſque les Atheniens ne ſçavoient comment honorer ſon merite, pour luy temoigner toute l'admiration qu'ils avoient pour luy, le rencontra ; & s'eſtant arreſté, il voulut entendre ſes diſcours qui ne rouloient
ni ſur les impoſitions ni ſur l'armement des vaiſſeaux, ni ſur la ſubſiſtance
des troupes, mais ſur la vertu & ſur l'empire que l'homme doit avoir ſur
ſes paſſions, & dans leſquels il ne cherchoit qu'à expliquer la nature du
ſouverain bien. Timothée frappé de la verité & de la beauté de ſes maximes, s'ecrira, *O l'heureuſe vie, ô la veritable felicité !* faiſant connoiſtre
par-là, qu'il eſtoit convaincu que toute la gloire & tous les honneurs
dont il jouiſſoit, n'eſtoient rien au prix du bonheur d'un Philoſophe, &
que hors l'etude de la ſageſſe, il n'y a point de veritable bien......

Une grande loüange qu'on donne à Platon, c'eſt d'avoir aimé ſes freres
avec une extrême tendreſſe ; car comme on dit de Pollux qu'il ne voulut
pas eſtre Dieu tout ſeul, & qu'il aima mieux n'eſtre que demi Dieu avec
ſon frere, & partager avec luy la condition mortelle pour luy faire part
de ſon immortalité ; Platon de meſme voulut communiquer à ſes freres la
gloire qu'il eſtoit ſeul capable d'acquerir par ſes ouvrages. Dans les livres
de la Republique il donne des rolles tres-conſiderables à Adimantus & à
Glaucon ; & Antiphon le plus jeune de tous, il le fait parler dans ſon
Parmenide, & par-là il les a rendus tous trois auſſi immortels que luy.

Il ne ſe ſervit jamais de ſon eſprit pour venger ſes injures particulieres,
mais pour venger celles qu'on faiſoit à ſes amis ou à la verité. On ne trouvera pas qu'il ait dit un ſeul mot de Timon qui l'avoit ſouvent attaqué, &
& il ne repondit aux bons mots de Diogene, que par quelque plaiſanterie,
ſans jamais parler de luy dans ſes ecrits.....

Comme il eſtoit perſuadé que les hommes ne ſont pas nez pour eux-meſ-
mes, mais pour leur patrie, pour leurs parens, & pour leurs amis, il n'avoit
garde d'autoriſer l'opinion de ceux qui croyoient que la Philoſophie avoit
le droit d'aneantir des obligations ſi eſſentielles ; & il enſeignoit que la vie
d'un Philoſophe eſt la vie d'un homme entierement conſacré au public, qui
ne taſche de devenir meilleur que pour eſtre plus utile, & qui ne fuit le
tumulte des affaires que lors que ſa patrie refuſe ſes ſervices, ou qu'il ne
peut la ſervir utilement, & c'eſt ce qu'il pratiqua toute ſa vie. Car on écrit
qu'il ne ſe diſpenſa pas meſme de porter les armes, & qu'il combattit vail-

4

lammment

lamment à la journée de Tanagre, à celle de Corinthe, & à celle de Delium où il remporta une victoire considerable; mais on ne sçait pas pour
quelle occasion; car il ne faut pas confondre ce combat de Delium avec
celuy qui avoit esté donné auparavant dans le mesme lieu, & auquel Socrate
s'etoit trouvé & avoit sauvé la vie à Alcibiade, la premiere année de l'O-
lympiade LXXXIX. Platon n'ayant encore que cinq ou six ans.

Il servit de mesme ses amis avec aussi peu de menagement pour sa vie.
Car non seulement il fit pour Dion, tout ce que nous avons vû, mais il
deffendit encore en justice Chabrias general des Atheniens; & comme son
accusateur Crobyle luy eut dit pour l'étonner, *tu viens deffendre les autres,
& tu ne sçais pas que la Cigue de Socrate t'attend*; Il luy repondit, *autrefois quand ma patrie a eu besoin de ma vie, je l'ay exposée pour elle, aujourd'huy il n'y a point de danger qui m'estonne & qui m'oblige à abandonner mon ami.*

Il disoit qu'il n'y a rien de plus indigne d'un homme sage, ni qui luy doive
causer plus de deplaisir que d'avoir donné à des choses legeres, inutiles, ou
de peu de consequence, plus de temps qu'elles ne meritoient. C'est pourquoy il ne perdoit aucune occasion de corriger ceux qu'il voyoit enflez de
vanité pour des qualitez dont ils auroient dû plûtost avoir honte: & l'on
raconte à ce sujet que le mesme Anniceris de Cyrene, dont nous avons
déja parlé, qui estoit considerable par sa naissance & par son esprit, mais
qui se piquoit sur tout d'estre le meilleur cocher du monde, & le plus adroit
de tous ceux qui estoient en reputation de bien mener un char, voulut faire devant luy montre de son adresse. Il mena donc un char dans le parc de
l'Academie, & luy en fit faire plusieurs fois le tour avec tant de justesse, que
les roües ne marquerent jamais que le mesme endroit, roulant toûjours sur
la mesme ligne. Tous les spectateurs charmez, eleverent Anniceris jusqu'au
Ciel par leurs loüanges: mais Platon le blasma serieusement, & luy dit qu'il
n'estoit pas possible qu'ayant employé tant de temps à une chose si petite
& si vaine, il n'eust pas negligé celles qui estoient tres-necessaires & tres-im-
portantes, & qu'un esprit entierement occupé de ces bagatelles, n'est plus
capable de s'appliquer à ce qui est digne de nostre estime, & qui merite
veritablement nostre admiration.

Il estoit si eloigné du vice des flatteurs, & de la basse souplesse des Orateurs de ce temps-là, qui ne se rendoient maistres des peuples que par
une lasche complaisance, & qu'en se conformant à leurs passions, qu'on
l'a comparé à Epaminondas & à Agesilaüs, qui ayant voyagé dans plusieurs
villes & vescu avec des hommes dont la vie & les mœurs estoient tres-
differentes, retinrent pourtant par tout dans leurs habits, dans leurs discours, & dans toutes leurs manieres ce qui estoit digne d'eux & qui con-
venoit à leur caractere. Car Platon fut à Syracuse tel qu'il estoit dans l'A-
cademie, & tel avec Denys qu'il estoit avec Dion; marque certaine que
les maximes de la Philosophie pleines de force & de vertu, avoient penetré
son ame comme une forte teinture que rien ne peut ni effacer ni ternir.....

D E

PLATON,

DE LA

REPUBLIQUE,

OU

DU JUSTE, ET DE L'INJUSTE.

LIVRE PREMIER.

SOCRATE.

IER nous sortimes hors des murs, Glaucon, fils d'Ariston, & moi, pour aller au Pyrée, faire nos prieres à Minerve, & participer à la fête nouvelle, qu'on y devoit celebrer. Les Atheniens y firent la principale figure. Cependant les Thraces, qu'elle avoit attirés en grand nombre, ne furent point obscurcis. Après que nous eumes achevé nos devotions, & satisfait notre curiosité, nous reprimes le chemin de la ville. Polemarque, fils de Cephale, nous apperçut de loin; &

TOME I.   B   voïant

voïant que nous penſions à regagner Athenes, il nous depêcha ſon petit domeſtique, pour nous prier de lui donner le temps de nous joindre. Je ſentis qu'on me tiroit par l'habit ; & je vis en me detournant le jeune valet, qui fit gracieuſement ſon meſſage. Vous venez, ſans votre maître, mon fils, lui dis-je, en cherchant moi-même Polemarque des yeux? Il approche … il vous ſupplie de l'attendre.   Glaucon dit qu'on n'iroit pas ſi vite.   Bientôt arrivent Polemarque, Adimante, frere de Glaucon, Nicerate, fils de Nicias, & quelques autres amis communs, qui venoient du Temple, comme nous.

Vous etes bien preſſés, nous dit Polemarque? Il eſt vrai, lui repondis-je, que nous nous hâtons un peu.   Ce n'eſt pas le tout, repliqua-t-il.   Comptez vous les nouveaux venus? Il s'agit de retourner ſur vos pas, ou d'être les plus forts.   Quoi? Point de milieu! La voie de la perſuaſion nous ſera fermée?… Qu'alleguer à des gens, reſolus par avance de ne point ecouter vos raiſons?… Adimante, plus inexorable encore, loua Polemarque, & nous dit : Vous ignorez, je le vois, que la jeuneſſe nous prepare un carrouſel pour ce ſoir, en l'honneur de la Deeſſe. Un carrouſel, repris-je! C'eſt quelque choſe de fort nouveau.   Y courra-t-on, je vous prie, la torche à la main? Dit-on que le vainqueur ait à conſerver la ſienne allumée, après en avoir changé cent fois avec ſes rivaux, & de plus à toucher le premier la borne? C'eſt la nouvelle, repondit Polemarque.   Pour clôture même, on nous promet des ſacrifices nocturnes, qui meriteront d'être vus.   Nous ſouperons, & nous irons enſuite au lieu du rendez-vous.   Le plaiſir du ſpectacle n'y ſera pas l'unique.   Nous cauſerons avec mille de ces jeunes gens aimables, avec qui l'on trouve toujours agreablement de quoi s'entretenir.   Suivez nous donc, puiſque vous perdriez beaucoup à nous quitter.   Qu'en dites vous, me demanda Glaucon? Je prevois, lui repondis-je, que nous aurons de la peine à nous en defendre.   Croïez moi, rendons nous. Après avoir conteſté long temps, vous verriez qu'au bout il nous faudroit jouïr d'une ſi bonne compagnie.

Nous

Nous nous rendimes touts enſemble chez Polemarque ; où nous trouvâmes ſes deux freres, Euthydême, & Lyſias, avec Thraſymaque de Chalcedoine, Charmantide de Peanie, & Clitophon, fils d' Ariſtonyme. Cephale, pere des trois premiers, ſe faiſoit beaucoup remarquer dans la troupe. Je ne l'avois point vu depuis quelque années : ce qui me groſſit plus que je n'aurois cru ſon grand âge. Il etoit negligemment etendu ſur un ſiege. Une couronne de fleurs, dont il avoit la tête encore ceinte, nous fit comprendre qu'il venoit d'achever ſes fonctions ſacerdotales. On fit cercle autour de lui. Il ne m'eut pas plutôt apperçu, qu'il ſe leva, pour venir m'embraſſer, & me dit : Mon cher Socrate, qu'il eſt rare de vous poſſeder au Pyrée ! Il ſembleroit neanmoins que vous auriez des raiſons, pour faire le petit voïage plus ſouvent. Si j'avois mes forces du temps paſſé, pour me tranſporter commodement à la ville, vous n'auriez point trop à ſortir de chez vous ; & je ne ſouffrirois pas, comme je fais, de vos abſences. Preſentement que vous me ſçavez retenu, ne ſeroit-ce pas à vous d'y ſuppleer ; & feriez vous mal de nous honorer plus ſouvent de vos viſites ? Je vous dirai que plus la vieilleſſe me rend inacceſſible aux plaiſirs des ſens, plus je goûte les delices de la Philoſophie, & plus je ſens croître en moi le deſir d'apprendre. Que n'imitez vous un peu ces charitables jeunes gens, qui ne m'abandonnent point ? Negligez moins des amis, qui vous cheriſſent entierement.

Les reproches obligeants, mon cher Cephale, ne ſont pas fort neceſſaires, lui repondis-je, pour m'attirer auprès de vous. Il ne me faudroit même qu'un certain goût particulier, que de tout temps j'eus pour les hommes avancés en âge. Je me les repreſente au bout d'un long chemin, que nous aurons peut-être à faire comme eux. Ils peuvent excellemment nous dire s'il eſt raboteux, uni, beau, deſagreable. Je voudrois vous demander, à vous, plutôt qu'à tout autre, ce qu'il vous en ſemble ; à vous, qui, ſans allarme, en etes preſentement à ce que les Poëtes nomment la derniere marche de la vieilleſſe, après la quelle il ne reſte que le tombeau? Eſt-ce la ſaiſon aimable, ou le temps fâcheux, le fort ou le foible de la vie? De grace, quelle idée en avez vous?

C E P H A L E. Voici, mon cher Socrate, naturellement ce que j'en penſe. Nous autres vieilles gens, nous ne verifions que trop l'ancien proverbe, qui nous accuſe de ne jamais être bien qu'enſemble. Quand nous ſommes entre nous, c'eſt à qui fera des lamentations, au ſouvenir de mille plaiſirs qui ne ſont plus, & dont celui de les regretter a pris la place. Dans nos beaux jours nous goûtions la vie; qui deſormais a pour nous perdu ſes agremens, & ſeroit mieux nommée une mort dans toutes les formes. Vous en verrez eclater ſur les froideurs, & ſur les duretés qu'ils eprouvent de la part de leurs proches. Ils ſe tournent enſuite avec chaleur contre la Vieilleſſe; qui revient toujours, à la fin d'une longue enumeration de leurs maux. Pour moi, je tiens en verité qu'ils ont tort. Si, comme ils ſe le perſuadent, l'accuſée etoit coupable; moi, mille autres perſonnes d'âge, nous aurions les mêmes plaintes à faire. Cependant combien n'en ai-je pas connu, dont le viſage marquoit ſeul un parfait contentement de leur ſort? Ne citons que le vieux Sophocle. Comment etes vous avec l'amour? ... Le beau ſexe vous juge-t-il paſſable encore; lui demandoit un jour un curieux, en ma peſence?... Reflechiſſez, je vous prie, une autre fois, avant que de faire ainſi vos queſtions, lui repliqua-t-il? Je ne fus jamais ni plus en paix, ni plus à moi, que depuis la fuite du Tiran, dont vous me parlez. Le mot dans le temps me parut joliment dit; & j'y trouve un nouveau ſel encore aujourdhui. En effet le premier preſent du grand âge, c'eſt un cœur tranquille, un cœur affranchi du joug des paſſions. Quand leur regne eſt fini, qu'a-t-on perdu, que des maîtres nombreux, fiers, inſenſés, pleins de caprices? C'eſt la maniere dont les vieilles gens s'accoutumerent à penſer, qui leur inſpire ce degoût pour l'heureuſe liberté que la Vieilleſſe procure; & qui rend auſſi leur commerce parfaitement à charge. On a beau la decrier; elle n'a rien que d'engageant, lorſqu'on ſçait l'embellir par un peu de raiſon, de politeſſe, & de

douçeur.

douçeur. Manque-t-on de ces qualités ? La jeuneſſe la plus brillante
n'empêche point d'être inſupportable.

Charmé de ce debut ſententieux, & plein d'un violent deſir
d'en ouïr d'avantage, pour exçiter le reſpectable vieillard, je lui dis :
vous flattez vous, mon cher Cephale, que le grand nombre vous
en croira ? Opulent, comme vous etes, on dira plutôt que vous
en diſcourez fort à l'aiſe ; & qu'avec vos biens on ne ſeroit pas
moins eloquent. Ignore-t-on que les richeſſes procurent mille
douçeurs, très capables de temperer les amertumes, dont la vieilleſſe eſt une ſource feconde ? Vous avez raiſon, mon cher Socrate,
repliqua-t-il. Beaucoup de gens ne ſoufcriront certainement pas à
ce que j'avance. Je vous avouerai même qu'ils n'auront pas entierement tort. Mais je ne conviendrai point auſſi qu'ils aient le
parfait bon droit qu'ils s'imaginent. La repartie fameuſe de Themiſtocle me ſera contre eux d'un bon ſecours. Un certain homme de Seriphe, dans le deſſein de lui faire un inſigne outrage, lui
dit un jour ; que ſi le nom de Themiſtocle etoit celebre par toute
la Grece, il en etoit moins redevable à ſon merite perſonnel, qu'au
luſtre qu'il avoit emprunté de ſa Patrie. Ce grand Capitaine lui
repondit : rendons nous mieux juſtice les uns aux autres, je t'en
conjure, mon cher ami. Si Themiſtocle etoit toi ; j'entends, ſi
le deſtin l'avoit fait naître à Seriphe ; il n'auroit certainement jamais eté qu'un homme obſcur. Athenes auroit auſſi pu te donner
la naiſſance mille fois ; ſans que ton nom eût de tes jours exce-
dé les bornes d'un mechant petit voiſinage. Ce trait magnanime
s'applique fort naturellement aux vieillards peu riches, & chagrins
tout enſemble. La vieilleſſe eſt ſans contredit un fardeau très dur
à porter pour les plus ſages, lorſqu'il eſt appeſanti par la pauvreté. Pour les gens d'un mauvais tour d'eſprit, ils ne ſeront jamais
bien, non pas même dans la plus grande abondance.

SOCRATE. Mon cher Cephale, ſouffrirez vous une autre
queſtion ? Vos Ancêtres vous ont-ils laiſſé plus de bien, que vous
n'en avez amaſſé vous même par vos ſoins ? CEPHALE. J'ai groſſi
mon patrimoine de quelque choſe. Mon grand Pere, dont je

porte

porte le nom, augmenta le bien de famille par des acquifitions confiderables. Lyfanias mon Pere, y fit au contraire une brêche, que j'ai reparée avec avantage. Moins au large que le premier, plus à mon aife que le fecond, je n'ai d'autre ambition que de tranfmettre à mes enfants un heritage un peu meilleur, que je ne l'ai reçu moi même de mes Peres. SOCRATE. Ce qui m'enhardit à vous faire une demande, qui pourroit vous paroître curieufe, mon cher Cephale, c'eft que je ne remarque point en vous une paffion immoderée pour les biens du monde; & que ce detachement ne fe trouve gueres que dans ceux qui doivent tout au travail d'autrui. Mais les artifans de leur propre fortune ont pour leurs amas d'or precifement la même tendreffe, que nous voïons aux Poëtes pour leurs ouvrages. Les premiers aiment le bien, comme les autres hommes, pour les utilités qu'ils en tirent. Ils le cheriffent encore; parcequ'ils fe regardent comme les createurs de toute l'opulence qui les environne. De là fouvent leur mauvaife humeur, & leur parfait enivrement pour les richeffes. CEPHALE. Mon cher Socrate, votre obfervation eft jufte. SOCRATE. Il ne me refteroit que d'apprendre, quels avantages vous avez fçu tirer de celles dont vous avez fi long temps joüi?

CEPHALE. Peut-être n'en ferai-je cru tout de nouveau que d'un petit nombre de perfonnes. Vous n'ignorez pas, mon cher Socrate, qu'aux approches de la mort, une foule de craintes nouvelles, & d'allarmes inconnues auparavant, trouve entrée dans l'efprit des vieillards, qui font de l'argent leur idole. Leur âme effraïée ne peut enfin s'empêcher d'entrevoir du vrai dans tout ce qu'on nous dit d'une autre vie, & de l'accueil redoutable qu'on y prepare à l'injuftice : recits, que jufqu'alors ils avoient traités de fabuleux, & dont ils faifoient le fujet ordinaire de leurs railleries. Soit foibleffe, naturelle au grand âge, foit changement arrivé dans la diftance des objets; leur vue fe contraint, & fe reforme. Un de ces vieux infenfés, qui fe reveille en furfaut, comme un enfant, après un long fommeil, & qui fe juge interieurement coupable, tremble,

fremit,

fremit, & vit deformais dans une cruelle attente. Un homme au contraire, qui vers quelque endroit du paffé qu'il retourne les yeux, ne voit rien à fe reprocher, a le cœur, fi je l'ofe dire, noïé dans les fentiments de la plus douce efperance; que Pindare appelle agreablement la mere nourrice de la vielleffe. Penetré vivement de ces idées, mon cher Socrate, je n'ai jufqu'ici regardé les biens de la fortune comme des biens, que pour ceux qui fçavent en faire un ufage legitime, pour les bons feulement. C'eft beaucoup, lorfqu'il faut mourir, de n'avoir jamais eu la tentation de mentir, jamais de n'avoir même involontairement fait tort à perfonne; d'avoir toujours fidellement rempli touts les devoirs exterieurs de la religion envers les Dieux, & ceux d'une exacte juftice envers les hommes. Les efprits fages recueillent des richeffes mille autres utilités; mais j'eftimerois celles que je viens de vous dire les principales. So-CRATE. Je vous ecoute, mon cher Cephale, avec le plus grand plaifir. J'ai neanmoins encore un mot. Entendriez vous borner l'idée de la juftice au foin de rendre à chacun le fien, & de refpecter la verité dans toutes fes paroles ? Il me femble qu'en certaines rencontres on ne pourroit faire l'un & l'autre, fans bleffer confiderablement cette vertu. Il feroit mal, par exemple, de ne pas tromper un ami, dans un intervalle de fureur, & de lui remettre alors des armes qu'il nous auroit données en garde. CEPHALE. Trop de juftice, mon cher Socrate, n'en doutons pas, feroit condamnable dans touts les cas pareils. SOCRATE. Elle dira donc quelque chofe de plus, mon cher Cephale, que reftituer aux autres ce qui leur appartient, & parler en toute occafion comme l'on penfe ? Je fuis tout à fait de votre fentiment, reprit Polemarque; d'autant plus que nous avons le Poëte Simonide pour nous.

CEPHALE prit congé dans cet endroit; parceque l'heure de retourner à fes fonctions Sacerdotales etoit venue, & l'avertiffoit de nous quitter. Je vous laiffe, nous dit-il, à developper entre vous autres la nature d'une vertu fi neceffaire. Nous nous levâmes avec lui. Je lui portai la parole au nom de touts; & je lui dis, en lui ferrant la main: Polemarque nous refte; & vous faites

votre

votre compte que c'eſt à lui de vous remplacer ? Je l'entends bien comme vous, repliqua l'agreable vieillard, en ſouriant. Il ſortit enſuite, pour ſe rendre au lieu du ſacrifice.

Je me tournai vers Polemarque. He bien, vous donc, lui dis-je, Heritier nouvellement declaré, qui par la douçeur de votre converſation, nous empêcherez de trouver celle du plus excellent Pere trop à dire ; que nous vantez vous comme un Oracle de Simonide ? Que penſe-t-il de la juſtice ? POLEMARQUE. L'idée qu'il en a, c'eſt qu'elle fait ſoigneuſement rendre à chacun ce qu'on lui doit. Mon cher Socrate, je vous l'avoue, c'eſt un mot que j'admire. SOCRATE. Il n'eſt pas facile, cher Polemarque, de tenir contre une ſi grande autorité. Simonide etoit ſans doute un homme ſage, un homme divin. Il ſe pourroit d'ailleurs que vous compriſſiez le beau ſens que renferme ſa maxime, entierement caché pour moi. Cependant je ne croirai point qu'il ait eu dans l'eſprit celui que nous condamnions tout à l'heure ; ni qu'il ordonne de reſtituer un depôt, au prejudice de la perſonne qui nous l'auroit mis entre les mains. POLEMARQUE. Il a voulu dire que nous devons toujours bien ſervir nos amis, & jamais ne leur nuire. SOCRATE. Je vous entends. Si tel, qui vous auroit confié ſa bourſe, ne vous la redemandoit que pour executer quelque mauvais deſſein, mauvais pour lui, & s'il vous etoit cher, il faudroit la retenir. Mais s'il etoit votre ennemi ? POLEMARQUE. La Regle de Simonide ſubſiſteroit encore. Que devroit-on aux gens qu'on hait, que de leur faire tout le mal qu'on peut ? SOCRATE. Oh ! oh ! L'incomparable Simonide uſe, à ce que je vois, d'une licence poëtique toute particuliere, lorſqu'en termes aſſez miſterieux il nous apprend, que tout ce qu'un homme odieux meriteroit à la rigueur, ou comme vous parlez, ce qu'on lui doit, ſera juſte à ſon egard. POLEMARQUE. Vous paroît-il là quelque choſe à reprendre, mon cher Socrate ? SOCRATE. J'ai des ſcrupules, je vous l'avoue, ſur la juſteſſe du ſentiment que vous attribuez à votre Poëte. Si quelqu'un lui demandoit quel art decharge, s'il eſt permis de le dire, ſes obligations envers

le

le corps humain, dans ſes etats d'infirmité; que repondroit-il, je vous prie? POLEMARQUE. Celui qui preſcrit un regime, & des remedes. SOCRATE. Interrogé pareillement ſur les autres arts, il feroit une reponſe pareille? POLEMARQUE. Oui. SOCRATE. Que dirons nous de l'art le plus excellent de touts; qui nous enſeigne à remplir à l'egard des autres hommes les devoirs de la juſtice? POLEMARQUE. Simonide le definiroit: celui qui nous fait connoître les moïens de ſervir nos Amis, & de perdre nos Ennemis. SOCRATE. De touts les Artiſtes, me direz vous les plus capables de ſauver la vie aux uns, & d'envoïer les autres au tombeau, de faire perir les derniers par le naufrage, & de rendre les premiers au port? POLEMARQUE. Le Medecin, & le Pilote. SOCRATE. Et l'homme juſte? Par quel talent s'acquittera-t-il le mieux envers ſes deux eſpeces de creanciers? POLEMARQUE. Par celui de la guerre, merveilleux pour defendre ceux-là, pour exterminer ceux-ci. SOCRATE. Fort bien. Mais prenez garde que vos deux habiles gens feront gens du moins fort inutiles à touts ceux qui ſe porteront bien, & qui n'auront point à paſſer les mers. Le troiſiéme ne ſera pas d'un plus grand ſervice aux perſonnes, qui vivront ſans querelles? POLEMARQUE. Mon deſſein n'eſt pas de le borner à ce point. SOCRATE. La juſtice par conſequent, cher Polemarque, ſera bonne ailleurs qu'en bataille rangée; auſſi bonne en pleine paix que l'Agriculture, & que l'adreſſe à tailler le cuir. Bonne à quoi, je vous le demande? POLEMARQUE. Elle fera trouver aux hommes de grands avantages mutuels dans le commerce qu'ils auront enſemble. SOCRATE. Voïons. Si vous avez une maiſon à bâtir, vous appellerez ſans doute un Architecte; un Inſtrument, ſi vous voulez de la Muſique; un coureur de foires, ſi vous etes reſolu de voir ſortir votre fortune d'un cornet. POLEMARQUE. Dans le negoce, & dans le trafic, mon cher Socrate, il n'eſt rien tel qu'un honnête homme. SOCRATE. Je ne ſçai pas. S'il me falloit un cheval, ou ſi j'en avois un dont je voulûſſe me defaire; j'eſtimerois pour moi, je vous l'avoue, beaucoup d'avantage un Ma-

C

quignon.

quignon. POLEMARQUE. Oui. Mais si, par exemple, on avoit une somme à confier ; il est certain qu'elle seroit mieux entre les mains d'un homme de bien que d'un autre. SOCRATE. C'est à dire que l'utilité de la justice commencera precisément où celle de l'argent finit ; puisqu'il ne produit rien, comme vous sçavez, tant qu'il demeure sain & sauf dans un coffre ? Elle y fera tenir sous la clé très fidellement une serpette, une Lyre, un bouclier. Mais je ferai plus de cas de l'art du jardinage, de l'art citharistique, & de l'art militaire, qui les manient, & qui les emploient. Assurement votre vertu ne sera pas d'un fort grand prix ; s'il est vrai qu'elle ne soit utile que par rapport aux choses qui ne seront plus d'aucun usage. POLEMARQUE. En verité, mon cher Socrate, je crois que j'ai tort. SOCRATE. Examinons encore. L'homme adroit à porter un coup, le fera necessairement plus qu'un autre à le parer. Qui sçait guerir, tuera, si bon lui semble. Enfin le General habile à cacher ses desseins, à couvrir son Armée, penetrera communement ceux de l'Ennemi, touts les jours enlevera ses quartiers. L'homme juste, habilissime à garder le bien d'autrui, le fera donc pareillement à le voler. C'est apparemment d'Homere que vous empruntez cette Morale. Dans un transport d'admiration pour Autolique, Oncle d'Ulysse du coté maternel, " il dit qu'en fait de jurements, & de larcins, il n'avoit pas son " pareil." Selon nos deux Poëtes, & selon vous, la justice, à ce compte là, ne sera qu'une heureuse tournure pour le brigandage ; & le plus juste reviendra toujours le plus chargé de butin ; sauf à le partager liberalement avec ses amis, à le mettre sagement à profit contre ses ennemis. N'est-ce pas votre sentiment ? POLEMARQUE. Non ; mais vous faites bien de me railler, parceque je ne sçais pas trop ce que je dis. Cependant, mon cher Socrate, je ne puis môter encore entierement de l'esprit, que la vertu dont nous parlons ne consiste à tout faire en faveur des uns, & tout au prejudice des autres. SOCRATE. Peut-être avez vous raison. Mais sçachons avant tout qui nous compterons pour Amis ; ceux qui nous accablent de fausses demonstrations, ou ceux qui nous obligent,

sans

sans nous faire de grandes caresses ? Nos Ennemis ne seront pas difficiles à connoître ensuite. POLEMARQUE. Nous devons estimer nos amis, les personnes bienfaisantes pour tout le monde, & bien intentionnées pour nous. SOCRATE. N'arrive-t-il point de s'y meprendre ? POLEMARQUE. Fort souvent. SOCRATE. Cette erreur changera beaucoup les choses, mon cher Polemarque. Nos amis se trouveront chargés de toute notre haine ; & nos ennemis auront toute notre tendresse. POLEMARQUE. Que voulez vous ? C'est un malheur inevitable. SOCRATE. Je le veux. Mais le devoir alors sera de faire du bien aux mechants, & du mal aux bons. Au gré de Simonide, on ne pourra donc assez nuire à des gens, qui jamais n'auront eu la pensée de nous desservir. POLEMARQUE. Vous etes un fin Disputeur, mon cher Socrate ; & vous nous tournez, mon Poëte, & moi, comme bon vous semble. SOCRATE. Consultez vous ; & si le parti vous plait, continuez à dire que nous ne sçaurions trop nous signaler par de bons offices envers ceux dont nous serons contents, ni trop aussi mal-traiter ceux dont nous aurons à nous plaindre. POLEMARQUE. Cette maniere de penser paroît fort dans le bon sens. SOCRATE. Oui. Mais, comme nous nous y tromperons à toute heure, de votre aveu ; nous ferons encore une fois tout le bien à nos Ennemis, & tout le mal à nos Amis. Simonide, en vérité, ne seroit pas extraordinairement charmé de vous, s'il nous entendoit. POLEMARQUE. Je lui fais tort, mon cher Socrate. Il ne faut donner les noms d'Amis & d'Ennemis, de bons & de mechants, qu'à ceux qui sont reellement l'un & l'autre ; quoiqu'ils soient en apparence. Nous placerons toujours bien ensuite notre aversion, & notre amour. SOCRATE. C'est à dire pour conclusion du tout, que nous servirons efficacement les personnes dont la bonne volonté ne nous sera point suspecte ; & que nous travaillerons de tout notre pouvoir à perdre celles que nous connoîtrons mal intentionnées pour nous. POLEMARQUE. J'avois, ce me semble, dès le commencement cette explication dans l'esprit. SOCRATE. Elle me laisse un scrupule, que c'est à vous de lever.

C 2

Je

Je ne puis voir qu'un homme de bien foit capable de faire du mal à perfonne. POLEMARQUE. Quoi ? Non pas même aux gens les plus mauvais, aux plus determinés à lui fufçiter des traverfes ? SOCRATE. Non, cher Polemarque. Dites moi, je vous prie ; un cheval, un chien, affommés de coups, & mal-nourris, en feront-ils meilleurs ; en auront-ils dans un plus haut degré les bonnes qualités propres à leur efpece ? POLEMARQUE. Ils ne feront au contraire bientôt plus d'aucun fervice. SOCRATE. En ferat-il autrement de l'homme, aigri, maltraité ? N'en deviendra-t-il pas moins ce que la Nature vouloit en faire, plus aveugle, & plus injufte ? POLEMARQUE. Infailliblement. SOCRATE. Vit-on jamais le goût d'un auditeur pour l'harmonie diminué, par entendre excellemment toucher la Lyre ? Comment donc, par une exacte obfervance de la juftice envers les autres, leur infpireroit-on de l'eloignement ou de l'indifference pour elle ? Comment augmenteroit-on en eux l'amour du vice, par un foin conftant de pratiquer à leur egard toutes les regles de la vertu ? Si l'effet naturel de la chaleur n'eft point de rafraichir, celui de la bonté ne fera pas de nuire : Amis, Ennemis, l'homme de bien, je le repete, ne fçait faire du mal à perfonne. Il en abandonne entierement aux mauvais efprits, & le talent, & le deffein. POLEMARQUE. J'entre avec un grand plaifir dans ces idées, mon cher Socrate. SOCRATE. Gardons nous donc, cher Polemarque, d'eftimer Sage tout homme, qui nous donnera pour maxime, de cherir ceux qui nous aiment, & de perdre, s'il eft poffible, ceux qui nous haïffent, fous ombre de rendre à chacun ce qu'on lui doit. C'eft un faux principe, qui ne s'accorde aucunement avec cette qualité. POLEMARQUE. Je le condamne avec vous. SOCRATE. Ne fouffrons pas qu'on l'attribue à Simonide, à Bias, à Pittaque, à pas un des Hommes illuftres, que la Grece revere. POLEMARQUE. Ils connoiffoient trop la bonne Morale, ils l'avoient trop avant gravée dans le cœur, pour epoufer un fentiment, qui la renverfe. SOCRATE. Je le croirois beaucoup plutôt emané de la bouche d'un Periandre, d'un Perdiccas, d'un Xerxès, d'un Ifmenius de Thebes, ou de quel-

que

que autre fameux Tiran, aveuglé par fon orgueil, enivré de fa puiſſance. POLEMARQUE. Elle eſt parfaitement d'eux. SOCRATE. Je le penſe fort comme vous. Mais ſi la juſtice eſt autre choſe que tout ce que Simonide nous a dit; qui de la Compagnie voudra bien nous en donner une idée plus ſatisfaiſante?

THRASYMAQUE, ennuié de garder le ſilence, brûlôit d'envie de nous interrompre. Vingt fois il l'eût fait, ſi charitablement ceux qui ſe trouvoient auprès de lui, bien aiſes de nous entendre juſqu'au bout, ne l'euſſent vingt fois tiré fortement par l'habit. Sitôt que nous eûmes achevé, il ne fut plus en ſon pouvoir de ſe contenir. Après toutes les demonſtrations d'un Ours, au quel on ouvre ſa grille, il s'elança, comme pour ſe jetter ſur nous. Polemarque, & moi, nous en fîmes deux ou trois pas en arriere. A peine etions nous un peu remis de notre fraïeur, que le Sophiſte nous dit, avec ſa voix rauque, dont toute la ſalle trembla : Gens de bien, à quelles epouvantables bagatelles vous amuſez vous; depuis une heure que vous nous tenez, dix perſonnes que nous ſommes ici, touts en ſuſpens? N'a-t-il pas fait beau vous voir, en Lutteurs au fond grands camarades, eſſaïer de ſurprendre nos applaudiſſements par vos feintes groſſieres? Socrate, car c'eſt à vous, qui faites ici le Maître, que j'en veux; ſi votre intention etoit veritablement de nous enſeigner ce que c'eſt que la juſtice; vous retrencheriez vous à faire aux autres avec appareil queſtions pueriles ſur queſtions pueriles? Nous ſçavons touts qu'il eſt beaucoup plus facile d'interroger cent fois à perte de vue, que de repondre à propos une ſeule. Cependant vous ferez le dernier, ſi vous le trouvez bon, à votre tour. Qu'eſt-ce que la juſtice? Je vous ſomme, devant tout ce que nous voici d'habiles gens, de me la definir. Ne venez pas au reſte, avec votre attirail ordinaire de termes vagues, me dire qu'elle conſiſte à remplir ſes devoirs envers les autres hommes, à leur être utile, à leur faire du bien de toutes les manieres poſſibles. J'attends quelque choſe de precis; & ne vous imaginez pas que Thraſymaque ſoit Philoſophe à ſe païer de ces fadaiſes.

Attaqué

Attaqué de la forte, je demeurai quelques inftants fort interdit. Mon defordre s'accrut, lorfque j'ofai regarder mon Adverfaire en face. J'en aurois tout à fait perdu la parole, fi je n'euffe le premier eu le bonheur de porter les yeux fur lui. La colere lui faifoit rouler de toutes parts les fiens. Ainfi j'eus le moïen de le prevenir; & je lui repartis, d'un air à demi raffuré: Mon cher Thrafymaque, je vous en conjure, emportez vous moins contre nous. Si le pauvre Polemarque, & moi, nous avons le malheur de nous tromper; fçavant, comme vous etes, vous n'ignorez pas que ce n'eft jamais de gaieté de cœur que l'on fe trompe. S'il etoit queftion d'un threfor, vous ne nous accuferiez pas de fouiller, où nous fçaurions parfaitement qu'il ne feroit pas caché. Prefentement donc que nos recherches ont un objet infiniment preferable aux metaux les plus precieux; pouvez vous nous croire depourvus de fens, jufqu'à vouloir nous fatiguer envain, & ne rien faire ici que pour la montre? Il eft bien plus à prefumer que c'eft le talent, & non pas le bon deffein qui nous manque. Vous devriez donc bien, vous autres, Efprits d'une penetration furprenante, avoir de la compaffion pour nous; au lieu de vous aigrir contre des gens moins clairvoïants peut-être, mais trop intereffés à ne point tomber dans l'erreur, pour être foupçonnés d'errer par malice.

Thrafymaque, après m'avoir ecouté jufqu'au bout, fe prit à rire; & fes eclats forcés durerent longtemps. Grand Hercule! s'ecriat-il, quand la voix lui fut revenue; voici le divin Socrate, avec fon threfor de fines railleries, qui n'eft jamais a fec! Ne l'ai-je pas connu, lorfque j'ai predit à toute la Compagnie qu'il feroit dabord le mauvais plaifant; & que tout enfuite, pour ne point venir au fait?

Vous etes une homme paffablement difficile, bon Philofophe pourtant, mon cher Thrafymaque, luy repliquai-je. Vous fçavez donc que fi vous demandiez combien d'unités en douze, & fi vous enjoigniez en même temps de ne vous repondre, ni trois fois quatre, ni quatre fois trois, ni fix fois deux; parceque vous ne feriez pas homme à vous païer de fornettes pareilles; vous comprenez,

nez, dis-je, qu'à ces conditions, il n'est personne qui voulût entrer avec vous en lice. Le hazard vous fît-il rencontrer quelque Adversaire, il vous diroit : mais quoi, Philosophe incomparable ? Si la chose en question est justement une de celles dont vous défendez qu'on vous parle ; faudra-t-il vous en imaginer une autre ; & pour vous plaire, trahira-t-on la verité ? Que repondre, je vous en supplie ? THRASYMAQUE. Le beau rapport ! SOCRATE. Rapport, ou non ; s'il en trouvoit entre vôtre conduite, & celle dont il vous auroit fait sentir le ridicule ; il en jugeroit conformement à ses idées, sans respecter les votres. THRASYMAQUE. Auriez vous du goût, dites moi, Socrate, pour quelqu'une des absurdités, contre lesquelles je vous premunissois tout à l'heure ? SOCRATE. S'il m'arrivoit de les regarder d'un autre œil que vous, je ne verrois point la raison de ne les pas epouser sans honte. Notre maniere opposée de concevoir les choses ne me causeroit du reste aucune surprise ; bien assuré que nous ne serions pas les deux premiers grands hommes, qui n'auroient pas eu l'entendement fait l'un comme l'autre. THRASYMAQUE. Socrate, que diriez vous, sans tout ce verbiage, si l'on vous tiroit du labirinthe ; & si l'on vous donnoit en trois paroles une definition merveilleuse de la justice ? Quelle punition meriteriez vous, pour votre bêtise ? SOCRATE. La seule qu'à mon sens ait droit d'infliger à tout ignorant un plus habile : celle d'être instruit. Je m'y soumets par avance de grand cœur. THRASYMAQUE. Ouidà. Vous croïez donc, Socrate, qu'on vient à mon ecole sans païer ? SOCRATE. Quand mes finances, pour le present derangées, seront en meilleur ordre ; l'argent ira bien, n'en doutez pas. GLAUCON. Thrasymaque, enseignez le de grace. Nous repondrons pour lui. THRASYMAQUE. Je le veux bien ; mais à condition qu'il nous fera part avec le temps de ses decouvertes ; & qu'il n'en fera pas toujours quitte pour essaïer de trouver les autres en defaut. SOCRATE. Bienheureux Thrasymaque, en bonne foi que pourroit vous apprendre un homme qui ne sçait rien, & qui jamais ne se piqua de rien sçavoir ? D'ailleurs, comment s'y prendre avec un Philo-

sophe,

fophe, affurement des moins à meprifer, qui ne permet pas même de fe retrencher à ce qui paroitroit de plus probable? Votre
cas, Thrafymaque, eft tout different. Vous pretendez ne rien ignorer; & toutes les difficultés font applanies pour vous. C'eft
donc à vous de nous refoudre les notres; & vous auriez tort de
nous envier, à Glaucon, à toute la Compagnie, à moi, le grand
bien de vous entendre.

On voïoit que notre Sophifte, plein de la penfée que touts fes
talents à la fois alloient briller, & qu'il avoit les plus belles chofes
du monde à nous dire, auroit deja voulu toucher au bout de la
harangue dont il nous menaçoit. Il fallut neanmoins encore beaucoup le prier. Enfin il fe rendit.

Remarquez, nous dit-il en commençant, quoique Socrate parle
affez, qu'il ne produit jamais rien de fon propre fond. Il trouve
plus commode infiniment d'aller prêter l'oreille en touts lieux, &
piller un mot de l'un, un mot de l'autre, pour s'en faire honneur dans
les occafions; fauf à n'avoir jamais aucune reconnoiffance pour les habiles gens auxquels il doit tout. SOCRATE. Thrafymaque, vous
avez raifon de penfer que j'aime à profiter avec tout le monde. Mais
vous avez tort de croire que je paie d'ingratitude ceux à qui je
derobe quelque chofe de bon. La Fortune & moi, nous fommes,
je vous l'ai dit, mal enfemble. Ainfi je n'ai point de bourfes
pleines à leur donner. En recompenfe, je m'acquitte envers eux
pleinement par mes eloges. Vous ne vous imagineriez pas facilement à quel point j'en fuis prodigue, toutes les fois que je rencontre quelque efprit affez genereux, pour me faire part de fes lumieres. Vous eprouverez par vous même tout à l'heure combien je
m'eftime grand debiteur, lorsqu'on m'en communique d'auffi diftinguées, que le feront apparemment les votres.

THRASYMAQUE. Cà donc, ecoutez moi touts. J'appelle jufte
ce qui eft utile au plus fort. Hé bien, Socrate, où font vos loüanges? Avouez que vous n'en etes pas liberal, malgré tout votre beau
dire. SOCRATE. Attendez, mon cher Thrafymaque. Vous en re-
çeverez avec pofufion, je vous le promets, fi tôt que je vous aurai
8
compris.

compris. Mais j'ai le malheur de ne point encore vous entendre. Parceque l'Athlete Polydamas se trouve merveilleusement bien de ne manger que du bœuf, pretendez vous qu'il fût juste, utile aussi pour nous, qui n'avons pas l'estomac fait comme lui, de nous surcharger d'une viande si nourrissante? THRASYMAQUE. Vous serez toujours vous-même, Socrate; toujours railleur, & toujours charmé de donner du croc en jambe aux discours les plus solides. SOCRATE. Quoi; seulement parceque je voudrois être eclairci? THRASYMAQUE. Un peu d'attention, vous penetrerez le fond de ma doctrine. Je distingue des gouvernements de trois sortes; le Monarchique, le Democratique, l'Aristocratique. SOCRATE. Bon, Thrasymaque; vous commencez à vous rendre intelligible. THRASYMAQUE. Prenez l'espece qu'il vous plaira; les loix y sont faites au gré de ceux qui sont en possession de l'autorité suprême. SOCRATE. Vous devenez lumineux de plus en plus. THRASYMAQUE. Elles sont toutes marquées au coin de leur interêt propre. La preuve en est que dans les Democraties elles sont favorables au Peuple, aux Nobles dans les Aristocraties, au Monarque, dans les Monarchies. Partout les Legislateurs punissent la desobeïssance à leurs volontés, comme une injustice. Donc ils n'estiment juste que ce qu'ils jugent bon pour eux. Bienheureux Socrate, voïez vous presentement la belle enchainûre des principes qui m'ont fait avancer, que le juste n'est que l'utile au plus fort, l'utile au plus puissant, au Souverain?

SOCRATE. Une explication si claire ne me laisse plus aucun doute sur votre maniere de penser, Thrasymaque. Il ne s'agit plus que d'en examiner la justesse. Je trouve d'abord que vous avez assurement plus d'indulgence pour vous-même que pour moi. Le juste, & l'utile, selon vous, ne sont qu'une même chose; & cependant vous m'avez defendu, sous peine d'encourir votre indignation, de vous donner l'un pour l'autre. Il est vrai que vous ajoûtez un mot; l'utile au plus fort, l'utile au Souverain. THRASYMAQUE. Bagatelle, Bagatelle; c'est un petit rien, Socrate. SOCRATE. Je n'en suis pas certain. Mais je sçai très bien que d'accord fur l'effentiel, il refte à voir qui de nous a raifon, ou tort, fur le petit rien. THRASYMAQUE. Voïez, j'y confens. SOCRATE. Dites moi donc: croïez-vous qu'on doive obeïr à ceux qui gouvernent? THRASYMAQUE. Belle queftion! SOCRATE. Sont-ils infaillibles, ou fujets a l'erreur? THRASYMAQUE. S'avifa-t-on jamais de les en croire exempts? SOCRATE. Il leur arrivera par confequent de ne pas faire des loix juftes? THRASYMAQUE. Oui. SOCRATE. Comprenez moi bien; je veux dire des loix utiles pour eux? THRASYMAQUE. Je ne l'entends point autrement. SOCRATE. Cependant les Peuples ne pourront les violer, fans bleffer la juftice? THRASYMAQUE. Non. SOCRATE. J'en conclus à mon tour qu'ils la pratiqueront egalement, lorfqu'ils feront des chofes conformes, & contraires aux interêts du Souverain. THRASYMAQUE. Comment? SOCRATE. Ce n'eft pas moi, Thrafymaque, c'eft vous qui parlez. Corrigeons nous pourtant, fi bon vous femble. Vous etes convenu que les Maîtres n'entendent pas toujours bien leurs interêts dans ce qu'ils ordonnent; & felon vous auffi, les fujets n'en doivent pas moins l'executer. THRASYMAQUE. Oui; leur devoir eft de faire fans examen tout ce qu'on leur commande. SOCRATE. Quand ceux-là prendront de fauffes mefures, on fera donc tenu par juftice de les aider à ruïner leurs propres affaires; & cependant rien n'eft jufte que ce qui leur eft utile; ou pour vous rendre votre maxime dans vos termes, le jufte n'eft que l'utile au plus fort.

POLEMARQUE. Par Jupiter, Thrafymaque eft battu. CLITOPHON. La victoire n'a certainement point à balancer; puifque Polemarque fe declare pour Socrate. POLEMARQUE. Mon cher Clitophon, il n'a pas befoin de moi. Thrafymaque lui-même le couronne. D'une part il accorde, que fouvent les ordres des perfonnes revêtues de la fouveraine puiffance, ne feront propres qu'à renverfer touts leurs deffeins; & de l'autre il foutient, que la juftice ne confifte que dans une obeïffance aveugle à leurs volontés. Cette vertu n'obligera donc pas moins à faire

ce

ce qui leur eſt prejudiciable, comme Socrate l'a conclu, que ce qui leur eſt avantageux. CLITOPHON. Thraſymaque, Philoſophe capable de quelque legere inexactitude, comme un autre, parle apparemment de ce que le Souverain juge le meilleur pour ſes fins, quelque oppoſé qu'il y ſoit. POLEMARQUE. L'Adverſaire de Socrate n'en a pas tant exprimé. SOCRATE. Ne le traitons point à la rigueur, cher Polemarque; & laiſſons le faire ſon profit de ce que lui ſuggere Clitophon. Expliquez vous, on vous le permet, Thraſymaque. Eſt-ce l'utilité réelle du plus fort, ou ſon interêt fauſſement imaginé par lui-même, qui fait la juſtice, ou l'injuſtice d'une action, par laquelle on execute ce qu'il ordonne? THRASYMAQUE. Dieux, que vous etes bons touts; de croire que dans mon ſyſtême, le plus puiſſant puiſſe errer, entant que tel! SOCRATE. Je conçevois que vous l'aviez declaré faillible. THRASYMAQUE. On vous l'a toujours dit, Socrate; vous etes un homme etrange dans la diſpute. Je gagerois ma tête qu'echo du vulgaire, vous appellerez Medecin un Ignorant, qui raiſonne pitoïablement d'une maladie; Grammairien un ſecond, qui manque à l'ortographe, ou qui fait des ſoleciſmes en matiere de ſyntaxe. Il ſeroit pourtant bon de ſçavoir qu'un Artiſte ne ſe trompe jamais, en cette qualité. Voilà, ſi vous l'ignorez, ce qu'il faut dire, pour parler juſte; puiſque vous aimez ſi paſſionnement la juſteſſe. On ne tombe dans l'erreur, que par defaut d'habileté. Or on ne peut en accuſer un homme habile, un homme puiſſant. Donc il eſt eſſentiellement infaillible. Incapable par conſequent de rien commander, qui ne ſoit pour ſon plus grand bien, & qui ne doive par cette raiſon être obeï. J'avouerai comme un autre, par deference pour le language ordinaire, qu'il fait des fautes; mais, ſous la reduplication que j'ai dite, il eſt impeccable. Ainſi ma Theſe n'a point ſouffert de vos attaques; & malgré tout, le juſte ſe meſure uniquement ſur l'interêt du plus fort. SOCRATE. Thraſymaque, je ſouſcris à touts vos arrêts d'ailleurs. Mais ſerois-je homme à vouloir de gaieté de cœur abuſer d'une choſe auſſi parfaitement ſacrée qu'eſt la parole? THRASYMAQUE. Qui doute que vous cherchez à me tendre des pieges? SOCRATE.

D 2

Quoi?

Quoi? Vous vous imaginez que je penfe à vous furprendre? THRASYMAQUE. Non, je ne me l'imagine pas, Socrate; je le fçai fort bien. Mais foïez averti que Thrafymaque vous veille. Son œil perçant demêlera touts vos artifices; & je ne vous confeille pas la force ouverte. SOCRATE. Divin Thrafymaque, je ne pretends ni me derober à votre vue, ni moins encore m'expofer à vos coups. La feule grace que je vous demande, pour mettre fin à nos mal-entendus, c'eft de me dire une bonne fois quelle idée vous attachez à ce terme, le plus puiffant, le Souverain? La populaire, qui le fait homme, & fujet à l'erreur; ou cette autre, plus relevée, qui l'en exempte; & qui vous fert à foutenir que l'avantage du plus fort eft l'unique loi pour le plus foible? THRASYMAQUE. Je m'etudie, autant qu'il fe peut, à la precifion en tout. Ici, puifqu'il faut vous le repeter, je parle du plus puiffant, & du plus fort, entant que tel; infaillible fur le chapitre de fes interêts. Avancez, avec toute votre Dialectique. SOCRATE. Moi, Dieu m'en garde! Je n'ai pas affez perdu l'efprit, pour aller, à mes perils, badiner avec la hure de Thrafymaque. J'aimerois beaucoup mieux accomplir le proverbe dans fon entier, & tondre vingt fangliers de près. THRASYMAQUE. Socrate, on vous a vu les cifeaux en l'air; mais heureufement rien n'eft tombé. SOCRATE. C'eft affez de jolies chofes, ne trouvez vous pas? Venons au fait.

Un Medecin par où vous paroît-il meriter ce nom? Eft-ce parcequ'il gagne de l'argent, ou parcequ'il guerit les maladies? THRASYMAQUE. Le dernier fans doute. SOCRATE. Un Pilote auffi, n'eft-il qu'un homme qui navige; ou fait-il plus dans le vaiffeau? THRASYMAQUE. Il gouverne. SOCRATE. Patron, matelots, paffagers, font touts intereffés dans la manœuvre. THRASYMAQUE. Il y va même de la vie pour eux. SOCRATE. C'eft excellemment repondu. Il ne s'agit plus que de m'apprendre fi le but de tel art qu'il vous plaira, n'eft pas l'invention premierement de tout ce qui peut contribuer au bien de ceux, au fervice defquels il fe voue en particulier, & l'execution enfuite? THRASY-

MAQUE.

MAQUE. Je vous l'apprends. SOCRATE. Son interêt, si j'ose m'exprimer de la sorte, ou sa fin, n'est que d'arriver à toute la perfection possible, pour leur être utile? THRASYMAQUE. Grand Hercule, que de paroles, qui n'aboutiront à rien! SOCRATE. J'abrege. A qui me demanderoit si le corps de l'homme est sans besoins, je lui dirois qu'il en a mille. Lorsqu'il est malade, plus qu'en tout autre temps. On inventa la Medecine, pour lui rendre la santé. Elle ne cherche, elle ne raisonne, elle ne s'emploie, que pour y reüssir. Touts les autres arts ne travaillent pas moins pour nos usages. THRASYMAQUE. Que s'ensuit-il? SOCRATE. Les Arts ne sont point necessiteux, comme nous. S'ils l'etoient, il leur faudroit, comme à nous, des arts ministres; dont la gradation iroit à l'infini? Parfaitement desinteressés, ils ne s'occupent qu'à nous fournir le necessaire, & l'agreable. THRASYMAQUE. Que de verbiage, encore une fois! SOCRATE. Attendez. Le Pilote, le Medecin, les autres artistes, n'ont point en vue leur avantage propre, mais celui du genre humain seulement. THRASYMAQUE. Oh la magnifique decouverte! SOCRATE. Ceux qu'ils servent, leur obeïssent; & pour en être secouru, la premiere chose est de plier sous leur despotisme.... Thrasymaque en tomba d'accord; mais une sueur abondante lui vint au visage.... Nul Art, aucune Science, poursuivis-je, ne se propose l'utilité du Sçavant, & de l'Artiste même. Quoiqu'en vertu de ces qualités, ils aient un empire legitime sur les Ignorants, & sur les foibles; touts les travaux de ceux-là se rapportent au bien être de ceux-ci. Mon Disputeur en convint encore ; mais en homme qui se preparoit à revenir frais au combat, si-tôt qu'il auroit fini de s'essuïer le front... Je poussai ma pointe.... Le Medecin, entant que tel, pour me servir de votre expression, lui dis-je, loin de se chercher lui-même en rien, se consacre sans reserve au service de ses malades. Il leur donne ses ordonnances, en Souverain; mais elles n'ont que leur guerison pour objet. Nous avons fait la difference de l'Artiste, & du Mercenaire. Le Pilote pareillement, quoique sur son bord Monarque absolu, veille pour le salut de son equipage. Enfin parcourez les differentes

profeſſions ; & vous verrez que tout homme, par ſes talents ſuperieur aux autres, s'oublie entierement, pour ſe devouer à ceux qui lui ſont inferieurs en lumieres.

Quand j'eus achevé ; mon Antagoniſte, fâché de voir qu'une deſcription de la juſtice, oppoſée à celle qu'il en avoit faite, exçitoit en ma faveur un murmure conſiderable dans toute la Compagnie, raſſembla toutes ſes forces ; & m'apoſtropha, comme je vais dire... Socrate, votre nourrice vit-elle encore? Thraſymaque, lui repartis-je, pour un Philoſophe du premier ordre, eſt-ce là repondre? J'ai ma raiſon, repliqua-t-il. C'eſt que, dans le beſoin preſſant où l'on vous voit d'être mouché, ſon devoir ſeroit de venir vous rendre ce bon office.   J'aurois cru que vous auriez dans votre vie entendu parler d'un berger, & de ſes troupeaux.   SOCRATE. Comment donc ; ſuis-je ſi neuf? THRASYMAQUE. Vous penſez de bonne foi, que s'il prend la peine de les mener paître l'herbe verte, ſi tour à tour il endure l'Hiver, & l'Eté, c'eſt pour eux, & non pour la laine, dans la quelle ſe metamorphoſent le treffle, & le thin? Ceux qui gouvernent les Peuples, ſeroient-ils moins ſages ; & pour les mettre fort à leur aiſe, travailleroient-ils la nuit & le jour, ſi jamais la tonte ne venoit? Cet exemple ſeul vous fait toucher au doigt que vous renverſez entierement les idées de la juſtice, & de l'injuſtice. Il demontre que le plus foible agit comme il doit, lorſqu'il s'immole pour le plus fort ; & le plus fort, lorſqu'il opprime le plus foible ; lorſqu'il foule aux pieds les gens de bien, ou les eſprits ſimples : trop heureux de ſervir à ſon bonheur, à ſa gloire, à ſa grandeur. Je ne m'etonne pas, Socrate, que vous qui vous plaiſez dans la fange des prejugés vulgaires, & qui naturellement avez l'eſprit des plus bouchés, vous penſiez comme vous faites.   Cependant il faudroit tâcher de comprendre qu'un homme vertueux, pour le bien nommer un idiot, en tout eſt de beaucoup pire condition que ce que vous appellez un mechant homme.   Le premier fait-il un marché? A coup ſûr il en ſortira perdant.   Il paiera le double de l'autre, pour ſa part des charges publiques ; & les benefices ne ſeront que pour celui-ci.   L'un reünira dans ſa perſonne touts les emplois hono-

rables,

rables, & lucratifs; pendant que l'autre paſſera triſtement ſes jours dans l'indigence, & dans l'obſcurité. Si par quelque hazard extra-ordinaire, la fortune eleve le dernier; ſon peu de vivacité pour les richeſſes produira le deſordre dans ſes affaires domeſtiques. Mille ſcrupules inſenſés l'empêcheront de les retablir, au prejudice de per-ſonne. Parcequ'il ne voudra point manquer aux regles de la ju-ſtice, pour obliger Parents, Amis; ils n'auront pour lui que de l'in-difference, & le plus ſouvent même de la haine. Cependant les vœux de l'homme injuſte ſeront comblés. Pour vous rendre la choſe encore plus palpable, ſuppoſons le aſſez puiſſant, pour accabler tout ce qui lui reſiſte; & ſon antagoniſte aſſez foible, pour ne pouvoir eviter l'oppreſ-ſion. Quoi de plus clair que l'un ſera miſerable, & l'autre heureux? Voïez un Tiran, par exemple, après qu'il a bien etabli ſon deſpo-tiſme. Il emploie indifferemment la violence, & l'artifice, pour ac-complir touts ſes deſſeins. Il envahit avec facilité le bien d'autrui; ſans diſtinction, ni du ſacré, ni du prophane, du particulier, ni du public. De quoi s'agit-il au reſte, que d'être aſſez fortuné, pour derober au monde la connoiſſance de ſes crimes; aſſez appuïé, pour en braver les jugements; aſſez magnanime, pour tout oſer; aſſez prudent, pour ne rien faire à demi? Quand ces qualités, & ces avantages manquent; c'eſt à dire, quand on eſt condamné par la nature, & par ſon mauvais Deſtin, à ne faire que detrouſſer les voïageurs, couper les bourſes, ſaccager les Temples; on eſt filou, Brigand, Sacrilege; avec un ſupplice infâme au bout. Mais a-t-on aſſervi courageuſement un grand Etat, conquis des Roïaumes, & mis les Nations entieres aux fers; vous n'ignorez pas qu'au lieu de ces noms odieux, ce ne ſont que titres ſuperbes; & que tout l'u-nivers, frappé de la plus haute admiration, retentit du bruit de ces forfaits illuſtres. Si quelquefois on parle mal de l'injuſtice; qui ne voit que ce n'eſt pas qu'on eût horreur de la commettre, mais que l'on craint d'en ſouffrir? Hé bien, Socrate, nous vanterez vous encore la juſtice; qui fait qu'on ſe contraint dans toutes ſes actions, lors même qu'on pourroit ſe promettre l'impunité pour les plus criminelles; & qui ne donne pas l'empire du Monde pour re-

compenſe

compenfe à fes partifans? Comprenez vous enfin le grand fens de cette maxime : que tout eft jufte, s'il eft utile au plus Fort ; & que le plus foible eft un injufte, quand il refufe de facrifier honneur, biens, fanté, vie, à fon bon plaifir ?

Thrafymaque, après nous avoir touts comme inondés par ce torrent de paroles, chercha la porte, avec toute la diligence, & toute la joie d'un garçon baigneur, qui vient de verfer des fleuves fur la tête à fes prifonniers, pour n'avoir pas eté fages dans fes cuves. Les plus à portée coururent, pour le retenir. Je fecondai leurs efforts, par mes prieres. Eloquent Thrafymaque, lui dis-je, après avoir eté longtemps ecouté, fur le plus important fujet du monde, feriez vous affez infenfible à nos follicitations, pour vous refoudre à nous quitter ; fans nous avoir bien convaincus auparavant que votre Morale eft la meilleure ; & fans examiner avec nous fi dans certains moments d'inadvertance, le vrai ne vous auroit point echappé ? Penfez vous à la confequence infinie d'une recherche, de laquelle nous n'attendons rien moins que des des lumieres fures, pour nous conduire à la vie heureufe ? Ne prendriez vous aucun interêt à ce qui nous touche de fi près ; & nous laifferiez vous impitoïablement nous egarer dans les routes, qui menent au Souverain bien ; par une funefte ignorance de mille chofes, que vous fçavez, & qu'il vous coûteroit par confequent très peu de nous apprendre ? Au refte ne craignez du tout point de perdre vos peines. Afûrez vous au contraire que jamais vous ne trouverez difciples plus dociles, ni plus reconnoiffants d'avoir eté mis dans le bon chemin. En mon particulier, comptez que je ne ferai point ingrat. Mais je ne dois point vous celer, jufqu'ici que je ne fuis rien moins que perfuadé. J'ai beau faire des efforts, pour decouvrir fi l'illufion ne feroit point de mon coté ; je ne puis en aucune façon porter envie à l'injuftice, même couronnée, & maitreffe de tout faire. Qu'elle ait, & la force pour vaincre, & l'adreffe pour fe mafquer. Il faut d'avantage, pour me faire juger quelle mette l'homme en poffeffion du bonheur veritable ; & pour me guerir de je ne fçai quelle horreur involontaire, que toute ma vie

5

je

je me fentis pour elle. Je m'imagine même n'être pas le feul de la compagnie, qui foit frappé de ce defagreable fentiment ; depuis que nous vous entendons parler d'elle fi fort en bien. Montrez nous donc que nous avons tort, de penfer autrement que vous ; jufqu'à preferer la juftice opprimée, à l'injuftice triomphante.

Thrasymaque. Par Hercule ; que faut-il qu'on faffe ? Hò, là, Quelqu'un ? Vîte, un marteau ; pour faire entrer à Socrate touts mes arguments l'un après l'autre dans la tête ? Socrate. Il n'eft pas neceffaire de recourir à des moïens fi violents, cher Thrafymaque, lui repliquai-je. Daignez feulement vous tenir ferme à quelque chofe ; afin que nous ne foïons plus expofés aux variations de tantôt ; & du refte à vous permis encore de vous reprendre. Nous parlions du Medecin defintereffé ; qui ne fe propofe d'autre but, que celui de fon Art bienfaifant : nous en parlions, dis-je, par oppofition au Mercenaire. Il vous a plu d'introduire fur la fçene le Berger. Vous nous en avez, ce me femble, avec très peu d'exacti tude, fait un avare, qui ne penfe qu'à faire argent de fon troupeau ; un inhumain, qui ne le foigne, que pour le tondre ; un gourmand, qui ne l'engraiffe, que pour s'en regaler. Cependant la fin de la profeffion paftorale s'eft eclipsée entierement. Nous n'avons point fait attention qu'elle engage à veiller nuit & jour aux befoins des animaux de la Campagne, qui tremblent au moindre mouvement de la houlette ; & nous avons tout à fait oublié qu'elle s'epuife en inventions, pour y pourvoir. Tout le refte, prenez y garde, ne vient point d'elle ; mais de l'avarice, & des autres vues intereffées du pafteur. Cet exemple particulier n'infirme donc point la verité de ce principe general ; que tout empire, naturellement fondé fur quelque talent, qu'on poffede par deffus les autres hommes, fe rapporte uniquement à leur plus grand bien.

Thrafymaque, repondez moi. Croïez vous que les hommes les plus dignes de commander, foient les plus avides, & les plus charmés du commandement ? Thrasymaque. Par Jupiter, il faut avoir l'âme baffe, pour douter qu'un grand cœur ne foit pas au comble de fes vœux, lorfqu'il fe voit le maître des autres. Socrate. Cependant il n'arrive pas que perſonne trouve de l'attrait à ſe charger des autres fonctions de la vie civile, quoique beaucoup moins embaraſſantes, ſans eſperance de retour. Ceux qui les exercent, attendent mille eſpeces de recompenſes differentes; parcequ'ils donnent leur temps, leur habileté, leur application, à pure perte pour eux. De grace, encore une fois, repondez preciſement; afin que nous puiſſions avoir fini ſur quelque article.

Ce qui nous fait diſtinguer un Art d'un autre, c'eſt dans l'Artiſte une capacité, qui le fait reüſſir à certaines choſes? THRASYMAQUE. Oui. SOCRATE. Chaque Art à ſon utilité particuliere. La Medecine donne la Santé. Le Pilotage fait naviger heureuſement. Il en eſt de même de touts les autres. THRASYMAQUE. Nous le ſçavions parfaitement. SOCRATE. Celui d'amaſſer du bien eſt tout à fait à part. Amoureux de la juſteſſe, comme nous ſommes depuis un temps, nous ne dirons pas que la Medecine ſoit la Navigation, parceque l'air de la Mer aura fait paſſer la fievre à tel Maître de vaiſſeau? THRASYMAQUE. Non. SOCRATE. Ni qu'un Marchand ſoit Medecin; parcequ'elle l'aura quittée à ſon comptoir? TARASYMAQUE. Non encore. SOCRATE. L'Art de gagner de l'argent ne ſera donc point celui de guerir les maladies, parcequ'un homme s'enrichira par ſes cures? THRASYMAQUE. Hé bien, non; mais que nous importe? SOCRATE. J'en conclus que le gain, preferé très ſouvent à tout par les Ariſtes, eſt quelque choſe de fort etranger à leur art; qui n'a rien de commun avec celui du lucre. . . . .

Thraſymaque y conſentit; mais après avoir pluſieurs fois changé de couleur; parceque de loin il previt la difficulté. . . . Je pourſuivis. . . . . Si quelque habile Architecte vous batiſſoit une maiſon; vous n'en ſeriez pas moins commodement logé, parcequ'il vous en auroit fait preſent? THRASYMAQUE. Il eſt vrai. SOCRATE. C'eſt une preuve que tout Art, ſecourable, & parfaitement desintereſſé de ſa nature, a pour objet le bien, non de l'Artiſte, mais de l'Ignorant. L'art le plus neceſſaire, & le plus beau de touts, je veux dire l'art de gouverner, ſera par conſequent & le plus utile aux hommes, & le

moins

moins mercenaire. Pour se conformer à ses intentions; le plus fort, comme vous le nommez, loin de ne consulter que son avantage propre en tout, se doit au contraire tout entier au plus foible. Voilà, Thrasymaque, ce qui m'a fait dire, qu'à bien envisager les choses, la puissance, & l'autorité, n'ont point les charmes qu'on s'imagine. Le grand charme en effet, que de pourvoir incessamment aux besoins des autres, de manier leurs ulceres, pour leur en procurer la guerison! Aussi chacun veut-il être païé de ses peines. C'est ou l'honneur, qu'on envisage, ou le profit, ou les deux ensemble. Quelquefois on craint de se voir enveloppé sous les ruïnes de la Republique; & pour l'eviter, on se resoud à se charger du fardeau pesant des affaires. GLAUCON. J'entends les deux premiers motifs, mon cher Socrate; mais le dernier ne se conçoit pas si bien. SOCRATE. C'est neanmoins le plus pressant, mon cher Glaucon, de ceux qui peuvent engager une âme noble à ne point se derober aux grands emplois. Vous n'ignorez pas que l'amour des richesses, & des titres eclatants, est regardé par touts les gens sages comme une passion honteuse. Il est effectivement indigne d'un cœur, que la vertu possede. GLAUCON. J'en conviens. SOCRATE. Un homme rempli d'estime, & d'attachement pour elle, n'acceptera donc le maniment d'un Etat, ni par Ambition, ni par Avarice. Il rougiroit de se proposer l'argent; parcequ'il n'est point de ceux qui ne peuvent faire le bien, sans l'eguillon d'un interêt sordide. Beaucoup moins s'enrichira-t-il des depouilles du Peuple; parcequ'il veut être quelque chose de meilleur qu'un brigand public. La vaine gloire aussi le touche peu. Pour l'arracher à la vie privée, il lui faut le plus terrible des malheurs à craindre; celui de voir sa patrie opprimée par les plus mechants, ou mal secourue par les moins bons. Quand, pour l'empêcher de tomber en de mauvaises mains, il en prend les rênes; loin d'en estimer sa condition meilleure; il se resigne, à ce qu'il juge une fâcheuse necessité pour lui. Elle n'a personne qui vaille mieux que lui, qui le vaille: nulle autre pensée ne le determine, & ne le console. C'est là si naïvement l'interieur de gens de bien, que dans une Republique où le nombre en seroit grand, on les verroit briguer à qui n'auroit que soi-

E 2

même

même à conduire, avec toute l'ardeur, avec laquelle chacun aujourdhui combat, à qui fera le maître des autres. Tant il eft vrai que le devoir de ceux qui gouvernent, eft de fermer abfolument les yeux à leur interêt particulier, & de n'avoir pour objet que celui du corps politique. A ce prix, je le demande, la gloire & le plaifir de le fervir utilement à part, quel homme fage n'aimeroit pas mieux, fans embarras, & fans peine, reçevoir d'ailleurs touts les fruits du bon gouvernement, que les procurer lui-même aux autres, à fes depens, ou peut-être même à fes perils? Thrafymaque fouffrira donc que je lui contefte infiniment fa maxime; que rien n'eft jufte, qu'autant qu'il eft utile au plus fort. Nous y reviendrons bientôt. Mais ce qu'il ajoûte, que l'injuftice rend l'homme heureux, merite nos premieres attentions. Dites nous, eft-elle aimable à ce haut point? Eblouï d'elle, mon cher Glaucon, lui donnez vous la preference? Glaucon. Mon cher Socrate, il s'en faut beaucoup. Je tiens encore pour la juftice. Socrate. Thrafimaque a neanmoins bien harangué. Glaucon. J'ai tout entendu; mais il n'a rien gagné fur moi. Socrate. Puifque nous fommes l'un & l'autre mal fatisfaits; uniffons nous, pour lui faire voir fon tort. Glaucon. Je vous offre tout mon fecours. Socrate. Vous m'infpirez du courage; mais comment nous y prendrons nous? Si nous entreprenons fimplement d'oppofer une enumeration d'avantages, & d'inconvenients, à celle qu'il nous a faite, il faudra de part & d'autre les balancer; & de cette maniere, nous pourrions n'avoir jamais fini, fans des arbitres. Mais fi nous obligeons notre homme à convenir de certaines vetités, enchainées de l'une à l'autre à celle que nous voulons eclaircir; nous ferons tout à la fois l'office de juges, & de parties; & nous en terminerons plutôt la difpute. Votre avis? Glaucon. Ce dernier parti me paroît le meilleur, pour ferrer un Adverfaire de près, & pour le prendre; quelques mouvements qu'il fe donne, pour faire perdre la pifte.

   Socrate. Allons, Thrafymaque, reprenez vos efprits. Vous pretendez que l'injuftice confommée fait arriver l'homme au comble du bonheur; & que la juftice le plonge dans une abîme de mife-

res?

res? THRASYMAQUE. Oui, je le foutiens; & grace à Jupiter, mes fyllogifmes font en forme. SOCRATE. L'une eft un vice, & l'autre une vertu? THRASYMAQUE. Affurement. SOCRATE. La vertu, c'eft la juftice. THRASYMAQUE. Oh, oui, fans doute; puifqu'elle eft beaucoup moins que bonne à rien. SOCRATE. Elle fera donc le vice. THRASYMAQUE. C'eft trop. Contentons nous de la nommer l'effet d'une generofité, qui part de bêtife. SOCRATE. Et l'Injuftice, qu'en dirons nous? THRASYMAQUE. C'eft le chef-d'œuvre de la prudence. SOCRATE. Les plus injuftes font par confequent les plus fages, & les plus vertueux? THRASYMAQUE. Oui; lorfqu'ils fçavent prendre fi bien leurs mefures, que leurs crimes demeurent impunis. N'allez pas me croire infensé, je vous en conjure, au point de mettre les petits brigands, les coupeurs de bourfes, & le voleurs de grand chemin, au rang des grands hommes. Non. Leurs petits exploits ne font point à meprifer; quand ils ont affez d'efprit pour eviter le chatiment. A ne vous rien celer neanmoins, ces bagatelles ne valent pas fort la peine qu'on en parle. Mais je vous attends, Socrate, je vous attends, aux Conquerants de Provinces, & de Roïaumes. SOCRATE. Thrafymaque, je n'ignore pas que vous les egalez aux Dieux immortels; mais je m'etonne de vous entendre ainfi traduire la juftice en folie, & parer l'injuftice du nom de fageffe. THRASYMAQUE. C'eft mon bon plaifir. Faites voir mon erreur. SOCRATE. C'eft là, Thrafymaque, ce qui s'appelle avoir de la force. Pour peu qu'on vous effaie, on trouve qu'il n'eft du tout point facile de vous renverfer par terre. Si, comme beaucoup d'autres, vous vous contentiez de foutenir que l'injuftice eft très fouvent d'un bon profit, fans nier qu'elle merite l'infamie; on pourroit de la bouche du vulgaire emprunter mille excellentes chofes, pour vous combattre. Mais, vous me trompez fort, ou vous etes refolu de lui tranfporter touts les characteres du grand, & du beau; touts ceux en un mot que nous autres Philofophes, infiniment peuple fur la matiere, nous attribuons à la juftice. THRASYMAQUE. Je me rejouïs de ce que Thrafymaque vous eft connu. SOCRATE. Malgré toutes vous declarations,

tions, je ne me flatterai point encore de fçavoir parfaitement ce que vous penfez. J'aurois cependant auffi de la peine à me perfuader que vous euffiez voulu fimplement vous divertir ; & que vous fuffiez homme à nous debiter ferieufement une Morale, que vous ne jugeriez pas veritable. THRASYMAQUE. Je me fuis expliqué fuffifamment. Que faut-il plus ? SOCRATE. J'ai tort. Toutes les fois qu'il m'arrivera de perdre ainfi le temps, vous me ferez un fingulier plaifir de me ramener impitoïablement au fait.

Dites moi donc ? Croïez vous que l'homme de bien, lorfqu'il s'agit de rendre un depôt, ou de faire quelque autre action vertueufe, cherche à s'en acquitter mieux que les gens de bien, au même degré que lui ? THRASYMAQUE. Imbecille comme il eft, il aura trop de politeffe, pour jamais leur vouloir être fuperieur en rien. SOCRATE. Il tâche en recompenfe de valoir mieux que les mechants. THRASYMAQUE. Le malheur eft qu'il y travaille avec peu de fuccès. SOCRATE. Je ne vous demande pas s'il reüffit, ou non ; mais s'il n'eft pas vrai qu'il lui fuffit d'avoir atteint au point de perfection, qu'il remarque dans tout ce qui vient d'un honnête homme ; pendant qu'il s'applique très foigneufement à fe diftinguer du mal honnête homme en tout ? THRASYMAQUE. Soit. SOCRATE. Le dernier au contraire veut l'emporter fur tout le monde. THRASYMAQUE. C'eft un effet de fa noble ambition. SOCRATE. Celui-là, foigneux d'egaler fimplement les perfonnes de fon charactere, n'entreprend de furpaffer que les gens de mœurs oppofées. Celui-ci pretend effacer les unes & les autres. THRASYMAQUE. Par Hercule, je l'en aime d'avantage. SOCRATE. Je n'ai plus qu'un mot. Un bon joüeur de Lyre, pour briller plus qu'un autre, egalement habile, a-t-il coutume d'en forcer toutes les cordes, jufqu'à les rompre ; au lieu de la monter precifement comme lui ? THRASYMAQUE. Non ; à moins qu'il n'ait du vin dans la tête. SOCRATE. Que diriez vous d'un charlatan ; qui pour s'elever à plus de reputation que les Medecins les plus celebres, doubleroit toutes les dofes de leurs ordonnances ? THRASYMAQUE. Qu'il feroit un fameux etourdi. SOCRATE. Parcourons toutes les fçiences, & touts les arts ; & nous verrons

rons qu'on fait toujours bien, quand on fait aussi bien que les sçavants, & les Artistes. Les Ignorants seuls peuvent avoir l'extravaguante phantaisie, d'exceller tout à la fois par dessus les Ignorants comme eux, & par dessus les Maîtres. Qui dit sçavant, dit sage; & qui dit ignorant, dit insensé. Thrasimaque, apperçevez vous un grand trait du premier dans l'homme de bien, & du second dans le méchant homme?....

Thrasymaque aux abois, ne repondit que par un visage couleur de feu; & par un retour de transpiration, d'autant plus abondant, que nous etions au cœur de l'eté. C'etoit la deux, ou troisiême fois de sa vie, que je l'eusse vu rougir....

Après qu'on eut prononcé tout d'une voix contre lui, que le nom de sagesse, & de vertu, appartenoit à la justice, & que l'injustice est le fruit d'une ignorance vicieuse; pour le remettre de son trouble, je le fis souvenir qu'il avoit encore une ressource, dans ce qu'il avoit ajoûté; que le crime fraie le chemin à la puissance, & que la puissance donne la felicité parfaite. Grace aux Dieux immortels, j'ai la memoire bonne, me dit-il. Je n'ignore pas qu'il me reste assez de quoi vous battre en ruïne, vous, & votre excellent joüeur de Lyre. Mais vous m'accuseriez infailliblement de faire l'orateur. Cependant choisissez. Ou laissez moi parler à mon tour, sans m'interrompre; ou si vous ne pouvez vous guerir de la fureur d'interroger; entassez les questions, autant que bon vous semblera. J'en sortirai quitte avec vous, pour les mêmes signes de tête, avec lesquels un auditeur fort ennuïé, conduit le plus promptement qu'il peut une vieille radoteuse jusqu'à la fin de touts ses contes. Socrate. Thrasymaque, à Dieu ne plaise que par un excès d'indulgence pour moi, jamais il vous arrive de trahir vos sentiments! La seule grace que je vous vous demande, c'est de ne point trouver mauvais que je les sçache. Thrasymaque. Socrate, je vous connois; & quoique j'en puisse dire, je vois qu'il faut vous laisser le champ libre. Socrate. Je reprends.

De ce que la justice est sagesse, & vertu, j'aurois droit incontinent de conclurre qu'elle donnera de la consideration dans le Monde;

&

& c'eft un fait certain que l'eftime attire la fortune. Mais je ne me bornerai pas à ce raifonnement fimple. Thrafymaque, voici plus. Thrasymaque. Ecoutons.

Socrate. Comme un particulier, un Etat peut être injufte. Thrasymaque. Oui; mais plus il le fera, plus il etendra fes conquêtes. Socrate. Je le veux. Mais fans la juftice, parviendra-t-il au point de grandeur neceffaire, pour y reüffir? Thasymaque. Non, s'il eft vrai qu'elle foit le fruit le plus exquis de la prudence, comme vous le pretendez; mais il en fera tout autrement, fi j'ai raifon de foutenir que la refpecter eft le comble de la folie. Socrate. Thrafymaque, vous ne vous imagineriez pas facilement combien je fuis charmé de ne plus vous trouver fi laconique; & de vous voir prefentement faire ce que j'appelle très bien repondre. Thrasymaque. On tâche de vous plaire. Socrate. Je vous en loue; & feulement ne vous laffez pas, je vous prie.

Une Republique, une Armée, où c'eft à qui nuira le plus aux autres, une troupe de Brigands, fi vous voulez, formera-t-elle jamais aucune entreprife de concert; en executera-t-elle quelqu'une avec fuccès? Subfiftera-t-elle même longtemps, fi chacun y fait impunement tort à fon camarade, à fon Concitoïen? Thrasymaque. Non; il faut des loix. Socrate. La bonne intelligence, mere de touts les biens, au contraire y regnera, fi les particuliers ne craignent rien davantage, que de fe faire mutuellement injure? Thrasymaque. Soit. Socrate. Tel eft le charactere effentiel de l'injuftice, Thrafymaque. Elle n'enfante que haines, animofités, querelles, guerres; pendant que la juftice engendre la bienveillance, l'amitié, la concorde, la tendreffe reciproque. Thrasymaque. Quand on vous le pafferoit, pour ne pas toujours vous contredire? Socrate. C'eft m'accorder beaucoup. Si l'injuftice n'eft propre qu'à mettre partout la diffenfion, & la difcorde; elle foulevera les membres d'un même corps les uns contre les autres, jufqu'à les rendre abfolument incapables de confpirer au bien commun. Thrasymaque. Le grand malheur! Socrate. Qu'elle poffede egalement deux efprits; ils vivront feparés, ennemis des

amateurs

amateurs de la juſtice, ennemis entre eux. THRASYMAQUE. Qu'importe? SOCRATE. Ne parlons que d'un feul. La premiere y produira des effets pareils; un combat perpetuel des paſſions, une ſubverſion entiere du bon ordre, qui doit être entre les facultés, une impuiſſance d'agir univerſelle. THRASYMAQUE. Hé bien? SOCRATE. L'aimable choſe donc, dans un Etat, dans une Societé moins nombreuſe, dans un cœur! On s'arme contre touts ceux qui traverſent; on hait les gens de bien, quoique tout à fait hors du chemin; on ſouffre toutes les horreurs d'une guerre inteſtine; on n'entreprend rien; on echoue dans toutes ſes entrepriſes. THRASYMAQUE. C'eſt admirablement dit! SOCRATE. Encore un grand mot, Thraſymaque. Les Dieux ſont juſtes; & par conſequent propices à ceux qui reſpectent la juſtice, redoutables à ceux qui la mepriſent. THRASYMAQUE. Courage, Socrate; je vous le conſeille, regalez vous à l'aiſe de touts ces mets delicieux. Ne craignez point; je ne troublerai pas votre grand' chere. Il ne feroit point du tout joli de ſe brouiller avec le Ciel; & je n'ai garde, au peril de voir fondre ſur moi touts ſes quarreaux, d'arracher les bons morçeaux de la bouche au Defenſeur de la juſtice, fort aſſuré de ſa protection. SOCRATE. Thraſymaque, de mon coté, je ne reprimerai point mon appetit; puiſque vous m'exçitez vous-même extraordinairement à bien faire. Mais comptez, je vous prie, que le repas à mon gré ne ſera point complet, ſi vous ne continuez d'aſſaiſonner tout, par le ſel peu commun de vos reponſes. Je pourſuis.

La confiance univerſelle eſt le premier tribut, que la vertu ſe fait païer. Les gens de bien feront par cette raiſon plus ſecondés, & plus capables de reüſſir à tout dans la vie que les autres. Les derniers même, quoique leurs interêts s'accordent ſouvent, ne demeureroient pas longtemps unis, ſans quelques reſtes de bonté, qui les empêchent de ſe trahir, & de ſe detruire les uns les autres. Ils ne ſont mechants qu'à demi. S'ils l'etoient parfaitement; expoſés inceſſamment à devenir la proie de leurs pareils, à tomber dans les epieux des gens de bien, ils ne pourroient s'aſſocier avec leur eſpece, ni faire autre choſe, qu'enlever par ſurpriſe de quoi ſoulager leur cruelle faim. En un mot abhorrés, craints, fuis, ils n'auroient qu'eux ſeuls pour toute reſſource dans les affaires. Thraſymaque, telles ſont mes idées; bien differentes, comme vous le voïez, des votres. Peut-être n'en faudroit-il pas d'avantage, pour nous convaincre qu'un honnête homme ſera toujours mieux dans le Monde qu'un fourbe, & qu'il aura des jours plus heureux. Mais comme il s'agit ici de l'alternative la plus importante, & que du bon, ou du mauvais choix que nous ſçaurons faire, depend notre deſtinée; c'eſt à nous de ne laiſſer rien à dire ſur le ſujet. Thraſymaque, armez vous de courage, pour ſoutenir un nouvel interrogatoire. Thrasymaque. Mon bouclier me couvre; & je le connois à l'epreuve de toutes vos flêches.

Socrate. Un cheval eſt utile à beaucoup de choſes; n'eſt-il pas vrai? Thrasymaque. Il me le ſemble. Socrate. Quand on dit qu'un ouvrage, ſoit de la Nature, ou de l'Art, eſt fait pour un but; n'eſt-ce pas qu'il fournit des moïens uniques, ou meilleurs que touts les autres, pour y parvenir? Thrasymaque. Vous aimez fort les generalités, on s'en apperçoit bien. Socrate. Deſçendons au particulier, j'y conſens. Pour voir, Thraſymaque, je ne ſçache pas qu'on pût rien imaginer de plus à propos que les yeux, & que les oreilles pour entendre. Mais ſi je coupois devant vous avec une faux des grapes de raiſin, vous m'offririez une ſerpette, pour le faire plus commodement. Vous me comprenez? Thrasymaque. Sans doute. Socrate. Dire qu'une choſe à des uſages, c'eſt dire qu'elle a quelque perfection reelle, & s'il eſt permis de parler ainſi, quelque vertu, qui la rend propre plus qu'une autre à l'acquiſition de certaines fins. Le mechaniſme de l'oeil eſt merveilleux, pour reçevoir les impreſſions de la lumiere. L'orgâne de l'ouie n'a pas un rapport moins admirable avec les ſons. Thrasymaque. Qui l'ignore? Socrate. Derangez leur ſtructure; qu'arrivera-t-il? Thrasymaque. On ſera, peut-être tout à fait, aveugle, & ſourd. Socrate. De ſon coté notre âme a des facultés, & des talents, qui font qu'elle eſt capable de veiller à ce qui la touche, de pourvoir aux beſoins des autres, enfin de remplir toutes les fonctions de la

vie

vie civile? THRASYMAQUE. Elle n'eſt pas faite pour couper des
grapes de raiſin. SOCRATE. Une bonne tournure, que la juſtice,
entre nous declarée vertu, peut ſeule donner, lui ſera par conſequent neceſſaire, pour s'en acquitter parfaitement. Avec elle, on
fera tout bien, & tout mal ſans elle. THRASYMAQUE. Oui. So-
CRATE. Faire tout bien, c'eſt bien vivre; tout faire mal, c'eſt
l'opposé. THRASYMAQUE. Aſſurement. SOCRATE. L'homme
juſte ſera donc l'heureux, & le mechant homme le miſerable.

THRASYMAQUE. Savourez encore une fois vos raiſonnements, Socrate, avec le même contentement parfait, que le jour des *Bendides*,*
on voit repandu ſur le viſage enflammé d'un Thrace; pendant qu'il
ſignale ſa devotion pour Diane, par la maniere echauffée dont il boit &
mange. SOCRATE. C'eſt vous qui m'inſpirez une bonne partie de ma
faim, cher Thraſymaque, & de ma joie. Ce qu'elle a de plus touchant,
eſt un effet de votre douçeur; qui depuis un temps vous fait condeſ-
çendre à me repondre aſſez bien. Je vous dirai pourtant que je ne
ſuis point raſſaſié. Ce n'eſt pas votre faute, je l'avoue; c'eſt la mienne.
J'ai fait comme le grands mangeurs; qui vuideront dix plats courants,
avant que d'avoir touché preſque à leur pleine aſſiette. La converſation devoit rouler ſur la nature de la juſtice. Au lieu de ne regarder que devant moi; j'ai hauſſé les yeux, pour voir ſi c'etoit
une vertu, un fruit precieux de la ſageſſe. Une autre queſtion s'eſt
preſentée; ſi notre bonheur eſt ſon ouvrage. Je n'ai pu me contenir; & j'ai tout de nouveau quitté mon phaiſan, pour un ragoût. Grace à mon avidité; je me trouve à la fin du repas auſſi
peu rempli, que lorſque je me ſuis mis à table; puiſqu'il faudroit
ſçavoir ce que c'eſt que la juſtice, pour aſſûrer que c'eſt une vertu, & qu'elle rend heureux l'homme qui la poſſede.

* Fête celebrée en l'honneur de Diane, où tout ſe terminoit par un feſtin.

DE LA

REPUBLIQUE;

OU

DU JUSTE, ET DE L'INJUSTE.

LIVRE SECOND.

JE croïois ma tâche finie; mais je vis bientôt que je commençois. Glaucon, homme de refolution jamais s'il en fut, ne voulut point entendre au refus, que Thrafymaque fit long-temps de rentrer en lice. M'addreffant la parole, il me dit: Mon cher Socrate, eft-ce tout de bon que vous avez entrepris de nous perfuader que la juftice eft preferable à l'injuftice; ou ne penfez vous qu'à vous exerçer avec un Philofophe de reputation, pour nous faire admirer votre adreffe?... Vous me bleffez, lui repondis-je, mon cher Glaucon. C'eft avec la derniere ardeur, n'en doutez pas, que je fouhaiterois vous donner la même conviction parfaite, que j'ai moi-même fur le fujet. GLAUCON. Qui vous empêche donc au moins de faire touts vos efforts, pour nous tranfmettre vos idées? Allons, fouffrez, mon cher Socrate, qu'on vous mette en train.

Nos biens, ce me femble, font de trois fortes. Les uns ont des charmes, en tout fens capables d'engager notre cœur. Tels font les plaifirs innocents; dont la douçeur a d'autant plus de quoi le captiver,

qu'elle

qu'elle n'eſt point empoiſonnée par les amertumes du repentir. So-
CRATE. Je reconnois avec vous des biens purs, mon cher Glaucon ;
des biens qui n'ont rien que de propre à nous attirer, avec quelque
ſoin qu'on les examine. GLAUCON. D'autres nous plaiſent, & par
les agrements qu'ils renferment, & par les avantages qu'ils procurent. Se bien porter, avoir l'uſage parfait de touts les ſens, penſer
juſte, ſont des choſes ſouhaitables de leur nature, & recommandables encore par mille acceſſoires, auſſi très dignes d'être eſtimés.
SOCRATE. C'eſt excellemment dit. GLAUCON. L'acquiſition d'un
troiſiême genre de biens, n'a rien que de penible. On s'aſſujettit
à ce qu'ils coûtent, en vue des utilités qu'on en eſpere. C'eſt ainſi
qu'on eſſuie la fatigue des exercices du Corps, pour lui donner de
la force, de l'adreſſe, de la grace ; & la paſſion pour la ſanté fait
reſoudre à prendre des remedes. SOCRATE. J'approve parfaitement
votre diviſion.

GLAUCON. Dans laquelle de ees trois claſſes, mon cher Socrate,
placerez vous les biens, dont vous pretendez que la juſtice eſt pour
nous une ſource feconde ? SOCRATE. Dans la plus diſtinguée, mon
cher Glaucon. Elle eſt aimable par elle-même , & par les fruits
qu'on en retire. Mon ſentiment eſt au reſte que pour être heureux, il faut l'aimer avec une ardeur, qui ne doive rien à des objets differents d'elle. GLAUCON. Ce n'eſt. pas là, mon cher Socrate, l'idée qu'en ont la plûpart des hommes. Ils ne lui trouvent
rien que de rebutant, de heriſsé, d'affreux ; & s'ils en font cas,
c'eſt uniquement l'honneur, ou le profit, qu'ils enviſagent. So-
CRATE. Je ne l'ignore pas, mon cher Glaucon. Sans aller plus
loin que Thraſymaque ; à l'entendre, que d'epines ſous les pas des
rigides Obſervateurs de la juſtice ; & que de fleurs au contraire
dans le chemin, que l'Injuſtice fait tenir ! Mais je ne ſçai, j'ai
la tête un peu dure ; & malgré toutes mes preventions en ſa faveur, il ne m'a fait juſqu'ici rien moins que ſon diſciple. GLAU-
CON. Puiſqu'on a, de votre aveu, tant de peine à vous enſeigner,
mon cher Socrate ; & qu'à dire le vrai, ſujet à la foibleſſe du
Serpent, le bon homme s'eſt laiſsé beaucoup endormir par vos paroles

roles enchanteresses; je veux le tirer de son assoupissement, & le defendre à l'avenir de vos poisons. Je commence par vous sommer de nous faire mieux connoître la justice, & l'injustice. Avant que d'en former les mêmes jugements que vous, il faut que nous touchions au doigt les bons & les mauvais effets, que produisent l'une & l'autre dans une Ame; independemment des retours, que du dehors on en peut esperer, ou craindre. Pour epuiser la matiere, je vous ferai l'analyse de la harangue de Thrasymaque; & je ramasserai toutes les difficultés, qu'il est possible de vous faire sur le sujet. Voici l'ordre que je me prescris. J'expliquerai l'opinion de bien des personnes dans le Monde, qui pensent comme lui, sur la Nature, & sur l'origine de la justice. Je ferai voir que touts ceux qui la pratiquent, ne le font ni par estime, ni par goût pour elle, mais seulement par crainte, & par force. Enfin je montrerai qu'ils agissent prudemment, lorsqu'ils s'abstiennent de nuire aux autres; mais que l'interêt est le seul principe qui les y determine; puisqu'interrogés si le sort de l'homme de bien opprimé leur paroît souhaitable, ils ne balanceront point à preferer celui du mechant impuni. Cependant ne prenez pas tout ce que je vais dire pour mes sentiments veritables, mon cher Socrate. A Dieu ne plaise! Mais il est vrai qu'à force d'être etourdi par le bruit, que Thrasymaque, & ses pareils, font touts les jours à nos oreilles, souvent on ne sçait presque plus à quoi s'en tenir. J'attribue ces incertitudes en grande partie au malheur que j'ai, de n'avoir jamais entendu plaider la cause de la justice comme j'aurois voulu, ni prouver à mon souhait qu'elle merite par elle-même tout notre amour. De touts les Orateurs, qui lui preteroient leur orgâne, vous etes celui que je desirerois le plus passionnement d'ouïr. Pour animer votre eloquence, beaucoup plus que pour vous combattre, je le repete, mon dessein est de vous opposer tout ce qu'en faveur de l'Injustice l'esprit humain imagina dans touts les Siecles de plus fort. Si vous m'accordez cette liberté; je releverai dans vos refutations tout ce qui me laissera des scrupules; & je vous instruirai de ce que vous aurez à faire, pour les dissiper. SOCRATE. Quoi de plus capable,

cher

cher Glaucon, de me caufer un grand plaifir? Eft-il fujet de converfation, qui doive intereffer davantage une Compagnie comme
la notre? Je vous ecoute.

GLAUCON. La plûpart des hommes comptent qu'il eft avantageux de commettre l'injuftice, mais dur de la fouffrir. Le mal de
l'un furpaffe le bien de l'autre; & l'experience apprend qu'il eft
impoffible de nuire à quelqu'un, fans reprefailles de fa part. Ils
virent qu'il etoit de leur interêt commun, de s'accorder à ne fe
faire mutuellement aucun tort. De là les loix; qu'ils honorerent
du nom de juftes. C'eft un milieu, que de tout temps leur fit
choifir le defefpoir d'arriver à l'impunité dans le crime, pour eviter l'oppreffion. Ce milieu n'a rien d'aimable en foi; mais il eft
fage; parceque d'un coté s'il fruftre leurs penchants les plus doux,
de l'autre il les tire de la plus cruelle fituation, je veux dire celle
où chacun d'eux feroit en butte aux injures de touts les autres.
Mais la neceffité de s'en defendre à part, tout homme de cœur, à
moins que d'avoir perdu le fens, ne voudroit entendre à des con-
ventions pacifiques avec perfonne. Tels furent, nous dit-on, les
principes qui donnerent entrée à la juftice dans le Monde. Pour
achever de nous convaincre qu'on ne l'a refpecte, que parcequ'on
n'ofe la violer; donnons pour un moment la force en main au
plus grand adorateur de la vertu. Nous le verrons avec la derniere fougue fuivre un inftinct aveugle, qui l'entraîne à la recherche de fon bien propre; auquel il facrifiera l'univers entier; puifqu'aujourdhui même touts les freins exterieurs font à peine capables de le retenir. Si vous voulez, qu'il ait le merveilleux talifman
de Gygès, aïeul de Crœfus, & devant fa haute fortune, pafteur
des troupeaux de Candaule, Roi de Lydie.

La Fable dit qu'il etoit couché fur l'herbe avec eux. Un ouragan terrible, fuivi d'un affreux tremblement de terre, la fit en-
tr'ouvrir jufqu'aux enfers. Il defçendit dans le nouvel abîme; &
pour premier objet, il y vit un cheval de bois, d'une grandeur
enorme; dans les flancs duquel etoit un cadavre, de ftature gigantefque, avec un anneau d'or au doigt. L'intrepide Gygès le
prit,

prit, & remonta..... Les bergers avoient coutume de fe rendre au Louvre touts les mois, pour inftruire de l'etat où tout etoit à la Campagne. Quand ils furent affemblés, il arriva que Gygès tourna, par megarde, fon diamant vers le dedans de fa main. Chofe etrange! il difparut; & l'on parla de lui comme d'un abfent. Etonné lui-même, il le remit dans fa premiere fituation; & fes camarades s'entretinrent avec lui fur le pied de nouveau venu. Des experiences reïterées lui confirmerent le double effet de fon mouvement en fens contraires. L'efprit plein des grandes chofes, que deformais il pouvoit entreprendre, il prit de mefures, pour fe faire deputer en Cour une autre fois. Les facilités ne lui manquerent pas. Il plut à la Reine. De concert, ils fe defirent du Roi; & les deux Epoux regnerent enfemble.

Il ne faudroit à l'homme jufte qu'un anneau pareil. Maître de contenter fes paffions, s'abftiendroit-il, par un ridicule entêtement pour la juftice, de commettre adulteres, meurtres, brigandages? En un mot verroit-on de la difference entre les plus horrible fçelerat, & lui? Quelle plus grande preuve que nul n'eft bon, que parcequ'il n'ofe être mechant; puifque faites le plus homme de bien un Demi-Dieu, & qu'il fe voie à l'abri du chatiment, les crimes enormes ne lui couteront plus rien? C'eft qu'on eft interieurement convaincu, foutiennent les partifans de la Morale dont j'expofe les principes, qu'il eft dans le bon fens de tout rapporter à foi, & de rendre fa condition heureufe, les autres en dûffent-ils reçevoir le dernier prejudice. Trouvez nous, ajoûtent-ils, des gens d'efprit, qui ne regardaffent l'homme tout-puiffant que nous venons de feindre comme un imbecille; fi des fcrupules infenfés l'intimidoient, au point de ne vouloir faire tort à perfonne. Il eft vrai que l'apprehenfion d'avoir leur tour, les porteroit à combler de loüanges fa retenue; mais ce ne feroit que pour le tromper à leur avantage; & pour fe detourner mutuellement de fe faire injure.

Si nous voulons bien juger ici des chofes; de part & d'autre il fera même à propos de les exaggerer. Que l'habileté reponde à la puiffance. Qu'un difçernement exquis faffe diftinguer au mechant

3

chant

chant homme le poſſible de l'impoſſible dans toutes les affaires. Qu'il ait la ſageſſe de negliger l'un, & les talents, pour executer l'autre. Si des accidents imprevus rompent ſes meſures ; que les expedients s'offrent en foule, pour tout raccommoder. Quand des fautes auront echappé ; que le remede ſuive de près. Pour comble, à force d'etude, faiſons qu'il parvienne à jouïr tranquillement de touts les fruits d'une heureuſe hypocriſie. Quelquefois s'il arrive que ſes injuſtices eclatent ; il ſçaura les colorer par ſon eloquence ; & pour leur donner un bon tour dans le Monde, un grand nombre de bouches s'ouvriront pour lui.

Mettons en contraſte un homme ſimple dans ſes manieres, plein d'innocence, & de candeur ; beaucoup plus en peine, pour emprunter la belle expreſſion d'Eſchyle, d'être homme de bien, que de le paroître. Depouillons le de tout l'honneur, qui ſuit ordinairement la vertu. Chargeons le de toute la haine, & de toute l'infamie, qui ſont les appanages naturels du crime. Allons plus loin. Enlevons lui generalement tout, à la reſerve de ſon attachement pour la juſtice ; afin de nous ôter toute equivoque ſur la pureté de ſes motifs, & de voir s'il tiendra bon. Que ſa conſtance enfin ſoit miſe à la derniere epreuve ; & qu'il finiſſe par un ſupplice honteux. Voilà des hommes fort differents l'un de l'autre, mon cher Socrate : Votre jugement, je vous prie ? .....

SOCRATE. Dieux, que de force, cher Glaucon, dans vos deux Portraits ! GLAUCON. J'ai donné l'eſſor à mon pinçeau. Ne m'attribuez pas cependant le pur ouvrage des partiſans de l'Injuſtice. Je n'ai que de l'horreur pour leur maniere de penſer ; & ce n'eſt pas moi dans tout ce diſcours, mais eux qui parlent. Les ſouffrances, vous diront ils, ſont dans la vie le partage comme aſſuré de l'homme juſte. Une mort ignominieuſe, qui les termine ſouvent, vient trop tard le convaincre de ſon tort, & lui faire comprendre qu'il eût fait plus ſagement de s'en tenir à la ſeule apparence de la Juſtice. Trop tard il condamne ſon mauvais choix ; & le cœur penetré d'amertume, il reconnoît que ſon Antagoniſte eſt veritablemens l'homme d'Eſchile ; dont " l'eſprit eſt plus fertile en projets bien conçus,

" qu'une belle campagne en blonds epis." Parceque le dernier aura les dehors de l'honnête homme, dans l'Etat il fera tout. Les gros partis fe prefenteront en foule; & fes enfants fe diftribueront avec facilité dans les plus grandes maifons. Chacun à l'envi briguera l'honneur de fon alliance; & s'empreffera de former des liaifons, de negocier des affaires avec lui. Il gagnera partout, & ne perdra que rarement; parcequ'il ne fe fera fcrupule de rien. Dans fes querelles, dans fes brigues, il humiliera fes Envieux, il fupplantera fes rivaux. Ses richeffes, & fon credit, iront chaque jour croiffant. D'un regard, il tirera fes amis de la pouffiere, il y fera tomber fes Ennemis. Sa depenfe groffira le nombre des admirateurs de fon fafte. Il l'etalera jufqu'au pied des autels; où le Prêtre le complimentera, comme un infigne favori des Dieux; peu charmés des offrandes pauvres de l'homme jufte. C'eft ainfi, mon cher Socrate, que les agreffeurs de la juftice penfent avoir montré folidement, que l'un n'a dans la vie que profperité, l'autre qu'affliction, revers, defaftres à fe promettre.

Je me preparois à repondre. Mais Adimante prit la parole. Ne croïez pas, mon cher Socrate, que Glaucon ait tout dit. Son difcours a beau paroître fort; je trouve en verité pour moi qu'il vous epargne. SOCRATE. Hé bien, ne pouvez vous, cher Adimante, faire dans cette occafion votre devoir, comme le Proverbe vous y convie; & prêter main forte à votre bon Frere, contre la juftice, & contre moi? Cependant je vous dirai qu'un fuffiroit; & que je ne vois deja point trop comment la derober aux coups de Glaucon feul. ADIMANTE. C'eft bien mon deffein de le feconder. Puifque vous avez fi hautement pris la vertu fous votre protection; c'eft à vous d'entendre fes adverfaires jufqu'au bout. Ceux au nom defquels je vais parler, n'en font, comme vous l'allez voir, que plus difficiles à refuter, de ce qu'ils ne lui refufent pas des eloges.

Nous voïons que les Peres, difent-ils, les Magiftrats, en un mot toutes les perfonnes revêtues de quelque autorité, recommandent etroitement la pratique de la juftice à touts ceux qu'ils ont fous leur conduite. On feroit fort trompé de croire que c'eft un fond

4

d'amour,

d'amour, & de respect pour elle, qui leur inspire un si beau soin.
Mais elle attire la fortune ; qui verse avec profusion dans le sein
des gens d'une probité reconnue ses faveurs, que les fourbes leur
enlevent seulement par surprise. A la bonne reputation, joignez
les biens innombrables, qu'au sentiment d'Hesiode, & d'Homere,
les Dieux se plaisent à repandre sur l'homme qui les craint. " Pour
" lui, dit l'un, dans nos forêts les chênes se couvrent de glands,
" jusqu'aux plus petites pointes de leurs branches, & retirent des es-
" sains laborieux dans leurs troncs. Pour lui, dans nos campagnes le
" lait abonde ; & les moutons se chargent de laine." L'autre monte
sa Lyre au même ton. " Les Dieux, attentifs à touts les besoins
" de l'homme juste, ordonnent à la mer, à la terre, d'apporter à
" ses pieds leurs plus riches presents. Ils envoient la Renommée
" publier sa gloire aux bouts de l'univers ; avec la même emphâse,
" avec laquelle, par leur ordre, elle y porte celle d'un bon Roi,
" d'un Roi qui leur ressemble." Musée, & son fils, nous representent les gens de bien dans les champs Elysées, etendus sur des
lits superbes, avec des couronnes de fleurs en tête, & dans les
transports d'une eternelle yvresse : recompense, au gré de ces deux
panegyristes nouveaux de la vertu, la plus digne d'elle. Les Poëtes n'en demeurent pas là. Quelles choses magnifiques n'ajoûtent-
ils pas encore de la posterité florissante & nombreuse des hommes
veritablement religieux, severes observateurs de leurs serments ! Ils
nous peignent au contraire " les sacrileges, & les parjures, après
" leur mort, occupés incessamment à puiser de l'eau dans un crible ;
" à se traîner ensuite avec difficulté par des endroits marecageux."
Devant le trepas, ils sont accueillis de touts les maux, auxquels
mon Frere nous disoit tout à l'heure que sont exposées les
personnes vertueuses, lorsque la Calomnie les aura percées de touts
ses traits. Les Ouvrages des Poëtes en un mot ne sont remplis que
des loüanges de la sagesse, & de la justice ; mais ils nous font l'une
& l'autre d'une acquisition très difficile. Cependant ils n'auront
point d'images assez riantes pour le vice ; auquel ils n'attachent
point d'autre honte, que celle dont les Legislateurs, & le vulgaire,

G 2

ont

ont coutume de le charger. Vous les entendrez d'un commun accord vanter le bonheur des riches, & des grands du monde, couverts de crimes; parler des petits, & des pauvres, qui paſſent leurs jours dans l'innocence, avec mepris, avec horreur. Enfin, ils vous diront que les Dieux ont en reſerve une vie obſcure, & malheureuſe pour les bons, delicieuſe, eclatante, pour les mechants. Les Sacrificateurs, & les Devins, echos fidelles des Poëtes, courént de porte en porte, avec une doctrine ſi conſolante pour l'Impie, accablé des biens de la fortune..... Votre conſçience eſt-elle allarmée de quelque injuſtice, commiſe ou par vous-même, ou par les plus reculés de vos aïeux? Allez; nous ſommes là haut aſſez en credit, pour y faire d'un mot fermer les yeux ſur un objet d'une legere conſequence. Fût-ce tout ce qu'il vous plaira; quelque fondation conſiderable, une fête joïeuſe, inſtituée en l'honneur du plus maigre de touts les Dieux, ſuffira pour l'expier; avec le renfort de nos prieres, & de nos ſacrifices. Avez vous des Ennemis, dont vous euſſiez à cœur de vous defaire; gens de bien, ſçelerats, il n'importe? Comptez ſur nous, & banniſſez touts les ſcrupules. Nous avons encore une fois le Ciel à commande. On vous obtiendra de ſa clemence votre pardon, à peu de frais; ou nous ſçaurons bien le matter, s'il eſt retif. Notre parole ſeroit-elle un foible guarand pour vous? Nous avons à vous donner tout le corps venerable des Poëtes. Heſiode vous dira, que " le chemin du vice
" eſt uni, ſemé de fleurs; celui de la vertu raboteux, plein d'e-
" pines; & que les Dieux placerent la ſueur à l'entrée de ſon
" Temple." Homere vous aſsûre " qu'ils ſont très faciles à flechir;
" que le fumet des chairs grillées dans un moment les appaiſe; &
" que nul crime ne reſiſte à la force des libations...." Ces aſsûreurs pour l'autre monde vont par les villes, & les villages, avec leur charge des vers de Muſée, & d'Orphée; à les en croire, enfants de la Lune, & des neuf Sœurs: vers dignes d'être montrés, avant mille autres! Dans chacune ils s'arrêtent, pour y faire leur etalage; & partout ils repandent le ſang des victimes. Partout ils publient que la remiſſion des pechés, tant pour les morts, que pour les vi-

vants,

vants, & la pureté de l'âme, font les fruits infaillibles de leurs Orgyes, & la recompenfe de la pieufe liberalité, qu'on leur temoigne.
Les Provinces, & les Roïaumes, fe laiffent follement perfuader
qu'elle preferve de touts les fupplices de l'enfer ; mais que les
Serpents des trois Furies fe heriffefont horriblement contre les teme-
raires, qui s'imaginent pouvoir aller droit aux champs Elysées, fans
contribution, & fans aide.

Quel effet, mon cher Socrate, produira fur l'efprit des jeunes
gens une Theologie fi bourrue, & fi dangereufe? Plus prompts à
faifir tout ce qui leur paroîtra joliment dit, qu'à leur âge capables
d'en apperçevoir le venin fecret ; eviteront-ils d'être infectés ; & ne
s'abandonneront-ils pas au mal, peut-être fans retour ? Ils fe diront,
n'en doutons pas, avec Pindare : " A quoi bon nous efforcer d'at-
" teindre au fommet inacceffible de la vertu ? Laiffons nous plutôt
" rouler fur la pente infiniment douce du vice." Que nous fer-
viroit de nous attacher à la premiere ; qui n'eft d'aucun profit, &
coûte cher ? Mauvais tant que nous voudrons ; de legers dehors
nous feront jouïr d'une felicité, comparable à celle des Dieux. Mille
Docteurs graves d'une voix nous afûrent que l'exterieur eft tout ;
& que la pratique de certaines menues obfervances en fait de Religion, mieux que la Religion même, nous procurera touts les biens
poffibles dans cette vie, fans prejudice aux belles efperances qu'ils
nous donnent pour l'autre. Cachons par confequent la fourberie,
fous les apparences de la candeur ; etudions nous à toute la fineffe
du renard, decrite admirablement par Archiloque. S'il n'eft pas
facile toujours d'en impofer aux hommes ; où font les grandes
chofes, auxquelles fans peine on reüffiffe? Il n'eft pas au refte
ici queftion de balancer. Il faut ou vivre malheureux, ou fuivre
fidellement le chemin qu'on nous trace. Ne pourrons nous ca-
baler, & remuer de puiffantes factions en notre faveur, s'il nous
arrive d'être furpris? Manquons nous de Retheurs habiles, de gens
confommés dans la chicane ; qui nous apprendont l'art d'eblouïr la
Multitude, & de prêter même de l'eclat aux actions les plus horribles ?
Enfin l'impunité nous manquera-t-elle d'autre part, quand nous

aurons

aurons la force en main? Nous ne fortirons pas vainqueurs d'une guerre ouverte avec les Dieux; & nous ne viendrons pas à bout auffi de les tromper. Sommes nous bien fûrs qu'ils exiftent; ou qu'ils fe mêlent de nos affaires? Le fçavons nous d'ailleurs, que de la bouche des Poëtes, qui nous ònt fait leur genealogie? Or ces mêmes Poëtes, qui nous difent que Jupiter fait rouler fon tonnerre dans le Ciel, nous enfeignent que la vapeur qui s'exhâle de nos Temples, defarme fon courroux. Il faut leur ajoûter foi fur tout, ou ne les croire fur rien. Puifque nous devons religieufement les ecouter; commettons hardiment des injuftices; & partageons en les fruits avec les Dieux. Vivons bien; ils ne nous feront point de mal; c'eft le plus que nous puiffions en efperer; mais où fera notre butin? Au contraire ils conniveront à touts nos briganda-ges, fi nous avons foin d'en apporter une partie aux pieds de leurs autels. Nous ferons punis dans un etat futur; & peut-être même la peine en rejaillira-t-elle fur nos derniers Nepveux? Encore une fois, s'il eft permis d'en prendre pour guarand la foi des Peuples entiers; eft-il attentat au monde, qui ne cede à la vertu propitia-toire des facrifices, offerts par les mains de nos Prêtres? Revoque-rions nous en doute ce que nous en difent les Poëtes, enfants des Dieux, & cette foule d'hommes infpirés, dont mille Nations polies reverent parfaitement les [oracles? Puisqu'unanimement ils nous en quittent pour enjoliver un peu le dehors, & qu'ils nous pro-mettent, à cette condition, tout à fouhait pendant la vie, fans crible à porter après la mort: qui pourroit nous entêter encore de la jufti-ce, & nous faire fans raifon renoncer aux douçeurs du crime?

Comment, je vous prie, conferver du goût pour elle, mon cher Socrate; après un fi grand nombre de leçons, revêtues des charmes les plus touchants de la poëfie? Engagé par les careffes de la for-tune, on en fera fon unique Divinité; & l'on regardera comme des infenfés tous ceux, qui n'auront que de mediocres empreffements pour elle. On aura tort, je le veux; mais on fera plus à plain-dre encore qu'à blâmer. Mieux on verra le faux de tout ce que nous avons dit au defavantage de la juftice, & plus on fera perfuadé

fuadé qu'elle merite touts nos hommages; moins on s'aigrira contre les efprits aveugles, qui lui refufent leur amour. On fçaura qu'une vive douleur, à la vue du peu de refpect qu'on a pour elle, eft un fentiment qui n'appartient qu'à certaines âmes privilegiées; fur lefquelles tomberent en naiffant de nombreufes etincelles du feu du Ciel; & qui de bonne heure prirent foin de lui fournir l'aliment precieux des lumieres acquifes. Le refte ne fait le bien, que lorfque l'âge, la maladie, la timidité naturelle, les a mis dans l'impuiffance de faire le mal. En veut-on la preuve? Que l'on donne du pouvoir à ces âmes du commun; elles s'en ferviront pour nuire.

Je me fuis demandé fouvent à moi-même, d'où peut venir une depravation de mœurs fi generale; & j'en trouve une raifon particuliere; qui m'a pouffé, mon cher Socrate, à vous faire tout ce difcours. C'eft que vous autres, amateurs paffionnés, panegyriftes eloquents de la juftice, à vous prendre, depuis les premiers grands perfonnages qui dans les fiecles paffés lui firent honneur, jufqu'à nos jours, vous ne faites envifager aux hommes que les avantages exterieurs qu'elle procure, & les inconveniens, du même genre, auxquels l'injuftice les expofe. On ne leur a point encore fait connoître ce quelles operent d'affez efficace dans un cœur, pour y produire la joie, ou la trifteffe; independemment de tout ce qu'on en doit efperer, ou craindre, de la part du Ciel, & du Monde. En un mot, on ne leur a jamais bien fait comprendre, que l'une eft la furie la plus cruelle, & l'autre la compagne la plus aimable, à laquelle on puiffe au dedans de foi donner retraite. Si dès notre enfance on nous tenoit ce language, & fi nous confpirions touts à nous le parler; nous n'aurions point a nous armer d'une farouche defiance les uns contre les autres. Chacun, devenu fon juge le plus integre, & fon plus redoutable furveillant, apprehenderoit, en faifant tort aux plus deftitués d'appui, de s'en faire beaucoup davantage à lui même.

Voilà reellement ce que je penfe, mon cher Socrate, & ce que je trouve le plus profondement gravé dans mon âme. Thrafymaque, & les gens de fon efpece, levent hautement l'etendard contre la juftice;

ſtice ; & s'y prennent avec une audace, à mon avis qui fait peine. Jaloux de leur gloire, il fera je m'aſſûre touts ſes efforts, pour nous ſurpaſ-ſer, Glaucon, & Moi.   Quoiqu'il en ſoit, pour ne point leur in-ſpirer trop d'enflûre, je declare que ſi je leur ai prêté mon orgâne, & ſi j'ai fait valoir tout ce qu'ils alleguent de plus fort ſur le ſujet, ce n'eſt, mon cher Socrate, que par une extrême paſſion de vous en-tendre.   Ne vous en tenez pas au reſte, je vous en conjure, ſim-plement à nous montrer, par des raiſons tirées du dehors, que la Juſtice eſt preferable à l'Injuſtice. Faites nous voir quels effets elles produiſent dans l'interieur de l'homme de bien, & du mechant homme ; pour aſſûrer, comme vous faites, que l'une eſt par elle-même le plus grand des biens, & l'autre le plus grand des maux. Quant à leurs ſuites, heureuſes, ou funeſtes, ſoit par rapport à la vie preſente, ſoit par rapport à celle qui doit la ſuivre ; mon Frere vous a prié de n'en rien dire ; & je me joins à lui.   Tant que de part & d'autre vous n'ecarterez pas generalement touts les motifs, puiſés d'ailleurs que du ſein de la vertu même, & du vice ; on vous repondra que ce n'eſt point la premiere qu'il faut aimer, ni le dernier qu'on doit haïr.   Le plus qu'on vous accorde-ra, c'eſt que l'interêt de la reputation demande qu'on paie de bel-les apparences.   Mais en même temps on vous accuſera de re-tomber dans le ſentiment de Thraſymaque, & comme lui, de tout reduire à la loi du plus fort.   Souvenez vous, je vous prie, mon cher Socrate, que vous avez mis la juſtice au rang des biens, plus recommandables encore par leurs attraits naturels, que par les avanta-ges acceſſoires qu'ils trainent après eux ; & de l'injuſtice toujours enten-dons le contraire. C'eſt à vous par conſequent de nous decouvrir ce qu'elles ont eſſentiellement de ſi propre à repandre de la douçeur, ou de l'amertume dans une âme. Je ferois meilleure compoſition à quelque Philoſophe du commun. Mais j'attends plus de vous ; de vous, dis-je, que l'on connoît, pour n'avoir jamais enviſagé dans tout le cours de votre vie les bons, ou les mauvais retours d'une action à faire. Dites nous donc ſur quoi fondé nous devrions cherir la juſtice, deteſter l'injuſtice, regarder l'une comme un principe

cipe de bonheur pour nous, & l'autre comme une caufe inevitable de mifere; n'euffions nous ni les Dieux pour juges, ni les hommes pour temoins de notre conduite?

Le charactere d'efprit de Glaucon, & d'Adimante, m'avoient charmé de tout temps; mais je n'en fus jamais fi vivement touché, qu'après les avoir ouïs plaider fi fortement la caufe de l'injuftice. Dans mon tranfport, je leur dis: Enfants d'un excellent Pere, je ne trouve rien d'exceffif dans l'eloge que vous donne un de nos Poëtes, juftement etonné de la bravoure que vous fîtes paroître, dans la fameufe journée de Megares. C'eft avec beaucoup de raifon qu'il vous apoftrophe, avec un enthoufiafme plus qu'ordinaire, au commencement d'une de fes elegies: " Jeunes & vaillants Heros, divin couple, defçendu d'un Pere illuftre." La nature en effet a mis en vous certainement quelque chofe de plus qu'humain, s'il eft vrai que vous teniez encore pour la juftice, habiles comme vous etes à peindre en beau le Crime. Nous avons touts vos declarations expreffes. Mais j'augure moi de la connoiffance particuliere que j'ai de vos mœurs, & de votre vieille façon de penfer, que pour avoir fçu lui prêter les couleurs les plus favorables, jufqu'à faire prefque douter fi pour vous il eft encore odieux, elle n'a rien perdu de fes anciens droits fur vous. Mais plus je fuis affûré de votre parfait attachement pour elle; moins je vois comment, à votre entiere fatisfaction, vous refuter. Puifque vous refufez de vous rendre aux chofes que j'ai dites à Thrafymaque; deformais qu'ajoûter, pour la defendre?..... L'abandonner?.... Il eft impoffible. Avoir encore un fouffle de vie, fans l'emploïer à repouffer le tort qu'on lui fait, feroit une impieté des plus enormes. Il refte uniquement de tout mettre en œuvre, pour la fecourir.....

Glaucon, Adimante, & les autres, à l'exception de mon plus mauvais Adverfaire, me prierent inftamment de ne la point laiffer dans l'etat de fouffrance, où toutes ces attaques differentes l'avoient reduite; & de ne point rompre nos entretiens, que nous n'euffions epuifé tout à fait une matiere, dont j'avois eté le premier à leur exaggerer l'importance.....

La verité, leur dis-je, n'eſt ici rien moins que facile à demêler; & nous aurons beſoin de très bons yeux, pour la decouvrir. Comme je connois les miens pour n'être pas des meilleurs; peut-être ne ferai-je point mal d'imiter un homme qui verroit de près; malgré ſa vue baſſe, qu'on obligeroit de lire une affiche, gravée en petits characteres, & hors de portée. S'il eſperoit de trouver le même ſens ailleurs, d'une maniere plus favorable à ſon defaut; il s'eſtimeroit heureux de pouvoir aller dabord au plus aiſé, pour deviner enſuite le difficile. Par une confrontation reïterée, il s'aſſûreroit avec le temps qu'il auroit bien lu. ADIMANTE. L'expedient eſt ingenieux; mais quel uſage en pretendez vous faire?

SOCRATE. La juſtice ne ſe remarque pas moins dans un Etat, que dans un particulier. ADIMANTE. Je vous entends, mon cher Socrate. Vue en grand, elle ſera beaucoup plus facile à reconnoître en petit. SOCRATE. C'eſt ma penſée. Voïons par conſequent naître une Republique; & ſuivons la dans ſes divers progrès. La juſtice, & l'injuſtice, ne tarderont pas à paroître. ADIMANTE. Je vous ecoute.

SOCRATE. Si les hommes s'aſſemblent en ſocieté, n'eſt-ce pas qu'ils ont des beſoins, auxquels, ſans le ſecours les uns des autres, ils ne peuvent ſubvenir? ADIMANTE. C'eſt la principale raiſon qui les y porte. SOCRATE. Foibles, ils s'uniſſent, pour être aidés; & bientôt ſe forment les premiers rudiments du Corps politique. ADIMANTE. Toutes ſes parties s'achevent par degrés. SOCRATE. Si quelqu'un cede quelque choſe de ſon bien à voiſin, ou s'il conſent à des echanges; c'eſt qu'il y trouvera ſon avantage? ADIMANTE. Quel autre motif le porteroit à ſe depouiller, en faveur d'un autre? SOCRATE. Avant tout, il faut des aliments, le couvert, & le vêtir. L'un ira donc à la charrue; un ſecond prendra la truelle en main; un troiſiême pouſſera la navette; un quatriême taillera le cuir. Cinq ou ſix eſpeces d'artiſans commenceront une ville, où l'on aura le neceſſaire. ADIMANTE. Oui. SOCRATE. Lequel, à votre avis, ſera le plus commode pour chacun d'eux; ou d'expoſer en vente le ſuperflu pour lui du produit de

ſon

ſon travail; ou de faire ſeul touts les metiers, pour ne manquer de rien? ADIMANTE. Le dernier cauſeroit une diſette abſolue de tout. SOCRATE. La nature, cher Adimante, nous a reparti comme elle a voulu divers talents; qui nous rendent propres, les uns à tel emploi, les autres à tel autre, mais touts peu capables d'en exercer pluſieurs enſemble. ADIMANTE. Il eſt vrai. SOCRATE. Les denrées, ſujettes à ſe corrompre, d'ailleurs exigent des attentions en certains temps; & le moïen d'être partout? ADIMANTE. Le remede ſera de ſe preter mutuellement la main. SOCRATE. Nos gens de metier, juſqu'ici peu nombreux, ne ſe forgeront pas eux mêmes leurs outils. Nous groſſirons par conſequent notre hameau de ceux qui ſçauront battre le fer. Les Bergers viendront enſuite; pour garder les animaux deſtinés au labourage, ceux qui ſerviront pour les voitures, & ceux qui doivent nous enrichir de leur toiſon. ADIMANTE. Quoi plus? SOCRATE. Il eſt rare qu'un terroir ſoit aſſez fertile, pour avoir de tout. Nos voiſins auront beſoin de nous, & nous ne pourrons à notre tour nous paſſer d'eux. Il nous faudra donc Chartiers, Mulletiers, Marchands; & Matelots, Pilotes, ſi nous avons du commerce par mer. ADIMANTE. Fort bien. SOCRATE. L'argent ſera d'une grande commodité, pour le trafic? ADIMANTE. Infinie. SOCRATE. Vous ne voudrez pas que les vendeurs conſument un temps precieux dans le marché, pour attendre le debit? ADIMANTE. Il ſera beaucoup mieux d'en charger les perſonnes devenues inutiles, ſoit par leur âge, ou par leurs infirmités. Je vois que c'eſt la coutume en certains endroits. SOCRATE. Elle eſt ſage; & nous aurons auſſi nombre de Courtiers. Il reſte les portefaix, & les gens de journée; qui pour tout auront la force de corps; mais qui n'en rendront pas moins d'excellents ſervices, pour un leger ſalaire. Notre ville prend forme; qu'en penſez vous? ADIMANTE. Du moins aura-t-on l'eſſentiel à la vie.

SOCRATE. Il s'agit preſentement d'y trouver la juſtice, & l'injuſtice, mon cher Adimante. Où les chercherons nous? ADIMANTE. Si je ne me trompe, dans le commerce mutuel que les Citoïens auront enſemble. SOCRATE. Peut-être m'enſeignez vous

bien.

bien. Mais examinons avant tout quelle sera leur maniere de vivre.

Ils n'emploieront le temps qu'à rendre la terre feconde, à se defendre contre les injures de l'air, en un mot à cultiver touts les arts neceffaries. Affidus au travail, ils feront peu vêtus l'eté, bien munis l'Hyver. Ils ecraferont le bled, l'avoine, & l'orge; pour fe faire des pains, & des gâteaux; qu'ils feront cuire à propos fur un feu de chaûme, ou de feuilles sêches. Etendus fur des lits de myrthe, & couronnés de fleurs, ils s'en regaleront, eux, leurs femmes, & leurs enfants. La couppe en main, ils mepriferont l'ivreffe; & chanteront des hymnes en l'honneur des Dieux. Ils rehaufferont ces plaifirs innocents, par ceux d'une converfation douce, & tendre. GLAUCON. Quoi, mon cher Socrate, ne leur donnerez vous plus rien ? SOCRATE. Beaucoup davantage. Des olives, des figues, des raifins, des fêves, des chataignes, des glands, rôtis fous la cendre; mille autres mets exquis, dont la campagne eft toujours pleine; du lait enfin. Je vous le demande, auront-ils de tout ? GLAUCON. Oh pour le coup certainement ils feront bonne chere. SOCRATE. Soigneux de fermer toutes les avenues aux deux grands ennemis de notre repos, la difette, & la guerre, brillants de fanté, ils couleront leurs jours dans l'abondance, & dans la paix. Quand au bout d'une heureufe & longue vieilleffe, leurs yeux fe fermeront par un doux fommeil; ils laifferont à leur Pofterité pour heritage, une vie femblable à la leur. GLAUCON. Tout ce que je crains, mon cher Socrate, c'eft qu'on ne la juge affez delicieufe pour des brutes; mais l'homme, vous le fçavez, eft un animal d'une haute confequence. SOCRATE. Hé bien, qu'il nous le dife; que lui faut-il donc, pour le fatisfaire ? GLAUCON. Des palais immenfes, des lambris dorés, des ameublements fuperbes, des tables fplendidement fervies. SOCRATE. C'eft à dire que touts les prefents du Ciel ne feront eftimables, qu'à mefure qu'il aura fçu les corrompre, par les affaifonements pernicieux du luxe. Je fuis bien aife que vous m'aïez fait fouvenir de ces Republiques depravées, que nous decouvrons auffi loin que notre vue peut s'etendre. Il nous les falloit, ces grands

theatres

theatres de l'Injuftice, pour voir de quelle maniere un Etat, plein d'innocence dans fes commencements, par degrés fe remplit de touts les crimes. C'etoit dabord un corps fain, & vigoureux. Le feu des paffions s'y met. Il eft travaillé de toutes les maladies, que banniffoit une exacte fobrieté. Aux douçeurs veritables, & d'une acquifition facile, fuccederont fomptueux edifices, grands repas, equipages pompeux, fpectacles, bals, chaffe, mufique, peinture, poëfie. Les arts miniftres de la volupté, multipliés à l'excès, engloutiront ceux du befoin. Cuifiniers, Confifeurs, Perruquiers, Medecins; tout y fera comme entaffé. GLAUCON. Votre premiere enceinte, mon cher Socrate, ne pourra contenir cette multitude effroïable d'habitants furnumeraires; & de plus comment fournir à leur fubfiftance ? SOCRATE. Laiffez les faire, mon cher Glaucon; ils trouveront le moïen de fe mettre au large. Il ne s'agira que d'envahir les terres de leurs voifins. Les derniers, qui n'auront pas moins de leur coté franchi les bornes du neceffaire, s'armeront, pour repouffer leurs hoftilités. De l'enfer fortira la guerre : fleau terrible; fource infinie de calamités particulieres, & publiques. GLAUCON. L'amour du luxe, mon cher Socrate, eft le mauvais principe qui l'introduifit dans le monde.

SOCRATE. On aura donc une armée fur pied. Une armée occupe un grand terrein. Il faudra beaucoup davantage s'etendre. GLAUCON. Ce prodigieux nombre de Citoïens inutiles eft affez de monde, ce me femble. SOCRATE. Il eft vrai. Mais fouvenez vous que pour bien faire un metier, il n'en faut quun. GLAUCON. Je l'oubliois. SOCRATE. Celui dont nous parlons, n'eft affurement ni moins difficile, ni moins important qu'un autre. Cependant le Cordonnier, difons nous, ne doit point conduire la charrue; & le Forgeron, après avoir etourdi le voifinage par le bruit de fon marteau, badineroit de fort mauvaife grace avec l'aleine. Un homme ne reüffit pas même dans l'art d'efcammotter, fi dès l'enfance il n'a manié le cornet. Il faut s'être brûlé plufieurs années le vifage, avant que de bien faire un ragoût. Dans un temps court apprendroit-on à lancer habilement une flêche? On n'eft pas Athlete,

lete, pour avoir ganté le ceste; ni Soldat, pour avoir pris un bouclier. GLAUCON. Le Monde est assez dans ces principes.

SOCRATE. Plus la profession des armes demande seule d'application; plus il sera necessaire d'exempter les gens de guerre de tout autre soin. GLAUCON. Vous en avez dit les raisons. SOCRATE. Outre leurs pensées entieres, elle exigera des qualités personnelles très peu communes. GLAUCON. On en est encore suffisamment convaincu. SOCRATE. La grande tâche d'enseigner à connoître les naturels, avec fondement qui de loin pourront faire esperer de braves gens à la Republique, roule sur nous. GLAUCON. Elle est bien nommée grande. SOCRATE. Je le sens; mais essaïons nos forces.

Je ne sçais, mon cher Glaucon, ce que vous penserez de ma saillie? Il me semble qu'un Guerrier doit avoir deux tiers du Mâtin. GLAUCON. Elle surprend; mais elle rejouït; & tout ira bien, pourvu qu'elle ne manque pas du coté de la justesse. SOCRATE. Je veux dire qu'il doit avoir du feu, pour être partout; du nez, pour flairer l'ennemi; des jambes, pour lui donner la chasse; de la force, pour le renverser. GLAUCON. Le rapport est parfait. SO-CRATE. L'ardeur belliqueuse est enfantée par la colere; cette passion redoutable, dont les mouvements inspirent un courage, aveugle à touts les perils. GLAUCON. Il est vrai; c'est elle qui fait les Heros. SOCRATE. Oui; mais prenez garde que souvent elle forme aussi des Ours, & des Tigres. Les gens de guerre sont naturellement feroces; mais je les veux humains, polis, affables, tendres, compatissants pour le Camarade, pour le Compatriote, & pour l'Etranger, autant que formidables à l'Ennemi. Le moïen autrement pour eux de vivre ensemble? GLAUCON. Une bonté foible enhardiroit l'injustice; mais le moindre melange de ferocité gâteroit tout. SOCRATE. Comment allier la bravoure avec une douçeur parfaite? C'est la difficulté, mon cher Glaucon. Cependant vous conviendrez qu'un galant homme doit reünir des vertus, diroit-on, si contraires. GLAUCON. Je ne puis ni le contester, mon cher Socrate, ni trouver un denouement....

Je

Je m'arrêtai dans cet endroit, avec un air un peu rêveur. Un moment après, je dis à Glaucon : En verité, nous meritons bien notre embarras ; pour avoir oublié si-tôt notre precepteur excellent de tout à l'heure ; qui nous fait toucher au doigt notre grand tort. Obfervons le quelques inftants ; & nous jugerons que ces affemblages, impoffibles à la premiere vue, ne font point rares. Agneau pour touts ceux qu'il eft accoutumé de voir, un vifage nouveau fuffit, pour le changer tout à coup en Lion terrible. GLAUCON. La remarque eft belle. SOCRATE. On peut donc être l'un & l'autre tout à la fois, mon cher Glaucon ; & j'ai la nature pour guarand, lorfque dans un Guerrier j'exige des qualités, en apparence incompatibles. GLAUCON. Il en faut demeurer d'accord. SOCRATE. Pour les couronner ; il ne faudra plus qu'un efprit philofophe. GLAUCON. Un efprit philofophe, mon cher Socrate! Ne quittons nous point ici tout à fait notre excellent Precepteur, comme vous l'appellez ? SOCRATE. Non, point du tout. Vous ne faîtes pas attention à la maniere tout à fait judicieufe dont il raifonne. Pour careffer les gens qu'il connoît, il n'attend point qu'ils le previennent ; pendant qu'il fe jette au premier abord fur un inconnu, qui ne lui dit mot. Cet excès de bon naturel d'une part, & de mauvaife humeur de l'autre, n'a-t-il pas beaucoup de quoi furprendre ? Mais ne trouvez vous pas là de l'efprit, & de l'efprit philofophe en abondance ? GLAUCON. Vous plaifantez, mon cher Socrate. SOCRATE. Je parle très ferieufement, je vous le protefte. A fa place, voïons fi nous raifonnerions mieux vous & moi..... L'un eft dans la maifon touts les jours. C'eft la premiere fois que l'autre y vient. Celui-là n'eft donc point à craindre ; mais le fufpect eft au moins un etranger ; un ennemi, que fçait-on ?..... GLAUCON. Je me condamne.

SOCRATE. Notre jeune Hercule connoîtra de même fes gens à la phyfionomie. Rien ne fera plus doux, à l'approche de touts ceux qui fe prefenteront à lui fans mauvais deffein ; mais fon regard feul infpirera de la terreur aux mechants efprits. Nous l'aurons donc Philofophe par deffus tout, porté par fon inftinct à

6

la

la clemence, intrepide, adroit, vigoureux. Glaucon. C'eſt un excellent homme de guerre, en raccourci.

Socrate. De quelle maniere eleverons nous les jeunes gens, mon cher Glaucon; pour les mettre en voie d'acquerir toutes ces perfections enſemble? La queſtion eſt de la derniere importance, & dans ſon lieu. Mais elle nous ecarteroit; & peut-être ferons nous mieux d'examiner comment l'injuſtice trouve entrée dans une Republique. Il ſeroit mal de nous eloigner beaucoup, ſans une parfaite neceſſité; mais il ne faut auſſi rien omettre de ce qui peut contribuer au bon ſuccès de notre principale recherche. Adiman-te. Outre que l'utilité de la digreſſion en elle même nous empêchera de la juger longue, & que vous ſçaurez nous la rendre courte; il me ſemble qu'elle nous mene aſſez droit à notre but. Socrate. Puiſque c'eſt votre ſentiment; j'oſerai me pardonner une prolixité, qu'on ſouffre juſques dans les faiſeurs de contes; & je vous traite-rai comme des perſonnes, que l'amour de la verité tient en haleine, quelque detours qu'il faille prendre pour y parvenir.

Il ſeroit impoſſible d'imaginer pour les jeunes gens un plan d'e-ducation plus juſte, que celui dont le monde s'eſt aviſé depuis longtemps. Quoi de mieux, que de les partager entre la Muſi-que, & la Gymnaſtique; entre les Sçiences, & les Exercices? Les uns façonnent le corps; les autres perfectionnent l'âme. Adiman-te. C'eſt en deux mots tout ce qu'on peut ſouhaiter. Socrate. La Muſique doit tenir le premier rang. Adimante. Former l'eſprit, & le cœur, ſans contredit eſt la principale choſe.

Socrate. La connoiſſance de la verité, dont la douce lumiere eclaire tous les objets dans l'un, & qui dans l'autre fait naître tous les ſentiments nobles, ſe communique, ou par la vive voix, ou par ecrit. Ordinairement on la preſente à decouvert; mais ſou-vent on aime à la cacher ſous l'enveloppe de menſonges ingenieux. Ces deux manieres auront chacune leur temps. Mais on ſçait que pour l'ordinaire un jeune homme eſt moins attiré par les diſcours ſerieux, que par le badinage inſtructif des fables. Adimante. Il s'ima-gine qu'on ne penſe qu'à l'amuſer; pendant que l'on grave profon-

dement

dement chez lui, comme à son insçu, les premieres leçons de la Sagesse.

SOCRATE. L'essentiel est de bien commencer. On fait ce qu'on veut de l'âge tendre. Il reçoit les bonnes, & les mauvaises impressions, avec la même facilité. C'est une cire, qui prend dabord toutes les empreintes; un arbrisseau, qui conserve touts les plis qu'on lui donne. ADIMANTE. Ces maximes sont generalement reçues. SOCRATE. Nous ne souffrirons pas qu'on berce les enfants de mille contes celebres; laplûpart uniquement propres à les remplir de fausses idées, auxquelles peut-être ne viendrions nous un jour que très difficilement à bout d'en substituer de plus saines. Après en avoir fait un choix, & prescrit des bornes aux Ecrivains; nous chargerons etroitement les meres, & les nourrices, de n'avoir à la bouche que ceux dont elles pourront utilement faire usage, pour donner une bonne tournure à l'âme, pendant qu'elles finiront le petit corps avec les mains. ADIMANTE. Lesquels interdiriez vous avec le plus de soin ? SOCRATE. Ceux de longue haleine, mon cher Adimante; où le poison est encore plus present que dans les autres, & repandu par l'espâce de plusieurs milliers de vers. ADIMANTE. De ceux-ci, lesquels jugez vous les plus dangereux? SOCRATE. Les plus admirés, mon cher Adimante; la Theogonie d'Hesiode, l'Iliade, & l'Odyssée d'Homere; cent ouvrages de même nature, dont le Monde est infatué, presque à n'en plus revenir. ADIMANTE. Que renferment-ils de si mauvais? SOCRATE. Je trouve dabord, quoi qu'on dise, que les Poëtes ne mentent point joliment. Est-ce le faire avec esprit, que de travestir les Heros, & les Dieux mêmes ; jusqu'à les rendre meconnoissables au plus haut point? A quoi, je vous prie, comparer les portraits bizarres qu'il nous en font, qu'à ceux de ces peintres ignorants, qu'on voit obligés de mettre au bas le nom des personnes qu'ils ont tirées, afin qu'on se garde bien de les prendre pour d'autres ?

Commençons par Hesiode. Quel rôle fait-il jouer au Ciel, burlesquement vengé de son fils Saturne par Jupiter! Si toutes ces fables ridicules etoient autant de verités certaines ; un homme fenſé tireroit le rideau ſur de ſi vilains Dieux ; dans la juſte apprehenſion de faire tomber les eſprits foibles dans beaucoup d'erreurs pernicieuſes. Par deference pour la coutume, s'il falloit parler de ces romaneſques avantures de la Cour celeſte ; il les envelopperoit avec un grand ſoin de touts les nuages du ſanctuaire ; pour derober ce qu'elles ont de plus choquant à ceux qui n'apportent aux pieds du Prêtre qu'un cochon de lait ; & pour n'y laiſſer rien entrevoir tout au plus qu'à ceux qui marchent à pas lents vers l'autel, ſuivis d'une hecatombe. ADIMANTE. Cette Theologie, mon cher Socrate, eſt egalement groſſiere, & dangereuſe. SOCRATE. Je ne voudrois pas même que dans notre Etat on ſçût qu'elle eſt ſortie du cerveau mal conditionné des Poëtes. Un jeune homme ne doit avoir aucune raiſon, pour ſe diminuer à lui même l'horreur du vice. Il ne faut pas ſeulement qu'il puiſſe lui venir à l'eſprit, qu'etendre la main juſques ſur un pere, ſoit une action quelquefois permiſe ; après que les plus conſiderables d'entre les Dieux l'ont autoriſée par leur exemple. ADIMANTE. Toutes ces choſes, mon cher Socrate, ſont honteuſes à penſer, & plus encore à dire.

SOCRATE. On ignorera l'hiſtoire de leurs combats ; dans leſquels on les voit ſe bleſſer mutuellement à la tête, au pied, à l'epaule, partout, & ſe tendre des pieges de la maniere la plus infâme les uns aux autres. Si nous voulons que parmi nous on n'en vienne que difficilement à vivre mal enſemble ; nous ſupprimerons mille recits trop bien tournés de l'orgueil temeraire des Geants, de l'eſprit vindicatif des Dieux, & des hommes eſtimés divins, porté ſouvent au dernier excès conrre leurs proches. Nous inculquerons à tout propos qu'un Citoïen religieux ne conçevra jamais une haine de longue durée contre ſon Concitoïen ; & que ne le pas aimer, ſeroit un crime. C'eſt un language, que les Gouverneurs, & les Gouvernantes, auront ſoin de tenir aux enfants ; & nos Poëtes en feront les echos fidelles. Aux chaînes, dont Junon, ſurpriſe avec Mars, fut chargée par ſon propre fils, au coup de pied brutal, par lequel Jupiter precipita Vulcain du haut des Cieux,

pour

pour s'être mis au devant des coups portés à sa mere, enfin aux batailles, qui teignirent de sang mille fois l'Empirée, ils
substitueront des eloges de la concorde, & de la paix.   Allegorie,
ou non; les Dieux seront degradés, ou de meilleur exemple. Puisqu'il est certain que les jeunes gens n'ont pas l'esprit assez fort, ni
le discernement assez juste, pour distinguer un jeu d'imagination des sentiments veritables d'un Ecrivain; & que les impressions faites à cet âge, durent ordinairement toute la vie; il importe
extremement que tout, fables, discours didactiques, ne les porte
qu'à la vertu.   ADIMANTE. Avant que de souscrire à vos deci-
sions, mon cher Socrate, le Monde souhaitera peut-être un jugement critique sur les premieres; & quelques-unes de notre façon,
pour modelles? SOCRATE. Nous ne sommes du metier, cher Adimante, ni vous ni moi.   Tracer le plan d'une Republique est notre soin.   C'est donc assez de faire sentir la consequence dont il est,
de reprimer la verve licentieuse des Poëtes, & de l'asservir à tout ce
qui peut contribuer aux bonnes mœurs.

ADIMANTE. Quelles regles à suivre leur prescrirez vous, sur le
fait de la Theologie, mon cher Socrate? SOCRATE. Je commence-
rois par bannir de la prose, aussi bien que des vers, toutes les fausses peintures de la Divinité. ADIMANTE. Il est vrai que rien
n'egare d'avantage l'esprit humain. SOCRATE. L'Etre suprême est
le meilleur de tout les Etres.   On doit le dire, & le penser. ADI-
MANTE. Assurement. SOCRATE. Un Etre bon, & bien-faisant
de sa nature, se trouve, par sa bonté même, dans une heureuse
impuissance de nuire. ADIMANTE. On ne pourroit, sans blas-
phême, en parler autrement. SOCRATE. Dieu par consequent
n'est point Auteur du mal. Tout bien au contraire emâne en
premier lieu de lui. Il n'est donc point la cause de tout; quoiqu'en publie un Corps nombreux de faux Docteurs. Nous aurions même tort d'imputer à cet Etre Souverain la plûpart des
choses qui nous arrivent; puisque nos biens, dont il est la Source,
ne sont qu'en petit nombre, en comparison de nos maux, qui
viennent d'ailleurs. ADIMANTE. Ces idées sont beaucoup plus

raisonnables, mon cher Socrate, & font plus d'honneur à la Divinité.

SOCRATE. S'il est vrai qu'il faut s'en exprimer ainsi; quelle indignation n'aurons nous point contre Homere; avec " ses deux " tonneaux, placés à l'entrée du palais de Jupiter? Toutes les fois " qu'il sort, après s'être majestueusement dechargé de son ton- " nerre, il tire le bien de l'un, & le mal de l'autre, pour nous " touts mortels infortunés. Il en fait un melange, tel que lui " dicte son caprice. Quand le dernier vient seul; un Malheureux " est condamné toute sa vie à courir le monde, poursuivi par la " faim." Nous appellerons ce Poëte un Titan; d'imputer le parjure, & la mauvaise foi de Pandare à Minerve, devenue fourbe, & sacrilege, à l'instigation du Pere des Dieux. Enfin nous aurons peine à le souffrir; lorsqu'il nous represente " Jupiter encore, " & Themis, en mouvement d'un bout du Ciel à l'autre, pour " appaiser un grand tumulte, excité sur rien dans toute l'assemblée " celeste." Nous decrediterons pareillement Eschyle; pour avoir dit que " les Dieux, quand ils ont juré la ruine des plus illustres " familles, sçavent tôt ou tard prendre leurs mesures, pour en faire " perir les chefs."

Si quelque faiseur d'ïambes vient remplir l'air des flêches, qui percerent le sein de la malheureuse Niobé; s'il fait des efforts pour nous frapper des plus vifs sentiments d'horreur, à la vue des meurtres qui rendirent la maison de Pelops infâme; s'il nous demande pathetiquement nos larmes pour les Troïens, accablés de maux pendant l'espace de tant d'années; enfin s'il met tout en œuvre, pour nous emouvoir, par la description de touts ces jeux, tantôt bizarres, tantôt horribles de la fortune, dont nous sommes chaque jour temoins; nous lui defendrons d'interesser aucunement la Divinité dans ses recits. Pour la disculper, nous obligerons sa Muse de lui suggerer des raisons, du genre des notres. Il dira que l'Etre Souverain ne fait jamais rien que de juste, rien que d'avantageux pour nous. Les chatiments sont toujours merités par les coupables, & toujours un bien pour eux. Ils leur sont necessaires, pour leur faire perdre le goût d'être mechants, & par

là

là miſerables. En un mot, Dieu corrige ; mais il ne ſe plaît point ſimplement à punir. La doctrine oppoſée, mon cher Adimante, renverſe entierement la religion. Elle eſt abſurde, infiniment propre à corrompre les eſprits, incompatible en tout ſens avec le bonheur d'une Republique. En proſe, en vers, encore une fois elle ne ſera point ſoufferte. ADIMANTE. Mon cher Socrate, j'approuverai fort une loi, pour la proſcrire.

SOCRATE. Si l'origine du mal ne ſe trouve point en Dieu ; ſeroit-il un Enchanteur, un Prothée ; qui prît ſouvent plaiſir à ſe montrer aux hommes ſous mille formes differentes, pour les amuſer, ou pour les ſeduire ? Ne l'eſtimerons nous pas beaucoup plutôt un Etre ſimple, toujours lui-même, & trop bon par deſſus tout, pour aimer à ſe joüer de notre foibleſſe ? ADIMANTE. L'un eſt plus reſpectueux à penſer, & certainement plus vrai que l'autre. SOCRATE. Ces metamorphoſes indecentes ſeroient operées en lui par des cauſes etrangeres, ou par lui-même, & par un effet de ſa propre volonté. Mais prenons garde en premier lieu que ſon excellence infinie le met à l'abri de celles, qui viendroient du dehors. Nous voïons que plus un corps eſt robuſte, moins il eſt alteré par la faim, par les travaux, & par les autres incommodités. Les plantes ſaines, & les arbres vigoureux, bravent les vents, & les ſaiſons. Quelque ſujette à l'inconſtance que ſoit notre âme ; rien ne la tire de ſon aſſiette, lorſqu'elle eſt ſage, & courageuſe. Parcourons en un mot touts les ouvrages, ſoit de la nature, ſoit de l'art ; & nous trouverons qu'ils ſont moins expoſés au changement, à meſure qu'ils ſont parfaits. ADIMANTE. Il eſt vrai, mon cher Socrate. SOCRATE. Quel jugement donc faire de ces transformations nombreuſes, par lesquelles il ſemble que les Poëtes aient pris à tâche de tourner l'Etre ſouverainement parfait en ridicule ? ADIMANTE. Le moins qu'on en puiſſe dire, c'eſt qu'elles ſont chimeriques. SOCRATE. Accordons qu'elles fuſſent reelles ; il en ſeroit lui-même l'Auteur ; & ſans doute qu'il s'y propoſeroit un gain à faire. ADIMANTE. Comment ceſſer en rien d'être ce qu'il eſt, mon cher Socrate, qu'infiniment à ſon deſavantage ; puiſqu'il renferme

ferme toute la perfection poffible. SOCRATE. C'eft bien dit. Me-content de lui-même, cher Adimante, il ne fe fera point un autre, à perte pour lui. ADIMANTE. Qui de nous voudroit entreprendre quelque chofe de femblable, à fon prejudice? SOCRATE. L'immu-tabilité fera donc un attribut effentiel à l'Etre divin. ADIMAN-TE. Affurement. SOCRATE. Nous n'ecouterons par confequent point les Poëtes, qui nous difent que " les Dieux, deguifés de " toutes les manieres, fe gliffent dans les villes, à l'infçu des ha-" bitants; & que des années entieres ils s'y donnent pour etran-" gers." Qu'ils ne parlent plus ni de Prothée, ni de Thetis. Que " Junon, traveftie en Prêtreffe, ne demande plus fur le theatre " fa recompenfe au fleuve Inaque, pour avoir fauvé la vie aux " enfants de ce Dieu." Les meres credules, & trop fouvent rem-plies d'un profond refpect pour ces romans frivoles, d'un air per-fuadé ne diront point aux enfants, que la nuit certains Dieux font la ronde, fous mille figures, propres à caufer un grand effroi. Qu'el-les fçachent que les uns en feroient fort offenfés; & que les autres en reçevroient des bleffures, dont ils conferveroient de fâcheux reftes peut-être jufqu'au tombeau. ADIMANTE. Je condamne avec vous aux tenebres ces contes ridicules, & terribles.

SOCRATE. C'eft un fait pourtant, nous dira-t-on. Les Dieux, immuables tant qu'on voudra, peuvent certainement nous faire il-lufion, & nous apparoître, comme bon leur femble. ADIMAN-TE. On ne doit pas, à mon avis, leur contefter cette puiffance. SOCRATE. Non; mais comment leur donner un fi coupable def-fein? Ignorons nous qu'ils abhorrent le menfonge; & que le men-fonge eft plus criminel encore dans les actions, que dans les pa-roles? Difons tout. C'eft quelque chofe de fi parfaitement haïffable, mon cher Adimante, que même les plus mechants des hommes le deteftent, & ne fouhaitent rien au fond avec plus d'ardeur, que d'en guarantir la partie d'eux-mêmes la plus noble, & la plus divine. ADIMANTE. Vous avancez là, mon cher Socrate, un pa-radoxe, incroïable pour bien du monde. SOCRATE. Cependant rien de plus certain. Oui, je foutiens que l'homme n'a point de

4

penchant

penchant plus fort, que celui de connoître la verité; que l'ignorance n'eſt aucunement de ſon goût; & qu'il eſt infiniment eloigné d'aimer l'erreur, dans les choſes, qui ſont pour lui d'une importance reelle. ADIMANTE. Quel interêt auroit-on en effet à ſe tromper, dans la grande affaire du bonheur? SOCRATE. Quand je dis au reſte que le menſonge eſt odieux; je le prends dans l'âme; où c'eſt toujours un defaut de lumiere qui le produit. Du dedans il paſſe au dehors; mais le mental eſt le ſeul, qui merite la haine des Dieux, & des hommes. Celui qu'on nomme officieux, eſt ſouvent très utile; comme lorſqu'il s'agira de faire avorter les enterpriſes malicieuſes d'un Ennemi, d'arrêter les mouvements de fureur, ſoit d'un indifferent, ſoit d'un Ami. C'eſt auſſi le pere ingenieux de la fable; dont le but naturel eſt de remplir agreablement les vuides de l'hiſtoire, & par le faux de conduire l'eſprit au vrai. ADIMANTE. Ces principes de Morale ſont inconteſtables.

SOCRATE. Pour finir; de quel uſage ſeroit au Souverain Etre la fiction? ADIMANTE. Il ſeroit extravaguant de s'imaginer qu'il en pût tirer aucun fruit. SOCRATE. Le paſſé, le preſent, l'avenir, lui ſont connus, mon cher Adimante. Il n'a point d'ennemis à craindre, ni d'amis phrenetiques à calmer. ADIMANTE. Touts ceux qui lui ſont chers, ont la ſçience, & la ſageſſe en partage. SOCRATE. Denué de touts les motifs, qui portent les hommes à feindre, exempt de toutes les tentations, qui les expoſent à mentir; il n'eſt donc capable de faire illuſion à perſonne. ADIMANTE. L'impoſture ſeroit la choſe du monde la plus indigne de lui. SOCRATE. N'en doutons point; la veracité, cher Adimante, & l'immutabilité, font ſes deux plus eſſentiels charaĉteres. Il n'envoie point au genre humain des apparitions terribles, pour l'epouvanter, des apparitions frivoles, pour l'amuſer, ni durant la veille, ni pendant la nuit. ADIMANTE. J'en ſuis entierement purſuadé.

SOCRATE. Admirateurs d'Homere à d'autres egards, nous diminuerons par conſequent beaucoup pour lui de notre veneration, lorſqu'il donne à Jupiter l'infâme emploi, de ſeduire Agamemnon par un ſonge impoſteur. Nous mepriſerons Eſchyle; quand Thetis

tis fait souvenir Apollon de l'Epithalame, qu'il accompagna de sa Lyre, le jour qu'ils s'epouserent; pour augmenter l'amertume des reproches qu'elle fit à ce Dieu.   " N'avois-tu pas, lui dit-elle, fait " esperer d'heureux & de longs jours à mes enfants ? Je n'aurois " pas cru Phœbus un perfide, après un si grand nombre de de- " monstrations tendres, & de promesses magnifiques. Cependant " voici qu'il vient lui-même d'ôter la vie à mon fils..... O le " Cruel!"

Nous aurons horreur d'un language, qui deshonore si fort les Dieux; & tout homme qui le tiendra, ne sera point souffert dans notre Republique. Les Magistrats, dans qui le respect envers eux doit l'emporter sur tout le reste, en banniront l'entrée à cette Theologie choquante, & burlesque tout à la fois. Insensibles aux ornements, dont les Poëtes l'ont embellie, ils veilleront à ce qu'elle ne soit point adoptée par les personnes, qui seront chargées de l'education de la jeunesse. ADIMANTE. De bonnes loix contre les Poëtes, mon cher Socrate, seront parfaitement bien.

DE LA
REPUBLIQUE;
OU
DU JUSTE, ET DE L'INJUSTE.

LIVRE TROISIEME.

SOCRATE.

TElles feront, cher Adimante, les precautions qu'il faudra prendre, pour empêcher les jeunes gens de s'enivrer d'un doux poifon; fi nous avons à cœur de voir en eux reluire une pieté veritable envers les Dieux, un grand efprit de foumiffion envers leurs parents, une amitié tendre les uns envers les autres. ADIMANTE. Elles auront infailliblement touts ces bons effets.

SOCRATE. Pour leur infpirer de la bravoure, on leur prefentera touts les motifs, qui peuvent diminuer en nous la crainte de la mort. ADIMANTE. C'eft la paffion des âmes lâches. SOCRATE. Mais le moïen pour eux de ne jamais balancer entre la vie, & la liberté; pendant qu'ils auront devant les yeux ce grand nombre d'epouvantails, dont nos Theologiens de tout à l'heure ont bordé les avenues de l'autre monde? ADIMANTE. Le chien Cerbere feul, mon cher Socrate, eft affez terrible, pour faire tourner bride à plufieurs Efcadrons. SOCRATE. Nous aurons l'oeil fort

ouvert fur touts ceux, qui font metier d'apprendre aux hommes
ce qui s'y paſſe.   Ils feront priés, au lieu de nous faire peur de
notre etat futur, de nous le peindre même ſous les images les
plus riantes; puiſqu'au fond ce quils en content, n'eſt en ſoi ni
vrai, ni propre à former des cœurs intrepides.   ADIMANTE. Rien
moins, aſſurement.   SOCRATE. On feroit donc mal d'epargner la
meilleure partie de ce qu'ils en ont dit; à commencer pas ces exclamations ridicules; que la Poëſie ne doit pas avoir aſſez de
charmes, pour nous faire trouver ſupportables. " J'aimerois beaucoup
" mieux ſervir toute ma vie le bouvier le plus miſerable du plus petit
" hameau, n'euſſai-je pour tout à mes repas que des carottes bien
" comptées, que d'être Pluton là bas, & de manier les rênes de
" l'empire des Mânes.....   Leur vaſte & ſombre demeure eſt in-
" feſtée de ſpectres horribles, remplie d'objets affreux, & degoû-
" tants.   Elle eſt entierement inhabitable pour les hommes; &
" les Dieux eux-mêmes fremiſſent d'horreur, toutes les fois qu'ils
" s'en retracent le ſouvenir.....   Pauvres Mortels, quand votre âme
" fugitive deſçend aux enfers, ce n'eſt plus, helas! qu'une ombre le-
" gere. Lorſqu'elle s'envole, pour aller eternellement y faire ſa demeure,
" elle fait tout retentir de ſes regrets, d'avoir ſi tôt perdu les avan-
" tages ineſtimables de la vie.....   Ce n'eſt plus qu'une fumée ge-
" miſſante, & qui s'exhâle en ſanglots.....   Une compagnie d'âmes
" fendoit l'air, en glapiſſant.   Vous euſſiez dit de hibous; qui
" ſortis en grand nombre à l'entrée de la nuit d'un trou de rocher,
" ont laiſſé quelques-uns de leurs compagnons mal engagés dans
" quelque fente; d'où leurs cris aigus, & leurs battements d'ailes
" terribles, ſe font entendre."

Nous ſupplierons Homere, & tout le venerable corps des Poëtes,
de ne point trouver mauvais que nous faſſions main baſſe, avec
une louable cruauté, ſur toutes les ſornettes pareilles, qu'ils debitent
gravement ſur l'autre vie dans leurs ouvrages.   Ce n'eſt pas que la
poëſie n'y ſoit belle : à Dieu ne plaiſe! Mais plus ils ſçavent charmer, plus il faut s'attendre que leurs faux ſentiments enerveroient
le courage des jeunes gens, & des hommes faits; que nous voulons

lons animés d'un zele pour la liberté, qui sans jamais hesiter un seul moment, leur fasse preferer la mort à la servitude. Nous leurs ferons pour cet effet oublier, s'il est possible, jusqu'aux noms de l'Averne, du Stix, & du Cocyte: noms capables encore une fois de faire du meilleur soldat un homme sans cœur. Ils seront merveilleusement bien imaginés, si l'on veut; mais nous avons lieu d'apprehender, que les terreurs paniques dont naturellement ils remplissent les esprits, n'etouffent l'ardeur martiale, dans les depositaires futurs de la felicité publique. ADIMANTE. Craindre la pierre d'Ixion, & les Serpents des trois Furies, ne convient point à des gens, qui doivent ne rien craindre. SOCRATE. Pour achever d'ôter à la mort ce visage affreux, qu'elle tient de la pure liberalité des Poëtes; nous ferons voir qu'ils inventent etrangement; & nous substituerons de justes idées de la vie future, aux idées fausses, qu'eternellement ils nous en donnent. ADIMANTE. Pour avoir les veritables, on n'aura le plus souvent qu'à prendre le contraire de ce qu'ils en ont dit.

SOCRATE. Nous tarirons de plus ces fleuves de larmes, qu'ils font couler, à la mort des grands hommes. Il ne leur sera pas même accordé qu'un homme de bien puisse regarder la perte d'un ami cher comme un malheur insupportable, ni le pleurer avec une amertume excessive. L'affligé se doit suffire à lui-même, s'il est sage; & n'attendre jamais du dehors que l'accessoire de son bonheur. ADIMANTE. La raison lui donne pour conseil de compter un agrement de moins, & de travailler du reste à le remplacer avec avantage. SOCRATE. On ne le verra donc point s'abbattre, lorsque la Parque aura trenché les jours d'un fils, d'un frere, aimés; lorsqu'un injuste ravisseur le depouillera d'une partie considerable de son bien. Inaccessible à la folle douleur, il cedera paisiblement à touts les fâcheux accidents de la vie. ADIMANTE. Ils font inevitables; & les Dieux l'ordonnent. SOCRATE. Nous laisserons par consequent aux hommes foibles, aux femmes, je dis à celles dont l'esprit est le plus mou, ces lamentations impertinentes, que les Poëtes attribuent à qui bon leur semble; quand un coup fatal enleve au Monde les Heros, & les autres personnes illustres. Il ne faut pas que dans les rencontres

K 2

les

les plus imprevues, il echappe aucun trait de petiteſſe aux grands cœurs, auxquels un jour il appartiendra de ſoutenir la Republique, dans ſes deſaſtres. ADIMANTE. Un objet, auſſi digne de les occuper qu'eſt le ſalut de l'Etat, doit les rendre preſque inſenſibles à tout le reſte.

SOCRATE. Divin Homere, dirons nous donc encore ici, & vous touts, qui vous parez du titre ſuperbe d'enfants des Dieux; nous vous conjurons de ne point nous montrer Achille, tout fils d'une Deeſſe que vous le faites, " couché tour à tour ſur le ventre, ſur " le dos, ſur le coté, debout, aſſis, enfin marchant à pas meſurés " ſur le rivage, & par intervalles prenant du ſable, pour en arro- " ſer lentement ſa blonde chevelure." Cachez nous Priame, iſſu de leur ſang, comme vous; " lorſqu'il ſe roule avec ſon ſçeptre " dans la fange, & qu'il appelle à ſon ſecours les Troïens, chacun " par ſon nom." Vous, Pere de la troupe, epargnez au moins les Dieux Immortels; & ne leur mettez point à la bouche de ces exclamations pueriles. " Helas! jamais fut-il mere au monde " plus infortunée; de n'avoir donné le jour au meilleur fils, que " pour me le voir ſi-tôt ravir?" Se peut-il que votre feu poëtique vous emporte, juſqu'à faire pleurer Jupiter lui-même, oui Jupiter, comme une femme peu courageuſe feroit à peine! " Oh! qu'il " eſt douloureux pour moi d'avoir vu perir à mes yeux devant " Troie un homme, qui m'etoit ſi cher! Mon cœur en eſt dans " un accablement inexprimable. Malheureux que je ſuis! Faut-il " que la cruelle deſtinée vienne de ſe declarer en faveur de Pa- " trocle, contre Sarpedon; celui de touts les mortels dont la vie " m'etoit la plus precieuſe!" Si les Anges tutelaires futurs de l'Etat s'accoutumoient à trouver du beau dans ces plaintes emportées, mon cher Adimante; ou s'ils en venoient ſeulement à les ſouffrir; ils le prendroient bientôt eux-mêmes ſur le même ton; & dans quel deſordre enſuite ne verroit-on pas la Republique, au moindre fâcheux revers? ADIMANTE. Il faut qu'ils aient au contraire une invincible fermeté. SOCRATE. Je m'en tiendrai là, ſur le chapitre des Poëtes; juſqu'à ce qu'on me faſſe voir que j'ai

tort.

tort. ADIMANTE. Je vous le conseille, mon cher Socrate.

SOCRATE. La joie immoderée est un autre ecueil, plus à fuir encore que la douleur excessive. L'une & l'autre marquent une âme, qui se deplaît dans une tranquille situation ; & qui n'est bien, que lorsqu'elle en est tirée. ADIMANTE. Ces idées sont parfaitement justes. SOCRATE. Nous trouverons par consequent très mauvais qu'on nous peigne un homme sage, agité par aucune de ces violentes secousses, que la fausse gaieté produit ; & nous desapprouverons encore davantage qu'on nous en represente les Dieux saisis. Par exemple, qui ne seroit choqué d'Homere ; quand il dit, que " voiant le bon " Vulcain d'un bout du Ciel à l'autre courir pour leur service à " perte d'haleine, ils jettoient des eclats de rire, qui ne finissoient " point ?" ADIMANTE. Il ne se peut rien de plus indecent, mon cher Socrate, que la plûpart des personnages qu'il leur fait faire.

SOCRATE. L'amour de la verité, cher Adimante, est ce que nous graverons avec le plus de soin dans le cœur des Citoïens. Le mensonge n'est en aucun cas utile aux Dieux, comme nous l'avons fait remarquer ailleurs ; & quand les hommes en peuvent tirer du fruit, c'est toujours par voie de remede. Je le repete ; il aura souvent d'excellents effets entre les mains du Magistrat ; mais n'oublions pas qu'il n'appartient qu'à lui seul de l'appliquer. Dans les occasions où le bien public exigera qu'il l'emploie, l'humanité l'obligera de tromper le vulgaire, pour le bien conduire. Mais les particuliers sçauront, que lui deguiser rien, seroit pour eux une faute aussi capitale, pour un malade que d'en imposer au Medecin, & pour un Matelot, de cacher au Pilote aucune des choses, qui pourroient interesser la manœuvre. ADIMANTE. Le vrai ne doit jamais être celé, mon cher Socrate, au prejudice de personne ; mais beaucoup moins encore, lorsque l'Etat en souffriroit. SOCRATE. On punira donc un Haruspice, un autre homme, surpris en mensonge, aussi rigoureusement que sur mer on feroit un traître, qui perceroit le vaisseau, dans le dessein malicieux de le faire perir. Il sera detesté, comme introducteur d'un vice, avec le temps capable de submerger la Republique. ADIMANTE. Des ex-

S,

posés.

posés fidelles, dans toutes les affaires de la vie, dependent entiee-ment les mesures justes.

Socrate. La temperance, & l'esprit soumis, dont l'un rend souple aux ordres de ceux qui commandent, & l'autre empêche de passer les bornes dans l'usage des plaisirs, sont encore des vertus qui parent beaucoup les jeunes gens, & qu'il faut leur prescrire, comme essentielles pour eux. Homere ici parle bien. Il fait dire à Diomede, " que les Grecs marchoient, l'oeil etin-" celant de courage; mais avec un silence, qui marquoit la ve-" neration profonde qu'ils avoient pour leurs chefs." Adiman-te. Les traits de ce genre pourront être estimés en lui. Socra-te. Mais bientôt il montre à la jeunesse un Subalterne, qui perd le respect à son Officier; & qui pousse l'insolence jusqu'à lui faire ce reproche: " Ivrogne, aux yeux de chien, nous sçavons que tu " caches dans ton cœur toute la timidité du Cerf." Qu'importe que les paroles soient belles, quand le sens les gâte à ce point? Adi-mante. Il en fera des impressions d'autant plus à craindre. So-crate. Quelle Morale, dans la bouche d'un homme, donné pour sage! " Est-il quelque chose dans l'univers, qui surpasse une table dé-" licatement servie; autour de laquelle voltige une troupe de laquais, " habiles dans l'art de verser à boire? Quoi de plus deplorable au " contraire, que d'être assez mal avec la fortune, pour n'avoir chez " soi ni sçavants Cuisiniers, ni vins exquis!" Adimante. C'est un defaut prodigieux de jugement, que d'attribuer des sentiments si bas à des personnes, que d'ailleurs on eleve de toutes ses forces. Socra-te. Quel eguillon à la continence, que de voir " Jupiter, seul " eveillé, pendant que tout est enseveli dans un profond repos, " oublier à l'excès touts les grands soucis du jour! D'aussi loin " qu'il apperçoit Junon, il lui crie, que la premiere fois qu'ils avoient " senti les flammes de l'Hymen, à l'insçu de leurs parents, sa pas-" sion pour elle avoit eté moins ardente." Mars, & Venus, en-chainés par Vulcain, mille autres images, dont l'esprit est à touts moments sali dans la lecture des Poëtes, allumeront un feu crimi-nel, dans le sein le plus innocent, & le plus chaste. Adimante.

C'est

C'eſt l'effet naturel qu'il en faut attendre. Socrate. Combien ſera-t-il plus à propos, de mettre aux jeunes gens devant les yeux l'exemple des grands hommes, qu'on a vu reſervés même ſur le fait des plaiſirs permis ? Citons leur celui qui ſe diſoit, en ſe frappant la poitrine, pour s'exciter à la retenue : "Deſirs tumultueux, calmez vous ; & vous, " mon cœur, ſouvenez vous des victoires, que vous avez ſouvent " remportées ſur vous-même." Adimante. Ce language ſeroit plus ſalutaire pour l'âme ; & pourroit nêtre pas moins flatteur pour l'oreille.

Socrate. De ſi bonne heure ſur-tout, l'amour de l'argent ſeroit honteux. La doctrine de nos Muſes ne ſera donc point que " les " preſents ont une eloquence admirable ; qui perſuade les partiſans " les plus opiniâtres de la juſtice, & qui triomphe de toute celle " des Dieux mêmes." Elles refuſeront des loüanges à Phœnix, Gouverneur d'Achille ; pour l'avoir exhorté de perſiſter dans ſon courroux contre les Grecs, juſqu'à ce qu'ils l'euſſent deſarmé, par des liberalités extraordinaires. Ou nous perdrons toute notre eſtime pour le General ; ou plutôt nous ne croirons point qu'il eût l'âme auſſi baſſe que le Precepteur ; ni que de plus en plus devoré par l'avarice, il ait exigé d'Agamemnon une ſomme conſiderable, avant que de conſentir à lui ceder les reſtes du grand Hector. Adimante. Tout ce qu'on en peut dire, c'eſt qu'on ne ſçauroit trop mepriſer Achille ; s'il eſt vrai que ce vice odieux le dominât à ce point. Socrate. La reputation infinie d'Homere me le fait dire preſque en tremblant. Il auroit pu ne pas faire ſes Heros ſi monſtrueuſement petits. J'ajoûte qu'il auroit eté mieux de ne pas s'en rapporter entierement à la bonne foi de l'Hiſtoire ; s'il faut croire qu'il l'ait eue pour guarand, & que reellement elle en eût parlé comme lui. N'eſt-il pas beau d'entendre Agamemnon vomir ces blaſphêmes horribles contre Apollon ? " Tu viens de me " jouer un de tes mauvais tours ordinaires, o toi, le plus ſçelerat " de touts le Dieux ; le plus charmé, quand tu vois du jour à perdre un homme, couvert de fameux exploits. J'aurois de mon

" coté,

“ coté, n'en doutes pas, tout le plaifir du monde à me venger ;
“ fi ma puiffance egaloit ma colere.”

Quels perfonnages auffi pour Achille, que de pointer fon arc
contre un Fleuve, admis au nombre des Dieux ; d'en menacer un
autre de lui couper fa belle chevelure, pour l'envoïer aux mânes
du vaillant Patrocle ; d'egorger enfin touts fes prifonniers, fur le
bucher de ce cher Collegue, & de traîner plufieurs fois autour de
fon tombeau le cadavre tranfpercé d'Hector ! Le fils d'une Deeffe,
& de Pelée, dans les veines duquel couloit avec fierté le fang de
Jupiter ; un grand Capitaine, forti de l'ecole du divin Chiron ; A-
chille en un mot, auroit eu l'âme partagée entre deux vices, auffi
contraires, que le font un orgueil gigantefque, une avarice infatia-
ble ? ADIMANTE. La vrai-femblance eft affurement là fort bleffée.
SOCRATE. Quelle apparence encore que Pirithoüs, fils de Jupiter, que Thefée, fils de Neptune, que mille autres, dont les noms
fe trouvent fuperbement ecrits au Temple de Memoire, aient commis les impietés, les crimes enormes, que les Poëtes ont mis fur
leur compte ? ADIMANTE. Ils prennent de grandes libertés.

SOCRATE. Pour les retenir dans les bornes, on leur enjoindra
particulierement de n'imputer aucune action coupable aux Dieux,
aux heros ; ou de les depouiller de ces hauts titres, & de les rele-
guer dans la derniere claffe des hommes.   Nous avons droit d'exiger l'un ou l'autre ; après avoir montré que de la Divinité rien de
mauvais n'emâne ; & notre devoir eft de fermer l'oreille aux calomnies, dont fes Confidents pretendus ne ceffent de la charger. ADI-
MANTE. Mon cher Socrate, je rougis pour eux.

SOCRATE. Si par malheur elles trouvoient entrée dans l'efprit
d'un jeune homme, cher Adimante ; quel danger pour lui de fe
corrompre ! Il n'eft point d'attentat au monde, qu'il ne fe crût permis ; lorfqu'il auroit à fe dire, qu'il ne feroit qu'imiter les plus
grands des Dieux, & leur illuftre Pofterité ; dont “ l'infcription, qui
“ fe lit autour de l'autel du mont Ida, fait connoître que les reftes
“ precieux ne font pas encore eteints fur la terre.” Une de nos
principales attentions par confequent fera de precautionner la jeunesse

neſſe contre des fictions, auſſi capables de confondre toutes ſes idées ſur la religion, que de porter la corruption dans ſes mœurs. ADIMANTE. Plus vous avancez dans la critique des Poëtes, mon cher Socrate ; plus il paroît qu'on ne peut trop être inexorable ſur leur chapitre.

SOCRATE. Des Ecrivains, qui traduiſent ainſi les des Dieux, & qui parlent ſi mal de la vie future, ne ſeront pas des oracles à conſulter, ſur les biens, & ſur les maux de celle-ci. Les Mechants, nous diſent-ils, eux, & le vulgaire des Orateurs, ſont ici-bas les heureux, & les gens de bien les miſerables. L'injuſtice procure touts les avantages à l'habile fourbe, qui ne s'en fait aucun ſcrupule ; pendant que la juſtice depouille, au profit des autres, l'homme inſenſé qui la reſpecte. Mon cher Adimante, que tardons nous à foudroïer des maximes ſi deteſtables? ADIMANTE. Elle revoltent. Proſcrivons les, j'y conſens. SOCRATE. Oui ; mais nous allons vîte. Thraſymaque nous dira qu'il n'eſt pas de notre avis ; & que nous decidons avant le temps ſur l'objet même de nos recherches. ADIMANTE. Il aura certainement raiſon, mon cher Socrate. Nous ne ſerons en droit de prendre ce ton victorieux, qu'après que nous aurons montré que la juſtice eſt un grand bien pour l'homme qui la poſſede ; n'eût-il aucun vengeur, aucun temoin de ſes actions, & de ſes penſées les plus ſecrettes. SOCRATE. Arrêtons nous donc ici tout court ; & puiſque nous pouvons être cenſés avoir fini ſur les choſes ; avant que de paſſer à l'examen de notre principale queſtion, parlons du ſtile. ADIMANTE. J'ecouterai ce que vous avez à nous en dire avec plaiſir.

La Poëſie, mon cher Adimante, eſt une ingenieuſe narration d'evenements paſſés, preſents, à venir. Quelquefois le Poëte eſt purement Hiſtorien. D'autres fois il eſt imitateur, & ſouvent les deux enſemble. ADIMANTE. Mon cher Socrate, je ne vous entends pas auſſi parfaitement que je le voudrois. SOCRATE. Je ſens moimême que je manque de clarté, mon cher Adimante ; peut-être aſſez, pour meriter la cenſure de perſonnes moins polies. Pour reparer mon defaut ; la penſée me vient de faire comme ces gens, qui ne fçavent qu'à demi ce qu'ils ofent enfeigner. Ils fortent le plutôt qu'ils peuvent du general, qui les embaraffe; & cherchent du foulagement dans les details, qui font plus faciles.

Le commencement de l'Iliade vous eft auffi prefent qu'à moi. Homere y raconte que Chrysès commença par fupplier humblement Agamemnon de lui rendre fa fille; & que ce Roi lui fît une reponfe pleine de hauteur. Le grand Prêtre, indigné de ce refus, chargea d'imprecations toute l'armée Grecque. ADIMANTE. Je vois la fuite.

SOCRATE. Remarquez, je vous prie, que jufqu'à ces paroles, "il alla " de rang en rang conjurer les officiers, les deux fils d'Atrée entre au- " tres, de flechir le Prince en fa faveur," le Poëte narre, & ne dit rien qu'en fon propre nom. ADIMANTE. Mon cher Socrate, vous devenez intelligible. SOCRATE. Ce n'eft plus Homere, c'eft Chrysès qui parle dans les vers fuivants; & fi vous y prenez garde, il tourne adroitement l'efprit de fon lecteur vers ce Vieillard cheri des Dieux, & chagriné fort injuftement. ADIMANTE. Il eft vrai. SOCRATE. Cet artifice regne prefque d'un bout à l'autre de l'Iliade, & de l'Odyffée. Rempli de fes perfonnages, l'Auteur y met ordinairement tout en œuvre pour fe faire oublier; pendant qu'on s'imagine les voir, & les entendre. Comme dès fon exorde il veut difparoître; il ne penfe qu'à bien attrapper le ftile, & les manieres du Grand Prêtre. En un mot, imiter naïvement eft fa grande affaire. Je m'etends; de peur d'être une autre fois obfcur. ADIMANTE. Vous vous etes corrigé, mon cher Socrate; je vous en ai deja fait mon compliment; & vous m'avez affez puni de ma petite liberté. SOCRATE. Bien donc, je pourfuis, & je vous epargne.

Si notre Poëte eût continué de raconter en tierce perfonne; ce n'eût eté qu'un fimple recit; & voici de qu'elle maniere il l'auroit fait. Souffrez ma profe, cher Adimante; parceque je n'entends pas fi bien le vers.

Le vieux Chrysés, en abordant les Grecs, pria les Dieux, dont il ne douta point qu'ils n'euffent la crainte, d'eloigner d'eux touts

les.

les perils, & de les rendre bientôt maîtres de Troie. Enfuite il les conjura, par les refpect qu'ils avoient pour ces mêmes Dieux, d'interceder pour lui faire avoir fa fille, & d'accepter une efpece de rançon, qu'il leur offroit. Toute l'armée entra dans les fentiments d'une compaffion tendre, & refpectueufe pour lui. Agamemnon, feul inacceffible à la pitié, lui jetta des regards terribles. Il lui commanda de fortir incontinent de fa prefence, & de ne plus fe montrer; fans quoi ni fon charactere, ni fon equipage facerdotal, ne le mettroient point à l'abri de fon courroux. Il finit par lui fignifier, que fa fille pafferoit le refte de fes jours entre fes bras dans Argos; & que fi lui-même il ne vouloit eprouver toute fa vengeance, il falloit deformais n'en plus parler. Le Pere confterné, fe retira, fans dire un feul mot. Cependant à peine fut-il hors du camp, que ranimant fon courage, il eleva fa voix vers Apollon. Il l'apoftropha par touts fes titres l'un après l'autre; & le fupplia, par le fouvenir de toutes les victimes, du fang desquelles il avoit mille-fois rougi fes autels, de lancer toutes fes flèches contre les Grecs; pour le païer des larmes, dont ils etoient les injuftes auteurs.

Mon cher Adimante, ce n'eft là, vous le voïez, qu'une fimple narration. Prenez dans Homere les rôles qu'il met à la bouche de fes Acteurs, & qui font encore une fois la meilleure partie de l'Iliade, & de l'Odyffee, fans les recits qu'il entre-mêle; vous n'aurez plus qu'un long tiffu d'hypotypofes. Ces deux manieres d'ecrire enfemble font le Poëte. ADIMANTE. J'acheve de vous comprendre. Les deux ouvrages dont vous parlez, font pour les bien nommer, deux tragedies. SOCRATE. Nous voilà d'accord, & parfaitement hors des tenebres. La Poefie, en general, eft ou mimique, ou recitative. La Tragedie, & la Comedie, font du premier genre. Les dithyrambes appartiennent pour l'ordinaire au fecond. Le Poëme epique, & d'autres efpeces encore, font un melange de l'un & de l'autre. ADIMANTE. Ne craignez pas, mon cher Socrate; il ne m'arrivera plus de vous faire la guerre fur votre obfcurité.

L 2

SOCRATE.

SOCRATE. Prefentement que nous avons une idée du ftile poëtique; c'eft à vous de nous dire fi vous le tolererez dans notre Etat? ADIMANTE. Je foupçonne, mon cher Socrate, que vous n'epargnerez pas le mimique. SOCRATE. Il eft très poffible. Je n'en fçai pourtant rien. Nous voguerons, felon que le vent nous portera. ADIMANTE. C'eft l'unique parti fur mer; & dans un entretien philofophique, on doit pareillement ceder à la force des raifons.

SOCRATE. Prenez donc garde. Eft-il fort effentiel que les Peres, & les Defenfeurs de la Patrie, foient bons mimiques? ADIMANTE. Non, je penfe. SOCRATE. S'il eft vrai, comme nous le difions au commencement, que pour exceller dans un metier, un fuffit; vous m'avouerez qu'on imitera moins bien deux, ou plufieurs chofes, qu'une feule. ADIMANTE. Affurement. SOCRATE. Quelle affinité plus grande, que celle de la Tragedie, & de la Comedie? Cependant où trouver l'homme, qui s'eleve à la perfection dans les deux genres? ADIMANTE. Il eft difficile à rencontrer. SOCRATE. Ne voïons nous pas même qu'il eft prefque impoffible de reprefenter, & de compofer tout à la fois? ADIMANTE. Oui. Pour reüffir en tout, le proverbe eft de ne point trop entreprendre. SOCRATE. L'efprit humain eft borné, foible, cher Adimante; incapable de contrefaire divinement tout ce qu'il veut, & de faire excellemment tout ce qu'il doit. Les perfonnes dont je parle, ont deja le plus grand œuvre entre les mains; la Republique à gouverner, à defendre. Ils n'auront point affez ni d'attention de refte, ni de loifir, pour battre le fer, ou pour conduire la charrue. A plus forte raifon auroient-ils beaucoup trop à faire, s'il leur falloit acquerir la fecondité, la foupleffe, la beauté d'imagination, qui fait le Poëte. On aura lieu d'être tout à fait charmé d'eux, lorfqu'ils travailleront ferieufement à reffembler au parfait Magiftrat, au grand homme de guerre, au bon Citoïen; & lorfqu'ils s'efforceront d'imiter les beaux exemples de toutes les vertus, fortables à leur condition; de juftice, de bravoure, de generofité, de temperance. Il n'eft pas même à propos qu'ils fçachent trop joliment faire la defcription des vices contraires; de peur que par degrés ils n'en vinffent à les

avoir,

avoir, à force d'être habiles à les peindre. ADIMANTE. Il ne se peut rien de mieux pensé.

Vous n'ignorez pas, mon cher Adimante, que l'imitation, à laquelle touts les jeunes gens ne sont naturellement que trop portés, laisse après elle de fortes habitudes ; & qu'elles ont un prodigieux ascendant sur nous. ADIMANTE. Elles donnent le bon, ou le mauvais tour aux hommes. SOCRATE. Nous emploierons par conséquent ceux, qui se montreront nés pour les grandes choses, & dont l'education sera l'objet de nos soins les plus tendres, à des occupations beaucoup meilleures, que celle de nous representer avec les couleurs les plus vives de la Poësie une femme, tantôt dans le brillant de la jeunesse, tantôt avec des rides ; qui tour à tour gronde les Dieux, & son Epoux. Un instant elle ne se possede point de joie, sans qu'elle en puisse dire le sujet. Mille desastres imaginaires, le moment d'après, la font tomber dans un noir chagrin. Elle a mal partout ; elle jouït d'une santé d'Athlete. Elle danse, elle accouche, elle aime, elle hait, elle pleure, elle rit. ADIMANTE. Nos eleves, mon cher Socrate, se rempliroient si bien de leurs originaux, qu'enfin ils en deviendroient, comme vous le disiez tout à l'heure, des copies fidelles. SOCRATE. Nous leur defendrons pareillement de prendre le pinceau, pour tirer d'après nature un esclave, un Fourbe, un poltron, un querelleur, un Ivrogne, un insensé. Il est bon de se connoître en characteres ; mais il faut eviter l'imitation même peu serieuse des moins odieux, & des moins ridicules. ADIMANTE. On en retiendroit infailliblement quelques traits. SOCRATE. Je ne voudrois pas même leur permettre de contrefaire un Forgeron, un Tisseran, un Cordonnier. ADIMANTE. Le metier qu'un jour ils auront à faire, est trop beau, trop difficile, pour s'unir bien avec un si grand nombre d'autres. SOCRATE. Je souffrirois aussi peu qu'ils se fissent une importante affaire, d'exprimer, quelquefois par la seule cadence du vers, le hennissement d'un cheval, le mugissement d'un taureau, le sifflement terrible de l'Aquilon qui renverse, le doux murmure d'un ruisseau qui seprente, la terre paisible, la mer en courroux, le Ciel en fureur.

fureur. ADIMANTE. Faire le fou, mon cher Socrate, c'est beaucoup l'être.

SOCRATE. Si j'entends votre façon de penser; vous croïez qu'un homme d'honneur, de bon sens, & de bon goût, choisira toujours certaines matieres, preferablement à d'autres; & qu'il se fera de plus connoître, à la maniere de les traiter: un mauvais esprit, un fat, de même. ADIMANTE. Oui. Mais quels seront, je vous prie, mon cher Socrate, les sujets favoris du miserable, & de l'excellent Ecrivain? SOCRATE. Lorsque celui-ci, dans le cours de sa narration, tombera sur quelque belle parole, quelque action vertueuse d'un homme illustre; on sentira qu'il prête son orgâne à son pareil avec plaisir. Il lui servira beaucoup plus volontiers d'interprete, toutes les fois qu'il aura montré de la constance, un attachement extraordinaire au devoir, que si l'amour, ou quelque autre passion emportée, l'a precipité dans de lourdes fautes. Jamais il ne parlera d'un mechant homme qu'avec horreur; à moins qu'il ne trouvât en lui de quoi louer. Enfin il jouera ce dernier rôle, en acteur entierement tiré du naturel. ADIMANTE. Un homme de bien s'abstiendra tout à fait de s'en charger; ou du moins il s'en acquittera plus mal qu'un autre.

SOCRATE. Au coin de la vertu, mon cher Adimante, sera toujours marqué le stile d'un Auteur, passionné pour elle. Il n'aura donc rien de commun avec celui d'Homere, par exemple; & le mimique rarement echappera de sa plume. ADIMANTE. Ce n'est point celui de l'honnête homme. SOCRATE. Un Poëte, un Orateur, d'une autre tournure, au contraire, imitera tout; avec une licence d'autant plus effrenée, qu'il sera plus ignorant, plus etourdi, plus vicieux. Il ne lui viendra seulement pas à l'esprit, qu'il ait mauvaise grace à rien; ni que les choses du monde en elles-mêmes les plus choquantes, sortent quelquefois desagreablement de sa bouche. Il a si fort à cœur de charmer les oreilles du vulgaire, que s'il y reüssit, tout lui paroît egalement bon. Veut-on, je le repete, les differentes voix des animaux, le bruit affreux du tonnerre, le fracas epouvantable des ouragans, le doux son de la flûte,

le

le deteſtable cri d'un eſſieu de roue? Il eſt Poëte : un pied en l'air, il fera de tout. Le vrai, le ſimple, le naturel, le beau, l'utile, ne ſont rien pour lui. Le faux, le guindé, l'amuſant, plaiſent à la Multitude : c'eſt tout ce qu'il ſouhaite. ADIMANTE. Je ne vois rien de plus inſupportable qu'un Ecrivain inutile, qui pour faire admirer ſon talent, craïonne de la ſorte le premier objet qui ſe preſente.

SOCRATE. Oui ; mais vous ne prenez pas garde que le ſtile ordinaire n'eſt pas ſuſceptible d'une extrême varieté. La vraie eloquence, eſclave née des choſes, n'evite que très difficilement de tomber dans une ennuïeuſe monotonie. L'Orateur judicieux, beaucoup plus pauvre, & plus gêné que le Poëte, ſera contraint ſouvent de mettre en œuvre les mêmes tours, & de revenir aux mêmes nombres. ADIMANTE. Il eſt vrai. SOCRATE. L'email du ſtile poëtique a davantage de quoi rejouïr. Le Poëte oſe parler de tout, peindre tout, faire touts les metiers, jouer touts les perſonnages à la fois. ADIMANTE. C'eſt un vrai Prothée ; qui de ſon imagination fait ce qu'il veut.

SOCRATE. Soit qu'on parle, ou qu'on ecrive, mon cher Adimante ; on emploie l'un ou l'autre de ces deux ſtiles ; ou peutêtre les deux. Il reſte à ſçavoir lequel nous adopterons dans notre Republique? ADIMANTE. Si mon ſuffrage eſt eſtimé de quelque poids, mon cher Socrate ; on bannira celui qui mêle toutes les couleurs, pour farder le vice ; & l'on ne retiendra que celui qui prête ſes graces naturelles à la vertu. SOCRATE. Avouez moi neanmoins que le premier a du joli. Dieu ſçait auſſi comme il enchante les ecoliers, les rheteurs, & le Vulgaire! ADIMANTE. Il ne lui manque, mon cher Socrate, que de plaire aux perſonnes de bon goût.

SOCRATE. Si nous retrenchons impitoïablement de notre Etat les Poëtes ; c'eſt que nous n'y voulons point de gens à toutes mains ; que nous y voulons chacun occupé d'une ſeule affaire. Le Cordonnier, s'il le trouve bon, ſe clouera dans ſa boutique, le laboureur à ſa charrue, le Pilote à ſon gouvernail, l'homme de guerre à ſon poſte. ADIMANTE. Le bon ordre, &

6

la

la prefervation du Tout, le demandent ainſi. Socrate. Quand donc il nous viendra quelqu'un de ces hommes rares, à qui rien n'eſt impoſſible, & qui ſçavent peindre admirablement tout; nous ecouterons le compliment, très bien tourné, qu'il nous adreſſera, ſes beaux vers à la main. De notre part, nous lui ferons touts les honneurs imaginables; & nous nous ecrierons mille fois qu'il eſt ſans contredit un genie extraordinaire, un homme divin. Nous lui mettrons avec empreſſement une couronne de lierre ſur la tête; & nous l'arroſerons de nos parfums. Mais nous lui dirons en confidence, que notre Etat ne retire point de gens de ſon merite; & que nos loix ſont les plus expreſſes là deſſus. Nous le reconduirons enſuite hors de nos murailles; & nous le prierons de vouloir bien aller ailleurs chercher un accueil, parfaitement digne de ſa Muſe. Plus en peine de l'utile, que de l'agreable, ajouterons nous, en le quittant; nous eſtimons une autre genre de poëſie; qui n'imite, & ne preſente à notre imitation que l'auſtere vertu. Sans pretendre vous deplaire, touts vos jeux d'imagination ne valent pas les graves leçons, que nous avons de bonne heure pris ſoin d'inculquer à notre jeuneſſe; & qui l'ont rendue, à notre grande ſatisfaction, la juſte eſperance de la Republique. Adimante. A la place du pauvre inſpiré par Apollon, imitateur ingenieux du cri d'un eſſieu de roue, un adieu ſi plein de ceremonie, me feroit peu de plaiſir, je vous le proteſte, mon cher Socrate.

Socrate. Voilà, cher Adimante, ce que nous avions à dire ſur la Muſique; qui, dans notre language, renferme, comme vous ſçavez, la fable, & le diſcours ſerieux. Nous venons de voir quel y doit être le fond des choſes; & nous avons auſſi fait connoître l'aſſemblage des qualités, qui forment le bon ſtile. Adimante. Vous nous avez enſeigné ſur l'un & l'autre, d'une maniere qui ne laiſſe rien à deſirer.

Socrate. Il nous reſteroit à donner des regles pour la melodie. Mais nous ſommes touts inſtruits ſur le ſujet.

Glaucon prit la parole, en ſouriant, & me dit: parlez pour vous, mon cher Socrate; ou du moins exceptez moi, je vous en

ſupplie.

supplie. Peut-être en y penfant, pourrois-je imaginer quelque chofe d'affez bon fur le fujet; mais j'aurois peur de ne pas l'approfondir. Socrate. Vous vous defiez beaucoup plus de vous-même qu'il ne faudroit, mon cher Glaucon. Je fuis très affuré, que fi vous euffiez voulu faire quelque effort, vous auriez auffi bien que moi diftingué les paroles, l'harmonie, & la mefure. Glaucon. Oui, je crois que jufques là j'aurois pu m'en tirer. Socrate. La raifon veut que ce qu'on chante ne foit pas à touts egards moins chatié, que ce qu'on prononce, ou qu'on ecrit. Le refte s'y doit accommoder. Glaucon. Une mufique ne peut meriter autrement des eloges.

Socrate. Vous vous fouvenez combien les pretendues belles douleurs donnent de ridicule aux affligés impertinents, qui les confient, foit à la cire, foit aux echos. Glaucon. Ils font pitié, mon cher Socrate. Socrate. Vous donc, qui faites le modefte, & qui cependant etes connoiffeur, nous indiquerez vous des airs, à votre gré, trop languiffants? Glaucon. Outre ceux qui font dans le goût Lydien, & dans lefquels prefque toute la fatigue eft pour le fauffet, j'en aurois d'autres à vous citer. Socrate. N'etes vous pas d'avis qu'on les banniffe; comme indignes d'être entonnés, même par les femmes qui fe piqueront de quelque force d'efprit, & de quelque grandeur d'âme; à plus forte raifon par les hommes? Glaucon. Entierement. Socrate. Il n'eft rien, comme vous vous fçavez, de plus capable d'enerver le courage, que l'amour du plaifir; & la paffion du vin entre autres fuffit, pour eteindre abfolument l'ardeur Martiale dans un cœur. Nous ferons bien par confequent de profcrire auffi les chanfons bacchiques, & lafçives. Glaucon. Je vous abandonne fans peine toute la Lydie, & toute l'Ionie; mais vous ferez grace, je m'affûre, à la Mufique majeftueufe de la Dorie, & de la Phrygie. Elle eft eftimable par beaucoup d'endroits; mais fur-tout par les hauts fentiments de religion qu'elle infpire. Socrate. Je ne la connois point, mon cher Glaucon; mais fur votre parole, il faut la conferver. Je ferai toujours pour celle, qui fera bien conçevoir les mouvements reglés d'un homme, que le devoir, unique appui de sa bravoure, fait marcher au peril, avec un visage intrepide; & qui se montre, sans aucune affectation, plus grand que l'adversité. Pour celle encore, qui le representera dans l'exercice des vertus pacifiques; & quelquefois dans son commerce avec la Divinité. Tantôt il fait part aux autres de ses lumieres; tantôt il profite lui-même des leurs. Il est humble, prudent, resigné dans touts les moments de sa vie aux ordres fixes, mais respectables de la Providence. Encore une fois, retenons toute Musique, propre à nous faire aimer le charactere du vrai sage; toujours lui-même, dans la guerre, & dans la paix, dans la bonne, & dans la mauvaise fortune.

Glaucon. Et la symphonie, à quoi la reduirez vous? Socrate. A vous dire franchement ce que j'en pense, mon cher Glaucon; je ne vois du tout point la necessité de ce grand nombre d'instruments, issus de la flûte; qui ne servent dans un Etat qu'à multiplier celui des bouches inutiles. On a le Flageolet pour la campagne, & la Lyre pour la ville: que faut-il plus? Glaucon. J'avoue que la raison conseilleroit de s'en tenir là, mon cher Socrate. La simple nature plairoit; sans compter qu'elle donne tout à peu de frais. Socrate. Laissons à ceux qui la meprisent, de mieux aimer voir le Satire Marsias battre la mesure en Furieux à tout son orcheftre, qu'entendre Apollon tirer de ses chalumeaux une harmonie toute divine. Glaucon. On ne feroit assurement pas honneur à son propre goût, de comparer l'un à l'autre.

Socrate. Remarquez vous qu'insensiblement nous avons presque fait changer de face à cette Republique de tantôt; dans laquelle nous avons vu les fausses delices fraïer le chemin aux plus grands desordres, & les plus grands desordres produire les desastres les plus affreux. Glaucon. Toutes celles qui voudront jouïr de la felicité veritable, auront besoin apparemment d'une reforme plus complette encore. Poursuivez donc, je vous en supplie.

Socrate. Après les tons, vient la mesure. J'y voudrois fuir cette extrême varieté, cette bizarrerie, pretendue ravissante, qu'on y cherche. Il feroit, à mon avis, beaucoup plus à propos de s'appliquer

pliquer à decouvrir les temps, par lesquels pourra le mieux s'exprimer l'homme, qui joue un beau rôle dans la vie. Quand on l'aura pris pour sujet; la maxime reviendra de les proportionner, aussi bien que l'air, à des paroles, que la vertu ne rougira point d'avoir dictées; sans j'amais asservir les dernieres aux autres. Mais je ne fais pas reflexion que c'est toujours à vous, cher Glaucon, ici de nous enseigner. GLAUCON. En verité je n'ai rien de fort excellent à vous dire. Une observation merite peut-être assez d'être faite. C'est qu'il faut distinguer trois sortes de mesures; par les combinaisons desquelles sont formés touts les mouvements des airs; comme le sont les airs, par celles des quatre tons primitifs. Un plus habile homme vous feroit voir le rapport, qu'ont les uns & les autres avec les passions; mais c'est une theorie qui me passe. SOCRATE. Nous en raisonnerons quelque jour chez Damon. C'est l'oracle dans le genre, comme vous sçavez. Il nous dira ceux qui sont propres à faire naître vivement l'idée de la bassesse d'âme, de l'insolence, des autres vices, & des vertus contraires. Si je l'ai bien compris; il nous a quelquefois dit, qu'un heros n'etoit pas mal exprimé par un dactyle; dont la syllabe longue representoit le sang froid, & les deux breves l'ardeur belliqueuse. Un second charactere etoit, selon lui, mieux designé par un ïambe; un troisiême par un trochée. Mais je craindrois avec raison de m'engager, & de n'en pas sortir à mon honneur. Ainsi remettons la partie, à la premiere fois que nous nous assemblerons chez notre sçavant Ami. GLAUCON. Nous avons pour le present des choses d'une plus grande importance.

SOCRATE. Le recitatif ne contiendra que les sentiments d'une belle âme. Plus l'air, & la mesure, y feront conformes; plus le tout ensemble aura de quoi ravir. GLAUCON. De cette sorte, mon cher Socrate, ce que vous disiez plus haut du stile, convient parfaitement à la Musique. SOCRATE. Oui, mon cher Glaucon. Les jeunes gens mepriseront toute autre que celle dont je parle; s'ils ont à cœur de preserver cette harmonie d'un plus haut genre, qui dans toutes leurs actions doit se faire sentir. Pour leur en inspirer le goût; nous leur en ferons souvent remarquer une, infini-

 ment

ment admirable, dans les arts, dans les plantes, dans le corps humain, dans toute la nature. Partout le mesuré, le discordant, le beau, le difforme, s'offrent à nous; & nous invitent à transporter l'un dans nos mœurs, à n'y rien souffrir de l'autre. GLAUCON. Il est vrai, mon cher Socrate; mais le malheur est qu'on n'y fait aucune attention, & qu'on voit toutes choses en courant. SOCRATE. Ou la Science des sons ne s'emploiera qu'à rechauffer dans les cœurs l'amour de la vertu; ou la poësie ne nous en fera que les portraits les plus capables d'attirer; ou nous congedierons, avec les mêmes compliments, Musiciens, & Poëtes. Nous rassemblerons de toutes parts les genies les plus excellents, ceux dont la main sçaura le mieux animer la toile, & le marbre; pour executer, si je l'ose dire, l'idée de l'honnête, chacun à leur maniere. Ils ne mettront au jour aucun fruit de leur travail, qui puisse imperceptiblement porter le poison dans leur âme, par les yeux, ou par les oreilles. De leurs chefs-d'œuvres, semés en touts lieux; comme d'un parterre garni de fleurs, d'où les Zephirs apportent la santé, s'exhalera continuellement une douce odeur; avec laquelle s'insinueront dans les esprits, comme à leur insçu, la modestie, la candeur, la pieté, l'amitié sincere entre eux. GLAUCON. Rien ne sera mieux, que d'obseder ainsi de touts cotés les jeunes gens; pour detacher insensiblement leurs affections des fausses beautés, & les tourner vers les veritables.

SOCRATE. De touts les arts, mon cher Glaucon, la Musique est celui, qui resserré dans les bornes que nous venons de lui prescrire, produira le plus imperieusement ce grand effet. La mesure, & l'harmonie, causent une emotion universelle dans l'âme. Elle descendent jusques dans ses replis les plus profonds; pour y repandre l'amour de l'ordre, & de la convenance. Un jeune homme, qui de bonne heure aura pris du goût pour cet art, cheri des Dieux, & qui sera bien elevé d'ailleurs, en aura toute sa vie pour la regle. On lui verra de plus un instinct delicat; qui le fera mourir, à la vue d'un defaut choquant, soit dans un ouvrage d'esprit, ou dans un charactere; pendant qu'il y saisira le bon avec ardeur, pour se l'approprier, & pour le faire passer dans sa conduite.

Il ne placera jamais qu'à propos la loüange, & le blâme, sa haine, & son estime. Enfin on le sentira plein de respect pour la raison, avant que d'en avoir encore des idées fort distinctes. Lorsque dans un âge plus mûr, elle etalera devant lui touts ses charmes; il la regardera, s'il m'est permis de le dire, comme une ancienne connoissance; & son cœur, de longue main rendu sensible à ses attraits, en demeurera parfaitement epris. GLAUCON. Je conclus, mon cher Socrate, à ce que l'etude de la Musique fasse partie de l'education de la jeunesse.

SOCRATE. On n'apprend à lire, mon cher Glaucon, qu'à force de se rendre familiers les characteres de l'alphabet, & de les remarquer, en petit, en grand, partout où le hazard les presente. Il faut les avoir nettement imprimés dans l'esprit, avant que d'en pouvoir aisement reconnoître les images, dans un miroir, ou dans l'eau. Nos eleves pareillement n'auront point un certain goût fin pour l'Harmonie Morale, ils ne seront point en un mot les gens dont la Republique un jour implorera le bras, & la sagesse; si de touts les objets qu'ils rencontrent, ils ne recueillent soigneusement les traits des vertus qu'elle attend d'eux, pour les imiter; de la valeur, de la temperance, de la liberalité, de la magnificence, des autres. GLAUCON. Cette attention continuelle sera necessaire, pour arriver à toute la perfection qu'exigent les emplois de l'Etat les plus sublimes. SOCRATE. Aussi quand ils rempliront entierement notre attente, mon cher Glaucon; nous pourrons à juste titre nous demander, quel spectacle au monde egalera celui d'un jeune homme, dont la bonne grace exterieure annonce une âme, enrichie de tout ce que les sçiences ont de plus precieux, ornée de tout ce qui peut le plus charmer dans les mœurs? GLAUCON. On ne conçoit assurement rien de plus aimable. SOCRATE. Il gagneroit donc le cœur de tout le monde; de touts ceux au moins, qui n'auroient pas une antipathie fort extraordinaire pour la Musique. Il faudroit en être bien Ennemi, pour n'être que mediocrement touché d'un si parfait assemblage de toutes les qualités, du corps, & de l'esprit. GLAUCON. Je l'avoue, mon cher Socrate; & je ne sçai même si

la

la plus grande infenfibilité pour les dernieres, empêcheroit d'aimer votre jeune Narciffe dans le mauvais fens. SOCRATE. Oh! Oh! mon cher Glaucon. Quelquefois en votre vie, les flêches de Cupidon vous auroient-elles fait des bleffures, que vous en parlez fi bien ?..... Raffûrez vous. Je ne pofferai point la recherche plus avant; & je me contenterai de vous dire, que ces flêches empoifonnées ne font pas toujours affez diftinction du Philofophe, & du Stupide. Cependant le plaifir violent s'accorde-t-il avec la temperance? GLAUCON. Non; il derange l'homme, auffi bien que le chagrin exceffif. SO-CRATE. Eft-il moins incompatible avec les autres vertus? GLAU-CON. Non encore. SOCRATE. Il s'accommode parfaitement bien avec routs les vices? GLAUCON. Oui. Toutes nos paffions dereglées ont d'etroites correfpondances entre elles. SOCRATE. Celles qu'on nomme lubriques, ne font-elles pas les plus effreneés, & les plus indomptables? GLAUCON. De l'aveu de tout le monde. SO-CRATE. L'amour vertu, qui n'a pour aliment que l'honnête, & le beau, n'eft au contraire point accompagné de fougueux tranf-ports? GLAUCON. Il eft vrai. SOCRATE. De jeunes gens bien elevés, ne feront capables d'aucun autre. Entre eux, la volupté fale ne fera point de la partie. Tout fe terminera dans une amitié tendre. GLAUCON. Le refte feroit criminel; & le crime defigure tout. SOCRATE. Il leur fera donc permis de fe voir librement, & de fe prodiguer reciproquement les careffes, dont leur âge eft liberal. Cependant ils s'y comporteront de maniere, que leur familiarité ne faffe naître aucun mauvais foupçon; & qu'elle paroiffe uniquement l'effet de ces flammes innocentes, qu'allume dans les cœurs vertueux un zele ardent pour l'Honnête; fous peine d'être univerfellement regardés comme des Efprits, dans lefquels il eft tout à fait eteint. GLAUCON. Il eft à propos de leur accorder beaucoup de liberté; mais il ne faut jamais qu'ils s'oublient. SOCRATE. Nous avons fini, fur la chapitre de la Mufique, mon cher Glaucon; puifque fon but eft de nous porter à l'amour du Beau; & qu'elle vient de nous y conduire. GLAU-CON. Mon cher Socrate, c'eft agreablement dit.

So-

Socrate. La Gymnaſtique fait l'autre partie de l'education de
jeuneſſe, & l'applique à touts les exercices du corps. Elle apprendra les plus neceſſaires de très bonne heure, & les plus difficiles,
avec le temps. Voïez, mon cher Glaucon, ſi vous ſerez de mon
avis? L'âme ſouvent aura, ſelon moi, les plus horribles defauts,
avec le corps du monde le mieux fait; pendant qu'un corps paſſable empruntera mille graces, mille perfections, d'une âme accom-
plie. Glaucon. Je ſuis de votre ſentiment. Socrate. Façon-
née par nos preceptes, d'elle-même elle reglera facilement le menu
detail. Ainſi quelques obſervations generales ſuffiront.

Nous avons dit que l'ivrognerie eſt un premier vice, que les
gens de guerre doivent avoir en horreur. Perdre la raiſon, eſt une
choſe beaucoup moins pardonnable à des perſonnes, placées en ſen-
tinelle par la Republique, pour la preſerver des ſurpriſes de l'Ennemi, qu'à d'autres. Glaucon. Il auroit l'effet ridicule, de mettre les Citoïens dans la neceſſité de veiller inceſſamment ſur des
Concitoïens, obligés par leur charge nuit & jour de veiller pour
eux.

Socrate. L'amour de la bonne chere conviendroit auſſi très mal
à des gens, dont la Patrie attend une autre eſpece d'Heroïſme, que
celui de la table, & du buffet. Glaucon. Aſſurement. Socrate. On ſçait de quel regime vivent ces hommes, tout muſcles,
qui deſçendent chaque jour dans l'arène, pour y faire montre de
leur force. Ceux qui ſe vouent à la profeſſion des armes, en ob-
ſerveront un d'autant plus exact, qu'ils auront une plus grande carriere à fournir. Celui que ſe preſcrivent les Athletes, leur fait paſſer dans un profond aſſoupiſſement preſque tout l'intervalle qui ſepare leurs combats; & pour peu qu'ils l'alterent, ils vont mourir.
Les autres, faits pour être continuellement ſur le qui vive, apprendront à ne point ſentir la difference d'un excellent repas, ou
d'un morçeau de pain, du champ de bataille, ou d'un bon lit, d'un
Ciel en fureur, ou d'un temps ſerein. Glaucon. La ſobrieté, mon
cher Socrate, eſt une de leurs plus eſſentielles vertus. Socrate.
Elle donne cette ouie fine, & cet œil d'aigle, dont l'un decouvre par-

tout

tout fa proie, & l'autre fait voler, au mouvement d'une feuille d'arbre. Mon cher Glaucon, vous voïez que la Gymnaftique, dont la fin principale eft de rendre ainfi le corps à l'epreuve des travaux militaires, eft fœur de la Mufique, & comme elle, parfaite ennemie de la molleffe. GLAUCON. Il eft vrai.

SOCRATE. Homere, tout Homere qu'il eft, fait aux gens de guerre d'affez bonnes leçons de mepris, entre autres pour les plaifirs de la bouche. Ses Heros, dans leurs campagnes, fur les bords de l'Hellefpont, ne couvrent leur table, ni des monftres que cette mer pouvoit leur fournir, ni de nombreux fervices. On n'y voit que du rôti, qui n'eft pas d'un grand apprêté. Ils fçavoient que la fobrieté rend alerte, & robufte. GLAUCON. C'eft une maxime, qui n'eft conteftée de perfonne. SOCRATE. Les delicateffes de Syracufe, de Sicile, & de Corinthe, pour ne rien dire des notres, à quoi fervent-elles, qu'à ruïner les forces du corps humain? GLAUCON. A rien autre chofe. SOCRATE. Je comparerois volontiers le luxe, qui n'afpire qu'après tout les melanges capables de flatter le goût, & qui porte la Maladie en croupe, à la Mufique dereglée; qui ne fe plaît qu'a debaucher l'oreille, par les mouvements des airs, & les arrangements des tons les plus bizarres; & qui n'annonce pas moins la decadence entiere des mœurs. Celle qui fuit la nature, conferve, & repare l'âme; comme la nourriture fimple fait le corps. GLAUCON. Ces rapports font parfaitement juftes.

SOCRATE. L'amour des voluptés, pere de celui des richeffes, n'a pas trouvé plutôt entrée dans un Etat, que la Medecine y fleurit, & qu'il devient en proie à la chicane. L'une & l'autre occupent un grand nombre de bons efprits; qui cherchent à briller dans ces profeffions, auparavant eftimées inutiles. Une marque infaillible d'une depravation fort etendue, eft le befoin qu'on a de Medecins, & de Jurifconfultes, & le cas extraordinaire qu'on fait d'eux. On peut auffi dire hardiment, qu'Aftrée a quitté la terre; lorfqu'on voit fouvent des gens même qui fe piquent de politeffe, & qui n'ont pas entierement fecoué le joug de la vertu, fremir autour

des

des tribunaux de la juſtice. Comme ſi tout homme bien elevé, ne devoit pas avoir horreur d'en violer jamais les regles envers perſonne; & rougir de n'en pouvoir faire une application juſte, ſans recourir, pour des arrêts, à ces pelotons, ſemés en touts lieux, de Maîtres avides qu'on s'eſt fait. GLAUCON. Si les differents etoient quelquefois inevitables; pourquoi ne pas les terminer ſans eux; & ne pas mettre des bornes à la manie de ſe ruïner, pour les enrichir? SOCRATE. La foule des plaideurs groſſit touts les jours; & deſormais tout conſiſte à bien entendre le procès. Non content de l'aimer avec fureur, on va juſqu'à ſe faire un ſujet d'orgueil, de ſçavoir heureuſement conduire une injuſtice au travers de touts les meandres du Barreau. Funeſtes effets d'un amour demeſuré pour des biens, dont une legere qualité ſuffit, pour être heureux! Combien plus doux, plus beau ſeroit-il, cher Glaucon, de vivre ſans des millions de gens, au regard faroûche, inceſſamment qui mugiſſent dans le Temple de Themis; & de juges, qui ſûrs de leur argent au bout de l'heure, la conſacrent à Morphée; pendant qu'Avocats, & Procureurs, par leurs cris l'invitent à repandre ſes pavôts! GLAUCON. Pour ſe plaire à ce metier infernal, mon cher Socrate, il faut avoir eté mordu par touts les Serpents de trois Furies.

SOCRATE. Eſt-il moins honteux, pour n'eſtimer dans les plaiſirs que l'excès, qui les corrompt, & qui ſe fait toujours païer cher, de ſe reduire à la neceſſité malheureuſe d'implorer le ſecours de la Medecine; utile tout au plus pour les fievres engendrées par l'infection de l'air, & pour quelques autres maux d'accident. La punition de fort près ſuit le deſordre. Les corps d'aujourdhui, le plus ſouvent infirmes dans la fleur de l'âge, ne reſſemblent pas mal à ces crevaſſes, pleines d'eau croupie; où les vents, moins capricieux que leurs coliques, leurs rheumatiſmes, & leurs catharres, s'enfournent, & badinent comme il leur plaît. Tant de choſes infortunées arrivent touts les jours les unes ſur les autres, que les Diſciples d'Eſculape, jolis gens s'il en eſt au Monde, ont peine à leur trouver des noms. GLAUCON. Qui ne prefereroit ſur ce pied là notre luxe, à la vie ſobre de nos Peres? SOCRATE. Une preuve que de fon temps, cette multitude prodigieufe de maladies, & de remedes, dont nous fommes accablés, etoit parfaitement inconnue ; c'eft que fes enfants ne defapprouverent point qu'Eurypyle, pour une bleffure qu'il avoit reçue au fiege de Troie, eût pris feulement de la farine, & du fromage, delaiés avec du vin de Pramne, des mains d'une Villageoife ignorante, à laquelle Patrocle voulut qu'il fe laiffât traiter. GLAUCON. Qui n'eût dit, mon cher Socrate, qu'un breuvage fait à fi peu de frais, n'etoit gueres ce qu'il falloit? SOCRATE. Il n'eft certainement point dans le goût des ordonnances d'Herodicus, Pere de la Medecine moderne.

En premier lieu maître d'Academie, il tomba dans un grand nombre d'infirmités, qui lui firent tourner fes penfées ailleurs. A force d'art, & de vigilance, il vint à bout de fe rendre la vie longtemps à charge, & de laiffer pour heritage à la Pofterité, fon mauvais exemple après lui. GLAUCON. Comment dit-on qu'il fe gouvernoit? SOCRATE. Libre de tout autre foin, que celui de fuivre pas à pas une fanté ruinée, il roula plufieurs années dans un etat continuel de langueur ; qui fe changeoit en douleur aigue, lorfqu'il alteroit un peu fon regime. Enfin à grand' peine il atteignit la vieilleffe ; & vecut jufqu'au bout, en homme qui ne pouvoit ni vivre, ni mourir. GLAUCON. O fçience admirable ; o fort digne d'envie!

SOCRATE. En meritoit-il un meilleur, cher Glaucon ; pour n'avoir pas vu, que fi le divin Efculape s'etoit abftenu de publier un corps de medecine, ce n'etoit pas qu'il eût moins de capacité qu'Herodicus? Mais le Fils d'Apollon penfoit, que dans un Etat, où chacun feroit mis en mouvement par un vrai zele pour le bien public, on n'auroit point du tout le temps d'être malade. GLAUCON. Comment donc? SOCRATE. N'eft ce pas un fait conftant, que les riches feuls, parcequ'ils regorgent de luxe, ont affez de loifir, pour en faire toutes les ceremonies? Un Laboureur a trop d'affaires, pour demeurer au lit un ou deux jours. Cependant s'il ne s'agit que d'une faignée, d'une purgation, d'un vomitif ; & que fa femme appuie de fes plus tendres fupplications les ordres du Medecin ;

l'iml'importuné se rendra peut-être. Mais si l'on revient à la charge, avec des bouillons, des bolus à prendre, un mois durant; & s'il voit approcher tout l'attirail, avec lequel on le menace de lui bien envelopper la tête; enflammé de colere, il suppliera son Bourreau de jamais ne mettre les pieds dans sa maison. Ensuite courant d'un pas leger à sa charrue; il va tellement suer, qu'à moins d'un grand malheur, il sera bientôt gueri. S'il n'y peut resister; le pis est de partir gaiement pour l'autre monde. Quand on est mort; on n'a plus de terres à labourer, ni d'enfants à nourrir. GLAUCON. Voilà du bon sens, mon cher Socrate, en grande quantité. SOCRATE. L'homme à son aise raisonne d'une autre maniere. Comme il a tout à souhait; il est très eloigné d'estimer la vie insupportable, s'il ne travaille. GLAUCON. Il a par dessus le pauvre l'avantage de se porter mal, quand bon lui semble, & de mourir dans toutes les formes.

SOCRATE. Nous avons cependant le mot de Phocylide; que la vie nous est donnée, pour nous exercer à touts les travaux de la vertu. GLAUCON. Il est celebre. SOCRATE. Nos ans doivent être mieux emploïés, qu'à nous en procurer un petit nombre; & nous sommes faits pour quelque chose de meilleur, que pour avoir incessamment toute la Pharmacie à nos cotés. Un Forgeron, qui jour & nuit bat son enclume, remplit admirablement le beau precepte, dont je parle; mais il est fort mal observé par un Hypocondre, qui se purge, & qui se fait ouvrir la veine, toutes les fois que la Lune en est d'avis. GLAUCON. Mon cher Socrate, on vit, pour faire longtemps souvenir le Monde qu'on a vecu. SOCRATE. La Gymnastique, avec touts ses exercices laborieux, detourne moins l'esprit, que ces attentions superstitieuses à la santé. Elles empêchent egalement de vacquer à ses affaires domestiques, & de contribuer à faire prosperer celles du public. Pour comble, elles portent à faire un divorce entier avec tout ce qui s'appelle etude, & Science; par l'apprehension de migraines, & de vertiges, que la Philosophie donne à coup sûr. On n'a donc plus que le parti sain d'être toujours malade; & de passer le jour à reci-

ter

à reciter ce qu'on a fouffert par tout le corps, durant le bon fommeil de la nuit. GLAUCON. Avec le plaifir d'avoir une foule de maux imaginaires; on a celui de caufer un ennui reel aux gens qu'on voit.

SOCRATE. Je foupçonnerois qu'Efculape n'a tranfmis à la Pofterité fes decouvertes, que pour le bien des perfonnes fobres, & d'un bon temperamment ; lorfqu'elles feroient attaquées de ces maladies, auxquelles font expofés les plus robuftes, & dont une temperance exacte ne met point à l'abri. Auffi voïons nous qu'après l'ufage d'un très petit nombre de remedes, il ordonne de reprendre fes occupations ordinaires; de peur que l'Etat n'en reçût autrement du prejudice. Il ne s'eft point mis en peine d'enrichir la Medecine de purgatifs, ni de prefcrire des regimes à l'infini. Cet homme incomparable fçavoit, qu'il n'auroit fait que prolonger inhumainement de mauvais jours à des Peres, à des Meres cacochimes; feulement pour faire à des enfants le trifte prefent d'une vie, auffi languiffante, auffi parfaitement inutile au monde que la leur. Son principe etoit que lorfqu'on eft hors d'etat de s'acquitter mediocrement bien des fonctions de la focieté civile, il n'eft plus à propos, ni pour foi, ni pour elle, qu'on vive. GLAUCON. Mon cher Socrate, vous faites Efculape un politique profond dans fes vues. SOCRATE. La fageffe de fes enfants montre combien elles etoient juftes. Braves officiers, Medecins intelligents, l'hiftoire dit qu'ils firent des prodiges au Siege de Troie, & qu'ils y gueriffoient à peu de frais leurs malades. Quand Menelaüs fut bleffé par Pandare; " ils fe contenterent de " tenir la plaie nette, & de l'empêcher par des baûmes de s'ai " grir." Comme leur Pere, ils avoient pour maxime, que les remedes fimples retabliroient ceux qui n'auroient point ruïné leur bonne conftitution par des excès. Pour les autres, à quoi bon rouler encore inutilement fur la terre ? Poffedaffent-ils les threfors de Midas; la vie n'etoit point pour eux. GLAUCON. C'etoient, à ce que je vois, de fort jolis hommes. SOCRATE. Oui; quoique les Poëtes, & Pindare entre autres, aient fort mal parlé des enfants, & du Pere. Après avoir fait le dernier fils d'Apollon, ils difent que l'argent lui fit entreprendre la guerifon defefperée d'un homme

riche;

riche; & qu'il fut, en punition de son avarice, frappé de la foudre. C'est la fable assurement la plus incroïable qu'ils pussent inventer, pour ternir la gloire de ce Bienfaiteur insigne du genre humain. Le fils d'un Dieu n'a pu jusqu'à ce point se laisser ebloüir par l'espoir du gain; ou s'il en etoit capable, il n'avoit pas un Dieu pour pere.

GLAUCON. Tout ce discours est fort bien, mon cher Socrate. Cependant ne faut-il pas des Medecins dans un Etat, & des Jurisconsultes habiles? SOCRATE. Je le veux, sur le pied où sont les choses. Mais remarquons du moins qu'on excelle dans ces deux professions, par des endroits qui ne se ressemblent pas entierement. GLAUCON. Mon cher Socrate, on vous prie de nous marquer la difference; & de nous apprendre qu'elle trempe d'esprit donne tout à la fois ce charactere inflexible, & ces lumieres vives, qui font un Juge, aussi clairvoïant qu'integre.

SOCRATE. Plus de malades auront passé par les mains aux premiers; plus la mort, & les maladies, fuiront devant eux. Ils n'en seront même que plus capables de rendre aux autres la santé, pour être eux-mêmes d'une santé chancelante. Vous sçavez que ce n'est pas le visage vermeil du Medecin, mais son droit sens, & sa capacité, qui guerissent. GLAUCON. S'il ne falloit qu'un bon corps, un de nos Athletes y reüssiroit mieux que tout autre. SOCRATE. D'autre part, jamais on ne vit des cures d'un autre genre, faites par une âme, à sa façon mal-saine. Ce n'est qu'avec cette grande santé, que la Vertu produit en elle, avec un grand fond de droiture, qu'on administre bien la justice. Il est vrai qu'un Fourbe, à force d'avoir longtemps roulé parmi les gens de son espece, en connoîtra quelquefois mieux qu'un autre les detours d'un criminel; de même qu'un Medecin, disions nous tout à l'heure, en sera plus au fait des maux, qui ne l'auront point epargné. De là vient que les honnêtes gens, qui n'ont pas encore beaucoup vu le monde, passent communement pour des hommes peu deliés, que les esprits artificieux tromperont facilement; parceque rigides observateurs de toutes les regles de la probité, jamais ils n'eurent ni l'art, ni même

la

la penſée de ſurprendre perſonne. Cependant je ſoutiens qu'il faut n'avoir point été mechant homme, pour être bon juge. Glaucon. Mais quoi, mon cher Socrate, ignorez vous que trop de bonne foi touts les jours fait qu'on eſt la duppe? Socrate. Non; quand on eſt jeune, & qu'on a peu d'experience, mon cher Glaucon. Auſſi n'eſt-il pas temps alors de prendre en main les balances de Themis. Je veux qu'on ſoit eſtimé tard formidable à l'injuſtice; & qu'un juge ſçache la ſuivre dans touts ſes meandres, plus pour avoir de longue main etudié les allures d'un Siecle mauvais, que pour avoir ſouvent reflêchi ſur les obliquités de ſon propre cœur. Glaucon. J'aime plus que je ne puis dire ce beau portrait. Socrate. C'eſt, mon cher Glaucon, celui que vous avez ſouhaité. Je ſuis charmé qu'il vous plaiſe. Diſons le neanmoins: ce n'eſt pas là ce qu'on admire. On vante un homme, armé d'une defiance inexorable; aux pieds duquel on ne vient demander juſtice d'aucun tour de friponnerie, que dabord il ne devine, pour en avoir dans mille occaſions lui-même fait uſage. Un Magiſtrat de cette abominable tournure, ſous pretexte encore une fois qu'il connoit touts les ſubterfuges du crime, eſt regardé comme un genie du premier ordre; mais ce ne peut être que par de mechants eſprits comme lui. Cependant les perſonnes vertueuſes, & ſenſées, l'eſtiment un viſionnaire; le plus ſouvent qui ſe repaît de ſoupçons, injurieux à la candeur; parceque jamais il n'eut aucune habitude avec elle; & qu'il ne voit actuellement que noirçeur dans ſon âme. Le monde eſt plein de ſes pareils. Il n'en frequente point d'autres. Faut-il s'etonner qu'il jouiſſe d'une grande reputation, mere de la haute opinion qu'il a de lui-même? Glaucon. Le Vulgaire, & lui, mon cher Socrate, ne ſont pas d'excellents connoiſſeurs en fait de vrai merite.

Socrate. Nous fermerons le Temple de la juſtice à ces aigles pretendues, mon cher Glaucon; & nous n'y ferons aſſeoir que les ſujets, qui depuis leur plus tendre enfance auront fait paroître une parfaite ſimplicité de mœurs. Tenons pour certain qu'un mechant homme n'eſt pas ſeulement privé de tout ſentiment pour le bien; mais

qu'il

qu'il manque auffi de cette eftimable fagacité, qui fait penetrer jufques dans les replis les plus cachés d'un cœur affreux; quoiqu'il life
le mal en gros charaƈteres dans le fien propre. Soïons au contraire
fort affurés qu'un autre, de bonne heure qu'on aura vu fenfible aux
charmes de la vertu, lorfqu'il aura quelque temps vecu dans le Monde,
fera toujours un prompt accueil à l'Innocence; & que d'un regard il
percera touts les nuages, dont s'enveloppe le crime. Je ne fçai
quel inftinƈt furprenant, fruit d'une extrême droiture, conduit par
des lumieres acquifes même affez mediocres, en fera ce qu'on appelle
un grand Magiftrat. GLAUCON. Mon cher Socrate, je fuis comme
vous dans le principe que, fans la probité, les plus beaux talents
ne feront jamais un grand homme dans aucun genre; & qu'elle
contribuera plus que tout le refte à former un excellent Juge.

SOCRATE. La jurifprudence, & la Medecine, s'uniront pour le
fervice des Citoïens, fains de corps, & d'efprit. Mais l'une pur-
gera la Republique de touts les efprits incorrigibles; & l'autre laiffera marcher les incurables à pas lents vers le tombeau. GLAU-
CON. De cette maniere, les uns & les autres y gagneront beaucoup; & l'Etat en fera bien delivré.

SOCRATE. Vous comprenez, mon cher Glaucon, que de jeunes gens, remplis d'ardeur pour les fçiences, dont l'effet naturel eft
de iallentir celle des paffions, n'aimeront point la chicane. GLAU-
CON. Ils l'auront en horreur. SOCRATE. D'autre part, la Gymnaftique rendra la Medecine prefque inutile. GLAUCON. L'exercice, & la fobrieté, previendront la plupart des maladies.

SOCRATE. Quand nous appliquerons un jeune homme à la premiere, nous lui ferons prendre des vues plus relevées, que celles
qui mettent en aƈtion les mufcles de nos Athletes. Il fe propofera moins d'acquerir de la force, & de l'adreffe, que du courage.
GLAUCON. Sans le dernier, le refte eft d'une foible reffource. So-
CRATE. Dans l'une & dans l'autre partie de l'education, c'eft principalement à l'âme, comme vous voïez, que tout fe rapporte.
GLAUCON. Cependant pour l'ordinaire elle eft fort oubliée. So-
CRATE. On fait mal, cher Glaucon; mais l'autre extremité ne fe-

roit

roit pas moins à reprendre. L'application continuelle aux exerci-ces du corps engendre une impoliteſſe, qui ſe tourne en brutalité. Le trop de paſſion auſſi pour ceux de l'eſprit, inſpire un lâcheté, qui dans le commerce de la vie rend incapable de s'evertuer à rien. GLAUCON. Il eſt vrai. SOCRATE. Retrenchez l'excès d'un coté; c'eſt la bravoure. Remplacez le defaut; c'eſt la clemence. Ces deux vertus entrent en proportion egale dans la formation du He-ros; merveilleux compoſé du Philoſophe, & de l'homme de cœur. GLAUCON. En moins de paroles, mon cher Socrate, il ne ſe peut rien de plus excellemment dit.

SOCRATE. Nous exigeons dans les premieres perſonnes de la Re-publique, ce beau melange de douçeur, & d'intrepidité; dans le-quel on ne voie aucun rudiment ni de la ferocité, ni de la crainte. GLAUCON. Vous nous avez deja montré que ces deux excellentes qualités, quoiqu'en apparence incompatibles, ſe concilient tout à fait bien enſemble.

SOCRATE. La ſçience des ſons favoriſera beaucoup l'acquiſition de la premiere. Ses charmes penetrants amolliront la dureté d'une âme bourrue, fiere, intraitable. Plus tendre, & plus maniable qu'un fer mis au feu, elle ſera facile à mettre en oeuvre. Qu'on ſe garde neanmoins d'y faire couler inceſſamment la melodie par les oreilles, comme par deux eſpeces d'entonnoirs. Courageuſe natu-rellement, elle en deviendroit chagrine, aigre, colere, à la rencontre des moindres obſtacles. Lâche elle s'enerveroit entierement. GLAU-CON. Mon cher Socrate, vous connoiſſez l'homme; & c'eſt à vous de lui marquer les vrais confins du vice, & de la vertu.

SOCRATE. Un jeune Cavalier feroit mal auſſi de ſe livrer trop à la Gymnaſtique. Le ſentiment de ſa force, & de ſon agilité, le rempliroit d'audace; & ne produiroit en lui que la fauſſe va-leur. Fût-il né d'autre part avec les plus belles diſpoſitions; s'il neglige les ſçiences, & s'il ne converſe aſſiduement avec la Philoſo-phie; ſon partage ſera l'orgueil, l'inſolence, & l'aveuglement d'e-ſprit. Capable de fort peu de choſes, il n'en connoîtra point d'im-poſſibles. Ennemi des Muſes, & des graces, il ſera de ces gens,

dont

dont toute l'eloquence est renfermée dans le poignet, & qui se font ecouter, par la rusticité de leurs manieres. GLAUCON. Juste recompense du peu de soin qu'il aura pris d'orner, & d'enrichir la plus estimable moitié de lui-même!

SOCRATE. Puisque la Gymnastique, & la Musique, font d'une si grande utilité; regardons les comme deux presents, que les Dieux ont fait aux hommes; l'un pour leur rehausser le courage, & l'autre, pour leur donner cette urbanité, qui fait le charactere particulier du vrai Philosophe. Le corps n'est qu'indirectement l'objet de leurs preceptes. Ils n'ont pour but que de le rendre souple aux mouvements de l'âme; dont la premiere exçite l'ardeur, & la derniere la retient dans les justes bornes. GLAUCON. Il faut avouer qu'elles s'unissent merveilleufement, pour operer ces deux effets. SOCRATE. L'homme qui sçaura les allier, de la maniere la plus propre à former entre les deux parties qui le composent un parfait concert, passera dans notre esprit pour un plus grand maître en fait d'Harmonie, que celui qui marie le plus admirablement les instruments, & les voix ensemble. GLAUCON. Un goût delicat en fait de mœurs, est sans contredit beaucoup au dessus d'une oreille fine.

SOCRATE. Les personnes qui l'auront le plus exquis, seront preposées à l'instruction de la jeunesse; les unes pour les sçiences, & les autres pour toutes les especes d'exercices. On choisira dans les deux premiers ordres de l'Etat les plus habiles dans chaque genre, & les plus remplis de zele pour la Republique. GLAUCON. Leur capacité se connoîtra sans peine, mon cher Socrate; mais comment s'affûrer de leur parfait devouement à la Patrie? SOCRATE. On est fans reserve à ce qu'on aime, cher Glaucon; & l'on aime, quand on juge ses interêts les mêmes que ceux de l'objet aimé. Lorsqu'on en est au point de penser que son bien, son mal, est parfaitement le notre; il ne faut plus demander si nous ferons tout avec joie, si nous sacrifierons tout pour lui. GLAUCON. On travaille alors pour un autre soi-même: Quoi de plus facile?

<table>
<tr><td>TOME I.</td><td>O</td><td>SOCRATE.</td></tr>
</table>

SOCRATE. Les sujets par consequent les plus capables de gouverner, seront les hommes, qu'on n'aura vu dans les rencontres ni rien attenter au prejudice de l'Etat, ni deliberer à le servir. En les prenant depuis l'enfance ; on examinera si les prestiges de la volupté, les assauts de la douleur, n'ont pu les faire chanceler dans la resolution magnamine, d'aller toujours, les yeux fermés pour tout le reste, au bien public. GLAUCON. Comment s'affoiblit-elle, mon cher Socrate, quelquefois jusqu'à se perdre entierement ?

SOCRATE. On abandonne avec empressement un principe de conduite, longtemps cheri, lorsqu'on decouvre qu'il etoit faux ; mais le cœur n'est jamais de la partie, quand il est jugé veritable. GLAUCON. Le premier s'entend, mon cher Socrate ; mais le second arrête. SOCRATE. Quoi donc ? Est-ce un fait obscur, que l'homme n'est jamais privé du bien qu'à regret, delivré du mal qu'avec plaisir ? Ou douterions nous que la verité, qui nous fait toujours voir les choses au naturel, ne soit un bien ; & l'erreur, qui nous les fait paroître tout autres qu'elles ne sont, un mal ? GLAUCON. Dans la grande affaire du bonheur, nous ne pouvons, je le conçois, manquer de craindre infiniment que la premiere n'echappe à nos poursuites. SOCRATE. Toutes les fois que ce malheur nous arrive ; c'est qu'on nous en fait un larcin cruel. On use de violence, ou d'artifice, pour nous la ravir. GLAUCON. Vous vous enveloppez encore ici, mon cher Socrate. SOCRATE. Je m'explique. Les voleurs, dont je veux parler, sont le temps, qui fait ecouler imperceptiblement la verité de notre esprit ; la fausse eloquence, qui nous la deguise ; la volupté, qui nous la fait perdre de vue ; & la douleur, qui nous l'arrache. Suis-je clair presentement ? GLAUCON. Fort, mon cher Socrate ; & je vois que nous sommes environnés d'un grand nombre de brigands très formidables.

SOCRATE. On reservera, pour les principaux emplois de la Republique, les jeunes gens qui sçauront le mieux repousser leurs insultes ; qui seront les plus remplis de la maxime, que le salut de l'Etat doit l'emporter sur tout, & que du sien le leur depend. On les eprouvera de toutes les manieres ; pour voir s'ils ne s'en departiront,

tiront, ni par foiblesse, ni par legereté. Ceux qui dans une rencontre importante, pour quelques moments l'auront seulement oubliée, seront mis au rebut. Cher Glaucon, sommes nous du même sentiment? GLAUCON. Oui, mon cher Socrate. La Republique est un trop grand objet, pour excuser un simple defaut de memoire, qui la regarde. SOCRATE. Pour s'assûrer à quel point la crainte agira sur eux; & pour accoutumer leurs oreilles, comme on fait celles des jeunes chevaux de bataille, au bruit des armes; on les menera jusques sur le bord du peril. D'autre part, on leur presentera les ris, & les jeux; & l'on ecartera tout de nouveau ceux qui n'auront pu resister à leurs charmes. Enfin ils ne seront jugés sujets d'elite, qu'après avoir subi des epreuves plus nombreuses, que l'or n'en souffre dans le creuset. Quand elles seront finies; s'il ne leur est arrivé dans aucune occasion de se dementir; c'est alors qu'on aura veritablement lieu de les croire desormais à l'abri de toutes les especes de seduction, & de se flatter que l'amour de la Patrie aura pris entierement possession de leur âme. Le temps sera venu de leur en confier les rênes; avec une parfaite assurance, qu'elles ne pourroient être mieux en d'autres mains. A son tour, elle n'aura plus qu'à leur eriger pendant leur vie des statues, ornées des inscriptions les plus glorieuses, & des tombeaux, après leur mort, chargés des plus eclatantes marques de son deuil. Voilà, mon cher Glaucon, sans nous engager dans les details, les hommes dignes, selon moi, de porter le faix de l'Etat; les gens capables d'ôter à ses ennemis les moïens, aux esprits brouillons jusqu'au desir d'en troubler la paix. GLAUCON. Après toutes ces precautions nombreuses, pour ne point se meprendre dans le choix des Magistrats; on ne courra plus aucun risque, de se reposer parfaitement sur eux.

SOCRATE. Puisque la verité manque de force, mon cher Glaucon, pour engager les hommes à conspirer touts ensemble au grand but de la felicité commune; voïons si la fable n'auroit point des mensonges assez charmants, pour leur faire naître l'envie de ne plus fuir la vie heureuse; qu'ils cherchent, & cependant que pour l'ordinaire on

O 2

leur

leur offre envain. GLAUCON. Mon cher Socrate, en fçauriez vous quelques-uns, dont vous puffiez vous promettre un fi grand fruit? SOCRATE. Oui; venerables même par leur antiquité. Ils opererent des prodiges, au rapport des Poëtes, en premier lieu dans la Phœnicie; où chacun avoit pour eux le même refpect, qu'on a communement pour l'Hiftoire; & fouvent ailleurs ils ont produit des reformes très furprenantes. Mais nous avons moins de credulité, nous autres Modernes. GLAUCON. Qu'eft-ce, mon cher Socrate, vous hefitez? SOCRATE. Quand vous m'aurez entendu, mon cher Glaucon, vous n'en ferez point furpris. GLAUCON. Je vous en conjure, foïez temeraire.

SOCRATE. Quoiqu'il faille certainement l'être beaucoup; & que je ne fçache prefque où trouver des paroles, pour vivement retracer leur devoir aux Magiftrats, aux gens de guerre, au refte des Citoïens; j'oferai les faire fouvenir de fonges fort inftructifs, dont les Dieux, jaloux de les rendre heureux, les favoriferent autrefois.

Ils dormoient touts dans les entrailles de la terre; où par degrés ils prenoient figure. Leur fommeil finit, au moment que leur Mere commune les mit au jour, avec leur equipage militaire. Sortis du même fein, ils doivent s'aimer reciproquement comme freres; & s'unir, pour defendre celle, après les avoir enfantés, qui les nourrit. GLAUCON. Vous n'aviez pas tout le tort, mon cher Socrate. La vrai-femblance eft affurement là mal gardée. SOCRATE. Ne vous l'avois-je pas dit, cher Glaucon? J'ai commencé neanmoins; j'acheve. Encore une fois, vous ne compofez touts qu'une même famille, leur ajoûterons nous, dans la vue de leur enfeigner les plus importantes verités, à l'aide d'une fable, fi l'on veut groffiere. Apprenez que Dieu, qui vous pêtrit du même limon, y mêla de l'or, pour former ceux d'entre vous qu'il appelle à gouverner les autres; & qu'il pretend que vous aïez la plus haute veneration pour eux. Il ne detrempa que l'argent, & le fer, avec l'argille; pour faire le Soldat, qui veille à la fûreté de la Patrie, & l'artifan, qui travaille pour fes befoins. Le plus fouvent les melanges de votre premiere

origine

origine fe retrouveront dans votre Pofterité. Cependant l'or deviendra quelquefois argent, & l'argent fer. Au refte, lAuteur de votre Etre n'enjoint rien plus expreffement à l'homme, qu'il fit naître pour l'affeoir au timon, que d'etudier avec foin dans fes propres enfants la combinaifon avantageufe, ou peu favorable de ces metaux. S'il decouvre en eux un alliage confiderable des moins nobles; l'intention de ce grand Ouvrier eft, que le Pere, fans ecouter les mouvements de fa tendreffe, foit le premier à faire en forte qu'on les relegue dans l'un des ordres inferieurs; & que, pour les remplacer, on en tire des fujets, plus ornés des prefents du Ciel. On doit elever ainfi les uns, abaiffer les autres; avec la même confiance, que fi touts les Oracles de la Grece avoient d'un commun accord fixé l'epoque de la decadence d'un Etat, au moment où l'on commencera d'y fouler aux pieds le plus precieux metal, & de l'eftimer de moindre valeur que les autres. Cher Glaucon, me donneriez vous un fecret, pour infatuer mediocrement le genre humain de cette imagination pretendue? GLAUCON. Non. Le bon vieux temps n'eft plus, mon cher Socrate; & le Siecle d'or s'eft eclipfé. Peut-être nos derniers nepveux le feront-ils renaître. SOCRATE. Cependant il eft certain qu'on gagneroit, à vouloir être moins rafiné. Ce ne feroient plus qu'hommes unis par touts les nœuds de la concorde, & pleins d'adorations pour la Republique. En attendant que nos Chimeres faffent fortune; voïons marcher en ordre de bataille nos merveilleux fils de la Terre, fous les bannieres de leurs Chefs, pour aller fonder une ville.

Ils choifiront une fituation avantageufe; pour contenir plus aifement les efprits inquiets dans l'obeïffance aux loix; & pour ecarter les Injuftes, à qui l'envie pourroit naître de venir les troubler chez eux. Après avoir immolé des Hecatombes à toutes les Divinités, qu'ils jugeront devoir fe rendre propices; ils penferont à fe munir contre les rigueurs de l'hiver, & contre les ardeurs de l'été. GLAUCON. Des tentes ne fuffiront pas; il faudra des maifons. SOCRATE. Je l'entends ainfi; mais fortables à des gens, qui bientôt peut-être auront la guerre à foutenir. Vous ne voulez pas des palais? GLAUCON. Pourquoi non, mon cher Socrate? Les galeries, & les enfilades, font quelque chofe d'affez joli. Socrate. Je n'en doute pas, mon cher Glaucon. Mais dites moi, fçauriez vous un plus grand malheur, une plus infigne folie pour des Bergers, que de nourrir des chiens, qu'une faim dereglée, ou tel mauvais inftinct qu'il vous plaira, metamorphoferoit d'un moment à l'autre en loups terribles, & poufferoit à faire les plus cruels ravages parmi leurs troupeaux? Glaucon. Non affurement. Socrate. Les fondateurs de la nouvelle Republique par confequent, feront fagement de prendre toutes leurs mefures, fous le nom de braves gens qui les defendent, & de Peres qui les protegent, pour ne pas engraiffer des animaux carnaffiers, qui les devorent. Glaucon. On ne peut certainement trop s'armer de precaution contre des perfonnes, à qui la neceffité contraint de mettre toute la force de l'Etat en main. Socrate. La bonne education fera la premiere chofe, pour ne rien avoir à craindre d'eux. Des mœurs douces, du zele pour la Patrie, de la tendreffe pour leurs Concitoïens, en feront les fruits. Le fecond foin doit être de regler leur entretien, & celui de leurs familles. Glaucon. De quelle maniere l'entendriez vous?

Socrate. Libres de tout autre embarras, il faut qu'ils puiffent vacquer fans partage à toutes les fonctions de la Magiftrature, & de la guerre. Du refte, le trop d'abondance les rendroit peut-être un jour affez audacieux, affez ingrats, pour tirer le plus beau fang des veines du Peuple, du quel ils tiennent abfolument tout. Glaucon. Ne les auroit-on elevés à fi grands frais, que pour les voir echoüer contre les ecueils infâmes du fafte, & du luxe? Socrate. Pour les empêcher de s'oublier à ce point; ils ne poffederont aucune chofe en propre; fi quelque obftacle infurmontable n'oblige de fe relâcher fur cet article. Les appartements, annexés à leurs poftes, demeureront toujours ouverts, pour qui voudra les vifiter, & voir s'ils n'auront point fait de criminelles referves. Le Public leur fournira touts leurs befoins; dans la mefure convenable à des gens fobres, & nés pour les travaux de touts les genres. On fera tellement jufte là deffus, que d'une part ils

ne

ne manquent de rien; mais que de l'autre ils aient pour tout de quoi se conduire au bout de l'an. Enfin, soit en campagne, soit derriere leurs murailles, ils mangeront ensemble; & seront à tout autre egard assujettis à la vie de communauté. Pour la leur faire estimer, on leur dira, qu'enrichis par le Ciel de thresors, preferables à touts ceux que la terre cache dans son sein, ils doivent mepriser l'or & l'argent; anciennes causes de touts nos maux, funestes instruments de touts nos crimes. Vos richesses interieures, dont la possession est egalement douce, & glorieuse pour vous, leur ajoûtera-t-on, perdroient beaucoup de leur eclat, & de leur prix, par leur melange avec les autres. Elevés par la noblesse de vos sentiments au dessus du reste des hommes, à qui ces vils metaux en inspirent tous les jours de si bas, & de si detestables; il vous sieera de ne pas même salir vos mains par leur attouchement; loin de prendre plaisir à les faire briller dans vos ameublements, ou sur vos personnes. Par ce mepris, & par cette horreur, sortables à des âmes comme les votres, vous vous conserverez à la vertu; vous sauverez la Republique.

Voilà comme je voudrois qu'on leur parlât, mon cher Glaucon. Il n'est rien de plus certain, que partout où les Magistrats, & les gens de guerre, auront la liberté de faire maison à part, au lieu de gens devoués au service du Public, on n'aura qu'hommes habiles dans l'art de se faire de superbes etablissements; & que Peuple eternellement sera l'objet de leur rapine. Ce ne seront que defiances, haines, embûches reciproques. Les Defenseurs, & les Peres, seront plus à redouter que les Ennemis. La Republique à touts moments se verra sur le penchant de sa ruïne.

En est-ce assez, mon cher Glaucon, pour nous convaincre, que ne rien laisser aux personnes chargées de la defense & du gouvernement de l'Etat, est le seul moïen d'empêcher qu'elles n'aient tout; & que des loix, pour les depouiller au point que nous avons dit, sont absolument necessaires? GLAUCON. Oui, mon cher Socrate. Il n'en faut pas moins, pour aller à la racine du mal. Je vous donne par consequent mon suffrage.

6

D E

DE LA
REPUBLIQUE;
OU
DU JUSTE, ET DE L'INJUSTE.

LIVRE QUATRIEME.

SOCRATE.

ADimante reprit, où nous avions fini. Mon cher Socrate, me dit-il, il paroit d'abord quelque chose de merveilleusement beau dans ce denuement parfait, que vous prescrivez à ceux qui doivent gouverner, & defendre la Republique. Mais, à bien examiner tout, comment le justifierez vous? On dira que vous leur faites une excessivement petite part du bonheur, que leurs soins, & leurs travaux lui procurent. Quoiqu'ils soient l'Etat, à proprement parler; aucun Citoïen plus miserable qu'eux. Les autres amasseront du bien, se logeront magnifiquement, reçevront chez eux splendidement Compatriotes, Etrangers, offriront aux Dieux des sacrifices distingués. En un mot, chacun se donnera tout ce qui peut rendre la vie aimable; & pour eux, ils se contenteront du simple vivre, & du vêtir. SOCRATE. Oui, cher Adimante, Moins riches même que les plus pauvres, ils n'auront point d'epargnes, point de liberalités à faire. Le Marchand ira librement d'un

bout

bout du Monde à l'autre; pendant qu'ils feront tenus comme prifonniers dans leur Patrie. Voïez combien de chofes, dont vous m'avez fait grace! ADIMANTE. Non, je ne vous paffe rien, mon cher Socrate. SOCRATE. Il faut donc, à ce que je vois, de bonnes raifons pour tout: c'eft un arrêt porté? ADIMANTE. Si vous ne voulez qu'on vous accufe d'avoir extraordinairement outré la matiere.

SOCRATE. Peut-être ne feroit-il pas fort difficile de faire voir, que de touts les plans, celui qui depouille ainfi les Magiftrats, & les Gens de guerre, eft le plus favorable, qu'un Legiflateur puiffe imaginer pour eux. Mais avant que d'entreprendre de les en convaincre; prenons garde qu'il ne doit en premier lieu penfer qu'à rendre les fources de la felicité publique auffi fecondes qu'il eft poffible; afin qu'enfuite elle coule fur le particulier, dans la mefure que le permettra le bien commun. Si la juftice, ancien objet de nos recherches, peut fe rencontrer quelque part fur la terre; ce ne fera très affurement que dans un Etat, formé religieufement avec ces deux vues. On ne verra qu'injuftices dans touts les autres. Je fçai trop que cette vertu mere eft la bafe unique des Societés, pour me borner dans notre Republique à ne faire qu'une poignée d'heureux, enviés par une infinité de miferables. Il faut que rien n'egale au contraire le bonheur du Tout.

Que diriez vous d'un Critique, mon cher Adimante, qui me verroit tirer un bel homme; & qui me reprendroit feverement, de ne pas emploïer le plus vives de mes couleurs, aux parties qui frappent le plus dans le corps humain? .... Ciel, du noir aux yeux, qui font deux aftres; pendant que vous avez là du jaûne vif, & du vermillon! .... Serois-je l'impertinent, de lui repondre? " Ami, fça-
" chez que mon deffein ne fut jamais de leur donner tant de beauté,
" qu'ils en perdiffent toute celle que Promethée a mis en eux. Me
" croïez vous donc peintre, à difgracier tout mon ouvrage, pour
" charmer un connoiffeur comme vous? Examinez plutôt, fi d'un
" bout à l'autre il manque rien à la jufteffe de mon coloris; & fi
" le tout enfemble ne fait pas le plus charmant effet du monde,"

Dites moi, cher Adimante ; feroit-ce moins tout gâter ici, que d'environner d'un fi grand faſte les premieres perſonnes de l'Etat, qu'à les voir, on les prît pour toute autre choſe, que pour ſes Dieux tutelaires? Qui doute qu'on ne deplairoit nullement au Laboureur, de lui mettre ſur le corps un habit riche, & de lui dire : va, fais grand chere, camarade ; & par deſſus tout ſouviens toi bien de ne toucher à ta charrue, que dans les heures où tu ſçauras ne rien avoir de meilleur à faire. Un Potier de même feroit aſſurement charmé de nous ; fi nous l'exhortions à paſſer les jours, avec ſa bouteille, près d'un bon feu ; ſans jamais, de l'air d'un homme en colere, battre du pied contre ſa roue, que pour chaſſer la melancholie. De cette façon, il faut l'avouer, ce ne feroit partout que fête, & que joie. Mais combien le tout dureroit-il ? Tant que la boutique y fourniroit, l'Artiſan boiroit à longs traits ; mais le Bourgeois cuiroit ſon pain, iroit pieds nuds. Cependant que le Cordonnier s'oublie ; le renverſement ne fera que mediocre. Mais fi le Magiſtrat, l'Homme de guerre, ſur qui tout roule, ne penſe qu'à ſatisfaire ſon luxe ; le Peuple en fera la malheureuſe victime. Otons leur donc par avance touts les moïens d'en faire la proie de leur Ambition, & de leur Avarice. Demandons nous à nous-mêmes, fi nous elevons des egaux ſur nos têtes, ſeulement pour contempler, en paraſites affamés, leur pompe, & leur abondance ; ou plutôt à bon droit fi nous n'attendons pas d'eux qu'ils aient le ſalut, & le bien être du Corps politique pour unique objet? Que fi nous les en tenons quittes, pour nous rejouïr les yeux par leurs grands equipages, leurs ambeulements ſuperbes, leurs tables ſomptueuſement ſervies, ſans exiger d'eux quils faſſent leur charge ; nous aurons un repaire de Brigands comblés, & non pas une Republique. Au contraire on ne verra partout que proſperité ; quand depuis l'homme aſſis au timon, juſqu'à celui qui manie l'aleine, chacun s'acquittera ſoigneuſement de ſes fonctions, & travaillera d'un parfait concert avec les autres à la felicité commune. Le parti ſage enſuite, pour chaque Citoïen, fera d'en prendre agreablement la portion qui lui reviendra ; comme la plus grande, que vu la nature des choſes, dans tout autre arrangement

il

il pût raifonnablement fe promettre. ADIMANTE. Vous etes pleinement difculpé, mon cher Socrate ; & vous fermez la bouche à vos Cenfeurs.

SOCRATE. Difons un mot auffi du tiers Etat. Deux chofes le corrompent ordinairement, & nuifent à l'avancement des arts mechaniques ; le trop d'aife, & la pauvreté. ADIMANTE. Comment, je vous prie ? SOCRATE. Un Chaudronnier, qui s'eft fait des revenus par fon marteau, ne confervera point fa premiere tendreffe pour lui. ADIMANTE. La feule neceffité peut en faire aimer le bruit. SOCRATE. On le verra donc fouvent oifif ; & les chaudrons, fort negligés. ADIMANTE. Oui. SOCRATE. Davantage encore, fi les outils lui manquent. Enfants, apprentis, ne profiteront point. ADIMANTE. Il eft vrai. SOCRATE. Voici donc, cher Adimante, deux nouveaux Ennemis decouverts ; que le Magiftrat empêchera foigneufement de fe gliffer dans la Republique ; l'abondance, & la difette, parmi les gens de metier. L'une engendre la pareffe, & la debauche. L'autre produit le decouragement, & la mal-habileté. L'inclination au mouvement vient enfuite. ADIMANTE. Une honnête mediocrité, mon cher Socrate, rendra les artifans heureux, en même temps qu'utiles. Elle aura le même effet, par rapport aux deux premiers ordres. Mais une difficulté fe prefente. Comment faire la guerre, fans de gros amas d'argent, fur-tout contre un Etat riche ?

SOCRATE. Si nous en avons feulement un fur les bras, nous aurons de la peine à lui refifter ; mais nous y reuffirons plus facilement, fi nous en avons deux. ADIMANTE. Le paradoxe eft affez etrange. SOCRATE. Je vous dis vrai ; vous en allez convenir. Avouez dabord que nous aurons une armée bien agguerrie, contre une autre bien habillée. ADIMANTE. Je le veux. SOCRATE. Un Athlete, à qui les os perçent la chair, mais exercé, n'en vaut-il pas feul deux & trois, qui rarement paroiffent dans l'arène, & qui traînent leur embonpoint avec difficulté ? ADIMANTE. Oui ; mais que deviendra votre fquelette, fi touts à la fois ils tombent fur lui ? SOCRATE. Ne pourra-t-il, à votre avis, pour eviter les coups

P 2

du

du plus avancé, legerement se jetter en arriere ; les courir l'un après l'autre par le Cirque, aux raïons brulants d'un Soleil, obscurci par un epais nuage de poussiere ; & se retourner par intervalles, pour les meurtrir ? Je ne doute pour moi nullement, qu'il ne fît rendre les derniers soupirs à cinq ou six. ADIMANTE. Mon cher Socrate, j'ai tort. SOCRATE. Des Soldats, accoutumés à la vie molle, croïez moi, ne se tireront pas mieux d'un jour de bataille, que ces gros hommes d'un combat de ceste. Ainsi la burre infailliblement battra l'ecarlate. ADIMANTE. Vous me ramenez entierement à vous.

SOCRATE. Ce n'est pas tout, cher Adimante. Imaginez vous, que la Republique envoie une ambassade à quelque Etat voisin ; avec cet exposé naïf : " Hauts & puissants Seigneurs, l'or & l'argent ne sont " point à notre usage. Il nous est même rigoureusement defendu " par nos loix de retirer ces metaux dans l'enceinte de nos murailles. " Daignez nous prêter main forte contre des ennemis assez injustes, " assez mechants, pour ne vouloir pas nous y laisser vivre dans " l'innocence, & dans la paix. Comme nous n'avons, grace " au Ciel, besoin de rien ; toutes leurs depouilles seront à vous...." Où seroit en bonne foi le Potentat, assez depourvu de sens, après avoir ouï ces justes plaintes, & reflêchi sur ces offres interessantes, pour mieux aimer avec peril se tourner contre des chiens, auxquels, en cas de succès, il ne verroit pas une once de chair à profiter, que les appuïer contre des moutons, couverts de laine, & fondants de graisse ; dont la toison, & les bons endroits seroient pour lui ? ADIMANTE. Les premiers seroient preferés, je n'en doute pas. Mais les richesses d'une Republique, à qui l'on abandonneroit ainsi tout le butin, s'augmenteroient touts les jours ; & la rendroient avec le temps formidable à cette autre, si desinteressée, & si liberale du fruit de ses victoires. SOCRATE. Cher Adimante, que vous etes bon ; de regarder comme une Republique, celle dont vous apprehendez l'aggrandissement ! ADIMANTE. Comment donc ? SOCRATE. Elle en renferme au moins deux, & même fort desunies ; l'une composée des riches, & l'autre des pauvres. On se trompe-

roit

roit beaucoup, si dans Etats du Monde, tels que nous les voïons aujourd'hui, l'on imaginoit quelque unité. Qu'aurons nous donc à faire ? Promettons seulement aux plus forts, tout ce qu'ils nous aideront à ravir aux plus foibles ; & croïez moi que nous aurons toujours des alliés, au milieu de nos Ennemis. Si la grandeur d'une Republique doit plus se mesurer par l'amour, qui lie ensemble touts les cœurs, que par l'etendue de son enceinte ; je vous donnerai toute la Grece à parcourir, pour m'en trouver une, qui doive être nommée grande. La notre au contraire, ne pût-elle mettre que milles hommes sur pied, ne sera point petite. ADIMANTE. Mon cher Socrate, la concorde qui regenera chez nous, & la division qui sera chez nos Voisins, feront notre sûreté.

SOCRATE. D'ici nous tirerons ce me semble une bonne regle, mon cher Adimante, pour fixer les justes limites, au delà desquelles on fera mal de s'etendre. L'Etat sera trop vaste, si-tôt que le nombre des Citoïens fera tort à leur union mutuelle. ADIMANTE. Une Republique ne doit être qu'une Famille. L'amitié reciproque, egalement necessaire pour la douçeur du commerce, & pour là preservation commune, s'egare, & se dissipe, lorsqu'à peine se connoît-on. SOCRATE. Les Magistrats le reduiront par consequent de maniere, qu'on puisse touts s'aimer, jusqu'à vouloir vivre & mourir ensemble.

ADIMANTE. Peut-être, mon cher Socrate, traiteront-ils cet article de minucie. SOCRATE. En voici, cher Adimante, une autre ; dont ailleurs neanmoins je leur ai fait un devoir essentiel. Si leurs enfants n'ont pas les qualités requises, avons nous dit aux Peres, pour leur succeder dans leurs charges ; sourds aux cris de la fausse tendresse, ils les feront descendre du rang, auquel un aveugle hazard les avoit elevés ; & conduits par un pur zele pour la République, ils tireront de la poussiere des sujets, plus capables de la servir. C'est qu'ils ne doivent consulter que la Nature dans leurs divers arrangements ; afin que chacun, placé pour ainsi dire de sa main, & dirigé dans l'execution de son emploi par ses plus pures suggestions, conspire avec les autres à former un Tout, veritablement un. ADIMANTE. Regles de conduite encore assez triviales,

vous

vous dira-t-on. SOCRATE. Vous penfez railler, cher Adimante. Cependant je ne me pique point, je vous affûre, d'enfeigner des chofes extraordinairement relevées. Je n'en demanderois même qu'une feule; qui merite à peine le nom de grande, felon moi. ADIMANTE. Quelle eft-elle, je vous prie?

SOCRATE. Une education vertueufe, & fçavante. De jeunes gens bien elevés, feront des hommes accomplis. Ils embrafferont touts nos preceptes d'une fimple vue; qui fuppleera parfaitement à nos omiffions. La maniere de faire les affortiments entre les deux fexes, & de les enrôler fous la banniere de l'Hymen, pour faire le magnifique prefent d'une vie heureufe à des enfants, auffi dignes de vivre que ceux qui leur auront donné le jour, n'aura plus rien d'embaraffant pour eux. Ils comprendront fans peine le tort qu'on auroit, de faire des exceptions au Proverbe, *qu'entre Amis touts les biens doivent être communs*. Mais la matiere eft delicate; & je n'ofe encore l'entamer. Continuons plutôt.

Tout depend des bons commencements, cher Adimante. Comme une horologe, fortie de la main d'un excellent ouvrier, une Republique, où tout fuivra d'abord les impreffions d'un Legiflateur habile, fe confervera dans la regle fort longtemps. Les naturels même les plus ingrats, vaudront beaucoup, avec le fecours des fages leçons; & les plus heureux s'eleveront jufqu'au prodige. Tels Peres enfuite, tels enfants, & meilleurs encore. C'eft la nature. Aidée avec foin, elle reuffit. ADIMANTE. On ne doit certainement attribuer qu'au defaut de culture prefque touts les mauvais fruits, qu'elle a coutume de produire.

SOCRATE. Les Magiftrats prefenteront aux Citoïens tout ce qui fera capable de les porter aux bonnes mœurs, & d'empêcher que la corruption ne fe gliffe par aucun endroit. Ils tiendront pour cet effet la main à l'execution de tout ce que nous avons prefcrit, fur le fait de la Gymnaftique, & de la Mufique. Homere, parlant de la melodie en particulier, dit que "la nouveauté plaît dans " les chanfons." Une certaine legereté d'efprit la fait aimer auffi dans les airs. Il eft conftant neanmoins que fouvent elle eft fuivie

d'innod'innovations dangereuſes dans l'Etat. C'eſt le ſentiment du cher Damon; & les raiſons qu'il en donne ſont fortes. ADIMANTE. Elles m'ont paru telles. SOCRATE. Il eſt d'autant plus neceſſaire de ſe precautionner contre je ne ſçai quelle inſatiable demangeaiſon d'oreilles, qu'elle fait clandeſtiment ſes ravages. La contagion ſe repand de l'un à l'autre; & tôt ou tard elle ſe manifeſte, par les ſymptômes les plus terribles. Le commerce, les loix, tout s'en reſſent; & la Republique en eſt même quelquefois la victime. ADIMANTE. La Muſique emportée, mon cher Socrate, eſt deux fois à craindre; parcequ'elle nuit; & qu'avec ſon air de badinage, elle ſembleroit ne pouvoir nuire.

SOCRATE. Appliquons nous ſur toutes choſes, mon cher Adimante, à former la Jeuneſſe, de la maniere que nous avons ſouvent dit; ſans quoi n'eſperons pas de l'avoir eclairée, vertueuſe, dans l'âge viril. Quelle apprenne à ne jamais captiver d'avantage notre eſtime, que dans ſes jeux, & dans ſes delaſſements. Lorſqu'elle ſçaura conſerver de la retenue, juſques dans les temps où l'on attendra qu'elle s'epanouïſſe au plaiſir; impunement elle pourra ſe livrer à tout celui de l'harmonie. Avec lui s'inſinuera dans l'âme inſenſiblement l'amour de l'ordre; qui ne manquera pas d'y produire une eſpece de fonte generale de tous les vices. ADIMANTE. A vos conditions, je comprends que la Muſique, au lieu de corrompre les jeunes cœurs, mon cher Socrate, contribuera beaucoup à leur inſpirer le goût de la vertu; & qu'elle ſera pour tout l'Etat une ſource imperceptible de reforme.

SOCRATE. Si l'interieur eſt une fois rangé; ſans qu'on faſſe aux jeunes gens de longs diſcours, ſur les marques exterieures de ſoumiſſion & de reſpect, qu'ils doivent en toute rencontre donner à leurs parents, aux perſonnes plus agées, ſur le ſilence modeſte que la bienſeance veut qu'ordinairement ils obſervent en compagnie, enfin ſur la maniere de s'y comporter, & de ſe mettre en habits; ils deduiront aiſement ces devoirs particuliers des principes generaux de l'education. Comme d'ailleurs la coutume eſt l'arbitre Souveraine de ces devoirs; on ne pourroit en rien preſcrire de fixe. N'oublions pas ſeulement,

que

que l'homme finit presque toujours comme il a commencé; & qu'à soixante ans on est rarement autre qu'à trente. ADIMANTE. Mon cher Socrate, il seroit à mon avis superflu de vous etendre sur ces articles.

SOCRATE. Il ne le seroit pas moins de regler ici le barreau, la police, & la marine. ADIMANTE. C'est le menu detail de la politique, & de plus une œuvre de longue haleine. Elle ne doit pas nous arrêter; parceque nous avons de plus grands soucis; & que les hommes ordinaires ne la trouveront pas au dessus de leurs forces. SOCRATE. Non, cher Adimante; si Dieu les aime assez, pour leur faire connoître les loix meres, & pour leur en inspirer le parfait amour. ADIMANTE. Il est vrai que si toutes les autres n'en sont des expressions fidelles, on en fera touts les jours de nouvelles, pour les abroger incontinent après. Cependant les auteurs de ces loix frivoles, quoiqu'ignorants au plus haut point dans l'art de gouverner, se croiront des Lycurgues.

SOCRATE. Toutes les fois que je pense aux Politiques de notre temps; il me semble voir de ces malades, que l'excès de la bonne chere depuis longtemps retient au lit; mais qui ne s'en font pas moins servir l'un après l'autre touts les mets les plus pernicieux à leur santé; quoiqu'on les avertisse qu'ils abregent leurs jours, & qu'ils mettent leur vie en fort grand peril. ADIMANTE. Une mauvaise loi, qui les charme dabord, n'est pas plutôt faite, qu'ils s'en degoûtent; mais ils conservent toujours une extrême aversion pour les bonnes. SOCRATE. Malades, s'ecrieront-ils, nous qui sommes les Medecins?..... Je leur dirai, sans pretendre leur deplaire, que la maniere dont ils s'y prennent à faire leurs pretendues belles cures, a de quoi divertir. En accablant, au gré de leur caprice, le corps politique de remedes, que font-ils, qu'entretenir, empirer ses maladies; qui d'un moment à l'autre se declarent, sous les formes les plus menaçantes. On les verra neanmoins eternellement amusés par l'esperance, que les derniers qui leur sont conseillés, ou dont ils s'avisent, ne manqueront pas d'operer l'entiere guerison. ADIMANTE. Vous les peignez parfaitement, mon cher Socrate.

4

SOCRATE.

SOCRATE. Il eſt encore, ſelon moi, plus rejouïſſant, de voir des ſque-lettes, conſumés par les ardeurs de la fievre, & couverts d'ulceres, s'ele-ver contre un habile homme; qui vient très ſerieuſement leur an-noncer, que s'il ne font trêve avec les femmes, avec le vin, ni Me-decine, ni Pharmacie, ni Chirurgie, ni Magie même, ne les em-pêchera de perir. ADIMANTE. Rejouïſſant! Pour moi je ne de-couvre dans cet accueil, auquel doit s'attendre le vrai Philoſophe, ou le Politique ſenſé, rien qui n'afflige beaucoup. SOCRATE. Il eſt triſte en effet que les gens le prennent en mauvaiſe part, lorſqu'on leur parle juſte, & qu'on ne leur parle que pour leur bien. Fait comme vous etes, mon cher Adimante, je vois que vous ne pro-diguerez vos loüanges à ces Empiriques d'Etat, qui montrent eux-mêmes un ſi grand beſoin qu'on les traite? ADIMANTE. Non, je vous le proteſte. SOCRATE. Sur ce pied là, que penſerons nous de ces Republiques inſenſées, qui toutes ont leur propre conſerva-tion inconteſtablement à cœur, & toutes puniſſent de mort ceux qui machinent leur diſſolution Cependant elles ſe laiſſeront met-tre ſur le penchant de leur ruïne par le premier eſprit artificieux; qui non content de ne point travailler à corriger leurs gouverne-ments, augmentera leur phreneſie, devinera de loin tout ce qui ſera capable de flatter leur mauvais goût, & ſera fertile en expe-dients, propres à le ſatisfaire. Elles n'auront point aſſez d'eloges, aſſez de recompenſes, aſſez d'honneurs, pour un Miniſtre d'Etat qui fait ſi bien. ADIMANTE. Cet aveuglement, & cette fureur, ont de quoi ſuprendre, & fourniſſent ample matiere à les plain-dre.

SOCRATE. La hardieſſe, & la bonté d'âme d'un honnête hom-me, qui voudroit, à ſes perils, eſſaïer de rendre heureux un Peuple faſciné, de le rendre heureux, pour ainſi dire, malgré lui, m'eton-neroient moi davantage encore, mon cher Adimante, je vous aſ-ſûre. ADIMANTE. La temerité ſeroit grande effectivement. S'il eſt ſage, il s'en dechargera ſur des millions de gens, venus heureu-ſement à bout de s'eſtimer eux-mêmes de grands Perſonnages; à force d'avoir les oreilles remplies du bruit des acclamations du Vul-

TOME I. Q gaire,

gaire, à chaque fausse demarche qu'ils font. SOCRATE. Pardonnez leur, cher Adimante; ils font excusables. Des hommes, ignorants à l'excès dans l'art de mesurer, qui s'entendroient dire, & repeter par tout un monde à chaque heure du jour, qu'ils ont dix pieds de haut; comment feroient-ils, je vous en supplie, pour en douter? ADIMANTE. S'ils avoient dabord hesité, mon cher Socrate; avec le temps il faudroit bien qu'ils se rendissent. SOCRATE. On auroit donc grand tort de s'aigrir aucunement contre eux. Rions plutôt de ces Hercules pretendus; qui de la meilleure foi possible, s'imaginent avoir tué l'Hydre, lorsque peut-être ils en auront fait tomber une ou deux têtes seulement. ADIMANTE. S'il leur echappe du bien, il est certain qu'il n'est jamais que mediocre; parceque jamais ils ne vont à la source du mal.

SOCRATE. Encore une fois, mon cher Adimante, laissons à d'autres le detail des reglements, qui ne sont que pour les parties detachées d'une Republique. Si l'on y respecte la justice, ils se presenteront d'eux-mêmes à l'esprit; & pour le fruit qu'en retireroient les Etats, où le grand nombre la meprise, on y perdroit à peu près son temps. Ils decoulent d'ailleurs naturellement des loix meres, comme nous avons dit. ADIMANTE. Mon cher Socrate, n'en oubliez vous aucune? SOCRATE. Plusieurs, & même augustes; mais elles ne sont pas de notre competence. C'est de la bouche d'Apollon, que toute la Grece consulte à Delphes, qu'elles doivent emaner. ADIMANTE. Je vous entends. Il vous resteroit celles, qui regardent le culte public; la maniere de construire les Temples, d'offrir les Sacrifices, d'honorer les Dieux, les Genies, les Heros, de rendre les derniers devoirs aux morts, & de procurer le repos à leurs mânes. SOCRATE. Oui. Mais vous comprenez, cher Adimante, que toutes ces choses nous passent. Il n'appartient, je l'ai deja dit, qu'à l'Oracle d'en ordonner. Si nous faisons notre devoir, nous n'aurons point d'autre souverain Pontife. ADIMANTE. L'ecouter sur touts ces articles, est sans contredit le parti sage.

SOCRATE. Voilà, fils d'Ariston, la Republique future, où regnera la justice, entierement formée. Il ne s'agit plus que d'y remarquer

marquer cette vertu ; & de nous aider les uns les autres à decouvrir, s'il est bien vrai qu'elle rendra l'homme heureux ; ne fût-il sous l'inspection ni du Ciel, ni du Monde. GLAUCON. Mon cher Socrate, c'est beaucoup plus votre soin, que le notre. Sans impieté, vous nous avez dit que vous ne pouviez l'abandonner aux calomnies de ses aggresseurs ; & vous l'avez prise en un mot de la maniere la plus declarée sous votre protection. C'est donc à vous de ne point frustrer notre attente, & de vous acquitter envers elle. SOCRATE. J'avoue que je suis engagé, mon cher Glaucon ; mais au moins dois-je être secouru. GLAUCON. La chose est juste.

SOCRATE. Fort desormais ; pour arriver à mon but, je prends un detour. Toutes les vertus se rencontreront ensemble dans une Republique, telle que nous l'avons decrite : la sagesse, la valeur, la temperance, la Justice. Les trois premieres données ; nous aurons la quatriême. GLAUCON. Cette voie indirecte promet beaucoup.

SOCRATE. Un Etat merite le nom de Sage ; lorsqu'on y prend toujours les mesures les plus justes, pour l'avancement du bien public. La Science les fait connoitre ; & l'Ignorance empêche de les decouvrir. GLAUCON. Il est vrai. SOCRATE. Voïez combien de sciences differentes sont necessaires, pour la conservation du Corps politique ; celle de battre le fer, de cultiver les terres, de bâtir, de faire des souliers ? GLAUCON. Cent autres. SOCRATE. Mais, prenez garde, il en est une, qui fait valoir toutes les autres ; & qui, par cette raison, les surpasse de beaucoup : une, qui met le bon ordre au dedans ; & qui de plus fait qu'on se menage avec les Puissances voisines. GLAUCON. C'est l'art de gouverner. SOCRATE. Oui, mon cher Glaucon ; & je pense que celui de tailler le cuir, quoiqu'il ait assurement fort son merite, contribue moins à faire aux Nations, estimées dans l'Univers, la reputation de sagesse. GLAUCON. Vous plaisantez, mon cher Socrate. SOCRATE. Je m'imagine aussi que nous aurons toujours des Cordonniers, des Laboureurs, des Forgerons, en quantité ; mais que les grands Hommes d'Etat se ront plus rares. GLAUCON. Vous raillez encore. SOCRATE. Le nombre même en sera petit. GLAUCON. Il faut en eux trop d'eminentes qualités, pour l'esperer d'une autre maniere. SOCRATE. Dans quelques têtes, qui regiront un Etat, en premier lieu formé suivant les intentions de la Nature, sera donc renfermée cette haute prudence; dont les influences desçendront jusques sur les professions les plus obscures; & qui le rendra celebre par tout le Monde. GLAUCON. Il est vrai. SOCRATE. Voici l'une de nos quatre vertus, mon cher Glaucon; & nous voïons aussi dans lequel des trois ordres elle reside. GLAUCON. Oui; dans le Senat.

SOCRATE. La valeur est manifestement celle de l'armée. L'Artisan peut sans consequence être poltron; mais tout est perdu, si l'homme de guerre n'est brave. GLAUCON. C'est au dernier seul que l'Etat est redevable de toute la gloire, qui s'acquiert par les armes. SOCRATE. Je fais consister la bravoure, mon cher Glaucon, premierement à sçavoir faire une juste estimation des biens, & des maux; ensuite à ne se laisser dans aucune rencontre arracher de l'esprit les idées saines des uns & des autres; qu'une bonne education y doit avoir comme rangées, dans le même ordre, qu'un sage Legislateur les aura conçues, & que sur l'airain il les aura proposées à la veneration publique. GLAUCON. Mon cher Socrate, je ne vous ai pas assez compris. SOCRATE. Je definirois plus intelligiblement cette vertu: une vertu, qui suppose exactement connue la subordination à mettre entre les objets aimables, ou terribles; & qui soutenue par des habitudes prises dès l'enfance, determine à n'abandonner les principes, que par l'inspiration des loix on s'est faits là dessus, ni dans les assauts les plus violents de la crainte, & de la douleur, ni dans les plus doux emportements de l'esperance, & du plaisir. Voulez vous une comparaison, qui me fasse entendre? GLAUCON. Vous nous ferez plaisir.

SOCRATE. Pour teindre en pourpre; vous sçavez avant tout qu'il faut un drap blanc. On le fait bouillir, avec le suc de la fleur; on le foule; on y fait d'autres ceremonies, pour le lui faire prendre entierement. Ni lessive, ni fatigue, n'est plus capable de lui faire perdre sa couleur,

ou

ou de la ternir. Au contraire elle paſſe bientôt, ſi quelqu'une des preparations neceſſaires a manqué. GLAUCON. Il eſt vrai. SO-CRATE. Nous avons ordonné pareillement de choiſir dabord certains Sujets, particulierement propres, pour exercer un jour les fonctions de la Magiſtrature, & de la guerre. Enſuite nous avons parlé d'un grand nombre de façons à reçevoir pour eux de la Gymnaſtique, & de la Muſique. Leur âme en demeurera toute penetrée des maximes, qu'ils verront munies du ſçeau des loix; & ni les voluptés, ni les travaux, ni les perils, ne les en separeront jamais. Toutes les bonnes teintures de l'education en un mot, s'imbiberont pour ainſi dire en elle ſi parfaitement, que rien ne pourra les effacer. J'appelle encore une fois courage; un ſouvenir, profondement gravé, de touts les jugements veritables, que fait porter une raiſon eclairée ſur les biens, & ſur les maux ; accompagné d'une eſpece d'acharnement à les ſuivre, malgré touts les obſtacles, & touts les dangers. GLAUCON. Votre comparaiſon me plaît extremement. Je range avec tout ce que j'ai dans l'eſprit de plus precieux l'idée, egalement grande, & juſte, qu'elle nous donne de la valeur. On n'a plus de peine à la diſtinguer de la fauſſe bravoure; fruit mepriſable d'une ferocité brutale, ou du temperamment ſeul. SOCRATE. Nous en parlerons une autre fois plus amplement, ſi vous le ſouhaitez; mon cher Glaucon. Pour le preſent, la juſtice nous appelle. Peut-être même, pour nous hâter, ne ſera-t-il point mal d'omettre ce que j'aurois à vous dire ſur la Temperance. GLAUCON. Vous nous avez à mon gré fait connoître la premiere de ces trois vertus, autant qu'il eſt neceſſaire pour votre but. Mais n'y parvenez, on vous en ſupplie, mon cher Socrate, qu'après nous avoir auſſi fait une deſcription de la derniere.

SOCRATE. Son effet propre eſt d'etablir une parfaite harmonie entre les paſſions, de retenir dans les bornes les plus emportées, enfin de mettre l'ordre au dedans. De là vient qu'on dit qu'elle nous rend maîtres de nous-mêmes. GLAUCON. Cette façon de parler commune ſurprend d'abord; & l'on a même quelque peine à l'entendre. SOCRATE. Elle renferme un très beau ſens, mon cher Glaucon. C'eſt comme ſi l'on nous enſeignoit, que l'homme eſt compoſé de deux parties; & que l'une ſurpaſſe de beaucoup l'autre en excellence. Quand la plus noble contient l'autre dans le devoir, il eſt en quelque maniere ſuperieur à lui-même; & chacun le comble d'eloges. On le blâme, on le mepriſe, comme un vil eſclave de ſon propre cœur; lorſque, ſoit mauvaiſe education, ou vicieuſe habitude, le contraire arrive. GLAUCON. Cette expreſſion, toute proverbiale qu'elle eſt, peint à mon avis tout à fait bien la Temperance.

SOCRATE. Une Republique l'aura plus qu'une autre en partage; quand les plus mechants, ou les moins bons, & les plus ignorants, ou les plus aveugles, y reçevront la loi des plus habiles, & des meilleurs. On peut dire alors qu'elle ſçait veritablement ſe commander. GLAUCON. Il eſt vrai. SOCRATE. Perſonne, mon cher Glaucon, n'ignore, que les âmes vulgaires ſont inceſſamment le joüet des amours inſenſés, des chagrins frivoles, des terreurs paniques, enfin de toutes les paſſions vaines, ridicules, dereglées; & que la Raiſon n'exerce bien ſon empire, que ſur un petit nombre d'âmes d'elite, commencées par la Nature, & finies par l'education. GLAUCON. Nous ne le voïons que trop touts les jours. SOCRATE. Dans notre Etat futur, celles de la Multitude, toujours volages, & toujours fougueuſes, auront pour frein les volontés de Magiſtrats, conduits par de pures lumieres. On ne pourra donc ſi bien appliquer la phraſe inſtructive dont nous parlons, à pas un autre. Ils ſçauront gouverner; & ceux qui doivent être gouvernés, voudront obeïr. A ce compte là, mon cher Glaucon, leſquels excelleront dans la pratique de la Temperance? GLAUCON. Les uns & les autres la poſſederont egalement, ce me ſemble. SOCRATE. Elle met un parfait accord entre toutes les facultés, & toutes les inclinations dans l'homme, diſions nous tout à l'heure; & voici qu'elle en etablit un pareil entre touts les membres du Corps politique. L'Armée a la valeur; & le Senat, la prudence. Mais cette troiſiême vertu n'eſt pas moins celle de l'artiſan, que celle du Soldat, & de l'homme aſſis au timon. Elle doit etouffer touts

les

les murmures dans le cœur des Citoïens ; jufqu'à rendre chacun d'eux tout à fait content du rang qu'il occupe, & des biens dont il jouït. Suivant ces idées ; je la definirois, dans un Particulier : une efpece de confentement univerfel des paffions, à reconnoître la Raifon pour maitreffe. Dans un Etat ; c'eft une conformité generale de fentiments ; qui fait avec joie rendre hommage aux talents fuperieurs. GLAUCON. Cette nouvelle definition n'eft pas moins de mon goût, mon cher Socrate, que les deux precedentes.

SOCRATE. Nous avons trois de nos quatre vertus, mon cher Glaucon. A l'exemple des bons chaffeurs, entourons exactement le bofquet de nos filets ; pour empêcher que par quelque endroit mal obfervé, la quatrième ne nous echappe. La Juftice eft infailliblement là cachée. Aïez donc un œil attentif de votre part ; & ne manquez pas de m'avertir, s'il vous arrive le premier de l'apperçevoir. GLAUCON. De tout mon cœur, je ferai vigilant, mon cher Socrate ; mais il faut vous dire, que je ne vois gueres le gibier, que lorfqu'on me le montre, ou qu'il court devant moi. Il eft vrai que je fuis affez bon piqueur enfuite. SOCRATE. He bien, fuivez moi, puifqu'il en eft ainfi, cher Glaucon ; & demandons au Ciel bonne chaffe. GLAUCON. Pour des vœux, j'en fuis toujours liberal. Conduifez nous feulement. SOCRATE. Grand Jupiter, tout eft ici bien touffu, bien inacceffible ! Reculer neanmoins ? Il n'en eft plus temps. GLAUCON. Si vous m'en croïez, mon cher Socrate, nous ne fongerons qu'à nous en tirer à notre honneur.

SOCRATE. Après ce preambule, je regardai Glaucon, en fouriant ; & je m'ecriai : rejouïffez vous, Glaucon ; voici notre proie. GLAUCON. Où, de quel coté, je vous prie ? En attendant, je prends toute la part que vous pouvez croire, à la nouvelle. SOCRATE. Dieux, & Deeffes, à quoi, je vous en conjure, avons nous penfé tout ce temps-ci ! La juftice etoit à deux pas de nous ; & nous l'avons cherchée, auffi loin que notre vue a pu s'etendre. En verité, nous ne fommes pas mal dans le cas de ces gens, qui renverfent tout dans la maifon, pour retrouver ce qui n'etoit point perdu. GLAUCON. Comment donc ? SOCRATE. Nous n'avons

prefque

presque pas dit un mot, qui ne soit elle. GLAUCON. Est il possible! Mais c’est assez me tenir en suspens.

SOCRATE. Dès le commencement de nos Entretiens, si vous vous en souvenez, nous avons dit que chacun, après avoir consulté ses talents naturels dans son choix, devoit n’embrasser qu’une seule chose à faire, & s’y donner entierement. GLAUCON. Nous l’avons depuis repeté plusieurs fois. SOCRATE. Je ne vois pas, je vous l’avoue, mon cher Glaucon, ce que seroit la justice, qu’un soin de s’acquitter des fonctions auxquelles on est propre, dans la Societé civile, & de ne point interrompre les autres dans l’exercice des leurs? GLAUCON. Quelles raisons avez vous de le penser ainsi, mon cher Socrate? SOCRATE. C’est que cette application à faire son emploi, pour travailler de concert avec eux à l’avancement du bien Public, est comme l’âme des trois vertus, dont nous avons recherché la nature. Elle sera par consequent la quatriême. GLAUCON. Ce tour est ingenieusement imaginé, pour arriver à la decouvrir.

SOCRATE. Il ne seroit pas facile d’assûrer, lequel contribuera le plus au bonheur d’un Etat, mon cher Glaucon; d’une sagesse consommée dans ceux qui gouvernent; d’une parfaite bonne intelligence entre eux, & ceux qui leur obeïssent; d’une valeur, produite par les idées justes des biens, & des maux, dans l’armée; ou d’un soin universel de faire sa charge, sans troubler personne dans l’execution de la sienne. GLAUCON. La derniere de ces vertus certainement ne cede en rien aux autres. SOCRATE. Puisqu’elle en est inseparable; & que c’est même la principale source de la felicité publique; nous n’avons plus à douter que ce ne soit la justice. Si neanmoins vous souhaitez un moïen plus direct, pour achever de nous convaincre que c’est bien elle; je croi pouvoir vous satisfaire. Voici comment.

Le premier devoir du Magistrat, est de veiller à ce que les Citoïens ne se fassent mutuellement aucun tort. GLAUCON. L’administration de la justice, comme on parle, avant tout roule sur lui. SOCRATE. C’est à dire qu’il doit faire en sorte que chacun, content du fruit de son travail, n’entreprenne point de ravir aux autres le produit legitime du leur. Ce n’est pas tout. Vous comprenez

prenez

prenez que la Republique en reçevroit le plus grand dommage, si les particuliers s'ingeroient d'exerçer plusieurs professions, ou se donnoient la liberté d'en faire, au premier caprice, une echange, aussi pernicieuse, que ridicule. Quelle confusion dans les trois Ordres de l'Etat, si le forgeron bat l'enclume, & suit la charrue tout à la fois; si l'Esprit pesant, que la nature avoit relegué pour toute sa vie au fond d'une boutique, se fait des aîles, pour s'elever jusqu'aux premiers emplois de la Magistrature, ou de l'armée; enfin si l'homme né pour la guerre, aspire à manier les rênes de l'Etat! Comment appeller une inquietude, si prejudiciable à l'interêt commun, qu'une injustice du plus haut genre? GLAUCON. Ce n'est pas seulement à quelques Citoïens, c'est à la Republique entiere qu'elle sera nuisible. SOCRATE. Au contraire, lorsque l'Artisan qui la sert, le Guerrier, qui la defend, le Magistrat, qui la gouverne, penseront à remplir parfaitement leurs devoirs, & rien plus; c'est alors que la justice y sera pratiquée dans toute son etendue. GLAUCON. Il est vrai; puisque touts s'empresseront de concourir unanimement à la felicité publique.

SOCRATE. Quoique la nature de cette vertu commence à n'être plus obscure pour nous, mon cher Glaucon; ne nous flattons pas encore de la connoître suffisamment. C'est dans le cœur de l'homme qu'il faut principalement l'etudier. Pleins de l'apprehension que les traits n'en fussent trop delicats, pour être apperçus dans un si parfait racourci; nous avons jugé qu'ils seroient plus marqués dans une Republique. Presentement que nous l'avons devant nous toute formée; nous pouvons esperer, qu'avec le secours des plus distincts, nous devinerons les plus confus. Si nous trouvons qu'ils se rapportent; nous aurons à nous feliciter de notre bon succès. Nous observerons de quelle part sera le defaut, s'ils varient. Peutêtre, après les avoir exactement confrontés, les trouverons nous ressemblants. Quand nous aurons dissipé touts nos doutes là dessus, & que la Justice aura paru devant nos yeux dans tout son eclat; il ne restera plus que de lui faire de notre âme un Temple, où desormais elle reçoive nos adorations les plus pures. GLAU-

CON. Ce plan est magnifique, mon cher Socrate; & je ne souhaite rien plus ardemment, que de le voir executé.

SOCRATE. Prenez garde que le grand, & le petit, jamais n'interessent la ressemblance. Un homme sera donc juste, par les mêmes raisons qui font qu'un Etat est juste. GLAUCON. Oui. SOCRATE. Nous venons de voir que la Justice est reverée dans un Etat, lorsque chacun, renfermé dans les bornes de sa profession, fait ce que la Republique attend de lui; & qu'elle engendre dans les trois Ordres la sagesse, la bravoure, & la temperance. Quelque chose de pareil sera par consequent necessaire dans un Citoïen, pour dire qu'il possede ces quatre vertus. GLAUCON. Il est vrai.

SOCRATE. Où trouver dans l'homme de quoi repondre aux trois ordres d'un Etat? C'est la difficulté, mon cher Glaucon? GLAUCON. Si le Proverbe est veritable, mon cher Socrate, le beau n'est jamais facile. SOCRATE. J'en suis très persuadé. Preparons nous donc à de longs circuits tout de nouveau. Mais esperons qu'ils nous feront agreablement retomber dans le chemin. GLAUCON. C'est à vous de nous conduire.

SOCRATE. Quand on parle du genie des Peuples, on entend celui du gros des particuliers, qui les composent. Les uns sont fiers: c'est le defaut des Scythes, & des Thraces. On en accuse d'autres, les Phœniciens, & les Egyptiens, par exemple, d'être interessés. Quelques-uns enfin se distinguent, par un amour extraordinaire pour les Sciences. Une si belle passion fait notre gloire à nous autres Atheniens, & nous releve par dessus toutes les Nations du Monde. Il seroit contre tout bon sens d'assigner d'autres causes de cette grande diversité de penchants naturels, que le climat, & la tournure d'esprit particuliere, qu'il engendre. GLAUCON. C'est une observation, confirmée par l'experience de touts les siecles.

SOCRATE. Notre âme n'est qu'une. Mais la difference comme infinie, qui se remarque de tel homme à tel autre, nous oblige de reconnoître en elle trois appetits; le raisonnable, qui nous applique à la connoissance de la verité; le concupiscible, qui nous excite à la recherche du necessaire à la vie, & de l'agreable aux sens;

&

& l'irafcible enfin, qui nous arme contre tout ce qui nous tra-verfe, dans la pourfuite empreffée des divers genres de biens, qu'ils ont pour objet. GLAUCON. Sur quoi vous fondez vous, pour faire cette diftinction, je vous prie ? SOCRATE. Sur des actions en nous, & des paffions, oppofées entre elles. On fçait que les mê-mes parties d'un même corps ne peuvent être en repos, & fe mou-voir en même temps. Un homme affis, frappera des mains, ou branlera la tête. Une toupie, une roue, tourneront fur un effieu, fur un axe, immobiles ; mais s'ils ne font auffi tranfportés, le mou-vement ne fera point total. GLAUCON. Il eft vrai. SOCRATE. Si donc nous appercevons dans un Etre des phainomenes contraires entre eux, actions, paffions, il n'importe ; quelque fimple que nous devions le juger d'ailleurs, nous ferons contraints d'admettre en lui des principes differents, auxquels il faudra les rapporter. GLAU-CON. La raifon veut, qu'au moins par la penfée, on en reconnoiffe plufieurs. SOCRATE. S'il reftoit ici de l'obfcurité, nous pourrions y revenir. Mais je voudrois me hâter vers mon terme. GLAU-CON. Cet article eft fuffifamment eclairci.

SOCRATE. Fuir, chercher, defirer, craindre, aimer, haïr, font des actions, ou des paffions, comme on voudra les appeller ; par lefquelles ou nous nous portons avec ardeur vers les chofes qui nous font convenables, ou nous nous eloignons avec effort de cel-les qui nous font nuifibles. La faim, la foif, toutes nos inclinations naturelles en un mot, ne font que de ces mouvements de l'âme, qui tâche de s'unir à certains objets, dout la douçeur l'engage, où dont l'abfence la fait fouffrir. Au lieu d'amour, & de recherche, c'eft averfion, & fuite, lorfqu'ils lui font contraires. GLAUCON. Ces deux paffions meres font, s'il eft permis de le dire, la Syftole, & la Diaftole du cœur humain, dans le fens moral. SOCRATE. Si vous y prenez garde, la foif eft fimplement un defir de quelque liqueur, propre à l'etancher. La grandeur de l'une determine la quantité de l'autre ; mais la qualité fe regle par les difpofitions actuelles du corps. On boira chaud l'hyver, & frais l'Eté ; mais le fentiment dont je parle, par lui-même excite feulement à boire. GLAUCON. Je le conçois. SOCRATE. Si l'on nous faifoit la difficulté ; que

R 2

celui

celui dont il s'agit, nous fait souhaiter une boisson agreable; par la raison que c'est toujours le plaisir que nous voulons; je repondrois que ce n'est point là proprement son effet; & qu'un homme, pressé de la soif, cherche simplement à se desalterer, sans inquietude sur la maniere. GLAUCON. L'objection a de la couleur. SOCRATE. Elle n'est pas solide, mon cher Glaucon. Le rapport des choses relatives, du genre de celles dont il est ici question, est constant, mais indeterminé; sujet de plus à des modifications, causées par les changements accidentels, qui leur arrivent. GLAUCON. Je connois des gens, mon cher Socrate, qui n'aiment pas les generalités Metaphysiques, & qui s'y perdent. SOCRATE. Ne nous effraïons pas, mon cher Glaucon; nous allons nous retrouver.

Au grand, au rapide, au pesant, repondent le petit, le lent, & le leger. Le plus, & le moins, viennent ensuite, avec les differences du temps, pour modifier le rapport. La sçience, en general, s'etend à tout ce qui peut etre connu; mais elle se characterise par certaines choses, auxquelles en particulier elle s'applique. La Geometrie considere les dimensions de l'etendue; l'Arithmetique opere sur les nombres; la Morale se propose le bon reglement de la vie. GLAUCON. Fort bien. SOCRATE. Je ne veux pas dire que cette dependance mutuelle des sçiences, & de leurs objets, produise une analogie parfaite entre les unes & les autres; ni que la connoissance des maladies, par exemple, soit mal-saine. Je soutiens uniquement qu'on ne donne à la Medecine un nom à part, que parcequ'elle entreprend de les guerir. GLAUCON. Je n'attends plus, mon cher Socrate, que l'application de ces axiômes universels.

SOCRATE. Quelque pressante que soit la soif, en mille occasions il nous arrive de la reprimer. Je n'en dis pas moins des autres passions. GLAUCON. Il est vrai; la raison nous les fait surmonter, quand bon nous semble. SOCRATE. Notre âme sert alors comme de champ de bataille à deux Ennemis; dont l'un refuse avec fermeté, ce que l'autre demande avec hauteur. Son etat nous est assez bien representé, par celui d'un homme qui lance une flêche. Il pousse, d'une main; & de l'autre, il tire à lui. GLAUCON.

L'image

L'image eſt agreable, & neuve. SOCRATE. Ce combat frequent, & quelquefois très opiniâtré, nous decouvre en nous une partie animale, toujours entraînée vers ce qui la flatte, par des mouvements, qui ne portent avec eux que les tenebres, & le trouble; mais ſouvent retenue par une autre, où regne le calme, & qu'une pure lumiere conduit. GLAUCON. Vous avez ici pour guarand le ſentiment interieur, que nous avons de ce qui ſe paſſe à toute heure en nous. SOCRATE. Ce n'eſt donc pas ſans raiſon que pour les diſtinguer, nous avons deja nommé l'une, appetit concupiſcible, & l'autre, appetit raiſonnable. GLAUCON. Ces noms leur conviennent parfaitement. SOCRATE. L'Iraſcible en eſt-il un troiſiême; ou le confondrons avec l'un des deux autres? Je vous prierai de me dire enſuite avec lequel? GLAUCON. Il me paroît avoir d'etroites alliances avec le premier. SOCRATE. Je trouve, dans un coin de ma memoire, un petit conte, qui vient à propos, & qui nous eclaircira. Leontius, fils d'Aglaïon, revenoit un jour du Pyrée. Quand il fut près de la voirie; une envie etonnante le prit d'aller y contempler les cadavres, & voir quelle figure on fait, quand on eſt mort. Longtemps il ne fit quelques pas en avant, que pour honteuſement reculer en arriere. Il crut mieux reüſſir, après s'être enveloppé la tête dans ſon manteau; mais pluſieurs fois encore il manqua de bravoure. Enfin il fit un dernier effort, pour vaincre ſon degoût. Après avoir mis ſes yeux en liberté, il courut de toutes ſes forces vers l'endroit. Quand il y fut; il leur dit, avec toute l'haleine, qui lui reſtoit: " Maudits que vous etes, hé " bien, raſſaſiez vous de ce beau Spectacle; & croïez moi, ne " vous informez point s'il coûte cher à votre maître Leontius." GLAUCON. Ce trait, ſingulierement original, ne m'eſt pas nouveau.

SOCRATE. Il nous apprend que la colere s'oppoſe quelquefois au deſir; & qu'on doit par conſequent les rapporter à deux appetits, entierement diſtincts. Nous voïons pareillement qu'elle s'enflamme contre les autres paſſions, toutes les fois que la raiſon les deſapprove; mais ſi vous y prenez garde, ce n'eſt jamais lorſqu'elle les autoriſe..

torife. J'en appelle à votre experience, mon cher Glaucon, ou plutôt à celle de tous les hommes. GLAUCON. Elle est entierement pour vous, mon cher Socrate. Il faut du reste vous faire le compliment, que vous sçavez mettre un recit badin bien à profit.

SOCRATE. N'est-ce pas encore un fait certain, que plus on aura l'esprit bien fait, moins on s'irritera des represailles d'un offensé, plus on se condamnera soi-même à tout souffrir de sa part; si l'on sçait qu'on a tort. Que s'il est l'aggresseur; on s'evertuera, pour en une avoir satisfaction eclatante. Ce ne feront qu'exploits heroïques entaffés. Une vive ardeur etincelera dans les yeux du mal-traité, jufqu'à ce que la mort les eteigne; ou qu'il ait obtenu juftice; ou que la raifon, à force de le flatter, comme un berger fait son chien, foit venue à bout de l'appaifer. GLAUCON. J'aime plus que je ne fcaurois dire la comparaifon. Il me femble voir l'armée, qui fe mutine; & le Magiftrat, qui la ramene, par fes careffes. SOCRATE. Vous me comprenez, mon cher Glaucon. Cependant voïez combien nous avons changé de fentiment depuis tantôt, fur le fait de la colere. Nous l'avons comme donnée à l'appetit concupifcible. Mais il est si peu vrai qu'elle combatte uniquement pour lui, que dans la guerre inreftine, dont nous avons parlé, c'est au contraire en faveur de la raifon que le plus fouvent elle s'arme. GLAUCON. Je me retracte; & je reconnois que de toutes nos paffions, c'est une des plus utiles. SOCRATE. En ferons nous encore une fois un troifiéme appetit, menagé par la nature pour fecond à la faculté raifonnable, & très capable de la fervir, lorfqu'une education telle qu'il convient, l'aura mis en bonne difcipline? GLAUCON. Oui. La raifon, & la colere, font manifeftement deux chofes très differentes; puifque l'une paroît fort vive dans les enfants, & même dans ceux dont le temperamment est le plus mou, avant que l'autre commence à poindre en eux. SOCRATE. N'oublions pas les animaux, quoique depourvus de celle-là, fort fufçeptibles de celle-ci. Voulons nous de plus une autorité? Nous avons celle d'Homere. Il reprefente un heros, qui " fe veut à lui-même du mal de " fes humeurs emportées; & qui fe frappe rudement la poitrine,

5

pour

" pour s'en punir." On voit là deux appetits, mecontents l'un de l'autre, & violemment aux prises. GLAUCON. Il est vrai. SO-CRATE. Nous avons par consequent les trois, qu'il nous falloit dans l'homme, pour repondre aux trois ordres d'une Republique. GLAUCON. Le rapport est beau, mon cher Socrate ; il est par-fait.

SOCRATE. Un Citoïen sera donc sage, courageux, temperant, juste, par les mêmes raisons qui font dire qu'elle est toutes ces choses. GLAUCON. Les vertus ne changent point de nature, pour être celles d'un particulier, ou d'un Etat. SOCRATE. On y pra-tique la justice ; lorsque c'est à qui remplira les devoirs de sa con-dition, dans la vue de se rendre utile au public. GLAUCON. C'est comme nous en avons parlé depuis longtemps. SOCRATE. Cette vertu, dans un homme, aura de l'analogie avec cette même ver-tu, considerée dans une Republique. GLAUCON. Oui. Le cœur de l'homme est une Republique en petit. SOCRATE. Il n'appar-tient qu'à la Raison de regner ; à la Raison, legitime souveraine, guide eclairée ; & la colere, passion aveugle, doit toujours être à ses commandements. GLAUCON. L'une, avons nous dit, est le Senat, & l'autre l'Armée. SOCRATE. La Gymnastique, & la Mu-sique, mariées de la façon qu'il faut, les mettront parfaitement d'ac-cord. La derniere fortifiera la raison, par ses preceptes ; & cal-mera toutes les fougues de la colere, par la douçeur du nombre, & de l'harmonie. GLAUCON. Ce sont les deux effets naturels des Sçiences.

SOCRATE. Le Senat, & l'Armée, comme nous les appellons, ainsi bien ensemble, contiendront le Peuple dans le devoir. Je veux dire que les deux plus nobles appetits empêcheront toute la troupe des passions de se mutiner, & d'etablir dans l'âme une Anarchie, dont les consequences ne pourroient être que les plus funestes. Pour comble enfin ; ils rendront l'homme superieur à touts ses Ennemis au dehors. GLAUCON. Il n'en est point d'assez puissants, mon cher Socrate, pour vaincre la prudence, & la valeur, unies. SO-CRATE. L'une ordonne, l'autre execute ; sans jamais ceder à la

douleur,

douleur, au plaisir. Lorsque ni l'un ni l'autre ne peut rien sur un homme, & qu'il craint seulement, où la Raison dit quil faut craindre; il possede le veritable heroïsme. GLAUCON. C'est l'idée qu'on en doit avoir. SOCRATE. Il est sage; quand elle gouverne les deux autres appetits; & qu'elle est assez eclairée, pour sçavoir quand il est bon de leur abandonner les rênes, ou de les retenir. GLAUCON. On l'est, à mesure qu'ils y sont dociles. SOCRATE. La Temperance les rend souples; & par là produit le bon ordre au dedans, pere de la tranquillité. GLAUCON. Je sens l'analogie de nos quatre vertus, dans un particulier, & dans un Etat. SOCRATE. Encore un mot; pour achever de nous en convaincre.

Un homme elevé dans une Republique, recommandable par ces vertus, & qui dès son enfance n'aura fait que se laisser comme entraîner au torrent du bon exemple, ne sera point capable de s'approprier un depôt, de commettre un larcin, un adultere, un sacrilege, de faire un faux serment, de blasphemer, de trahir sa Patrie, de tromper un ami, d'outrager un bienfaiteur, de manquer au besoin à ses proches. GLAUCON. Il aura certainement la derniere horreur pour touts ces crimes. SOCRATE. D'où viendroit-elle, que du bon reglement des trois apperits; qui fait que les deux qui doivent obeïr, ne s'ingerent point à commander; & que les trois se contiennent chacun dans les bornes que la Nature lui prescrit? GLAUCON. Elle ne peut avoir un autre principe. SOCRATE. La justice ne sera donc que cette police exacte, qui soit qu'on parle d'un seul homme, ou d'une Societé nombreuse, fait eviter le mal, & pratiquer le bien? GLAUCON. C'est comme je le conçois, mon cher Socrate.

SOCRATE. Nous voici, mon cher Glaucon, enfin arrivés au terme, longtemps desiré; sans doute par la faveur de quelque Divinité propice. GLAUCON. Oui; nous avons les graces les plus signalées à lui rendre. SOCRATE. Si vous y prenez garde, nous avons commencé très imparfaitement. Lorsque nous jettions les fondements de notre Republique; nous avons apperçu quelques premiers rudiments de la Justice. Pour le Cordonnier, disions nous alors,

elle

elle confiſte à manier ſon cuir; pour le Laboureur, à conduire ſa charrue; pour le Forgeron, à battre ſon enclume; pour le Citöien, à s'acquitter de ſon emploi. Mais nous voïons preſentement qu'elle ne ſe borne pas à l'exterieur. C'eſt dans le cœur de l'homme qu'elle opere ſes merveilles; & qu'elle allume cet amour pour elle, qui dans le monde jette ſouvent un ſi grand eclat. Elle concilie enſemble les trois appetits; & les tient dans la dependance, où naturellement ils doivent être à l'egard les uns des autres. On eſt enſuite paiſible, maître chez ſoi, bien avec ſoi-même. Le bon ordre, qui regne au dedans, ſe manifeſte au dehors; par un attachement reglé pour les richeſſes; par une extrême retenue dans l'uſage des plaiſirs; par une ſage conduite, egalement ſoutenue dans la vie privée, & dans le maniement des affaires publiques. Inſtruit du prix de ces diſpoſitions excellentes, on ne compte pour beau, grand, ſouhaitable au monde, que ce qui peut en ſoi les fortifier, & les entretenir. On n'eſtime ſageſſe, que les precieuſes lumieres, qui les produiſent; folie, qu'un reſpect aveugle pour les fauſſes maximes, qui donnent une autre tournure à l'eſprit. GLAUCON. Il ne reſteroit plus, mon cher Socrate, que de nous peindre l'injuſtice, avec ces mêmes couleurs vives, que votre pinçeau diſtribue ſi bien.

SOCRATE. Elle exçite les paſſions à la revolte; elle allume dans l'homme une guerre inteſtine. La ſubverſion qu'elle y cauſe entre les trois appetits, n'eſt pas moindre, que celle qu'on voit dans un Etat, lorſque les trois ordres s'entre-choquent. A quoi donc mieux comparer les deſſeins criminels dans l'un, qu'aux perturbateurs du repos public dans l'autre? GLAUCON. Que la juſtice, à ce compte là, mon cher Socrate, eſt un grand bien, & l'injuſtice un grand mal! SOCRATE. Oui, mon cher Glaucon. Elles ſont par rapport à l'âme, ce que les poiſons, & les aliments, ſont au regard du corps. Les uns le conſervent dans ſon etat naturel; pendant que les autres le derangent, & le detruiſent. GLAUCON. Vous nous en avez aſſez dit, pour nous en convaincre. SOCRATE. La vertu par conſequent, à proprement parler, eſt la Santé de l'âme. De la vertu l'âme emprunte ſa beauté, ſa force, & s'il est permis de le dire, son embonpoint. Le vice au contraire l'enerve, la rend hideuse, & la met dans un etat d'extrême langueur. GLAUCON. Il ne peut rester aucun doute là dessus. SOCRATE. Par une application constante à faire le bien, on acquiert l'une; on evite l'autre. GLAUCON. Il est vrai. SOCRATE. Je vous laisse presentement à decider, mon cher Glaucon, si le soin que nous aurons de pratiquer la justice, fût-ce même à l'insçu des Dieux, & des hommes, fera notre bonheur; ou s'il ne faut l'attendre que de l'injustice, enhardie à tout entreprendre, par le privilege supposé d'une impunité parfaite? GLAUCON. Mais quoi, mon cher Socrate? Lorsque le corps est affligé de quelque maladie mortelle, nous voïons que ni les richesses, ni les plaisirs, ni les honneurs, ne se font plus sentir. Quand donc les principes de la vie veritable sont attaqués; pour un homme quelle raison d'aimer à vivre, tout l'univers n'eût-il d'autre empressement que celui d'aller au devant de ses desirs; de l'aimer, pour autre chose, que pour avoir le temps de travailler à sa guerison, & de recouvrer la justice? SOCRATE. Vous le sçavez, mon cher Glaucon, ce n'est pas la maniere de penser du Monde. On est fort eloigné de regarder le crime, comme un mal aussi reel, aussi redoutable que la fievre, ou la peste. Mais qu'on s'en adoucisse les idées, ou que même on s'en forme d'aussi riantes qu'on voudra. Pour nous, achevons d'examiner, s'il n'est pas certain qu'on se fait etrangement illusion. GLAUCON. Mon cher Socrate, je suis prêt à vous suivre, avec une ardeur nouvelle.

SOCRATE. La vertu n'est qu'une; au lieu que le vice a des especes à l'infini. Les dernieres se ressemblent toujours, dans un Particulier, & dans une Republique. GLAUCON. Voulez vous bien nous faire un denombrement des principales? SOCRATE. Je les reduirai toutes à quatre, dans l'entretien suivant. J'y distinguerai quatre formes de gouvernement vicieuses; pour opposer à quatre mauvais characteres, qui se recontrent le plus communement parmi les hommes; contre une parfaite, à peu près telle que nous l'avons decrite. Elle s'appellera Monarchie, si tout obeit aux or-

4

dres

drès d'un seul ; & si plusieurs y partagent la souveraine puissance, Aristocratie. L'une & l'autre seront egalement bonnes ; pourvu que le Maître unique, ou le nombre tel qu'on voudra de ceux qui gouverneront l'Etat, aient eu l'education, & possedent les qualités que nous avons dit. GLAUCON. Il ne pourra certainement être que fort heureux ; si le Monarque, ou les Archontes, mettent leur gloire à regner dependemment de toutes les regles de la sagesse, & de la vertu.

DE

DE LA

REPUBLIQUE;

OU

DU JUSTE, ET DE L'INJUSTE.

LIVRE CINQUIEME.

SOCRATE.

NOUS avons une idée enfin, dis-je à Glaucon, de ce que c'est qu'un homme juste, & qu'une Republique juste. Regardons par conſequent deſormais comme entierement ſourds à la voix de la Nature, comme rebelles à la Raiſon, Etats, & Particuliers, qui s'ecarteront de ces parfaits modelles.

J'allois parcourir les divers degrés par leſquels ſe corrompent les premiers, & raconter les quatre eſpeces de metamorphoſes, qui leur arrivent dans le mal. Au moment que je m'y preparois; Polemarque, qui ſe trouvoit aſſis derriere Adimante, le tira doucement par l'epaule, & le tint à la renverſe aſſez longtemps couché ſur lui. Nous vîmes qu'ils avoient des ſecrets à ſe dire. On demeura dans le ſilence, pendant qu'ils ſe parlerent. Ces derniers mots ſeulement furent entendus; parcequ'ils affecterent d'elever la voix : *" le lui paſſerons nous ? ..... Votre avis ?" .... " Gardons nous " en bien ; il ne faut point l'epargner."* Qu'eſt-ce donc, leur dis-je ?

Qui

Qui de nous eſt le criminel, & ne doit point eſperer de grace ? Vous, Socrate, me dit Adimante. Moi, grands Dieux, repris-je ! Comment donc ? ADIMANTE. Oui, vous. Polemarque, & moi, nous trouvons que vous avez rapidement coulé ſur un certain Proverbe, qui merite attention ; *entre Amis tout doit être commun :* tout ; ſans excepter femmes, enfants. C'eſt votre explication. Nous ne l'avons pas oubliée. Vous en ſouvenez vous ? ..... SOCRATE. Parfaitement, cher Adimante. Y voïez vous du mal ? ADIMANTE. On ne vous condamne pas encore. Mais on eſt en peine de ſçavoir, dans quel bon ſens l'entendre. Depuis longtemps nous attendons le moment de vous demander un eclairciſſement ſur un article, vous ne l'ignorez pas, très ſuſçeptible d'interpretations ſiniſtres. On eſt fort perſuadé qu'une Republique n'eſt intereſſée en rien d'avantage, que dans tout ce qui regarde le bon uſage des femmes, & la procreation des enfants. Après avoir dit que la matiere etoit delicate, vous n'avez fait que paſſer outre. C'eſt pourquoi nous avons reſolu de vous arrêter ici tout court ; & de ne point être contents, que vous ne nous en aïez entretenus, avec la même exactitude, que nous avons exigée ſur tout le reſte. GLAUCON. Mon cher Socrate, j'unis mon ſuffrage à celui de Polemarque, & d'Adimante, contre vous. THRASYMAQUE. Allons, Socrate, allons. Thraſymaque eſt de la troupe. Voïons comment le divin Socrate s'en tirera pour le coup ?

SOCRATE. N'etes vous pas gens aſſez peu commodes, vous Adimante, vous Polemarque, & vous Glaucon ; de relever un mot echappé, qui peut-être m'obligera de rebâtir ma Republique tout à neuf ; dans le temps que je la croïois finie, & que je commençois à me complaire dans mon ouvrage ? Ne pouviez vous me paſſer un mechant Proverbe ; ſur lequel vous ſçaviez que j'avois mes raiſons pour eviter de vous en dire davantage ; & qui, j'en ai peur, va par vos ſoins me faire echouer honteuſement ? THRASYMAQUE. Par Hercule ; toute une Compagnie de gens d'eſprit eſt elle ici, pour conquerir les mines d'or, gardées par les fourmis du Mont Hymette ; ou pour entendre de bonnes choſes à foiſon ? SOCRATE. Pour le dernier, ſans doute, mon cher Thraſymaque ; mais homme
habile,

habile, comme vous êtes, vous n'ignorez pas que le trop des meilleures engendre le degoût. GLAUCON. Les esprits sages n'en sont point capables, mon cher Socrate; lorsqu'il est question pour eux de s'eclairer sur des sujets, d'une aussi grande importance que celui-ci. Toute la vie même leur paroîtroit ne pouvoir mieux être emploïée, qu'à les approfondir. Donnez nous donc le detail de vos idées, sur le fait de la Communauté des femmes, & des enfants; & sur l'accueil aussi qu'il conviendra de faire aux derniers, si-tôt qu'ils auront ouvert les yeux à la lumiere.

SOCRATE. Si la nouvelle tâche, que vous m'imposez, n'etoit que difficile; je me livrerois, sans hesiter, à la grande passion que j'ai de vous satisfaire. Mais je desespere ici plus que jamais qu'on m'en croie. Les plus chagrins traiteront mes pensées de reveries; & les plus indulgents douteront qu'elles fussent bonnes à mettre en execution. C'est là ma peine. Vraies en elles-mêmes, propres à contribuer au bonheur du monde, j'apprehende qu'elles ne soient au moins rejettées; & que tout ne se termine ici de ma part à de bons souhaits inutiles. GLAUCON. Mon cher Socrate, esperez bien. Vous parlez à des Amis, qui ne sont point gens à se roidir contre la verité connue; gens à manquer, ni de reconnoissance pour vous, ni de respect pour elle. SOCRATE. Je le sçais, mon cher Glaucon; mais c'est justement tout ce que vous pouviez dire de mieux pour me decourager. Si j'osois me flatter que jamais elle ne s'absentera des mes levres; cette assurance, jointe au souvenir que je me communique à des personnes, aussi passionnées pour elle, que pleines de discernement, & de bonté pour moi, me rempliroit d'une intrepide ardeur. Engagé dans la recherche de cet aimable objet avec vous autres, mais vivement penetré du sentiment de ma foiblesse; je crains, non de vous donner à rire; (une telle fraïeur seroit badine;) mais d'entraîner dans mes erreurs des Amis, dont la tendresse me tient le cœur parfaitement ouvert. Divine Adrastée, severe vengeresse de nos fautes, epargnes moi; si quelque parole, desavouée par la Verité, sort de ma bouche! Tuer quelqu'un par megarde, n'est pas un

plus

plûs grand mal, felon moi, que lui donner de fauffes idées, fur le jufte, & fur l'honnête. Or vous m'avouerez qu'on aimera toujours mieux que l'un & l'autre tombe fur des gens qu'on hait, que fur des perfonnes qu'on cherit. Voïez le bon tour que vous avez pris, mon cher Glaucon, pour m'infpirer de la hardieffe!

GLAUCON me repondit par un fouris; & me dit enfuite: Mon cher Socrate, mettez fin à vos allarmes. S'il vous arrive de nous jetter dans quelque leger egarement; tout ce que nous fommes ici, par avance nous vous dechargeons d'homicide. SOCRATE. Il eft vrai que les loix, les plus rigoureufes d'ailleurs, le pardonnent, quand il eft involontaire. GLAUCON. Que rien ne vous retienne donc plus. Votre grace, on vous le repete, eft toute prête, en cas de mort d'homme.

SOCRATE. Peut-être eût-il été plus à propos de traiter à fond cet article, dans l'endroit où nous en avons dit un mot. Cependant il n'eft point trop mal, qu'après les acteurs, on voie paroître fur le theatre les actrices; qui font demandées, avec un empreffement, contre lequel il feroit difficile de tenir. GLAUCON. C'eft quelque chofe, mon cher Socrate, qu'après vous être defendu long-temps, vous fçachiez enfin vous rendre de bonne grace.

SOCRATE. Si les hommes veulent recueillir touts les avantages, & jouïr de toutes les douçeurs, que la Nature leur a preparées dans la poffeffion des femmes; il faut avant tout leur donner une education plus mâle, & plus excellente que l'ordinaire. Elle femble, comme nous l'avons dit autrefois, envoïer les Maris à l'ecole de l'animal, qu'elle a pourvu des plus merveilleux talents, pour appuïer l'homme, armé de l'arc dans les forêts, & de la houlette, fur les collines. Apparemment nous fera-t-il des leçons inftructives, par rapport au bon gouvernement des femmes. GLAUCON. Elles font delicates, vous dira-t-on; & de plus elles ont la charge des enfants. SOCRATE. Il eft vrai. Mais voïons nous que le Berger, & le Chaffeur, pendant que les chiens halletent autour deux le long des jours, laiffent croupir les chiennes à la maifon? Ils ne concluent pas que ce parti fût fage, de ce qu'elles doivent porter, & nourrir. GLAUCON. La raifon, mon cher Socrate, feroit mauvaife, pour fe pri-

ver

ver ainfi de leur fecours. C'eft affez qu'on les menage, lorfqu'elles font pleines. SOCRATE. Si l'on en tire aujourdhui les mêmes fervices, mon cher Glaucon; c'eft qu'on les dreffe de la même façon. GLAUCON. Autrement elles n'auroient aucune habileté. SOCRATE. Si nous prenons pour maxime, d'emploïer dans l'Etat prefque indifferemment les hommes, & les femmes; il faudra par confequent les elever de même. GLAUCON. Affurement.

SOCRATE. On formera donc auffi l'efprit & le corps à celles-ci, par touts les exercices de la Gymnaftique, & de la Mufique; pour les rendre propres aux fonctions de la Magiftrature, & de la guerre. GLAUCON. Le principe admis, la confequence ne peut être conteftée. SOCRATE. Je fens que je perds ici tout à fait le refpect à la coutume; & je m'attends bien que fi dans notre Republique nous prenons les bons moïens, pour avoir autant d'Heroïnes, que de Heros, les rieurs croiront avoir ample matiere. GLAUCON. N'en doutez pas, mon cher Socrate.

SOCRATE. Mais encore, que trouveront ils dans nos luttes, & dans nos carroufels, communs aux deux Sexes, de plus divertiffant pour eux ? Sera-ce de voir des troupes de jeunes Amazônes, & de femmes fur le retour, s'exercer toutes nues, avec les hommes; & de comparer le corps defagreable des dernieres avec celui des Athletes, quoiqu'avertis par leur âge de ne fe plus montrer dans l'arêne, jaloux de s'y voir couverts de pouffiere? GLAUCON. Le Spectacle rejouïroit certainement; comme les gens font faits aujourdhui. SOCRATE. Mon cher Glaucon, il ne s'agira, croïez moi, que d'effuïer la premiere furie des mauvais plaifants; & bientôt agguerris, nous redouterons peu tout ce que leur belle humeur aura de plus formidable. Nous les prierons de nous faire voir quils font capables de raifonner, & de foutenir pour quelques moments le ton ferieux. " Ignorez-vous, leur dirons nous, que l'au-
" tre jour toute la Grece eftimoit foit indecent, que les hommes,
" fans habits, fe preparaffent à la Guerre dans le Cirque? Les na-
" tions barbares ont encore fur la pudeur nos delicateffes d'autre-
" fois. Quand les Lacedemoniens premierement, & les Cretois

enfuite,

“ enfuite, ouvrirent ces Academies fameufes, qui leur ont fait tenir
“ dans le Monde un rang fi diftingué ; Dieu fçait combien ils donne-
“ rent la comedie aux efprits enjoüés de votre forte. Toutes leurs
“ faillies echouerent neanmoins contre les raifons, qui firent com-
“ prendre, qu'il n'eft pas moins dans l'ordre de faire fes exercices
“ deshabillé, que d'être en toute autre occafion vêtu. Les yeux
“ lubriques s'amuferent d'abord ; & les yeux chaftes fe crurent fa-
“ lis. Mais l'experience des avantages reels, qu'on en retiroit,
“ bientôt fit tomber la raillerie, & leva le fcandale. On vit qu'il
“ falloit être fouverainement evaporé, prude à l'excès ; pour cen-
“ furer une pratique utile, & raifonnable par confequent ; ou pour
“ y trouver impertinemment à rire." GLAUCON. Le fort ordinaire
des etabliffements nouveaux, quelque avantageux qu'ils foient, mon
cher Socrate, eft qu'on s'en mocque dans les commencements, &
qu'on s'en formalife. On les goûte, on les admire dans les fuites.
La confufion en demeure à la fin toute entiere aux Cenfeurs.

SOCRATE. La grande queftion eft de fçavoir, mon cher Glaucon,
fi l'autre fexe eft capable de touts les emplois du notre, ou de quelques-
uns feulement ; & fi la guerre eft du nombre. Il ne faut point
au refte que les gens prevenus, ou les railleurs, aient à nous dire,
qu'on a toujours raifon, quand on n'eft contredit par aucun Adverfaire ; mais qu'il faudroit les entendre. Si donc vous en etes
confentant, nous prendrons nous-mêmes leur caufe en main, & nous
parlerons pour eux. GLAUCON. De cette maniere, ils n'auront
point à fe plaindre.

SOCRATE. Je ne vois pas qu'ils puiffent rien nous alleguer de plus
eblouïffant, que le raifonnement qui fuit. " Socrate, & vous, Glau-
“ con ; trois paroles fuffifent, pour vous refuter. Selon vous, dans un
“ Etat, chacun doit s'en tenir au genre de vie, que la Nature lui de-
“ figne, & lui prefcrit. Elle a mis de la difference entre les deux fexes.
“ Leurs fonctions dans la Societé civile doivent par confequent être
“ differentes. Vous pretendez qu'elles foient les mêmes. C'eft la
“ heurter de front, & vous contredire vous-mêmes groffierement."
Que repliquer, mon cher Glaucon ? GLAUCON. J'aurois fur le

champ de la peine; mais avec du loifir pour y penfer, peut-être me viendroit-il quelque chofe de bon à dire. Heureufement; j'ai fur qui me repofer dans les rencontres. SOCRATE. C'eſt ici, je vous l'avoue, mon cher Glaucon, la difficulté qui m'effraïoit tantôt; mais prefentement qu'elle paroît dans toute fa force, elle ne fait plus que m'animer à trouver dequoi la vaincre. Que l'on tombe dans une riviere, ou dans la mer; on nage à tout evenement, pour s'en tirer. Nous donc ne fongeons plus qu'à lutter contre les flots; pleins d'efperance qu'un Dauphin miraculeux viendra nous prendre; ou que le Ciel menagera notre delivrance, par quelque autre voie, inconnue pour nous. GLAUCON. Nous regagnerons le rivage, mon cher Socrate; j'ofe en repondre. SOCRATE. Fallût-il être fubmergés; il eſt trop tard, pour s'en dedire.

Les differences, que la Nature a mifes entre les divers Sujets, qui compofent une Republique, doivent regler fans contredit la diſtribution des emplois; & celles qui font entre les deux fexes, ne fe peuvent contefter. Cependant nous voulons que l'un & l'autre manie les rênes de l'Etat, & porte les armes, pour fa defenfe. GLAUCON. L'objection eſt fort plaufible. SOCRATE. Admirons un moment les preftiges de la fauffe Dialectique, mon cher Glaucon! A la faveur de quelques termes equivoques, elle fafcinera des efprits fouvent droits; qui pour ne pas diftinguer les chofes avec toute la precifion neceffaire, s'imagineront en raifonner jufte, pendant qu'ils feront pitoïablement joüés par les mots. GLAUCON. Il eſt vrai que les mots ne ceffent de caufer des brouilleries. SOCRATE. Tout roule fur expreffion une vague, dans le mauvais raifonnement dont il s'agit. Sans doute qu'un homme chauve eſt different d'un autre, qui nacquit avec une tête bien fournie. Quoi neanmoins de plus rejouïffant qu'un Edict, par lequel il feroit ordonné qu'on auroit beaucoup de cheveux, pour être admis à battre le fer, ou tailler le cuir? GLAUCON. Le ridicule fe feroit dabord fentir. SOCRATE. Il n'eſt pas moindre, de l'autre part. De la diverfité des talents, nous avons très bien conclu, dans nos premiers entretiens, à celle des profeffions; & cette regle doit avoir egalement lieu pour les deux fexes.

6

Mais,

Mais, de ce que les femmes font faites pour être Meres, & les hommes nés pour les rendre fecondes ; s'enfuit-il qu'il faille traiter les premieres comme des êtres d'une toute autre efpece ? Tant qu'on n'aura rien de meilleur à nous dire, pour nous faire changer de fentiment ; nous oferons penfer qu'on peut donner des enfants à la Republique, & la gouverner, ou la defendre. C'eft aux efprits inconfiderés, qui degradent à ce point l'autre fexe, de nous faire voir qu'il eft incapable de ces deux emplois fublimes. GLAUCON. C'eft une tâche, à laquelle ils ne peuvent raifonnablement fe refufer.

SOCRATE. Peut-être demanderont-ils du temps, à votre exemple, pour penfer aux moïens de s'en bien acquitter. GLAUCON. Vous me raillez, mon cher Socrate, auffi bien qu'eux. SOCRATE. Je les ai plus en vue que vous, mon cher Glaucon. Ne convenez vous pas, leur dirai-je, que les difpofitions naturelles de chacun doivent feules decider des fonctions, qu'il exerçera dans la Societé civile ? Tout le monde fçait que l'un a de l'ouverture d'efprit, & que l'autre en manque. Tel, à mefure qu'il apprend, devient inventif ; & n'a befoin que d'être mis fur les voies, pour aller de lui-même fort loin enfuite. Un autre, accablé de foins, & de preceptes, demeurera toute fa vie en arriere. C'eft un corps, fouple aux moindres impreffions d'une âme eclairée, dans celui ci ; l'oppofé dans celui-là. Mon cher Glaucon, oublié je quelqu'une des marques, auxquelles on peut reconnoître les fujets, particulierement favorifés de la nature ; & ceux envers lefquels cette Mere commune fut moins liberale ? GLAUCON. Non ; je ne vois pas. SOCRATE. Croirons nous qu'elle n'ait privilegié les femmes, que fur l'article de la beauté ? Les hommes reüffiffent-ils auffi bien qu'elles à mettre en œuvre la laine, à conduire un menage, à mille autres jolis foins ? Leur cedent-elles même toujours en penetration d'efprit, en force de corps, en fageffe, en courage ? GLAUCON. Nous les paffons en general, à certains egards ; mais fans compter les chofes dont vous parliez tout à l'heure, combien d'elles, d'homme à femme, très fouvent nous le rendent ?

T 2

SOCRATE.

Socrate. Plein de la pensée, que la nature s'est egalement signalée dans les deux sexes, un fondateur de Republique leur donnera sans balancer un accès libre à touts les emplois. Qu'on en fasse l'essai, mon cher Glaucon; & bientôt le plus foible, comme on parle, fournira de sujets en grand nombre, qui feront l'ornement des Sçiences, & des beaux arts, à l'envi des hommes; & qui ne manieront ni l'arc, ni les rênes de l'Etat, moins habilement qu'eux. Quelle raison par consequent de ne les leur pas associer, dans la defense, & dans le gouvernement de la Patrie; sauf à les menager en certaines rencontres? Glaucon. Rien de plus mal entendu, mon cher Socrate, que de les laisser toute la vie croupir dans la mollesse, & dans l'inaction; pendant qu'on pourroit les mettre du tout au tout plus à profit.

Socrate. Nous voici revenus au point, dont nous sommes partis, mon cher Glaucon. Puisque dans les femmes on trouve les mêmes dispositions pour les grandes choses, & les mêmes semences de vertu, que dans les hommes; les exercices de la Gymnastique, & de la Musique, doivent leur être communs. Glaucon. La Societé, mon cher Socrate, en sera deux fois plus ornée; la Republique deux fois mieux servie. Socrate. Loin donc que nous prescrivions ici rien d'impossible; rien au contraire n'est plus dans le goût de la nature; & rien ne s'en ecarte davantage que la pratique ordinaire. Glaucon. Il est constant.

Socrate. Si notre plan n'est point inexecutable; on verra bientôt qu'il seroit parfaitement avantageux. Glaucon. Comment le montrerez vous? Socrate. Des Citoïens, dont le talent se borne à bien faire un soulier, seront moins utiles à l'Etat, que ceux qui sçauront le gouverner, & le defendre. Glaucon. Assurement. Socrate. Son interêt donc sera d'avoir le plus grand nombre de Sujets, de l'un & de l'autre sexe, qu'il sera possible, capable de ces deux hauts emplois. Glaucon. Oui. Socrate. La Gymnastique, & la Musique, donnent les qualités necessaires pour s'en bien acquitter. Glaucon. Vous nous l'avez suffisamment fait comprendre autrefois. Socrate. Nous conseillons

lons par confequent & le faifable, & le meilleur. GLAUCON. On ne peut en difconvenir.

SOCRATE. Du refte, mon cher Glaucon, fi la vertu fert, pour ainfi dire, de vêtement aux femmes ; elles pourront innocemment s'excercer pour la guerre, comme les hommes, fans habits ; & fe difpofer, par l'ufage des moïens etablis pour eux, à remplir un jour avec eux les plus importantes charges de la Republique. En confideration de leur foibleffe, dans les occafions il faudra feulement les decharger des fardeaux les plus penibles. Quant aux efprits enclins à rire ; laiffons les donner carriere à leur belle humeur, & s'enorgueillir de leur pretendue fageffe ; après leur avoir montré qu'ils ne fçavent ni ce qu'ils difent, ni ce qui les divertit. Qu'ils fe tiennent bien affurés que touts leurs bons mots n'auront jamais le fel, renfermé dans ces deux maximes. " L'honnête va toujours de pair avec l'utile. Une " coutume, ou telle autre chofe qu'on voudra, n'eft honteufe, que " lorfqu'elle eft nuifible." GLAUCON. Votre mepris pour eux, mon cher Socrate, eft très bien fondé. Le ris, placé mal à propos, rend les rieurs eux-mêmes parfaitement ridicules.

SOCRATE. Graces aux Dieux immortels, mon cher Glaucon, nous avons heureufement evité la fureur d'une premiere vague ; longtemps qui nous a menacés de nous engloutir. GLAUCON. Prefentement que nous fommes hors de peril, à vous parler ingenûment, mon cher Socrate, j'en ai tremblé. SOCRATE. Que vous etes bon! Ce n'etoit rien, en comparaifon de la montagne d'eau, qui va fuivre. GLAUCON. Vous m'epouvantez fur nouveaux frais. SOCRATE. Le croiriez vous, cher Glaucon? Je ne veux rien moins qu'une loi, par laquelle il foit ordonné que les Magiftrats, & les gens de guerre, n'auront point de familles feparées ; ou qu'entre eux les enfants, & les femmes, feront en commun. Pour que je fûffe même fatisfait ; il faudroit que les uns ne fçuffent à qui donner les noms de pere, & de mere ; & que les autres n'euffent aucun indice, auquel reconnoître leur propre fang. GLAUCON. C'eft à prefent, je l'avoue, que vos fraïeurs n'ont point eté vaines. L'impoffible s'offre à l'efprit de touts cotés ; & le meilleur à faire eft au moins fort problematique. SOCRATE. Sans le premier, le second me feroit peu de peine. GLAUCON. Mon cher Socrate, il nous faut demonftration fur les deux. SOCRATE. Quoi? J'aurai donc beau faire des fupplications; vous ne me pafferez jamais rien; & les tentatives, que je fais fouvent, pour diminuer le nombre de mes affaires, feront toujours inutiles? GLAUCON. Oui. Montrez nous à la bonne heure que le Monde gagneroit beaucoup à fe conduire par vos idées; mais faites nous voir auffi, que vu la nature des chofes, il n'eft pas entierement impoffible de les mettre en execution.

SOCRATE. Vous faites, cher Glaucon, de moi tout ce que bon vous femble. Mais du moins, avant que d'entreprendre une tâche nouvelle, des plus capables de m'effraïer; fouffrez que je m'abandonne à quelques douces reveries, du genre de celles dont les efprits desoccupés ordinairement fe repaiffent dans la folitude, pour en charmer l'ennui. Sans jamais eux-mêmes fe chicaner, fur la poffibilité des arrangements nombreux qu'ils fe forment; dont l'examen feroit penible, & prefque toujours mortifiant pour eux; ils en imaginent à bon compte qui leur faffent plaifir. Extafiés de leur ouvrage, ils ne fe poffedent bientôt plus; à la vue des grandes chofes, qu'ils feront les unes fur les autres. Leur âme remplie, s'endort là deffus d'un très bon fommeil. Je fuis comme eux. Au moment que je vous parle, je me fens un penchant qui ne fe peut exprimer à la non-chalance, & je ne fçais quelle forte envie de faire une excurfion dans le païs des chimeres agreables. J'eloignerai donc pour un temps, fi vous me le permettez, les idées bourrues du poffible, & de l'impoffible. Je fuppoferai la communauté des femmes, & des enfants, toute etablie dans les deux premiers ordres de la Republique; pour m'etendre fur les moïens de la rendre utile, delicieufe, en tout fens; & pour me laiffer un peu charmer par la contemplation des avantages infinis, qu'elle procureroit, tant aux parties intereffées, qu'à la Republique entiere. GLAUCON. On vous demande un fi grand nombre de chofes, mon cher Socrate, qu'il eft raifonnable de vous en accorder quelques-unes. Contentez vous; & faites une courfe

dans

dans les espâces imaginaires; puisque dans ce moment vous y sentez un si grand attrait.

Socrate. Si les Magistrats, & les gens de guerre, sont parfaits gens de bien, & dignes veritablement de porter le glorieux faix de l'Etat; les uns, en donnant leurs ordres, auront toujours devant les yeux les loix, & nos preceptes; qui rempliront les autres d'ardeur, pour les executer ponctuellement. Glaucon. L'amour de la vertu produira naturellement ces dispositions en eux. Socrate. Les premiers choisiront les femmes, les plus distinguées par leur merite personnel; pour les incorporer dans le Senat, & dans l'armée. Elles seront continuellement avec les hommes, dans les refectoires communs, dans le Cirque, partout ailleurs. Les deux sexes ne pourront ainsi toujours être ensemble, sans prendre du goût l'un pour l'autre. L'hymen choisira son temps, pour jetter ses myrthes au milieu d'eux. Les couples, guidés par la nature, & fixés par l'inclination, ne manqueront pas de se former. C'est une inevitable necessité, mon cher Glaucon, vous le comprenez, que tout ce menu detail arrive. Glaucon. La necessité, mon cher Socrate, ne sera pas geometrique; mais ses gros clous de diamant, aussi pointus que les flêches de l'amour, n'en feront pas dans les cœurs des plaies moins incurables.

Socrate. Les personnes revêtues de l'autorité souveraine, auront l'œil sur les amants; afin que tout se passe entre eux dans l'ordre, & dans la bien-seance. L'amour volage, & dissolu, ne doit point être souffert dans une Republique bien reglée, &, par là même heureuse. Glaucon. Il est criminel; & le crime est le grand ennemi de notre bonheur. Socrate. Touts les mariages seront munis du sçeau de la Religion; je veux dire, subordonnés au bien general de la Republique. Glaucon. L'intervention du Magistrat sanctifiera toutes les unions; qui ne seront jamais plus agreables à l'Etre souverain, que lorsqu'elles seront ainsi rapportées à l'utilité commune.

Socrate. Quelles instructions lui donnerons nous, mon cher Glaucon, pour s'acquitter avec succès d'une partie si considerable de sa charge? Dites moi, n'aidez vous jamais la nature dans vos

pa-

paturages, dans votre meute, & dans la menagerie, que vous avez à votre maison de campagne? Quand vous voulez avoir de beaux etalons; vous accouplez les chevaux entiers, & les cavales, dans le bon âge. Vous choisissez au reste ce que vous avez de meilleur dans vos ecuries. GLAUCON. Je n'aurois autrement qu'un haras à faire pitié. SOCRATE. S'il en est de même de l'espece humaine; il faudra beaucoup d'adresse, & de precaution, dans ceux qui gouvernent, pour avoir les enfants, tels qu'on doit les souhaiter. GLAUCON. Beaucoup. SOCRATE. Lorsqu'il ne s'agit que du regime, les medecins du plus bas ordre suffisent; mais les plus habiles ne le font jamais trop, quand il faut se mettre dans les remedes. GLAUCON. Il est vrai, mon cher Socrate; mais qu'en voulez vous conclurre?

SOCRATE. Nous avons plus d'une fois representé le gros des hommes comme des malades; qu'il est très souvent necessaire de tromper, pour les guerir. Le mensonge officieux est un julep, en mille rencontres souverain pour eux. C'est dans le fait des mariages sur-tout, que ce principe de Morale doit avoir lieu. GLAUCON. A quel propos en parlez vous? SOCRATE. On sçait que les plus beaux couples, & les plus parfaits à touts egards, donneront à l'Etat une posterité, la mieux conditionnée de corps, & d'esprit. Touts les soins tendres seront pour elle; pendant que les enfants disgraciés seront mis au rebut. On sçaura donc faire tomber en partage les femmes les plus accomplies aux hommes les plus vertueux, & les mieux faits. Avec un peu d'art, on previendra les jalousies; & l'on se menagera de loin une jeunesse florissante. GLAUCON. Quel moïens entre autres prescririez vous?

SOCRATE. Je voudrois qu'on instituât des fêtes solemnelles; dont la pompe fût rehaussée par celle des sacrifices, & par le chant d'Epithalâmes, composés par des Poëtes, remplis d'amour pour la vertu. Les Magistrats feroient tirer au sort les Epoux futurs; après s'être auparavant si bien rendus maîtres du Scrutin, que les malheureux ne pûssent en accuser que la fortune. Les premiers se prevaudront encore de toutes les belles actions de ceux qui se distingueront le

plus

pluß dans le Senat, & dans l'armée; pour leur donner ouvertement les meilleurs lots, & la permiſſion de ſe voir en ſecret plus frequemment. Enfin ils regleront le nombre des mariages; de telle ſorte que les ravages cauſés par la guerre, & par les mortalités, ſe reparent, ſans que la Republique ſoit ſurchargée. GLAUCON. Touts ces arrangements politiques ſont, à mon avis, très bien entendus. Continuez, je vous prie.

SOCRATE. Les enfants d'elite ſeront depoſés entre les mains des nourrices; qui logeront dans un quartier de la ville ſeparé. Les autres ſeront derobés à la vue, & nourris dans le particulier. GLAUCON. Nous n'aurons, de cette maniere, que d'excellents ſujets dans les deux premiers ordres de la Republique.

SOCRATE. On eludera ſoigneuſement la curioſité des Meres, empreſſées de connoître leur propre ſang; lorſqu'elles iront ſe decharger ſimplement de leur lait, dans ces edifices publics; où tout roulera ſur les Gouvernantes. GLAUCON. Vous en quittez les premieres, mon cher Socrate, pour des ſoins bien legers dans ce genre? SOCRATE. C'eſt que nous leur en reſervons de plus importants. Mais avant tout, parlons du bon âge pour ſe marier.

Je le prendrois, depuis vingt ans, juſqu'à quarante, pour les femmes; & depuis trente, juſqu'à cinquante cinq, pour les hommes. Seriez vous de mon ſentiment? GLAUCON. C'eſt l'eſpâce de la vie, pendant lequel on peut compter, pour les deux ſexes, que l'eſprit & le corps ſont dans leur plus grande vigueur. SOCRATE. S'il arrive à quelque perſonne, ſoit au deſſus, ſoit au deſſous de cet âge, d'avoir commerce avec quelqu'une de celles dont les enfants ſeront eſtimés ceux de la Republique; ou dans ce même âge, ſans l'aveu du Magiſtrat; on les regardera comme le fruit d'un libertinage, pour lequel on n'aura que de l'horreur. En un mot on traitera ſur le pied de mariages clandeſtins, touts ceux qu'elle n'aura point benis; en demandant aux Dieux, par l'orgâne des Prêtres, & des Prêtreſſes, que de parents bons, & vertueux, naiſſe une poſterité meilleure, & plus vertueuſe encore. GLAUCON. Touts ces nouveaux reglements ſont parfaitement beaux.

TOME I.   U   SOCRATE.

SOCRATE. L'âge nubile paſſé; chacun aura liberté pleine de choiſir. Cependant un homme n'epouſera point alors Aïeule, Mere, filles, petites filles; ni de même une femme, Aïeul, pere, fils, petits fils. Les Enfants, qui naîtront de ces aſſortiments arbitraires, entre couples ſurannés, ne ſeront point à la charge du Public. GLAUCON. A quelle marque, mon cher Socrate, connoîtra-t-on ces degrés defendus? SOCRATE. On n'en aura point de reelle. Mais on donnera les noms de fils, & de filles, à touts les enfants, nés depuis le commencement du ſeptiême mois de mariage, juſqu'à la fin du dixiême; & ce premier degré determinera les autres. Touts ceux que les peres, & les meres, auront eu dans l'âge autoriſé par la loi, ſeront freres, & ſœurs; & pourront s'entre-epouſer à tout âge; ſi le ſort les joint enſemble; & ſi l'Oracle confirme leur Hymen. GLAUCON. Je vous donne encore ici mon ſuffrage.

SOCRATE. Telles ſont les reſtrictions, avec leſquelles je voudrois etablir la communauté des femmes, & des enfants, entre les perſonnes qui compoſeront les deux premiers ordres de la Republique, mon cher Glaucon. Il reſte à faire voir qu'etendue encore plus loin, elle ſeroit accompagnée de mille avantages, dont on eſt aujourdhui privé. GLAUCON. C'eſt beaucoup entreprendre.

SOCRATE. Pour nous en convaincre; demandons nous d'abord à nous-mêmes, quel eſt le plus grand bien, qu'un Legiſlateur doive ſe propoſer, & le plus grand mal, qu'il ait à prevenir? L'un n'eſt-il pas tout ce qui peut tendre à cauſer de la deſunion entre les Citoïens; & l'autre, tout ce qui produira dans l'Etat la même union parfaite, qu'on voit dans une famille, où l'on n'eſt qu'un? GLAUCON. Si rien n'eſt plus capable de porter la felicité publique à ſon comble; il doit tout faire, pour ces deux fins. SOCRATE. Mais quand eſt-ce qu'on ſe lie, & qu'on s'entre-aime? N'eſt-ce pas lorſqu'on ſe rejouit, & qu'on s'afflige touts enſemble; quand les mêmes choſes cauſent de la peine, & du plaiſir? GLAUCON. Oui, mon cher Socrate. On partage alors le bonheur, & l'infortune les uns des autres; & par conſequent on eſt amis. SOCRATE. Ces deux ſentiments au contraire deviennent-ils perſonnels; & les uns

ſontfont-ils dans les ris, pendant que les autres verſent des larmes? L'inimitié s'engendre, & la bienveillance mutuelle s'evanouït. GLAUCON. Le Citoïen ne s'intereſſe plus en ſon Concitoïen. On ſe regarde comme des indifferents; & l'on eſt toujours à la veille d'être Ennemis. SOCRATE. C'eſt un malheur, qu'on ne ſçauroit aſſez deplorer, mon cher Glaucon; & qu'on eprouve, à meſure que chacun prononce à plus haute voix les mots farouches de *mien*, & de *tien*. Les interêts au contraire ne ſeroient pas plutôt confondus, que partout on verroit regner la paix, & la concorde la plus parfaite. GLAUCON. Elles ne ſont bannies, que parcequ'ils ſont differents, & très ſouvent contraires.

SOCRATE. La Sympathie de touts les membres du corps politique, mon cher Glaucon, ne ſera bien, ſelon moi, ce qu'elle doit être, que lorſqu'elle egalera celle qui ſe remarque entre les divers membres du corps humain. Si le doigt eſt offenſé; tout ſe met en devoir de le ſecourir. L'âme elle-même en reçoit vivement le contre-coup; & toute entiere ebranlée, elle accourt avec promptitude, pour eloigner ce qui le bleſſe. De là diſons nous que tout l'homme eſt à ſon aiſe, ou qu'il ſouffre, lorſque la moindre des parties qui le compoſent eſt derangée, ou dans l'etat qui lui convient. GLAUCON. Dans l'œconomie animale que de beauté, mon cher Socrate! SOCRATE. Un plus grand objet d'admiration encore, mon cher Glaucon, ſeroit une Republique; où ni bien, ni mal, n'arriveroit au plus petit Citoïen, qui ne cauſât à touts les autres une joie, une douleur ſenſibles; & qu'elle ne regardât comme le ſien propre. GLAUCON. Quel charme d'y vivre!

SOCRATE. Remettons nous ici devant les yeux celle dont nous avons tracé le plan; pour examiner ſi nous y trouverons ces idées enchantereſſes de bonheur mieux remplies, que dans les Etats qui nous environnent. GLAUCON. Cette confrontation eſt à propos, & nous fera plaiſir.

SOCRATE. De part & d'autre, on a des Magiſtrats; qui ne rejettent pas entierement le nom de Concitoïens; mais il leur faut de plus orgueilleux titres. GLAUCON. Ceux de Monarques, & de

Maîtres,

Maîtres, ou d'Archontes. SOCRATE. Et dans notre Etat futur? GLAUCON. Ils ne s'appelleront que Protecteurs, & Peres. SOCRATE. De quel œil regarderont-ils le Peuple, que partout on traite en esclave? GLAUCON. Comme celui qui les eleve au dessus des autres, & qui leur donne à vivre; auquel en reconnoissance, ils doivent par consequent touts leurs travaux, & touts leurs soins. SOCRATE. Dans les Republiques les moins vicieuses de notre temps, ceux qui gouvernent, & qui font la guerre, detachés presque entierement les uns des autres, ont leurs amis, & regardent le reste comme des etrangers. Sera-ce la même chose dans la notre? GLAUCON. Non. Unis touts ensemble par les liens du sang, ils aborderont un camarade, un collegue, de même sexe, ou de sexe different, comme on fait un frere, une sœur, un pere, une mere, un fils, une fille, une parente, un parent proche. SOCRATE. C'est fort bien dit, mon cher Glaucon; mais ces demonstrations exterieures vous suffiront-elles? Ne voudrez vous pas qu'ils les accompagnent de tout l'amour, toute la deference, touts les services reels, & touts les soins tendres, auxquels ces doux noms engagent? GLAUCON. Le cœur avant tout, assurement doit être de la partie. SOCRATE. On joindra toute la force de l'Eloquence à tout l'empire des loix; pour inspirer un attachement inviolable à ces devoirs. On publiera qu'une religieuse exactitude à s'en acquitter, n'attirera pas seulement la faveur des hommes; mais qu'elle plaira beaucoup davantage aux Dieux, que toute la magnificence orgueilleuse, qu'on etaleroit aux pieds de leurs autels. La moindre faute contre ces devoirs si respectables, sera detestée universellement comme une injustice d'un très haut genre, & comme une espece de sacrilege. On remplira de bonne heure l'esprit aux jeunes gens de ces maximes; & le Magistrat ne souffrira point qu'on leur parle un autre language. GLAUCON. De cette maniere, ils n'auront point d'idée, mon cher Socrate, de ce que c'est que s'entre-haïr, ou ne se pas aimer.

SOCRATE. Touts les flambeaux de la discorde seront eteints; parceque chacun regardera le bien, & le mal des autres, comme le sien propre. La joie, & la tristesse, auront des aîles; pour voler,

de

de la cabane du Laboureur, & de la boutique de l'Artiſan, juſqu'aux entrailles de l'homme aſſis au timon. De ce commerce mutuel de peines, & de plaiſirs, de la ſuppreſſion lucrative du *mien*, & du *tien*, de la communauté juſques des femmes, & des enfants, comme de ſources inepuiſables, decoulera ſur tout l'Etat un torrent de felicité parfaite. GLAUCON. Elle ſera tout à fait dignè d'envie.

SOCRATE. On ne verra plus, mon cher Glaucon, les artiſans nés de ſon bonheur, s'entre-arracher des mains ſes depouilles, les entaſſer à l'envi dans leurs maiſons, & les y conſumer, aux pieds de quelques idoles. Au lieu de goûter ſeuls, dans ces Temples, ſomptueuſement bâtis à la volupté, mille faux plaiſirs ; ils jouïront de touts les veritables, en commun ; & par cette echange reciproque, ils les multiplieront comme à l'infini. GLAUCON. Sans prejudice des leurs, ils participeront à touts ceux des autres.

SOCRATE. Comme ils ne poſſederont que leur perſonne, pour tout ; l'antre mugiſſant de la chicane ſera fermé ; la ſource des querelles, & des procès, tarie. GLAUCON. Le fils n'aura plus à s'elever contre le pere, le parent contre le parent, l'ami contre l'ami. SOCRATE. Les voies de fait, qui lorſqu'on les tolere, ſouvent aboutiſſent aux dernieres extremités, ſeront pareillement inconnues. Outre qu'on rendra touts les gens du même âge reſponſables du mal, fait à quelqu'un d'eux, & que la Republique applaudira toujours à la vengeance qu'ils en auront tirée ; on donnera ſur les jeunes droit d'inſpection aux plus vieux ; qui ſur le champ feront punir les aggreſſeurs. GLAUCON. Ils ne porteront pas l'injure fort loin ; quand il ſçauront que le moment d'après, ſuperieurs, egaux, ſe tourneront touts à la fois contre eux. SOCRATE. A plus forte raiſon, n'etendront-ils pas la main ſur les perſonnes plus âgées, & ne violeront-ils pas le reſpect à leur egard. Le ſouvenir d'une parenté, qui n'aura point d'autres bornes que celles de l'Etat, ſera dabord un frein capable de les retenir. Si par lui-même il n'etoit pas ſuffiſant ; oſeront-ils braver une armée, auſſi nombreuſe que l'Etat même, toujours prête à les repouſſer, avec tout le zele qui s'allume, à la vue d'un pere, d'un fils, d'un frere, offenſés ? GLAUCON. De quelle tranquillité

quillité profonde ne jouïront pas, à l'ombre de loix, des hommes ainſi faits!

SOCRATE. Elle ne ſera pas moindre au dehors. Où ſeront les Ennemis, aſſez mechants pour les troubler? GLAUCON. Il faut l'être au plus haut point, pour vouloir du mal aux gens, qui n'en font à perſonne.

SOCRATE. Qui pourroit faire le denombrement des calamités, dont ſera preſervée cette Republique heureuſe? La flatterie, & les baſſeſſes, auxquelles touts les jours les petits ſont forcés de recourir, pour n'être point la proie des grands; les inquietudes innombrables, les cuiſants chagrins, les mouvements continuels, les tentations violentes, auxquelles expoſe la neceſſité de ſoutenir une famille; mille autres maux, dont ceux qui le plus ont tout à ſouhait, ne ſont pas exempts aujourdhui? GLAUCON. Chacun en connoît la grandeur, mon cher Socrate, parcequ'il les ſent.

SOCRATE. La vie de ces hommes, qu'en apparence nous depouillons de tout, ſera mille fois preferable à celle, qui fait la recompenſe ordinaire des Athletes, courronnés aux jeux Olympiques. Le fruit des victoires, que remporteront les premiers ſur l'ambition, & ſur l'avarice, ne ſe terminera pas à des lauriers, à quelques meſures de froment. Le ſalut de l'Etat en ſera le prix. Pauvres, juſqu'à ne rien poſſeder, ils n'auront point devant les yeux le viſage menaçant de la diſette; & de loin ils verront leurs derniers nepveux ſe repoſer dans le ſein de l'abondance, avec une parfaite ſecurité. La Republique n'aura point aſſez d'honneurs pour eux pendant leur vie; & pour immortaliſer ſa reconnoiſſance, avec leur nom, elle empruntera le ſecours du marbre, & de l'airain, après leur mort. GLAUCON. Si la Theorie en eſt ſi raviſſante, mon cher Socrate; que ſeroit l'execution même?

SOCRATE. Cher Glaucon, vous vous ſouvenez qu'on nous reprochoit plus haut de mal partager les premieres perſonnes de l'Etat. Nous avons repondu ſimplement, que notre intention n'etoit pas de les favoriſer, au prejudice du reſte des Citoïens; & que nous avions en vue ſeulement la plus grande felicité du Tout.
GLAUCON.

GLAUCON. Vous avez promis d'ajoûter quelque chofe de plus, quand l'occafion s'en prefenteroit.

SOCRATE. Pour tenir parole, je vous demande lequel vous aimeriez le mieux ; ou gouverner la Republique, & la defendre, à mes conditions ; ou faire des fouliers ? GLAUCON. Je ne vois pas que les Magiftrats, & les Gens de guerre, euffent raifon d'envier le fort de l'homme qui manie l'aleine. SOCRATE. Seduits par des idées chimeriques de bonheur ; au lieu de fe trouver comblés, par l'affûrance infiniment douce jamais de ne manquer de rien, s'ils afpirent à des biens immenfes ; une trifte experience leur fera comprendre le grand fens du mot d'Hefiode : " La moitié vaut mieux que le " tout." GLAUCON. En mon particulier, mon cher Socrate, je prefererois de beaucoup leur pauvreté pretendue à toutes les richeffes.

SOCRATE. Je reviens aux femmes, cher Glaucon. Nous avons vu que la Nature, loin de leur interdire les emplois des hommes, nous eft guarand au contraire, entre autres par l'egalité remarquable des deux fexes dans les bêtes, qu'on peut les former à tout ; & que dans la Societé civile il n'eft rien de trop elevé pour elles. GLAUCON. Il ne peut deformais refter aucun doute là deffus. SOCRATE. Qu'on ceffe par confequent de nous oppofer la coutume ; pour nous faire penfer, que les remettre en poffeffion de leurs droits, & les rendre tout autrement utiles à l'Etat qu'elles ne le font aujourdhui, font des projets abfolument impratiquables. GLAUCON. La raifon certainement eft pour vous, mon cher Socrate, fi la mode eft contre.

SOCRATE. Elles fuivront leurs maris jufqu'à la guerre. On placera la jeuneffe autour d'elles ; pour faire fous elles fes premieres armes ; & pour les fecourir au befoin. Croiroit-on qu'un potier faffe parfaitement bien de manier dix ans l'argille devant fon fils, pour en faire à fon tour un habile homme ; & que pour devenir bon Soldat, un apprentiffage court fuffife ? GLAUCON. Un metier doit être d'autant plus longtemps appris, qu'il eft plus difficile. SOCRATE. La prefence des enfants infpirera cette belle fureur aux meres, dont nous voïons dans les animaux des traits furprenants,

lorflorſqu'ils ſont menacés de perdre leurs petits. GLAUCON. Elles ſeront des lionnes, il n'en faut pas douter. Mais ſi la fleur de la jeuneſſe perit avec elles, mon cher Socrate; qui reſtera pour venger leur ſang; & qui ramenera les debris de la Republique à l'Ennemi? SOCRATE. Vous n'etes pas du ſentiment, que dans la vie jamais il ne faille courir aucuns hazards, mon cher Glaucon? Mais quand les eſſuieroit-on plus à propos, que lorſqu'on en eſpere un fruit auſſi grand, qu'eſt celui d'exceller dans l'art militaire? D'ailleurs ne peut-on rendre les jeunes gens ſpectateurs de touts les evenements des combats, ſans intereſſer beaucoup leur ſûreté? Les Peres connoîtront le peril; & les feront avertir du moment de la retraite. De bons gouverneurs les empêcheront de s'avancer trop. GLAUCON. Malgré toute la vigilance des uns & des autres, ils ſe trouveront engagés ſouvent. SOCRATE. Alors des aîles, toujours prêtes, les retireront de la mêlée. GLAUCON. Que voulez vous dire, mon cher Socrate? SOCRATE. Au moindre mouvement de la bride, ils ſeront emportés par des courſiers legers, doux, & dreſſés exprès pour eux. GLAUCON. Vous trouvez des remedes à tout. Quelque interêt que je priſſe à leur conſervation; je conſens qu'ils aillent badiner avec les dangers; pour ſe mettre en etat décarter un jour ceux qui menaçeront la Republique.

SOCRATE. Je ſerois fort pour les menager, mon cher Glaucon; & j'eſtime la vie des hommes, autant que perſonne. Cependant je veux qu'on envoie ſans remiſſion à la charrue tout Soldat, tout Officier, qu'on aura vu lâcher le pied honteuſement; & que l'Ennemi faſſe tout ce que bon lui ſemblera d'un priſonnier, qui lui ſera tombé vif entre les mains. GLAUCON. Ces chatiments ſeront très juſtes; pour gens amoureux de la vie, juſqu'à l'avoir preferée au ſalut de l'Etat. SOCRATE. Au contraire toute l'armée couronnera ceux, qui viendront de ſe faire admirer par quelque action glorieuſe. Chacun leur ſerrera la main, les accablera d'embraſſades, & de baiſers. GLAUCON. Rien de plus à propos encore, ni de plus capable en d'autres occaſions de les exciter à faire des prodiges. Je voudrois même autoriſer l'uſage de ces careſſes pendant

dant

dant toute la campagne ; afin que les paſſions naiſſantes, entrete-
nues, & fortifiées entre les perſonnes de ſexe different, ſervent d'e-
guillon au courage. SOCRATE. Vous n'en ſerez pas dedit, cher
Glaucon. De mon propre mouvement, vous ſçavez que je ſuis
allé tantôt juſqu'à recommander au Magiſtrat, d'accorder liberalement les plaiſirs de l'Hymen aux jeunes heros, aux heroïnes ; tant
pour recompenſer leur bravoure, que pour menager à la Republique des enfants d'eux, en plus grand nombre que des autres.
GLAUCON. Je goûte fort cette equitable, & ſage facilité. SOCRA-
TE. Ce n'eſt pas tout. Nous entrerons dans le ſentiment d'Homere ; qui nous montre " Ajax, après un de ſes premiers ex-
" ploits, porté ſur les epaules de ſes camarades, en triomphe."
Quoi de plus propre à ſouffler l'ardeur martiale dans un cœur, où
la Nature en avoit deja mis de nombreuſes etincelles ? GLAUCON.
Rien aſſurement. SOCRATE. On interrompra les ſacrifices, pour
chanter des hymnes, en l'honneur d'un Officier, d'une Amazône,
dont le bras aura peut-être ſauvé la Patrie. Ils monteront ſur une
Eſtrade preparée ; pour y voir, en forme de libation, couler à leurs
pieds des ruiſſeaux de vin. En un mot on fera tout, pour celebrer leurs hauts faits, & pour inſpirer une belle emulation aux
autres. GLAUCON. C'eſt le moïen d'avoir une armée pleine de
braves gens.

SOCRATE. Quant à ceux qui ſeront morts les armes à la main ;
chacun dira, que dans leur âme ils avoient recueilli mille réſtes precieux de l'âge d'or. On repetera touts enſemble, après Heſiode ;
" qu'ils ſont allés prendre leur place entre les Genies, exempts de
" toute ſouillure, aſſignés par les Dieux pour Anges tutelaires aux
" Mortels, & chargés du noble emploi de les preſerver de touts
" les maux." L'Oracle ſera conſulté, ſur l'ordonnance de leur ſepulture ; & leurs urnes ſeront expoſées à la veneration publique.
On decernera les mêmes honneurs à toute perſonne, qu'on aura vue
ſe diſtinguer pendant ſa vie par une grande pureté de mœurs, &
par un attachement extraordinaire à la vertu. GLAUCON. Elle a
par elle-même de grands appas, mon cher Socrate ; mais comment

ne la pas cherir entierement, lorfqu'elle feroit de la forte univerſellement honorée ?

SOCRATE. Difons quelque choſe de la maniere de faire la guerre, & d'en uſer envers nos Ennemis. Nous aurons moins d'egards pour les Barbares, comme nous les appellons. Mais de peur qu'avec le temps ils ne vinſſent à bout de mettre aux fers notre Grece, affoiblie par ſes diviſions inteſtines ; nous nous ferons une loi d'epargner touts les Peuples qui la compoſent ; & par deſſus tout nous ne leur ferons jamais ſubir l'eſclavage. Nous leur conſeillerons même de ne point ſe traiter entre eux avec une dureté, qui pourroit un jour nous coûter cher à touts ; & de tourner plutôt leur animoſité contre ce grand nombre de Nations, implacables à la liberté commune. GLAUCON. Cette humanité reciproque, mon cher Socrate, en ſera le plus ferme appui.

SOCRATE. Le Soldat, reſté maître du champ de bataille, au lieu de pourſuivre ſa victoire, ne perdra point un temps precieux à depouiller les morts ; ſous des pretextes, ſouvent qui ſervent de voile au defaut de courage, & la leur raviſſent des mains. Il ne ſera permis d'enlever que les armes. GLAUCON. L'avarice eſt la paſſion du monde, qui convient le moins à de braves gens. SOCRATE. Quelle petiteſſe d'eſprit ne ſeroit-ce pas, de s'imaginer du reſte que la vengeance fût de ſaiſon encore ſur un indifferent, après que l'Ennemi s'eſt envolé vers le Tartare ? J'aimerois autant voir ſe rüer ſur la pierre, pour la mordre ; ſans faire attention au bras qui l'a jettée. Il n'eſt rien de plus inhumain, que d'inſulter ſans fruit à des cadavres ; ou même de les refuſer à ceux qui les demandent, pour leur donner la ſepulture. GLAUCON. La clemence, & la moderation, ſieent toujours bien ; mais elles ne ſeront jamais plus à propos, que lorſque nous aurons affaire à des Voiſins, qui ne ſe montreront pas tout à fait acharnés à notre perte. SOCRATE. Si nous avons à cœur de ſauver au moins quelques reſtes, toujours très eſtimables, de la bienveillance mutuelle ; nous ne nous preſenterons pas même aux pieds des autels, avec le butin fait ſur eux ; à moins qu'en certaines rençontres extraordinaires, l'Oracle

n'en

n'en ordonnât autrement. GLAUCON. J'aime un soin d'eviter tout ce qui ressembleroit à l'outrage.

SOCRATE. Nous nous abstiendrons aussi de toutes les hostilités, qui pourront à bon titre être nommées cruelles ; comme seroient, ravager les campagnes, reduire en cendres les maisons, faire perir hommes, femmes, enfants, porter la desolation partout. GLAUCON. De pareils excès font fremir d'horreur, quand on y pense. SO-CRATE. On se contentera d'enlever touts les grains, & touts les fruits, dont la terre sera couverte. Voulez vous que je vous dise ma raison ? GLAUCON. Je serai bien aise de l'entendre.

SOCRATE. Je distinguerois toujours une guerre, d'une rupture. On est en guerre avec des Peuples, dont les intêrets font opposés à ceux du Païs, où la Nature nous a fait naître. Mais il faut donner un nom plus doux à la mes-intelligence, qui se met entre des Etats, qu'elle a rendus par mille endroits necessaires les uns aux autres. Tels font touts ceux de la Grece. Qu'avec les premiers, à la bonne heure, on pousse les choses plus loin. Mais quand les derniers seront en armes ; on dira seulement que des amis nés, s'entendent pour un temps mal ensemble ; & que leur commune Patrie souffre un dechirement, qui n'aura pas de suites fâcheuses. Quelle fureur seroit-ce, de n'y point garder les menagements que nous disons ; & d'oublier, en se faisant quelque justice, que bien-tôt il faudra penser à la paix. GLAUCON. Touts les hommes voulûssent-ils, mon cher Socrate, haïr de la sorte !

SOCRATE. Nous serons Grecs, encore une fois ; & par consequent Peuple bon, poli, genereux. Comment donc jamais être beaucoup aigris contre des Compatriotes, qui se piqueront de ces mêmes vertus, qui professeront la même Religion, & du secours desquels nous aurons peut-être au premier jour besoin, pour eviter les chaines, qu'ont incessamment à la main pour nous les Barbares ? Pourquoi se traîneroit-on en servitude reciproquement, se menaceroit-on d'une destruction entiere ? Ne distingueroit-on point les innocents des coupables ? Combien vaudra-t-il mieux decla-rer, qu'on se plaint seulement d'un petit nombre d'aggresseurs, cau-

X 2

ses

ses de tout le mal ; & qu'on se contentera d'une reparation mediocre ? GLAUCON. Assurement les Grecs devroient avoir la sagesse de referver pour leurs Ennemis communs tout cet acharnement, que nous leur voïons les uns contre les autres. SOCRATE. Une loi, formée sur tout ce que nous venons de dire, seroit, je le vois, de votre goût ? GLAUCON. Mon cher Socrate, n'en doutez pas.

SOCRATE. Felicitez moi, cher Glaucon, d'avoir fini, sur le grand article de la Communauté des femmes, & des enfants ; & si vous me le permettez, prenons haleine. GLAUCON. C'est un peu trop tôt, mon cher Socrate. Vous oubliez que le principal vous reste à faire. Resolu de partager les plaisirs des faiseurs de projets en l'air, vous vous etes jusqu'ici donné carriere, sur l'utilité des votres. Je n'ignore pas qu'il vous resteroit, pour les faire valoir, bien des choses encore à dire. Il est manifeste, par exemple, qu'une armée, où voleroient de rang en rang les noms de peres, de fils, de meres, de filles, de freres, de Sœurs, de maris, d'epouses, iroit au combat avec une ardeur, fort au dessus de l'ordinaire. On feroit touts resolus de vaincre, ou de mourir ensemble ; on ne s'entre-abandonneroit jamais. Soit que l'autre sexe fût entre-lacé dans les files, ou qu'on en fît un corps de reserve, prêt à voler partout au secours des siens ; il contribueroit certainement beaucoup à repandre la terreur parmi les Ennemis. Les femmes en un mot, je le comprends, ne seroient pas moins formidables dans le champ de Mars, qu'adorables à leur foïer. Ces idées sont belles, mon cher Socrate. Ma seule fraïeur est, qu'elles ne soient chimeriques ; & qu'entrainés par ce qu'elles ont de ravissant, nous n'aïons tout ce temps-ci raisonné sur l'impossible. SOCRATE. A propos de la guerre, mon cher Glaucon, il me semble que vous m'en faites une assez vive. Peu touché de m'avoir avec peine vu surmonter deux vagues furieuses, vous etes du sentiment que je sois enfin submergé par une troisiême, beaucoup plus epouvantable encore. Quand vous aurez ouï ce qui va suivre ; vous me pardonnerez les detours nombreux, auxquels j'ai sans fruit eu recours jusqu'ici, pour ne vous dire qu'une partie de ce que je pense. GLAUCON.

Nous

Nous voulons tout ; comptez là dessus. SOCRATE. Hé bien, puisque vous l'exigez, & qu'il le faut ; noïons nous au moins de bonne grace. GLAUCON. Vous etes un Amphion, mon cher Socrate ; & Neptune de son Trident a frappé le Dauphin, qui pour vous deja fend les ondes. SOCRATE. Nous avons commencé par approfondir la nature de la justice, & de l'injustice ; pour nous former une idée veritable de l'homme juste, & de l'homme injuste. GLAUCON. Oui ; mais nous retournons loin sur nos pas. SOCRATE. Souffrez le ; j'ai mes raisons. Du parallelle, que nous ferions de l'un & de l'autre, je vous avois promis de conclurre avec certitude, lequel il faut être, pour être heureux ; & vous m'avez fait compliment, sur la maniere dont je m'en suis acquitré. Du reste, je vous prie d'y faire attention. Je ne pris jamais sur moi de prouver, qu'il fût possible d'être le premier. GLAUCON. Il est vrai, mon cher Socrate. C'est à quoi vous ne vous etes point engagé.

SOCRATE. Après qu'un Peintre vous auroit mis sur la toile une beauté des plus touchantes, mon cher Glaucon, & que son ouvrage auroit fait les plus grandes impressions sur vous ; diminueriez vous, je vous en supplie, de vos loüanges, parcequ'il ne pourroit, si vous le voulez, dans l'univers, vous en trouver une approchante ? GLAUCON. Non ; mais j'aurois du chagrin, de voir que l'art auroit surpassé la nature. SOCRATE. Fort bien. Je vous ai fait le tableau d'une Republique ; & vous en etes satisfait. Dois-je aussi vous en produire des copies, qui ne cedent point à l'original ? Sera-ce ma faute, si j'ai trop bien fait ; & perdrai-je votre suffrage, parceque selon toutes les apparences, on ne verra jamais rien dans le monde qui l'egale ? GLAUCON. L'equité ne le permettroit pas, mon cher Socrate. SOCRATE. C'est quelque chose, que de n'en pas manquer les uns envers les autres : la complaisance vient ensuite. Je consentirai donc presentement à vous faire voir, qu'on peut atteindre à toute la perfection, que je propose à l'imitation publique ; pourvu que vous m'accordiez seulement un principe, fort incontestable, ce me semble. GLAUCON. Quel est-il, je

vous

vous prie? SOCRATE. C'eſt qu'on peut accomplir touts les pré-ceptes, avoués par le bon ſens; & qu'une theorie veritable en fait de mœurs, ne renferme rien d'impoſſible dans la pratique. GLAU-CON. Il n'eſt pas vrai-ſemblable que la nature, toujours eloignée de ſe combattre elle-même, nous eût donné les idées, & les deſirs les plus preſſants du vrai bonheur, pour nous laiſſer dans une en-tiere impuiſſance d'y parvenir.

SOCRATE. Tenez moi par conſequent, je vous en ſomme de nouveau, dechargé du ſoin de vous montrer ſur la terre un ar-rangement politique, auſſi parfait que le notre. C'eſt aſſez que j'enſeigne les moïens d'en approcher, & de pouſſer auſſi loin qu'on voudra la reforme. Elle ne dependroit au reſte que d'une, ou deux choſes, & même aſſez peu conſiderables, ſelon moi. Que dis-je? d'une ſeule; que je ne voudrois pas trop eſperer, mais qui peut ſe rencontrer neanmoins. GLAUCON. Hâtez vous, je vous en conjure, de nous la dire. SOCRATE. C'en eſt fait; voici la barre, mon cher Glaucon. Avant que de vous obeïr, permettez moi de trembler. Quand le friſſon ſera paſſé; dûſſai-je me voir enſeveli, je vous dirai ce que j'eſtime une verité plus certaine qu'au-cune autre. GLAUCON. Le Ciel, encore une fois, aura ſoin de vous, mon cher Socrate. SOCRATE. C'eſt que tout bientôt chan-geroit de face dans les Etats, ſi les Philoſophes gouvernoient; ou ſi les perſonnes qui gouvernent, etoient Philoſophes. Mais juſqu'à ce que la Sageſſe, & la puiſſance, dans le Monde ſoient unies; il ne faut aucunement eſperer que le genre humain, joüet eternel de l'ambition, & de l'avarice de ſes Maîtres, voie jamais la fin de ſes calamités; ni que le Soleil eclaire une Republique telle que la notre. N'attribuez toutes mes fuites, mon cher Glaucon, qu'au defaut de cette extrême hardieſſe, dont il faut être armé, pour faire aux hommes une prediction auſſi triſte, qu'elle eſt juſte. C'eſt que, tant qu'ils ne voudront pas nous croire, & travailler ſerieuſement à devenir meilleurs, ils ſeront miſerables.

GLAUCON. Vous hazardez là, je l'avoue, mon cher Socrate, un avis ſalutaire, qui pourroit vous coûter cher. Preparez vous à

re-

reçevoir un bataillon, je ne dis pas feulement compofé d'efprits d'un bas ordre, mais de rares genies, prodigieufement irrités contre vous. Dejà, foïez en bien averti, je les vois, nuds jufqu'à la ceinture, munis des premieres chofes qui leur font tombées fous la main, accourir, avec un air, & dans une ordonnance, qui promettent affurement des exploits, redoutables pour vous. Fuïez ; ou ne tardez pas à trouver des raifons, affez fortes pour les appaifer. Faffe le Ciel qu'ils vous ecoutent! SOCRATE. A qui fuis-je obligé qu'à vous, d'avoir à me tirer d'une action, qui fera des plus chaudes, je le prevois, mon cher Glaucon? Voïez, je vous prie, à quoi vous m'expofez! GLAUCON. Je ne fçaurois trop m'en faire de reproches, mon cher Socrate ; quoique je m'intereffe, vous n'en doutez pas, beaucoup à vous ; & d'autant plus, que mon deffein n'eft pas de vous abandonner dans votre peril. Malheureufement je ne puis guere que vous accompagner dans la mêlée de mes bons fouhaits. Tout le fervice du moins que je me fens capable de vous rendre, c'eft de repondre à vos queftions avec plus de foin, que ne feroit un indifferent ; & de vous exhorter du refte à bien faire. En moi vous aurez, je vous le repete, un fecond très attaché ; mais c'eft à peu près tout. Ainfi, je vous le confeille, defendez vous. SOCRATE. Mon cher Glaucon, vous avez beau dire ; je fais cas d'un fecours tel que le votre ; & puifqu'il m'eft affûré, je marche, fans balancer, droit à l'Ennemi ; plein d'efperance que bientôt nous le ferons penfer à la retraite.

Avant qu'il s'adouciffe, il faut qu'il connoiffe les Philofophes, feuls dignes de manier le timon des Empires, felon nous. Peut-être les plus en colere s'appaiferont-ils, quand nous leur aurons dit, que nous entendons parler uniquement de ces hommes, nés pour la fageffe, auxquels il appartient d'en communiquer les fruits precieux au grand nombre ; toujours trop heureux de pouvoir fe conduire par des lumieres d'emprunt. GLAUCON. Je commence à me raffûrer, mon cher Socrate.

SOCRATE. Vous ne me contefterez point cette maxime ; qu'un cœur tendre, & bleffé, n'aime point à demi ; & qu'il eft tout entier

tier à l'objet aimé? GLAUCON. Je ne la comprends pas bien encore. SOCRATE. Je m'en etonne, mon cher Glaucon! J'aurois cru, Philofophe des mieux rentés dans l'empire de l'Amour, que vous euffiez eté plutôt qu'un autre au fait de ce que nuit & jour on y chante! Quand une fois fes bons fujets ont fenti le foible des Sages de votre forte; vous fçavez qu'ils fe les entre-arrachent; & que chacun d'eux veut être le preferé. De votre part, vous avez du retour. Le nez camus paffe pour joli; l'aquilin, pour un fymbole de Majefté; celui de bonne taille, pour un ornement, qui rehauffe tout. Le noiraud à l'air mâle; & le blondin eft une Divinité. Vous avez porté la chofe au point, d'enrichir notre langue d'un terme affez bizarre, pour nous faire au moins fupporter la paleur dans vos Adonis. C'eft tout vous dire, qu'en faveur du brillant de la jeuneffe, il n'eft rien qui ne fe pardonne entre vous autres; & vous ne manquez ni de raifons, pour diminuer les defauts, ni de beaux noms même à leur donner. Par ces bons tours, il arrive que tout vous convient; & que vous n'etes jamais fans un prodigieux nombre d'affaires. GLAUCON. Puifque vous trouvez bon d'etablir votre maxime fi fort à mes depens, mon cher Socrate; il faut bien que je le fouffre; & que je donne un cours libre à vos petites calomnies; qui, fi je ne me trompe, vous caufent affez de plaifir. SOCRATE. Elles ne vous feront point de mal, cher Glaucon. Cette même ardeur pour l'objet qu'ils aiment, fe voit dans les ambitieux, dans les gens qui vivent, & meurent, le verre à la main. Les derniers trouvent-ils rien dans l'Univers, qui ne les exçite à boire? Quand les autres ne pourront emporter les poftes les plus eminents du Senat, ou de l'armée; ils brigueront infailliblement ceux qui viennent enfuite. Le tout, parce que la vaine gloire eft la chimere, dont les uns font poffedés; & que les autres ne font enthoufiafmés de rien au Monde, comme de l'excellente liqueur, dont fait prefent aux hommes le Dieu du vin. A les prendre les uns & les autres pour arbitres; on ne doit paffer pour aimer une chofe, que lorfqu'on l'aime fans referve, & qu'en un mot on en eft parfaitement epris. GLAUCON. Mon cher Socrate, la fatire qui me regarde à part, c'eft fort bien dit.   So-

SOCRATE. De tout ce badinage, mon cher Glaucon, je veux conclurre, que la qualité d'amateur de la fageſſe n'appartient qu'à l'homme, qui lui devoue entierement ſon cœur; & qui non content de la trouver aimable à quelques egards, lui tient compte fidellement des touts ſes charmes. GLAUCON. La chute eſt belle, & m'oblige à vous pardonner tout. SOCRATE. La principale marque, pour le connoître de bonne heure, c'eſt un deſir inſatiable d'apprendre. On n'eſt point d'un grand appetit, quand on ne s'accommode que de certains mets, & qu'on a du degoût pour les autres. Nous n'accorderons point auſſi qu'on ait cette extrême avidité, que nous voulons, pour les ſçiences; lorſquelle ne s'etend point à toutes, ſans exception. GLAUCON. On trouve dans beaucoup de gens, mon cher Socrate, une curioſité, qui, ſi je ne me trompe, n'eſt pas celle dont vous faites cas; dans les coureurs de foires, & d'Orgyes, par exemple. Après avoir comme loué, pour tout le temps qu'elles durent, leurs yeux, & leurs oreilles; ils roulent par les villes, & les villages; pour s'appliquer avec ſoin partout à l'importante affaire de voir, & d'entendre. Cependant examiner un problême de Geometrie, ou vous ecouter quelques moments ſur la Morale, ſeroit pour eux un rude ſupplice. Je m'imagine que vous ne mettez pas au rang des Philoſophes les curieux de cette eſpece; & je doute même que pour en meriter le nom auprès de vous, il ne fallût qu'exceller dans les arts mechaniques. SOCRATE. Touts ceux qui travaillent de la main, ſont dans une claſſe inferieure; & les oiſifs dont vous parlez, doivent être placés encore fort au deſſous d'eux. GLAUCON. Quelle idée auriez vous donc d'un veritable Amateur de la ſageſſe? SOCRATE. Le vulgaire pourra ne pas m'entendre; mais je ne ſerai point obſcur pour vous. C'eſt un Meditatif; pour qui la contemplation de la verité pure, eſt le plus raviſſant de touts les Spectacles. GLAUCON. Mon cher Socrate, que voulez vous dire preciſement? SOCRATE. Je ne m'en exprimerois pas ſi librement à d'autres; mais vous n'etes point de ceux, que les hautes ſpeculations epouvantent.

Le vrai, le faux, le beau, le difforme, le juste, l'injuste, font des idées generiques, entierement oppofées, & par confequent diftinctes. GLAUCON. Auffi diftinctes, que celles du triangle, & du cercle. SOCRATE. En les prenant deux à deux, chacune eft parfaitement fimple ; au lieu que les chofes materielles ne le font point. Celles-ci n'ont point d'unité : Que vous en femble? GLAUCON. Une ville, une maifon, un arbre, font compofés de parties fans nombre. SOCRATE. Il ne m'en faut pas d'avantage, mon cher Glaucon, pour fonder la difference que je mets, entre vos Philofophes de tout à l'heure, & les veritables. Les premiers, continuellement occupés des beautés fenfibles, ne vont jamais plus loin que les belles couleurs, les belles voix, les beaux ouvrages, foit de la nature, ou de l'art ; & bornent auffi là tout leur amour. Les autres ne leur refufent pas de mediocres empreffements ; mais ils fçavent s'elever jufqu'à l'idée du Beau ; qui les attache, & les tranfporte. GLAUCON. Ces derniers, mon cher Socrate, feront bien rares. SOCRATE. Je l'avoue ; mais il n'en eft pas moins vrai que tout homme, qui n'attribue de realité qu'aux beautés particulieres, & qui regarde comme un phantôme le Beau même, pendant qu'elles n'en font que de foibles imitations, & de legers ecoulements, paffe la vie dans un rêve continuel. S'il ne voit rien, quand un autre, moins aveugle, s'efforcera de lui faire apperçevoir ce grand objet ; fon affoupiffement eft plus profond, & fon rêve plus opiniâtre encore. La nuit ou le jour, confondre les chofes du monde les plus effentiellement differentes, un Original fouverainement parfait, avec des copies infiniment defectueufes ; qu'eft-ce autre chofe que faire un fonge, plein d'erreur? GLAUCON. L'illufion eft d'autant plus deplorable, mon cher Socrate, qu'ordinairement il faut la mort, pour la diffiper.

SOCRATE. Il n'en eft pas de même du Sage, mon cher Glaucon. Il perce touts les voiles, qui cachent aux yeux vulgaires cet Archetype Divin. Jamais il ne le perd de vue. Il en remarque les traits epars dans touts les Etres finis. D'un coup d'œil, il decouvre ceux qui manquent à chacun. Enfin il fçait parfaitement

diftinguer.

diftinguer les plus excellents, de celui dont la perfection eſt ſans bornes. GLAUCON. Il eſt toujours dans la veille. SOCRATE. Oui, mon cher Glaucon. Le grand jour de la ſçience l'eclaire; pendant que l'Inſenſé vit dans les tenebres de l'ignorance, & fend les brouillards de l'opinion avec difficulté. GLAUCON. C'eſt l'e- tat de l'un & de l'autre, au naturel.

SOCRATE. Si le dernier ſe flatte, juſqu'à nous croire nous-mê- mes en delire; ſeulement parceque nous venons lui faire cer- taines confidences, importantes pour lui; comment nous y pren- drons nous, mon cher Glaucon, pour le faire, s'il eſt poſſible, dou- cement revenir du ſien? GLAUCON. Puiſque vous etes l'admoni- teur charitable, trouvez le ſecret de lui faire au moins ſupporter vos bons avis. SOCRATE. Vous ſçavez quelque choſe; eſt-il bien vrai, lui demanderai-je dabord? Si le fait eſt conſtant, croïez moi, loin d'en avoir de la jalouſie, ou de vous derober la moindre par- tie de votre gloire, je ſuis au contraire charmé d'apprendre de vo- tre bouche, que vous poſſedez la connoiſſance ineſtimable, ne fût- ce que d'une ſeule verité, qui puiſſe juſtement être nommée utile; & j'en aurai toute la reconnoiſſance imaginable, ſi vous daignez m'en faire part. Mais eſt-ce l'Etre, ou le Neant, dites moi, que vous connoiſſez; ajouterai-je enſuite? Cher Glaucon, je vous charge de repondre pour lui. GLAUCON. Le neant, mon cher Socrate, ne peut être apperçû. SOCRATE. Si donc nous rencontrons dans notre eſprit une maniere de penſer, qui ne ſoit la perception ni de l'un ni de l'autre; nous ne pourrons lui trouver ſon lieu, qu'en- tre la connoiſſance, & la non-connoiſſance; ni celui de ſon objet, qu'entre le Neant, & l'Etre. GLAUCON. Aſſurement. SOCRATE. Cette modification moïenne, c'eſt l'Opinion. Avant que d'exami- ner à laquelle de nos facultés elle appartient; prenons garde qu'en general, qui dit faculté, puiſſance, vertu, dit quelque realité, par laquelle nous ſommes rendus capables de certaines choſes. Par l'ouie, j'entends les ſons; par l'odorat, je flaire les odeurs; par la vue, j'ai commerce avec tout le Monde corporel. GLAUCON. C'eſt la ſeule idée qu'on en puiſſe avoir. SOCRATE. Ce n'eſt ni par la figure, ni par aucune qualité ſenſible, que nous diſtinguons nos

Y 2

facultés

facultés les unes des autres. Leur difference nous eſt marquée uniquement par celle de leurs objets, & par la maniere dont elles s'y appliquent. A laquelle attribuerons nous la ſçience; je vous le demande, mon cher Glaucon. GLAUCON. A la plus excellente, mon cher Socrate; à celle qui conſidere l'Etre, & ſes proprietés, & qui nous les fait apperçevoir avec une evidence parfaite. SOCRATE. Et l'Opinion? GLAUCON. Ce n'eſt, pour la bien definir, que l'enfant ridicule de l'imagination; le mauvais fruit de l'entêtement, & du caprice. SOCRATE. Vous ne l'egalez donc pas à la Sçience? GLAUCON. Quelle apparence de comparer le ſentiment du monde le plus confus, & le plus trompeur, avec l'intuïtion la plus claire, & la plus infaillible? SOCRATE. Je vous loue, mon cher Glaucon, de ſçavoir les diſtinguer; & je ramaſſe en peu de mots tout ce que nous avons dit. La ſçience n'eſt pas l'opinion. Celle-là met l'eſprit humain en poſſeſſion de la verité; celle-ci le remplit d'erreurs, ou ne le repaît tout au plus que de vrai-ſemblances. La premiere embraſſe l'Etre, & ſes proprietés. On ne peut pas accuſer tout à fait l'autre de n'avoir que le neant pour objet. Elle ſera donc moïenne, entre la ſçience, & l'ignorance; comme nous le diſions au commencement. L'une eſt le jour, l'autre la nuit; & la troiſiême, le crepuſcule, qui les ſepare.

GLAUCON. L'image eſt agreable, & juſte. Mais, je vous prie, mon cher Socrate, quel eſt le but de cette excurſion metaphiſique? SOCRATE. C'eſt de faire ſentir à mon pretendu ſage de tantôt ſon aveuglement prodigieux; de ne pas comprendre que l'idée du Beau ſoit reelle, ſimple, immuable; & de n'eſtimer que cet amas de beautés ſenſibles, que renferme un horizon, au delà duquel il n'apperçoit rien. Quoi, lui demanderai-je encore ici, n'en rencontrez vous pas à chaque inſtant, qui choquent beaucoup davantage la raiſon, par la difformité qu'elle y decouvre, qu'elles ne plaiſent aux ſens, lors même qu'ils en ſont le plus enchantés? GLAUCON. Un Eſprit eclairé, plein d'amour pour la perfection, quand il y remarque certains defauts, les trouve hideuſes, & ne peut les ſouffrir. SOCRATE. C'eſt un ſigne que l'idée eternelle, immenſe, infinie, dont je

parle,

parle, en est fort differente ; & qu'elle est aussi le modelle, sur lequel en bonne ou mauvaise part on doit en juger. D'où je conclus, que le neant n'aura pas les grands droits sur elle, que notre Philosophe pretend. GLAUCON. Sa lourde meprise là dessus fait pitié, mon cher Socrate ; pardonnez lui.

SOCRATE. Pour diminuer la haute opinion qu'il a des choses materielles, dont il croit avoir une si parfaite connoissance, & qu'il estime si pleines de realité ; montrons lui combien les jugements qu'il en porte sont incertains, faux, contradictoires les uns aux autres. Il prononce un corps double d'un autre ; quoique le premier ne soit pas à moins bon titre moitié d'un troisième, quatre fois plus grand que le second. Ce qu'il appelle grand, chaud, pesant, rapide, ne sera pas moins bien nommé tout le contraire, dans le même temps. L'esprit en un mot ne sçait à quoi s'en tenir, lorsqu'il raisonne des choses qui font nombre. GLAUCON. Les sens nous instruisent, pour l'usage de la vie, des rapports que les autres corps ont avec le notre ; mais ils nous cachent absolument, ils nous deguisent en mille manieres ceux qu'ils ont entre eux.

SOCRATE. Je ne vois point à quoi mieux comparer leurs recits embarassants, qu'à ces enigmes, qui servent quelquefois pour egaïer la table, & qui charment sur-tout les enfants. Celle de l'Eunuque, & de la chauve-souris, est celebre. * J'y trouve le language inintelligible des sens très bien imité. GLAUCON. Ils disent en effet presque toujours le pour & le contre ; & l'on auroit peine à comprendre s'ils nous parlent de choses qui font, ou qui ne font pas, ou qui font, & ne font pas tout ensemble. SOCRATE. N'avons nous donc pas eu raison de placer entre la science, & l'ignorance, les jugements, au moins douteux, qu'ils nous font porter sur tout ce qui se presente ; puisque depourvus de la clarté de l'une, on ne peut pas dire aussi qu'ils aient toute l'obscurité de l'autre ? GLAUCON. Oui. L'ignorance, mon cher Socrate, laisse l'esprit dans un assoupisse-

ment

* Elle commence, de la maniere qui suit : " Un homme, qui n'etoit point homme, vit, & " ne vit pas (l'Eunuque fermoit un œil) un oiseau, qui n'etoit point oiseau, &c." On imagine le reste.

ment lethargique; l'opinion l'embarasse; la sçience l'eclaire, le conduit, & lui fait plaisir.

SOCRATE. Quant à ces idoles innombrables, que les hommes, duppes de leurs sens, adorent; elles roulent, avec une etrange confusion, dans les espaces vuides, qui separent le neant, & l'Etre. Je veux dire que ceux qui courent incessamment après cette multitude infinie de beautés participées, que le Monde materiel renferme, sans pouvoir, non pas même avec des yeux d'emprunt, jamais arriver à decouvrir la beauté par essence, vivent d'opinion; & qu'à proprement parler, ils ne connoissent rien. Nous penserons le contraire de ces autres, qui sçavent rendre hommage à la perfection infinie; & qui trouvent dans la contemplation du Souverain Etre leur principale felicité. Pendant que les uns, eblouïs par l'eclat des objets sensibles, y fixent tout leur amour; la sçience tourne le cœur des autres vers les immuables; seuls dignes de l'occuper, seuls capables de le remplir. Le nom d'Esclaves de l'opinion conviendra par consequent beaucoup mieux aux premiers, que celui d'Amateurs de la Sagesse. Tout ce que j'apprehende, mon cher Glaucon, c'est qu'ils ne soient fort scandalisés, de ce qu'on leur refuse le titre de sages. GLAUCON. La verité, quoique desagreable, ne doit point deplaire, mon cher Socrate. Si donc ils veulent suivre mon conseil; ils souscriront tranquillement à la juste condamnation de leur folie.

D E

DE LA

REPUBLIQUE;

OU

DU JUSTE, ET DE L'INJUSTE.

LIVRE SIXIEME.

SOCRATE.

IL nous a fallu beaucoup de paroles, dans notre entretien prece-
dent, mon cher Glaucon, pour apprendre à diſtinguer ceux
qui meritent la qualité de vrais Sages, de ceux qui l'uſurpent.
GLAUCON. Vous ne pouviez, ce me ſemble, mon cher Socrate,
moins vous etendre, pour empêcher qu'on ne les confonde. So-
CRATE. Il eſt vrai que je me reprocherois plutôt la brieveté. Mais
nous avons plus d'une affaire; & la principale eſt de conçevoir le
tour different que prendra la vie, ſuivant qu'on ſe determinera pour
le bien, ou pour le mal, pour le vice, ou pour la vertu. GLAU-
CON. Que nous direz vous, pour nous aider à prendre ſagement notre parti? SOCRATE. J'examinerai dabord une queſtion,
qui ſe lie naturellement à celle que nous venons de reſoudre. Les Eſprits Philoſophes, avons nous vu, ſont ceux qui
ſçavent, quand il leur plaît, elever leurs penſées juſqu'à l'Etre
immuable; & qui ne trouvent rien que de facile à vivre en commerce avec des objets, exempts des viciſſitudes, auxquelles ſont
de leur nature expoſées toutes les choſes materielles. Les autres,

tres, entrainés par leur mouvement continuel, n'ont idée que des bouillonements paſſagers, qui ſe font autour deux. Entre les mains deſquels, je vous le demande, mon cher Glaucon, la Republique ſera-t-elle bien? GLAUCON. Vous etes pour les premiers, je m'en aſſûre; mais vos raiſons, je vous prie? SOCRATE. Qui choiſiroit-elle pour Maîtres, que les hommes les plus capables d'imprimer aux autres du reſpect pour les loix, & de leur inſpirer du goût pour les bonnes mœurs? GLAUCON. Elle auroit grand tort de confier ſes plus chers interêts à d'autres. SOCRATE. Dieux! qu'ils auront beſoin de lumieres peu communes, pour conduire tout un peuple, & pour travailler avec ſuccès à le rendre heureux! GLAUCON. S'ils n'en ont que de mediocres, il ſera fort à plaindre. SOCRATE. Mais quelle difference entre de parfaits aveugles, & des perſonnes entierement privées de la vue de ces objets fixes, brillants, ſereins? Comment eſtimer leur condition meilleure; s'il eſt vrai qu'elles n'aient point d'yeux, pour contempler au dedans d'elles-mêmes le divin Modelle, d'après lequel furent gravés ſur l'airain tout ce que le Monde eut jamais de bons reglements politiques; & qui dirigea de tout temps auſſi touts les fameux Legiſlateurs, dans le choix des moïens les plus efficaces pour les faire obſerver? GLAUCON. Des Magiſtrats, mon cher Socrate, dont la verité ne guide point les pas, achemineront infailliblement l'Etat chaque jour à ſa ruïne. SOCRATE. On n'heſitera donc point entre eux, & ces autres, qui ſur eux auront l'avantage d'un eſprit enrichi de toutes les belles connoiſſances; principalement lorſque ceux-ci n'auront d'ailleurs ni moins de ſoupleſſe, ni moins d'experience dans les affaires. GLAUCON. Une ſi grande ſuperiorité dans l'eſſentiel, avec egalité dans l'acceſſoire, doit reünir touts les ſuffrages en leur faveur. SOCRATE. Comment avoir en grand nombre de ces hommes d'Etat accomplis? C'eſt le ſujet d'une recherche nouvelle. GLAUCON. Mon cher Socrate, nous attendons vos penſées là deſſus. SOCRATE. Les grandes qualités, & les beaux talents, ſont reſervés pour les naturels heureux, & tournés beaucoup par eux-mêmes vers la Sageſſe. Nous avons dit ailleurs qu'il falloit de bonne heure les etudier. S'ils laiſſent

voir

voir certaines marques, auxquelles ils se font toujours connoître;
nous n'aurons plus à douter qu'ils ne remplissent dignement un
jour les postes les plus eminents de la Republique. GLAUCON.
Lesquelles estimez vous les plus infaillibles?

SOCRATE. La premiere est un penchant vif pour tout ce qu'on
voudra leur enseigner, dès qu'il portera quelques traits de la divine essence; toujours elle-même; incapable d'aucune de ces alterations,
qui sont l'appanage de tout ce qui naît, & qui perit. Nous enten-
dons au reste qu'ils la desirent, pour ainsi parler, toute entiere. Un si
ravissant objet ne doit pas en partie les attirer, & les degoûter en
partie. Il faut qu'ils aient pour lui, comme nous l'avons dit plus
haut, touts les parfaits sentiments d'un cœur, possedé par l'amour,
par l'ambition, ou par l'avarice. GLAUCON. L'ardeur pour toutes
les Sçiences, qui tournent l'esprit vers le souverain Etre, fait le principal caractere du vrai Philosophe; & c'est dans un jeune homme
le plus grand signe, qu'en lui se prepare un sage Maître du Monde. SOCRATE. Une passion extrême de connoître la verité n'est
point dans une âme, sans une horreur egale pour le mensonge. On
examinera donc si de tout temps il aura cheri la droiture, & la
candeur. GLAUCON. Il ne meritera point autrement le titre, dont
nous cherchons à comprendre tout le sens. SOCRATE. Pour aimer
une chose, mon cher Glaucon, il suffit qu'elle ait un rapport leger
avec ce qu'on aime. Or quoi de plus etroitement lié, que l'esprit
sincere, & la sagesse? Un Philosophe, observé depuis l'enfance, aura par consequent detesté la fourberie. Le vrai, de toutes les especes, aura toujours fait ses plus cheres delices. GLAUCON. Achevez de nous le peindre, je vous en supplie.

SOCRATE. Nous sommes ainsi faits, mon cher Glaucon. Nos
affections ne peuvent se porter rapidement d'un coté, que de l'autre
elles ne laissent tout à sec. Plus donc notre âme aspire avec violence
après ses plaisirs, plus ceux du corps languissent. GLAUCON. Les
derniers sont comme absorbés, dans les amateurs de la Sagesse, par
ceux de la Sçience, & de la vertu. SOCRATE. Vous leur verrez
des passions très moderées; j'ai pensé dire, de l'indifference pour les

richeffes. Ils auront peu d'empreffement pour tout ce qui les fait rechercher au commun des hommes avec une fi furieufe ardeur. N'apprehendez pas que jamais il leur echappe rien de bas, rien de petit. Comment feroient capables de ces defauts des gens, qui roulent inceffamment des penfées auffi vaftes que l'Univers; & qui ne fe propofent rien moins, que d'embraffer par la connoiffance tout le fyftême des chofes, tant divines, qu'humaines? GLAUCON. La grandeur d'âme, qui leur eft comme naturelle, mon cher Socrate, les en guarantit. SOCRATE. Avec une magnanimité, produite par cette vue continuelle de l'avenir, du paffé, du prefent, du monde intellectuel, & du monde fenfible; feront-ils un cas extrême de la vie; redouteront-ils beaucoup la mort? GLAUCON. Ils eftimeront l'une ce qu'elle vaut, & regarderont l'autre d'un œil tranquille. SOCRATE. Il fera donc vrai que la Philofophie, dont ces trois paroles renferment les deux plus fublimes leçons, ne peut loger que dans les grands cœurs; & qu'elle n'eft point faite pour les âmes pufillanimes. GLAUCON. Rien de plus manifefte. SOCRATE. Un homme, borné dans fes defirs, magnanime, egalement incapable de s'avilir, par les abaiffements honteux de la flatterie, ou de la crainte, & de s'elever ridiculement, par les infolences de l'orgueil, ne fera point injufte, faorûche, infupportable dans la Societé. GLAUCON. Le commerce de la vie n'eft troublé, que par les vices dont il eft exempt. SOCRATE. Avant que d'ofer beaucoup efperer d'un jeune homme; on examinera fi toutes ces perfections commencent à naître en lui. Qu'on obferve par deffus tout s'il a de l'equité, de la douçeur, de la gaieté; s'il eft d'un efprit fombre, dur, intraitable, & charmé de nuire aux autres, ou de les faire fouffrir. J'exigerois en lui quelque chofe de plus encore. GLAUCON. Quoi, je vous prie? SOCRATE. Du jugement, de la penetration, & de la memoire. On n'aime ce qui coûte, qu'autant qu'on eft dedommagé par le fuccès. De jeunes gens, qui n'apprendront tout qu'avec peine, & qui retiendront mal, n'auront jamais rang parmi les Philofophes. GLAUCON. L'incapacité pour les Sçiences doit être affez, pour les mettre au rebut. SO-

CRATE.

CRATE. Elle defigure un charaĉtere, & l'expofe au derangement, plus qu'on ne peut dire; pendant que rien ne l'orne, & ne l'acheve d'avantage, qu'un goût fin pour la verité, qu'une extrême paffion pour elle. GLAUCON. Rien ne manque, ce me femble, mon cher Socrate, à cette enumeration des qualités, dont l'affemblage forme un naturel heureux; porté, comme par un efpece d'inftinĉt, à tout ce qu'on peut appeller jufte & bon, grand & beau.

SOCRATE. Qu'on dife tout ce qu'on voudra de la Philofophie; on ne viendra point à bout de rendre meprifable un genre d'application, qui n'eft à la portée que des efprits curieux, faciles, penetrants; & qui demande une humeur douce, une droiture exaĉte, un courage mâle, une elevation de fentiments extraordinaire. GLAUCON. Momus lui-même ne reüffiroit pas à le tourner en ridicule. SOCRATE. Si j'en fuis cru, mon cher Glaucon; voilà ceux que la Republique un jour fe donnera pour Maîtres.....

Adimante prit ici la parole, pour me dire: Mon cher Socrate, je fuis, comme vous, très perfuadé qu'elle fera toujours la malheureufe viĉtime de fon choix, lorfqu'elle jettera les yeux fur d'autres. Bien des gens neanmoins ne fe rendront pas à vos raifons. Nous fçavons parfaitement, diront-ils, qu'à force de queftions adroites, un fin Dialeĉticien engage dans fes pieges des perfonnes, moins exercées dans l'art d'interroger, & de repondre. Après une longue enchainûre de raifonnements, dont il eft longtemps impoffible de voir le but, elles feront les premieres tout etonnées, de fe trouver en contradiĉtion manifefte avec elles-mêmes. Le plus qu'elles en concluent; c'eft que mal habiles à manier le cornet, elles ont eu le malheur de rencontrer un de ces redoutables efcamotteurs, que le dez favorife, jufqu'à ce que toutes les bourfes aient eté plufieurs fois fecoüées, avec gemiffements, & retournées enfin. Vous avez la main admirable, mon cher Socrate, on n'en difconvient affurement pas; mais vous filoutez, continueront-elles. On eft très eloigné de pretendre avoir l'œil auffi vif, & le poignet auffi delié que vous. Cependant un certain bon fens, qui fuffit pour n'être point votre duppe, fait apperçevoir qu'avec tout votre beau language, on au-

Z 2

roit

roit tort, de vous croire au fond plus sage dans votre maniere de penser qu'un autre. Ne voit-on pas en effet que ceux qui s'appliquent à la Philosophie, quand ils sont jeunes, pour autre chose que pour occuper leurs premieres années, ceux qui vieillissent dans les ecoles, sont des gens au moins très bizarres? Combien de mauvais; & quel service tire la Republique des meilleurs?

Poussé de la sorte par Adimante, je dis à son frere: qu'en dites vous, mon cher Glaucon? Les Philosophes ne sont-ils que des esprits bourrus, mechants, bons à rien? GLAUCON. Ils sont attaqués en corps. Mon cher Socrate, c'est à vous de les defendre. SOCRATE. Moi, les prendre sous ma protection en corps; Dieu m'en preserve, je vous le proteste! GLAUCON. Comment sera-t-il donc vrai ce que vous nous disiez tantôt; que dans le Monde eternellement on ne verra que desordres, & que desastres, jusqu'à ce qu'ils soient revêtus de la puissance, ou que les Puissants daignent faire troupe avec eux? SOCRATE. J'aurai besoin ici, je le prevois, d'emploïer toute ma rhetorique, pour m'accorder avec moi-même. GLAUCON. J'aurois cru, mon cher Socrate, que vous eussiez aimé le stile simple. SOCRATE. Vous me raillez, après m'avoir mis dans l'embarras. Pour m'en tirer, & pour vous punir, je vous prepare une allegorie, de bonne longueur. Sur le pied où sont les choses, les Amateurs de la Sagesse sont exposés à tant de souffrances de toutes les sortes, qu'il est necessaire d'entrer beaucoup dans le detail, pour comprendre toute l'injustice qu'on leur fait. C'est ainsi que pour entendre parfaitement un monstre peint, il faut reconnoître les differents bouts d'animaux, que l'imagination du Peintre a joints ensemble.....

Representons nous donc un Pilote, plus haut de la tête entiere que tout son equipage; assez robuste, pour en terrasser les meilleurs hommes. Qu'il ait, en recompense, la vue basse, & l'ouïe dure; avec un sçavoir dans la navigation, sortable à ces avantages naturels. Figurons nous ensuite Matelots, & Passagers aux mains, à qui donnera les ordres; quoique touts assez francs, pour avouer qu'ils n'entendent rien au pilotage; mais extravaguants, au

point

point de vouloir, que fans jamais l'avoir appris, on puiſſe gouverner admirablement; & pour menacer même de noïer le premier eſprit audacieux, qui penſera le contraire. Las du combat, ils s'entre-quittent, pour entourer l'Argus; & pour le ſupplier avec les dernieres inſtances de leur ceder le gouvernail. Les exaucés font ſauter leurs competiteurs dans l'eau. Ceux-là, fous de leur victoire, enivrent l'incomparable Capitaine; & le jettent au fond de cale, chargé de fers. On ſe rue à l'envi ſur les proviſions. On mange, on boit, on rit, on vogue, au gré d'Eole, & de Neptune. Les bons enfants font deformais ceux qui font tout ce qu'on leur dit, & qui laiſſent faire. La pompe eſt pour les raiſonneurs. La connoiſſance de la manœuvre, des vents, des Mers, du Ciel, eſt jugée pernicieuſe, ou du moins chimerique. L'homme qui la poſſede, & qui ne ſe connoît plus, à la vue de ce renverſement, paſſe pour une tête endommagée par les etoiles fixes. Voïez vous là, cher Adimante, les Philoſophes, & le Monde, tout rempli de bonté pour eux? ADI-MANTE. Trop, mon cher Socrate. Ils plaignent le Monde; & le Monde à toute force veut auſſi les plaindre.

SOCRATE. Quand vous trouverez quelqu'un, ſurpris de l'accueil deſagreable qu'on leur fait; dites lui donc, je vous en conjure, qu'il ſeroit beaucoup plus etonnant qu'on eût l'eſprit de leur rendre tout l'honneur qu'ils meritent. ADIMANTE Laiſſez moi faire. Je ſçaurai l'inſtruire des raiſons, pour leſquelles ils auroient tort de s'attendre à de grandes careſſes. SOCRATE. Convenez cependant qu'ils font effectivement aſſez peu de ſervice; mais faites remarquer en même temps que ce n'eſt aucunement leur faute, ſi l'on ne daigne pas les emploïer. Ce n'eſt point à l'homme habile dans la navigation, d'aller faire offre de ſon talent à ceux que leurs affaires appellent au bout du monde. Le Sage n'a garde auſſi de ſe morfondre, dans les antichambres du riche; pour obtenir la triſte faveur de le mener par la main, comme un aveugle, à la ſageſſe. Un bel eſprit condamne le premier à ce parfait ſupplice; mais on voit qu'il ſe divertit. Opulent, pauvre, ſi l'on eſt malade; on envoie un compliment des plus polis au Medecin; parcequ'on a be-

ſoin

foin de lui. Les fupplications en un mot ne conviennent du tout point aux gens capables de conduire les autres; mais à ceux qui ne peuvent fe paffer de leur conduite. ADIMANTE. Il eft vrai, mon cher Socrate; rien n'eft plus dans l'ordre. SOCRATE. Par deffus tout ne manquez pas de faire obferver, que nos Politiques d'aujourd'hui font les matelots, qui s'epanouïffent au plaifir, pendant que le Vaiffeau fend l'onde vers les ecueils; & que leurs fpeculatifs, aux yeux eternellement colés fur les aftres, font les feuls dignes d'avoir le timon à manier. ADIMANTE. Je m'en acquitterai foigneufement, mon cher Socrate; repofez vous fur moi. SOCRATE. A moins que vos remontrances ne produifent dans le Monde une grande reforme; de toutes les profeffions la plus belle, & la plus utile aux hommes, j'entends celle qui leur ouvre les avenues des fçiences, & qui fait fon capital de leur enfeigner l'art de bien vivre, ne fera jamais que mediocrement honorée. On eft dans tout un autre goût. Je vous ai même fait entendre que je n'en etois point furpris. Beaucoup d'honnêtes gens, il eft vrai, fe rangent fous la banniere de la Philofophie; mais on les perd, comme nous l'avons dit, par des raifons, qui tournent entierement à leur gloire. Le refte n'eft qu'une foule d'efprits mechants, & vifionnaires. Il eft facile de montrer, qu'elle n'eft aucunement refponfable de leur conduite irreguliere, ni de leur, fottifes. ADIMANTE. Je n'aurai point de plus grand plaifir, mon cher Socrate, que de la voir bien lavée de l'ancien deshonneur, que lui fait la Nation, egalement odieufe, & meprifable, des Sophiftes. SOCRATE. Retraçons nous pour cet effet le charactere du vrai Philofophe; de l'homme, en tout qui n'afpire qu'après le grand, & le beau. Sa premiere vertu fera, difions nous, un amour ardent pour la verité, continuel objet de fes recherches. L'orgueil, la brutalité, l'infolence, ne feront point fes defauts. ADIMANTE. Touts les jours il travaille à fe defaire même des moindres. SOCRATE. On le connoît, principalement à fon noble degoût pour tout ce qui s'appelle opinion; effet naturel de fon ardeur pour la Sçience. Plein de mepris pour les chofes paffageres, il fe tourne inceffamment vers l'Etre immuable;

pour

pour en reçevoir une lumiere, qui ne le fait point filler, & qui l'aide à juger fainement de tout. Les fruits de fes journalieres approches vers la Divinité, font la parfaite fageffe, & la vie veritable. Son travail finit ; mais fes efforts ont eté grands. Fait de la forte, mon cher Adimante, aimera-t-il l'erreur, & le menfonge ? Pourra-t-il les fouffrir ? ADIMANTE. Il en aura la plus vive horreur. SOCRATE. Defait de ce nombre infini de vices, dont l'une & l'autre font en nous les caufes malheureufes ; on lui verra des mœurs fimples, douces, pures. A l'enumeration que je vous faifois plus haut de fes talents, & de fes vertus, vous avez oppofé le decri prefque general, où font les Philofophes dans le monde. J'en trouve deux raifons ; la difficulté, pour les efprits nés avec les meilleures difpofitions, de ne s'y pas corrompre ; & la hardieffe de beaucoup d'autres ; qui prennent le nom, fans avoir aucune des qualités, neceffaires pour le foutenir. ADIMANTE. Expliquez nous, je vous prie, en detail, mon cher Socrate, de quelle maniere les premiers fe pervertiffent ; & les derniers s'efforcent de paroître avoir du grand homme chez eux ?

SOCRATE. C'eft d'abord un fait conftant, mon cher Adimante, que les beaux naturels, comme les beaux arbuftes, font rares. Il ne faut de plus qu'un fouffle de l'Aquilon, pour les ruïner. Ce qui pourroit furprendre ici davantage, c'eft que la même bonne féve, qui les avoit couverts de fleurs, fera perir le fruit, par fa trop grande abondance. Un jeune homme, de qui l'on avoit tout attendu, fe perdra juftement par les endroits, longtemps qui l'avoient rendu l'admiration, & les delices de tout le Monde. Dans fes premieres années, il etoit brave, doux, modefte ; parfaitement tel que nous le voulons en un mot. Avec l'âge, fon cœur s'enfle, ou fe retreçit. A trente ans, ce n'eft plus qu'un brutal, un homme fans courage. La beauté, la force, touts les avantages du corps, & de la fortune, s'uniffent, pour l'enlever comme de haute lutte à la Sageffe. Comment conferveroit-elle, au milieu d'un fi grand nombre d'accidents contraires, les fujets les plus dignes d'elle, & les plus capables de lui faire honneur ? ADIMANTE. Il eft prefque impoffible poſſible que juſqu'au bout ils perſeverent à ſon ecole. SOCRATE. C'eſt la nature, mon cher Adimante. Plus une plante eſt de bonne eſpece, un animal de bonne race; moins l'une reüſſira, moins l'autre vaudra ſon prix; ſi la terre, la culture, la ſaiſon favorable, ou la nourriture, & les ſoins, leur manquent. ADIMANTE. Rien n'eſt plus certain. SOCRATE. L'homme ne doit point être excepté. Quand de bonne heure on neglige de faire germer en lui toutes les ſemences de la vertu, de maniere qu'elles y prennent entierement racine; elles degenereront touts les jours; & plus elles ſeront vigoureuſes, plus elles produiront les rejettons malheureux du vice. Tournons les yeux de toutes parts; où trouverons nous les crimes enormes, la ſçelerateſſe conſommée, que dans les âmes, en tout ſens heroïques; lorſqu'elles cedent à l'aſçendant comme inevitable des leçons pernicieuſes, & qu'elles ſe laiſſent entraîner au torrent du mauvais exemple? Les autres ne font jamais ni de grands biens, ni de grands maux dans le Monde. ADIMANTE. Il eſt vrai. SOCRATE. Oui, mon cher Adimante; ſoïons entierement perſuadés qu'un naturel heureux ne ſera jamais rien de mediocre. Il deviendra tout ce qu'on peut imaginer de plus excellent, s'il eſt cultivé; mais tout le contraire, s'il ne l'eſt pas; à moins d'un cas fort extraordinaire, auquel il ne faut pas s'attendre. ADIMANTE. L'education, mon cher Socrate, eſt à ce compte là quelque choſe de bien important! SOCRATE. Plus qu'on ne ſçauroit dire. Mais ſi la bonne eſt rare; croïez moi, n'en accuſons point uniquement les Sophiſtes. Dans le grand Monde combien de gens, quoique les premiers à nous en parler comme d'inſignes corrupteurs de la jeuneſſe, meritent ce nom, ſouvent à meilleur titre qu'eux? Par leur hardieſſe à debiter leurs maximes de fauſſe morale, ſoutenue par une malheureuſe exactitude à les pratiquer; ils tournent à leur gré l'imagination des hommes, & des femmes, des jeunes gens, & des perſonnes d'âge. En un mot je ſoutiens, que les Sophiſtes à la cavaliere font ſur les eſprits foibles des impreſſions plus redoutables encore que les autres. ADIMANTE. Quoi, mon cher Socrate, des Maîtres à fuir, ailleurs que dans l'empire du Pedantiſme? SOCRATE. En fort grand

nombre,

nombre, mon cher Adimante. Quand, au Theatre, au Camp, au barreau, dans les assemblées publiques, ils distribuent le blâme, & la loüange, comme il leur plaît, en presence d'une Multitude, facile à seduire, avec des exclamations, redoublées par les echos d'alentour; est-il sages preceptes, qu'on ecoute, respect pour le devoir, qui se fasse entendre, & qu'ils ne bannissent du cœur? Toutes les idées du bon, & de l'honnête, du juste, & de l'injuste, sont desormais confondues; & le dangereux language des passions est le seul qu'on parle. ADIMANTE. Chacun louera, blamera, fera comme eux. SOCRATE. Encore, s'ils en demeuroient aux simples paroles. Mais ils ont en main les recompenses, pour ceux qui mettent leurs leçons en pratique; & les chatiments, pour ceux qui les meprisent; fletrissures, amendes, prisons. Souvent même la mort, oui la mort, est de la partie. ADIMANTE. Etranges moïens, pour convaincre les gens! SOCRATE. Ridicules, horribles! Mais est-il Philosophie, eloquence, qu'ils ne renversent? Ne seroit-ce pas même une veritable folie, que de vouloir se roidir contre le torrent, & rendre le Monde sage, à ses propres perils? Il ne changera point en mieux. La vertu sera toûjours ce que voudront ces faux Docteurs, armés de la puissance, & ligués contre elle. Je mets le miracle à part. Mais il en faut certainement un très distingué, pour empêcher un jeune homme bien né, d'être enveloppé dans cette corruption generale des particuliers, & des Republiques. ADIMANTE. Aussi, mon cher Socrate, à peine en voïons nous echapper un, sur mille.

SOCRATE. J'ai, mon cher Adimante, une chose encore à vous apprendre. C'est que les Sophistes d'ecole, auxquels touts les jours on entendra ces autres du grand air se plaindre que l'argent seul ouvre la bouche, & qu'ils appelleront hardiment la peste des Sçiences, ne sont au fond que leurs organes, & leurs interpretes. Toute l'occupation des premiers est de reduire en Systême les opinions, que les derniers ont mises en vogue; & sans honte ils l'ornent du nom de Sagesse. Leur talent consiste à sçavoir manier un fougueux Elephant, la Multitude. Ils connoissent admirable-

ment ſes inſtinĉts, & ſes phantaiſies; ſes bons, & ſes mauvais regards; les moments de l'approcher, ou de s'armer de precaution;
les endroits, auxquels il ſouffre qu'on le flatte, ceux auxquels il
fremit; les ſons auxquels il eſt accoutumé, ceux qui lui ſont nouveaux,
& qui lui font pouſſer des heurlements terribles. Leur grande maxime
eſt d'appeller mal tout ce qui le courrouce; bien, tout ce qui le calme,
& qui l'adoucit.   Après une etude longue des paſſions epouvantables auxquelles il eſt ſujet, & des cauſes qui les produiſent; ils
en forment un corps de Philoſophie, admiré, lucratif. Ils l'enſeignent,
avec pompe; ſans regle encore une fois pour diſtinguer le vrai du
faux, le bien du mal, que les attitudes menaçantes, ou pacifiques,
de l'animal ombrageux, qu'ils ont à conduire. ADIMANTE. Elle
emprunte aſſurement de vos meneurs d'Elephant un beau luſtre!
SOCRATE. Quelle difference entre eux, & ces hommes à la mode,
habiles gens pretendus, en fait de peinture, de muſique, de poëſie,
de politique; mais en effet adulateurs vils, ſeduĉteurs artificieux du
grand nombre? Artiſans infaillibles du goût univerſel, ils le donnent à chacun pour arbitre ſouverain de ſes jugements, & de ſa
conduite.   Qu'il ſoit queſtion des affaires publiques, d'un ouvrage
d'eſprit, ou de la main; vous en parlerez preciſement comme eux.
Plus cruels que ne l'etoit le cruel Diomede envers les Etrangers,
qu'il reçevoit dans ſa maiſon, & qu'il forçoit avant que de leur
ôter la vie, à goûter les plaiſirs de l'Hymen avec ſes hideuſes filles; ils
contraignent les gens d'epouſer toutes leurs opinions, quoiqu'abſurdes, quoiqu'horribles. *Leur en vîtes vous jamais une ſeule, qui ne
fût l'un ou l'autre, ou les deux enſemble? ADIMANTE. Non, mon
cher Socrate; & de gens de leur eſpece je n'attends rien de mieux
à l'avenir.   SOCRATE. Comment le commun du Monde, enſeigné
de la ſorte, s'eleveroit-il à diſtinguer l'idée du beau de cette multitude infinie de choſes belles, qu'il touche, & qu'il voit? Connoîtra-t-il l'Etre infiniment ſimple, & ſouverainement parfait; bien
different de ceux qui font nombre; touts eſſentiellement limités,

---

* Nous avons inſeré le Commentaire dans le teſte; parcéque nous avons cru qu'il pouvoit
l'embellir. Il s'agit là du Diomede de Thrace; & non pas du raviſſeur du Palladium.

eſſen-

eſſentiellement defectueux? ADIMANTE. Les hommes, dejà par eux-mêmes groſſiers, diſtraits, eſclaves de leurs ſens, ne pourroient qu'à peine être frappés de la beauté ſuprême, ni comprendre même qu'elle exiſte. Que ſera-ce donc; aveuglés qu'ils ſont encore, dès la plus tendre enfance, par ces Maîtres d'erreur? SOCRATE. Il n'eſt donc preſque pas poſſible qu'ils aient du goût, que dis-je? du reſpect même pour la ſageſſe. ADIMANTE. Non. SOCRATE. Ses Amateurs par conſequent ſeront en butte au mepris, à la haine du Vulgaire, & de ſes Docteurs? ADIMANTE. C'eſt leur deſtinée ordinaire. SOCRATE. Dans ce courant, où chacun roule, mettez l'eſprit le plus heureux, & la plus belle âme; quelle force, cher Adimante, aura-t-il en lui-même, pour n'être point entraîné? Il effaçera touts ſes egaux, par ſon merite perſonnel. S'il excelle encore par les avantages du corps, par ceux de la naiſſance, & de la fortune; il ſera generalement eſtimé, cheri. Homme fait; Parents, Amis, Citoïens, lui confieront leurs interêts particuliers; & ne ſeront point contents, qu'ils ne le voient gemir ſous le poids des affaires publiques. Toute l'occupation de la Cour nombreuſe dont il ſe verra continuellement environné, ſera de rafiner en matiere d'hommages, & de flatterie. Chacun enfin s'empreſſera de briguer une part avantageuſe à ſon elevation prochaine. ADIMANTE. Mon cher Socrate, c'eſt le grand Monde.

SOCRATE. Un ſeul Etat ne ſuffira plus à ſon ambition, ainſi de toutes parts echauffée. Sa tête ne ſera point aſſez vaſte, pour contenir ſes projets immenſes. Il commencera par toute la Grece; & touts les Barbares accourront enſuite à l'envi dans ſes fers. Le ſourcil rehauſſé de ce Conquerant futur, annoncera dabord une raiſon, entierement etouffée par l'orgueil; qui ſe manifeſtera par ſon luxe, & par ſon faſte. ADIMANTE. Vous peignez là parfaitement un jeune homme, fier de ſe voir le vent en pouppe, comme on parle. SOCRATE. Pendant qu'il vogue de la ſorte, avec la derniere aſſûrance; vous & moi ſi nous allions charitablement lui dire à l'oreille un fait, important à ſçavoir pour lui; que la bouſſole eſt derangée; & que toutes les bonnes lumieres, qui font le fruit d'un long assujettissement au travail, lui manquent absolument; pensez vous que nous dûssions esperer un accueil favorable? Agité de mille passions tout à la fois, se commanderoit-il assez, pour ne pas nous renvoïer, accablés d'insultes? ADIMANTE. En mon particulier, mon cher Socrate, je m'estimerois fort heureux de voir encore les objets, dans ses antichambres. SOCRATE. Je veux supposer neanmoins, que je ne sçai quel instinct pour la verité, qui demeure comme enseveli, quoiqu'on fasse pour l'etouffer, au fond de l'âme, & qui dans les hommes, nés bons, se reveille quelquefois au plus fort de leur etourdissement, le dispose à nous ecouter. Que même devenu docile, on le voie de jour en jour se retourner vers la Philosophie. Dieux! quels gemissements ne poussera point cette foule desolée d'adorateurs; qui trouvoient de si grands charmes dans son commerce; & qui deja le regardoient comme un Patron, capable de les mener à tout! Resistera-t-il à leurs sollicitations, leurs caresses, leurs menaces, leurs mauvais traitements? Le visage nouveau, le Philosophe, le Convertisseur, avec son pedantisme, & ses conseils, viendra-t-il à bout de le retenir? ADIMANTE. Non. Ces vrais persecuteurs, amis pretendus, l'obligeront de faire divorce avec la Philosophie; à moins que le Ciel ne tonne, comme vous l'avez dit, pour l'arracher de leurs mains.

SOCRATE. Vous comprenez presentement, cher Adimante, qu'un jeune homme d'un excellent charactere, mais à qui la bonne education aura manqué, ou dont les mauvaises Compagnies s'empareront de bonne heure, sera plus facilement debauché qu'un autre à la sagesse. ADIMANTE. L'experience, mon cher Socrate, est pour vous. SOCRATE. Ajoûtez ce que nous avons remarqué plus haut; que les sujets d'un merite rare sont les seuls, qui fassent les grands biens, ou les grands maux dans le monde; suivant la premiere tournure qu'ils ont reçue, les habitudes que d'eux-mêmes ils contractent ensuite, & l'heureuse, ou funeste enchainûre des circonstances, dans lesquelles ils se trouvent engagés. Pour les autres, à peine s'apperçoit-on qu'ils se donnent des mouvements sur la surface de la terre; & c'est deja, tant pour toutes les personnes auxquelles

ils

ils ont rapport, que pour le Public, comme s'ils avoient paſſé le Stix. ADIMANTE. Oui, mon cher Socrate; ils vivent, & meurent, ſans conſequence.

SOCRATE. De cette ſorte, les eſprits, ſur qui la Philoſophie auroit eu les plus grands droits, la fuient, & la laiſſent rêver ſeule, dans ſes forêts de Myrthe. Infidelles à leurs hautes deſtinées, ils ſuivent un genre de vie indigne d'elle, indigne d'eux. Abandonnée, ſi je l'oſe dire, par ſon propre ſang, & reduite à ne ſçavoir dans quels lieux reculés du monde en aller recueillir les nobles reſtes; elle voit touts les jours ſe ramaſſer autour d'elle une troupe nombreuſe de faux Parents, dont elle rougit; & qui ne juſtifient que trop le mal qu'on publie de ceux qui l'approchent. Des millions de petits hommes voient ſon Palais deſert, & ſuperbement orné d'une longue ſuite d'hommes illuſtres, qu'à la faveur de l'ignorance publique, ils peuvent impunement ſe donner pour predeceſſeurs, & pour ancêtres. Ils s'y jettent, avec la même precipitation, avec laquelle des criminels, heureuſement venus à bout de perçer leur priſon, courent au Temple prochain. Ils n'ont pas plutôt acquis un certain relief dans une profeſſion obſcure, qu'ils s'elancent legerement, d'une boutique, dans une Ecole. Quoique l'etude de la Sageſſe ne ſoit pas à beaucoup près honorée dans le monde au point qu'il le faudroit; elle y conſerve neanmoins de ſon eclat; & l'on n'en eſt pas encore à lui faire l'injure, de la mettre au niveau des arts mechaniques. Ces reſtes imparfaits de luſtre, ne manquent point d'attirer un grand nombre de gens, faits à la hâte par la nature; dont un travail ſervile a, pour ſurcroît, entierement appeſanti le corps & l'eſprit. ADIMANTE. La tentation eſt trop belle, mon cher Socrate; il n'eſt pas etonnant qu'ils y ſuccombent. SOCRATE. Toutes les fois que je rencontre quelqu'un de ces intrus; il me ſemble voir un diminutif d'homme, chauve, noir de viſage, & tout contrefait; qui du pied de ſon enclume, après s'être au miroir jugé paſſable dans ſon habit neuf, vole chez le baigneur. Quand il aura l'air frais, il ira donner la main à ſa fiancée; charmante perſonne, & perſonne de noble extraction; mais contrainte par l'indigence d'epou-

ſer

fer l'àrgent de fon Adonis, avec fa mine. Jugez des enfants, qui feront le fruit de cet affortiment bizarre! ADIMANTE. Ils feront aimables! SOCRATE. Ceux qui fortent par pelotons, le bouclier ferme, & le javelot baiffé, du cerveau lubrique des Sophiftes, ont à mon gré plus de gentilleffe encore. Dans ce prodigieux nombre de fubtilités, avec travail que touts les jours ils enfantent, nous trouveroit-on rien de fenfé, d'utile, de beau; rien, dont la Morale foit enrichie, les Sçiences perfectionnées? ADIMANTE. Heureux, fi laborieufement ils n'enfeveliffoient pas la verité, fous leurs monçeaux d'opinions abfurdes, & de Sophifmes! SOCRATE. Que la fageffe, mon cher Adimante, aura donc peu de partifans, dont elle puiffe à jufte titre s'enorgueillir! Encore afin qu'on voie la plûpart d'entre eux fe plaire jufqu'au bout à fes leçons, faut-il qu'un exil, ou quelque autre difgrace eclatante, viennent comme les arracher à l'ambition, & leur faire chercher un azile auprès d'elle. Quelquefois, c'eft que, nés avec un cœur magnanime dans un petit Etat, ils dedaignent de fe mouvoir dans une Sphere fi bornée. D'autres fois, les traverfes, qu'ils auront effuiées dans le maniement des affaires publiques, les rejetteront vers la Philofophie. Enfin fouvent un frein, auffi capable de matter, qu'eft celui qui retient le cher Theagès, lui conferve des Sujets excellents; que touts fes charmes ne l'auroient point empêchée de perdre. Rien de moins qu'une petite fanté, n'eût fauvé ce precieux Ami. Tout nous menaçoit autrement de ne l'avoir jamais, ou de ne l'avoir pas toujours. Heureufement pour nous, & pour lui, fes incommodités frequentes l'ont forcé de renoncer à la politique, & ne lui permettent aujourdhui que de philofopher. Mon Demon à moi, qui dès ma jeuneffe m'en infpira le deffein, & qui depuis eut toujours un parfait afçendant fur moi, n'eft point à citer; parcequ'il eft unique. Du moins auroit-on peine à trouver le femblable, dans tout le cours des fiecles paffés.

Quel plan de vie au refte penfez vous que fe formeront ce petit nombre d'echappés; qui connoiffent tout le prix de la vraie fageffe; & qui goûtent fans interruption combien il eft doux, grand,

heu-

heureux, de la posseder? Vers quelque endroit qu'ils tournent les yeux; ils ne decouvrent que preuves de la manie des Etats, & des particuliers. Où rencontrer celui, dont le cœur brûle de zele pour la Republique; & qui prenne les bonnes voies, pour lui procurer le bonheur solide? Envain se donnent-ils des mouvements; ils ne peuvent engager personne à venir avec eux tirer d'oppression la justice, accablée, & foulée aux pieds en touts lieux. Ils sont hommes; reconnoissables, à touts les traits de l'humanité. Mais ils ne se jettent pas plutôt au dehors, qu'ils sont obligés d'être incessamment aux prises avec des animaux feroces. Incapables de faire ferme, seuls contre touts, mais beaucoup plus encore de se prêter à l'Injustice; ils voient qu'en se roidissant contre la Multitude, ils ne feroient que succomber eux-mêmes, sans utilité pour leur Patrie, & pour leurs Amis. Toutes reflexions faites, ils se condamnent au repos; & desormais ils ne sçavent d'autre parti, que de se borner au soin de leurs propres affaires. Tels qu'un voïageur, surpris par un ouragan terrible, qui se felicite, à la rencontre d'un mur favorable, derriere lequel il est à l'abri; pendant que les autres hommes sont battus par les tempêtes furieuses, qu'à toute heure excitent leurs passions; les solitaires illustres dont je parle, sont charmés d'avoir un coin du monde, où passer leurs jours dans l'innocence, & dans la paix; où les finir; pleins d'esperances assez belles, pour leur faire envisager la mort, non seulement avec tranquillité, mais avec joie. ADIMANTE. Ce n'est pas, mon cher Socrate, n'avoir joué qu'un rôle mediocre dans la vie, que de la quitter, avec de si magnifiques sentiments, après en avoir eu l'âme toujours penetrée. SOCRATE. J'en conviens. Ne le prenez pas cependant pour le plus beau. Un Philosophe enseveli, ne remplit que très imparfaitement sa destinée. Pour paroître bien ce qu'il est; il ne lui faut pas un moindre theatre qu'une Republique, prête à suivre les purs instincts de la Nature, sous ses auspices. C'est à la tête d'un Etat, que brilleront ses lumieres, & ses vertus. Leur eclat augmentera touts les jours; & leurs influences benignes desçendront, depuis ceux qui partageront le faix avec lui, jusqu'à ceux qui n'au-

ront

ront pour appui que sa tendresse. En avons nous dit assez, mon cher Adimante, pour repousser le tort qu'on fait à la Philosophie; & pour aneantir les nombreux chefs d'accusation, que la Multitude etale contre elle? Est-elle disculpée, croïez vous? ADIMANTE. Trop, mon cher Socrate. Beaucoup moins auroit suffi. Il ne resteroit plus que de nous montrer une de ces Republiques traitables, qui ne resiste point à son bonheur; & dont la docilité sage ouvre au vrai Philosophe la plus noble carriere, dites vous, qu'un grand cœur puisse fournir. SOCRATE. Vous me prenez au depourvu, mon cher Adimante. Je rougis de le dire; mais je n'en connois point, qui merite de l'avoir pour Maître; & c'est le grand sujet de ma douleur. Une disette si generale de peuples, disposés à plier sous l'empire de la Raison, pour être heureux, fait que les Sages commencés, auxquels ils se donnent quelquefois à conduire, las de travailler à faire changer de cours aux affaires publiques, se laissent eux-mêmes aller au torrent. Surmontés par le desir de se rendre agreables, ils sont enfin aussi mauvais que les autres, après avoir longtemps fait d'inutiles efforts, pour les rendre meilleurs. Il en est d'eux, à peu près comme des graines apportées de loin, & semées dans un terroir, qui ne leur est aucunement propre. Les plantes qu'elles produisent, nourries de sucs peu convenables, ou contraires, degenerent, & ne ressemblent bientôt plus à celles du climat, auquel on les a derobées. De la même forte, les âmes, en qui la Nature avoit caché de grandes semences de vertu, mal placées dans les Etats vicieux, où le fort les fit naître, y deviennent meconnoissables, & se corrompent entierement par degrés. Que si le Ciel leur en menageoit quelqu'un, où l'on pût à bon droit les regarder comme dans leur sol naturel; alors le germe divin qu'il a mis en elles, se manifesteroit, par des fruits d'une tout autre excellence que l'ordinaire. Dans quelle partie du monde, me demanderez vous toujours, rencontrer cette Republique, où le vrai Philosophe pourra bien se developper? ADIMANTE. Non; je comprends qu'il ne reüssiroit parfaitement que dans la notre. SOCRATE. Il est vrai, mon cher Adimante, que c'est la bonne terre, & l'elel'element qu'il lui faudroit. Suppofons le trouvé pour lui. Feignons un Etat, où l'on veuille ne perdre jamais de vue les idées fublimes, d'après lefquelles un Legiflateur plein de lumieres aura formé fes loix. En un mot que tout y refpire l'amour de la Sageffe; & voïons les moïens de l'y conferver. La decouverte n'en eft pas facile; mais je n'oublie point que le beau ne s'obtient jamais fans peine. ADIMANTE. Il en fait, ce me femble, dautant plus de plaifir, qu'il a plus coûté, mon cher Socrate.

SOCRATE. Premierement il faudroit fans doute enfeigner la Philofophie aux jeunes gens, mais changer bien des chofes à la maniere. ADIMANTE. En quoi fe conduit-on mal? SOCRATE. Outre qu'ils commencent trop tôt; on joint à cette etude, à laquelle ils ne donnent que peu d'années, celle de l'Oeconomie, & du commerce. Comment feroit-il poffible, même à ceux qui font nés avec le plus d'ouverture d'efprit, de faire en fi peu de temps, & dans ce grand nombre d'occupations, des progrès confiderables dans l'art de penfer, & de bien vivre? Parvenus à l'âge viril; ils croiront faire beaucoup, aux follicitations reiterées d'un parent, d'un ami fage, de frequenter à des heures perdues les Ecoles publiques. Couverts de cheveux gris, ils font de pire condition que le Soleil d'Heraclite; fujet à s'eteindre, mais capable auffi de recouvrer fa lumiere. La leur, de tout temps foible, & tremblante, s'evanouït, fans aucune efperance de retour. ADIMANTE. Que voudriez vous qu'on fît, mon cher Socrate? SOCRATE. Le contraire, encore une fois, de ce que la mode prefcrit. La Philofophie ne dévroit, fi je l'ofe dire, que badiner avec les enfants. Il s'agiroit, dans cet âge tendre, de leur former principalement le corps; dont la bonne habitude eft fi neceffaire pour les exercices de l'efprit. Le dernier doit être mûr, avant que de le tenir extremement tendu, par une application vehemente aux objets qui lui font propres. Quand les forces diminuent, & qu'un particulier aura fait fon temps, comme on parle, dans le Senat, ou dans l'armée; on lui donnera la campagne libre. Je veux dire, qu'excepté peut-être en certains cas extraordinaires, il fera dechargé de tout emploi. Des hommes, qui de concert aspireront à la vie heureuse, & qui ne manqueront pas d'en avoir de justes idées, voudront certainement faire succeder à leurs travaux politiques, & militaires, une oisiveté sçavante; qui leur donne un avant-goût de la beatitude, dans le sein de laquelle bientôt la Mort viendra les plonger.

ADIMANTE. Vous persuadez, mon cher Socrate. Cependant vous n'aurez pas tout le Monde pour vous; à commencer par Thrasymaque. Je lis dans sa physionomie, qu'il n'est pas content. SOCRATE. Ne me brouillez point avec lui, cher Adimante, je vous en conjure; puisque nous nous aimons fort depuis un temps; & que jamais nous ne nous sommes beaucoup haïs. Quoiqu'il en soit de mon succès; il n'est point d'efforts que je ne fasse, pour le convaincre, non seulement lui, mais touts les hommes, de verités, dont la pratique seule peut leur faire comprendre tout le prix. ADIMANTE. Ils devroient penser que la vie est courte; & qu'ils feroient sagement de la mettre à profit. SOCRATE. Dites plutôt, cher Adimante, qu'elle occupe le point d'espâce comme imperceptible, qui separe la durée infinie qui la precedée, de celle qui doit la suivre. Ne soïons au reste point surpris, de ce que le commun du monde fait si peu d'acceuil aux leçons de ce genre. D'une part, où sont les Orateurs, qui vivement penetrés eux-mêmes de ce qu'ils enseignent aux autres, ne puisent leur eloquence que dans le sein de la Nature, & dans leur propre cœur? De l'autre, où se rencontre la parfaite sagesse, unie avec la Souveraine puissance? ADIMANTE. Il faut des siecles, pour produire les premiers. Un Philosophe, maître d'un Etat, ou le Maître d'un Etat Philosophe, est un phainomene aussi des plus rares. SOCRATE. Oui, mon cher Adimante. Les discours, où tout ne respire que la vertu, dans lesquels celui qui parle ait si manifestement pour but la verité, que chacun voie qu'il se croira paié des efforts qu'il fait pour la decouvrir, par le seul bien de la connoître, & par l'esperance de la faire embrasser aux hommes; les discours de ce charactere encore une fois, ne sont du tout point ceux auxquels sont accoutumées les oreilles du Public. La fausse eloquence, instrument redoutable de l'esprit de contention, de

l'al'avarice, & de l'orgueil, regne dans les Ecoles, dans le barreau, dans le Senat, & dans les Affemblées populaires. C'eft tantôt ce qui m'a fait dire; que le Monde ne ceffera point d'être mauvais, & malheureux, jufqu'à ce qu'il foit gouverné par les vrais fages, pretendus gens inutiles, ou que Dieu tourne puiffamment le cœur de ceux qui le gouvernent vers la vraie fageffe. Que l'un ou l'autre arrive, fera chofe difficile tant qu'on voudra; mais de quel droit la juger impoffible? De ce grand nombre d'hommes illuftres, qui dans touts les temps fe confacrerent à la Philofophie, combien acquirent leur gloire dans l'adminiftration des affaires publiques? Eft-il bien fûr que plufieurs, dans ces vaftes païs, que leur eloignement derobe à notre vue, n'ont pas encore aujourdhui des Nations entieres à conduire? Pourquoi donc le plan d'une Republique vertueufe pafferoit-il pour inexecutable; ou ne feroit-il pas même realifé, dans quelques lieux de la Terre ignorés pour nous? ADIMANTE. Peut-être ne faut il pas defefperer du genre humain à ce point là. Mais, pour avoir fi bonne opinion du gros du Monde, je crains fort, mon cher Socrate, qu'il ne vous regarde comme un parfait vifionnaire.

SOCRATE N'en difons point toujours du mal, cher Adimante. Penfons plutôt à toute l'eftime qu'il aura pour nous, s'il voit que ce n'eft point un efprit d'oppofition qui nous mene. Appliquons nous, fans aigreur, à le detromper. Peignons lui fans fard les Philofophes, dignes du nom; & faifons lui comprendre qu'ils font tout differents des fauffes reprefentations qu'il s'en fait. N'oublions pas ces petits menagements; & nous verrons qu'il leur rendra plus de juftice. Mon cher Adimante, il n'eft pas facile d'avoir le cœur indifpofé contre des gens, qui n'ont de la mauvaife volonté contre perfonne; & la douceur triomphe de la malignité fouvent la plus grande. Il eft vrai qu'il fe trouve des hommes affez mechants, pour haïr, precifement parcequ'on eft bon; mais de pareils monftres font rares. Les caufes veritables de l'averfion, & du mepris, qu'on a communement pour ceux qui s'appliquent aux fçiences, font une multitude innombrable de fçavants bourrus, & Mifanthropes; dont tout le plaifir eft de nuire aux autres, de les dechirer, & de reprendre en eux feverement leurs propres defauts, & leurs propres vices. Ils font affurement faire à la Philofophie un perfonnage, fort indigne d'elle. ADIMANTE. Leur maniere de penfer bizarre, & leur mauvais charactere, font tout ce qu'elle abhorre le plus.

SOCRATE. Quand on eft rempli des magnifiques idées, qu'elle offre à l'efprit, & comme abforbé dans les grandes penfées de l'Infini; croïez moi qu'on n'a pas des attentions de refte, pour les prodiguer aux menus details de ce que font, ou difent les hommes. On a quelque chofe de meilleur à faire, que de les pourfuivre l'un après l'autre par fes invectives; & de paffer la vie à les foulever contre foi-même, à fe dechaîner contre eux. Spectateur attentif d'un Monde, eclairé des raïons purs de la verité, inacceffible à l'injuftice, adorateur charmé de l'Etre immuable; on n'eft en peine que de reffembler à ce qui donne inceffamment de l'admiration, & du plaifir. Quand on en goûte un inexprimable dans le commerce d'un bel objet; peut-on ne pas fouhaiter en foi les perfections qu'on lui trouve? ADIMANTE. On n'eft point content, mon cher Socrate, qu'on ne foit, pour ainfi dire, tout ce qu'on aime. SOCRATE. Uni continuellement à la Divinité, dans qui tout n'eft qu'ordre, beauté, proportion; un amateur de la fageffe fera par confequent touts fes efforts, pour en être une fidelle image? ADIMANTE. C'eft à quoi fe tournera fa principale etude. SOCRATE. Si les vrais Philofophes fouffrent dans l'opinion du monde; ce n'eft donc qu'à l'occafion des Sophiftes? ADIMANTE. Inconteftablement. SOCRATE. Si les premiers, après s'être eux-mêmes formés fur le plus parfait modelle, font appellés, par leur naiffance, ou par la voix publique, à faire paffer touts les traits qu'ils y decouvrent dans les mœurs, foit d'un Etat, ou d'un grand nombre de particuliers; feront-ils à votre avis de mauvais artiftes? Se pourra-t-il au contraire quelque chofe de plus fini, que les morçeaux, qui touts les jours fortiront de leurs mains? Qui reüffira mieux en un mot à nous faire des leçons de juftice, de temperance, des autres vertus? ADIMANTE. On leur fera pleine reparation, lorfqu'ils feront connus, mon cher Socrate. SOCRATE. Comptez là deffus. Quand

3

le

le Monde verra que leur portrait ici n'eſt aucunement flatté; j'en veux être guarand pour le Monde; il n'aura pour eux que de l'amour, & du reſpect. Je ne ſçai même s'il ne commencera pas beaucoup à nous croire, lorſque nous lui diſons; qu'envain ſe promettra-t-il la fin de ſes maux, tant que ſes formes de gouvernement vicieuſes ne ſeront pas corrigées par des eſprits, pleins du Patron ſublime dont je parle. ADIMANTE. Mon cher Socrate, j'eſpere bien pour vous, & pour eux. Mais enſeignez nous, je vous en ſupplie, de quelle maniere ils s'y prennent, pour l'exprimer dans un Etat? SOCRATE. Le premier ſoin d'un Peintre eſt d'approprier ſa toile. Un Philoſophe, ſouhaité par une Republique, avant tout exigera pareillement des mœurs pures; ſous peine d'être abandonnée à ſon mauvais ſort. ADIMANTE. C'eſt un preliminaire, qu'il ne lui ſera pas facile d'obtenir. SOCRATE. Il eſt vrai; mais notre habile homme, en ce point different des autres, a pour maxime de ne ſe mêler ni d'Etats, ni de particuliers, ſi premierement on ne montre une forte reſolution de faire divorce avec le vice. ADIMANTE. Une ſi loüable ſingularité lui fait aſſurement beaucoup d'honneur. SOCRATE. A cette condition, il ebauchera ſon plan. Pour en perfectionner l'une après l'autre toutes les parties, il conſultera l'idée du Beau. D'après elle, il dictera les devoirs; il formera les arrangements, les plus capables de procurer la felicité publique. Il ne ceſſera point de confronter le Tout moral qu'il compoſe, avec ſon Modelle; juſqu'à ce qu'il voie le dernier tout à fait rendu; & que les perfections de la Divinité, dont Homere nomme les gens de bien de vivantes copies, ſoient imitées, autant qu'on peut le demander à la foibleſſe humaine. ADIMANTE. De cette ſorte, il produira, mon cher Socrate, comme vous le diſiez tout à l'heure, un ouvrage bien diſtingué! SOCRATE. Oui, cher Adimante. A force d'ajoûter ici, de retrancher là, de mettre la derniere main partout; il fera quelque choſe, qui ne meritera pas ſeulement l'admiration de touts les ſages, mais qui ſera même un digne objet de la complaiſance divine. ADIMANTE. Rien n'egalera ſon travail; il faut en convenir.

SOCRATE.

SOCRATE. Expofons le fimplemeut à la vue de ce bataillon très echauffé, qui tantôt etoit en marche contre nous. Le pareil, lui dirons nous, jamais ne fortira que de l'Ecole de ces hommes, auxquels on trouve fi mauvais que nous donnions les autres à conduire. A cet afpect, ne croïez vous pas que les combattants penferont à reprendre leurs habits; & que, honteux de leur meprife, ils jetteront bas les armes? ADIMANTE. Oui, fi le Vulgaire entendoit raifon. SOCRATE. Obftiné, tant qu'il vous plaira. Niera-t-il que les Philofophes, j'entends ceux que nous fouhaitons au Monde pour Maîtres, n'aiment paffionnement la verité; que l'Etre fuprême ne tienne le premier rang dans leur efprit, & dans leur cœur? ADIMANTE. Ce n'eft que par là, mon cher Socrate, qu'on acquiert un droit à ce beau titre. SOCRATE. Dira-t-il que toutes les qualités, dont nous exigeons qu'ils foient pourvus, n'aient pas un grand rapport avec celles de l'objet excellent, qui poffede entierement leur âme? ADIMANTE. Ce rapport eft trop vifible, pour être contefté. SOCRATE. Enfin nous citera-t il quelque chofe au deffus de ces vrais fages; ou les mettra-t-il en parallele avec mille impofteurs, qui les contrefont mal, & qui le feduifent? ADIMANTE. Il a devant les yeux le jufte portrait des uns & des autres; il ne fera pas affez de mauvais goût, affez aveugle, pour les confondre. SOCRATE. Detrompé de la forte, le Vulgaire s'effarouchera moins de nous entendre fouvent dire, que loin d'arriver au bonheur parfait, dont nous propofons les idées dans notre plan de Republique, le Monde ne verra point la fin de fes maux, jufqu'à ce que la juftice, & l'ordre, foient retablis en touts lieux par les finceres amateurs de la Sageffe, choifis pour Maîtres, ou par les Maîtres, devenus finceres Amateurs de la Sageffe. ADIMANTE. Vous aurez du moins la vie fauve, j'ofe l'efperer, mon cher Socrate; & peut-être diffiperez vous cette armée de braves, qui tout à l'heure etoit en pofture de fondre fur vous. SOCRATE. Permettez moi, je vous prie, d'attendre quelque chofe de plus. ADIMANTE. Puifque vous le voulez; ils auront du bon fens, & de l'efprit.

SOCRATE.

SOCRATE. Quand on accorderoit que toutes les perſonnes qui ſont aujourd'hui revêtues de la ſouveraine puiſſance, n'auront eternellement que du mepris pour la Philoſophie; ſçait-on qu'aucun de leurs deſçendans jamais n'aura des empreſſements pour elle? ADIMANTE. La prediction ſeroit auſſi temeraire, qu'affligeante aſſurement. Elles auroient lieu de s'en plaindre, & nous d'en gemir. SOCRATE. Environnées d'ecueils, tant qu'on voudra; ſur quoi fondé ſoutiendra-t-on, que dans les Siecles paſſés toutes y firent naufrage; & qu'elles auront toutes le même triſte ſort dans les Siecles à venir? ADIMANTE. On peut, ſans riſque, en excepter pluſieurs de la loi commune. SOCRATE. Il ne faudroit qu'un Roi, ſecondé par des ſujets dociles, pour faire voir au Monde ce qui nous paroît trop beau, pour être eſperé. ADIMANTE. Il eſt vrai, mon cher Socrate; un ſeul feroit changer de face à tout. SOCRATE. Quelle impoſſibilité qu'il entre avec zele dans nos idées; & qu'un Peuple ſoit aſſez amoureux de ſon bonheur, pour ſe laiſſer entierement conduire à lui? ADIMANTE. Sans prodige, elles peuvent un jour être les ſiennes; puiſqu'elles ſont les notres; & quelque Nation peut-être ſçaura l'ecouter. SOCRATE. Si notre plan de Republique eſt pratiquable; c'eſt un point entre nous depuis longtemps arrêté, qu'il rendroit les hommes, de miſerables qu'ils ſont aujourdhui, parfaitement heureux. ADIMANTE. Vous l'avez demontré, mon cher Socrate. SOCRATE. Nous conſeillons par conſequent le meilleur à faire. Il n'eſt pas d'une execution facile; mais auſſi ne doit-on point le juger impoſſible. ADIMANTE. Toutes ces choſes, à mon avis, ne ſouffrent plus aucune difficulté.

SOCRATE. A quoi faudra-t-il appliquer les Dieux tutelaires futurs de la Republique; & quelles occupations leur donnerons nous, dans les differents âges? Cette queſtion s'offre ici naturellement à reſoudre; mais de nouveaux ſcrupules m'arrêtent. ADIMANTE. Vos embarras, vous le ſçavez, mon cher Socrate, nous touchent mediocrement. SOCRATE. Il eſt vrai. Depuis longtemps, j'ai l'experience qu'envain je tâche d'eloigner certains articles, qui peu favorablement

inter-

interpretés, peuvent fonner très mal dans le Monde; & qui vrai-semblablement n'y rencontreront jamais que des oppofitions. Que n'ai-je point fait, par exemple, pour m'epargner celui de la com-munauté des femmes! J'ai perdu mon temps. Il m'a fallu me traîner comme j'ai pu jufqu'au bout d'un fujet, où la parfaite affûrance d'avoir la raifon de fon coté, ne doit prefque point faire efperer même de pouvoir impunement dire ce qu'on en penfe. Celui du bon choix des Magiftrats, expofe au moins à du travail; & peut-être à de pareils rifques. J'en ai deja beaucoup dit. Mais je m'apperçois que, fi je veux me conferver auprès de vous, il faut vous en parler fur nouveaux frais. ADIMANTE. Il s'agit de nous inftruire des plus grandes verités, mon cher Socrate. Meprifez les hazards, & la peine; c'eft à quoi je vous exhorte. SOCRATE. Un grand zele pour la Patrie, un zele infurmontable à la crainte, à l'efperance, aux fatigues, aux dangers, eft, fi vous vous en fouve-nez, la principale vertu, que nous avons exigée en eux. Nous avons ordonné de les mettre à toutes les epreuves; & de ne con-fier le fort de l'Etat qu'entre les mains de ceux, qu'on n'aura point vu ceder aux affauts les plus violents de la douleur, & du plaifir. Enfin nous avons dit qu'on ne pourra, lorfqu'ils en feront toujours fortis victorieux, affez les combler d'honneurs pendant leur vie; ni leur en decerner de trop diftingués après leur mort. Les vrais Philofophes etoient les hommes que j'avois en vue. Mais, pour eviter les affaires, dont je ne me fuis pas exempté neanmoins, je m'étois foigneufement abftenu de les nommer; & de hazarder avant le temps ce paradoxe, capable d'exciter une fedition con-tre moi; que le Monde ne fera jamais bien gouverné par d'autres. Rendu brave par vos pourfuites, & les yeux fermés aux inconve-nients, j'ai tout dit. ADIMANTE. Mon cher Socrate, on a remar-qué chacune de vos demarches; & l'on s'eft apperçu de vos fuites. SOCRATE. Où les trouver, ces vrais Philofophes? C'eft la difficulté qui nous refte. Pour les former, il faut un affemblage de quali-tés, rarement que la nature unit enfemble. On voit dans peu de perfonnes un efprit fin, beau, penetrant, aifé. Les grands cœurs

font

font ordinairement fujets à l'inconftance, & n'aimeront point la vie paifible. Ce même beau feu, qui les anime, s'accorde mal avec le folide, les rend legers, & les emporte. ADIMANTE. Il eft vrai. SOCRATE. On aura beaucoup plus à compter fur les gens d'un efprit tout à fait repofé, comme on parle. Ils font d'une reffource infinie, dans la guerre entre autres ; où rien ne les etonne, & n'eft capable de leur faire abandonner une belle enterprife. Mais tournez les du côté des Sçiences ; ils font pefants, bouchés, endormis. Cependant l'un, fans l'autre, n'eft pas affez, comme nous l'avons dit ailleurs, pour faire des Sujets dignes d'occuper les premieres places du Senat, & de l'armée. ADIMANTE. Ils doivent être egalement propres aux excercices de la Gymnaftique, & de la Mufique. SOCRATE. On les mettra donc aux prifes encore avec tout ce que la derniere a de plus difficile, & de plus abftrait ; pour voir s'ils auront le courage de le braver, ou s'il les fera palir. Tel ne craindra point les flêches de l'Ennemi, qu'une verité metaphyfique epouvante. ADIMANTE. Ce nouveau genre d'epreuve eft fans doute neceffaire, mon cher Socrate ; mais quelles font les hautes Speculations, devant lefquelles vous exigez qu'ils faffent bonne contenance, avant qu'on les juge dignes de porter le faix de l'Etat ?

SOCRATE. Vous n'avez pas oublié, mon cher Adimante, que dans l'âme nous avons diftingué trois appetits ; & que cette divifion nous a fervi beaucoup à connoître les quatre principales vertus ; la fageffe, la juftice, la valeur, la temperance. ADIMANTE. Je l'ai très prefente à l'efprit. SOCRATE. Dans l'endroit, je vous ai dit que je fçavois une voie plus directe, pour arriver à ce même but ; mais qu'elle etoit longue ; & que je voulois abreger pour l'heure. J'ai donc facrifié l'exactitude à l'ordre naturel ; avec d'autant moins de fcrupule, que nous ne l'avez point trouvé mauvais. ADIMANTE. Je n'ai pas vu, mon cher Socrate, que vous aïez mal fait en rien. SOCRATE. Je ne puis, je vous l'avoue, mon cher Adimante, aimer extremement votre indulgence, & votre aquiefçement, à mon gré trop facile. Faites reflexion, je vous en fupplie, qu'on perd toujours de la verité beaucoup plus qu'il ne faudroit, lorsqu'autour d'elle on laisse encore des nüages, qui l'obscurcissent. Mon sentiment est, en un mot, que rien de fait à demi ne doit contenter, lorsqu'il s'agit d'elle. Bien des gens ne poussent pas leur delicatesse à son egard si loin, je le sçai; mais ne soïons pas du nombre. ADIMANTE. La non-chalance, il est vrai, mon cher Socrate, est le vice des âmes, qui n'ont pour la verité que de mediocres empressements. Nous ne devons pas avoir à nous le reprocher. SOCRATE. Il ne convient moins à personne, qu'aux Depositaires futurs des loix, aux Vengeurs de toutes les insultes faites à la Republique. On exerçera par consequent les uns & les autres avec un soin egal dans la carriere des Sçiences, & dans le Cirque; ou quelque chose de fort essentiel leur manquera. ADIMANTE. Quoi, je vous prie, mon cher Socrate? La pratique de la vertu n'est-elle donc pas tout? SOCRATE. Non, cher Adimante. Il faut qu'elle soit accompagnée d'une lumiere peu commune; qui seule en fait l'heroïsme; & qui doit être le partage de toutes les personnes d'un haut rang, sous peine d'en être jugées entierement indignes. Se peut-il rien de plus honteux, qu'on exige toute la perfection possible dans un faiseur de vers, un joüeur de Lyre; pendant qu'on est de si bonne composition sur le fait d'un Senateur, & d'un homme de guerre? ADIMANTE. C'est très bien remarqué. Mais quelle sçience estimez vous la plus necessaire pour eux?

SOCRATE. L'ignorez vous, mon cher Adimante; ou vous plaisez vous à me susçiter eternellement des affaires? Je croirois le dernier plutôt; après tout ce que vous m'avez souvent ouï dire, à la loüange de celle qui nous unit au Souverain Bien. Elle est rare; quoique d'elle seule toutes les autres tirent leur prix; & que seule elle rende l'homme heureux. En effet que servira de connoître, & de posseder tout le reste, à qui vit malheureusement privé de la vûe, & de la jouïssance de ce beatifique objet? Embrasser dans son esprit toute la structure de ce grand Univers, avoir en sa puissance touts les biens, se voir maître de toutesles beautés, qu'il renferme, dans l'absence du Bon, & du Beau; cher Adimante,

est-

eſt-ce un etat fort à ſouhaiter? ADIMANTE. Il n'eſt point ſans lui de felicité veritable. SOCRATE. Je doute que le Monde ſoit beaucoup de votre avis. La plûpart des hommes ne connoiſſent d'autre bien que le plaiſir; & de ceux qui penſent plus raiſonnablement, très peu diſtinguent le bien de la Sageſſe. ADIMANTE. Il eſt vrai. SOCRATE. Quand on prie les derniers de la definir; après de longs circuits, ils retombent toujours à dire, qu'elle conſiſte dans la connoiſſance, & dans l'amour du Bien. Ils ſuppoſent qu'on entend ce mot, quand ils le prononcent. N'auroit-il plus de ſens, lorſque nous venons à nous en ſervir? ADIMANTE. La choſe n'eſt pas vrai-ſemblable. SOCRATE. Les autres, mon cher Adimante, rencontrent moins bien encore. Forcés de reconnoître des voluptés condamnables, ils en ſont reduits à regarder un grand nombre de choſes comme bonnes, & mauvaiſes tout enſemble. De là des equivoques dans leur eſprit; fort capables de produire des erreurs dans leur conduite. ADIMANTE. Ces deux manieres de penſer me paroiſſent egalement inſoutenables.

SOCRATE. Prenons garde, cher Adimante, que les apparences du bien ne ſatisfont perſonne; au lieu que celles de la vertu ſuffiſent preſque à tout le monde. ADIMANTE. On veut certainement la poſſeſſion reelle de l'un; mais beaucoup de gens ſe bornent aux ſeuls dehors de l'autre. SOCRATE. N'eſt-il pas ſurprenant que l'âme, pouſſée continuellement par le plus fort inſtinct à chercher un miel, qui ſeul cauſe touts ſes mouvements, ſoit pour l'ordinaire depourvue de cet œil, neceſſaire pour apperçevoir partout ſa depouille precieuſe; & qu'aveugle, elle voltige inceſſamment d'un objet à l'autre, ſans jamais en revenir chargée? Eſt-il un malheur pareil au monde, à celui de ne pas connoître ce qu'on deſire avec l'ardeur la plus parfaite; & de s'egarer à toute heure dans une pourſuite, dont le ſuccès intereſſe entierement le cœur? Frappés d'un aveuglement ſi pitoïable, ceux qui doivent être les yeux de la Republique, ſeroient-ils propres à la conduire? ADIMANTE. Non aſſurement. SOCRATE. S'ils ignorent à quoi la juſtice eſt bonne, en quel ſens elle eſt un bien; la poſſederont-ils dans un

degré

degré fort eminent; & devra-t-on beaucoup attendre deux? S'ils le sçavent; l'Etat aura les Maîtres qu'il lui faut. ADIMANTE. Mais qu'est ce donc, mon cher Socrate, que le Bien, dont vous nous parlez tant? Le faites vous consister dans la connoissance, dans le plaisir, dans quelque autre chose?

SOCRATE. Du charactere dont vous etes, vous ne m'en quitteriez pas, mon cher Adimante, pour vous instruire simplement de ce que d'autres en ont pensé. ADIMANTE. Je l'avoue, mon cher Socrate. Je veux qu'un homme qui se pique de sçavoir, ne se borne pas à me faire l'histoire des opinions de siecle en siecle; quand je l'interroge sur des matieres, sur lesquelles il m'obligeroit de ne me dire que la sienne propre. SOCRATE. Vous accommodez vous mieux de ces esprits decisifs, qui parlent sçientifiquement de ce qu'ils n'entendent pas à fond? ADIMANTE. A Dieu ne plaise! Je leur permettrois tout au plus d'alleguer modestement leurs conjectures. SOCRATE. Pour moi, cher Adimante, je vous dirai que je suis moins indulgent. Je meprise presque au même point le faux sçavant, qui ne sçait ce qu'il dit, & le demi-sçavant, qui devine. L'opinion l'emporte, selon moi, peu sur l'ignorance; & je compare à des aveugles, qui trouvent leur chemin par un simple cas fortuit, ceux que le pur hazard conduit au vrai. Pour tout vous dire; tel est mon goût. J'aime qu'on m'apprenne toujours des choses claires, certaines, utiles, belles. Me ressemblez vous? ADIMANTE. Le reste ne donne aucune veritable satisfaction à l'esprit.....

GLAUCON prit ici la parole..... Mon cher Socrate, je vous conjure, au nom du plus grand des Dieux, de ne point vous lasser, me dit-il; puisque vous approchez du terme. Faites nous connoître le Bien, aussi parfaitement que vous avez fait la justice; & nous aurons toutes les actions de graces à vous rendre. SOCRATE. Je voudrois fort vous obeïr, mon cher Glaucon, lui repondis-je; mais vous ririez bientôt de ma chute, si je prenois mon vol si haut. Parlons, croïez moi, plutôt du Fils, production merveilleuse du Bon, & sa parfaite image. GLAUCON. A condition qu'ensuite vous nous entretiendrez aussi des perfections du Pere. SOCRATE.

Pûssai-

Pûſſai-je vous les etaler dignement, & rehauſſer mes idées, pour vous en donner de convenables à ſa grandeur! Mais je prevois qu'au moins ne faudra-t-il pas beaucoup tarder à nous rabbatre au plus magnifique de ſes ouvrages.   Du reſte c'eſt à vous de veiller à ce qu'il ne m'echappe aucun faux raiſonnement, qui nous jette les uns & les autres dans l'erreur. GLAUCON. Si vous quittez le droit chemin, on vous redreſſera, mon cher Socrate, comptez là deſſus.   Faites nous part ſeulement de vos penſées.

SOCRATE. Rappellons nous d'abord ce que nous avons dit ſouvent.   Les hommes parlent à toute heure de pluſieurs biens, d'une infinité de choſes belles.   Mais l'idée generique du bon, du beau, du bien, de l'Etre, n'eſt qu'une, & ne s'apperçoit que par l'entendement pur; au lieu que touts les objets particuliers frappent nos ſens. GLAUCON. Ce principe metaphyſique eſt depuis longtemps avoué, mon cher Socrate. SOCRATE. Avez vous quelquefois pris garde à ce qui diſtingue la vue de touts les autres? GLAUCON. Peut-être ai-je omis quelque obſervation à faire là deſſus. SOCRATE. Il ne faut que deux choſes, pour entendre les ſons; l'orgâne de l'ouie, avec un mouvement d'ondulation, cauſé dans l'air, par les vibrations du corps ſonore.   Il en eſt de même de l'odorat, du goût, & de l'attouchement. GLAUCON. Fort bien. SOCRATE. Pour voir, il en faut trois; l'oeil, les couleurs, & la lumiere, qui nous les fait dilcerner. GLAUCON. Je n'avois pas aſſez remarqué cette difference. SOCRATE. Il n'eſt pas fort neceſſaire de vous demander, quel eſt l'aſtre, j'ai penſé dire, le Dieu viſible, qui la repand; & qui n'a qu'à ſe montrer, pour nous decouvrir le grand ſpectacle du Ciel, & de la terre. GLAUCON. Le ſoleil, ſans doute. SOCRATE. L'œil, qu'il eclaire, le voit. GLAUCON. Oui. SOCRATE. Preſentement vous comprenez, je m'aſſûre, pourquoi je l'ai nommé le Fils du Bon, & la parfaite image du Pere.   C'eſt que l'un eſt dans le Monde intelligible, ce que l'autre eſt dans le Monde corporel. GLAUCON. Je commençe à vous entendre. Expliquez vous neanmois encore, je vous prie.

SOCRATE.

SOCRATE. Vous fçavez que nous avons beau la nuit tourner les yeux de toutes parts; nous voïons auffi peu, que fi nous en etions entierement privés. L'aftre du jour bientôt revient-il fur l'horizon; la vue des objets nous eft rendue avec lui. GLAUCON. Ce phainomene, pour être de touts les jours, n'en eft pas moins admirable. SOCRATE. Qu'eft l'entendement autre chofe, que l'œil de l'âme, cher Glaucon? Lorfqu'aux raïons de cette autre lumiere, qui s'elance continuellement vers elle de l'Etre divin, l'homme examine les chofes; il en decouvre la nature; il eft participant de la vraie fageffe. Mais quand l'amour des biens fenfibles obfcurcit pour lui le Soleil des Efprits; il eft dans les tenebres, il ne voit rien; il croit fçavoir, & le moment d'après il reconnoît qu'il fe trompe. Tout en lui n'eft qu'erreur, aveuglement, folie. GLAUCON. Cette Theologie, mon cher Socrate, eft egalement fublime, & folide. SOCRATE. Celui de qui nous tenons la faculté de connoître, & de qui touts les objets de nos connoiffances empruntent la grande clarté dont ils brillent, eft celui-la même que j'ai nommé le Père, le Bon, le Bien Souverain. Lui feul nous communique la Science. La verité ne fe trouve point ailleurs qu'en lui. Si l'une & l'autre paffent tout ce que nous pouvons du refte conçevoir de plus excellent, & de plus beau; que penferons nous de l'Etre immenfe, lumineux, toujours prefent, du fein duquel, comme de leur unique fource, eternellement elles emânent. GLAUCON. Que fon excellence, & fa beauté, feront infiniment au deffus encore. SOCRATE. N'en demeurons pas là, mon cher Glaucon. Outre que le Pere du jour eclaire le monde materiel; il y donne la naiffance, & l'accroiffement à tout. Les Etres intelligents de même ne reçoivent pas feulement la fageffe du premier Efprit; il eft auffi le principe adorable de leur exiftence. Combien ne leur eft il donc pas fuperieur en puiffance, en perfection, en grandeur!.....

Glaucon etoit depuis longtemps fort attentif? Il s'ecria dans cet endroit, avec un leger fouris: Grand Apollon! Socrate nous fait ici monter bien haut dans les nues!.... Cher Glaucon, lui repondis-je, n'en accufez que vous feul je vous en conjure, fi je

m'y

m'y fuis perdu; puifque c'eft vous, qui m'avez fait prendre mes aîles. GLAUCON. Vous ne m'entendez pas, mon cher Socrate. Je fuis au contraire fi charmé de votre nouvelle comparaifon, que je la veux toute entiere. SOCRATE. Il eft certain qu'elle eft feconde en beaux rapports. GLAUCON. Il faut nous les parcourir touts. SOCRATE. Vous aurez ceux que pour l'heure mon efprit me fournira.

Deux Mondes; l'intellectuel, & le fenfible. Deux aftres, pour y prefider; notre foleil, & l'Etre Divin. Me comprenez vous? GLAUCON. Parfaitement, jufqu'ici. SOCRATE. Coupez en deux parties inegales une ligne, qui reprefente les deux Mondes; & chacun des extrêmes en quatre; de telle forte que leurs fegments foient en proportion avec l'evidence des objets, que l'un & l'autre Monde renferment. Le premier fegment de celui des extrêmes, qui tient la place du Monde vifible, exprimera les corps; le fecond leurs ombres; le troifiême leurs images, vues dans l'eau, par exemple, ou dans un miroir; & le quatriême enfin leurs qualités fenfibles. Me fais-je toujours entendre? GLAUCON. Oui, mon cher Socrate; je n'ai point encore de peine à vous fuivre. SOCRATE. Ces trois derniers termes font au premier, c'eft à dire, que l'apparence eft à la realité, ce que l'opinion eft à la Science. Les quatre portions de ligne qui nous reftent, nous marqueront d'autre part les quatre manieres differentes, par lefquelles nous parvenons à connoître la verité. La plus parfaite nous la fait appercevoir, par voie d'intuïtion. Les trois autres empruntent le fecours de fes ombres, & de fes images, pour nous la faire decouvrir. La moins defectueufe de celles-ci, à la faveur de certaines fuppofitions accordées, conduit l'efprit avec adreffe, mais toujours en tâtonnant, de confequences en confequences, jufqu'à celle qui refout la queftion. La premiere le fait monter incontinent aux principes; qui lui fervent les uns après les autres comme d'échelons, pour defçendre jufqu'à celui qu'il faut prouver; & fixe continuellement fa vue fur les idées, que fucceffivement lui fournit le fujet. GLAUCON. Vous nous parlez, je le vois, des Methodes

thodes, Analytique, & Synthetique ; mais je n'en comprends pas encore affez nettement la difference. SOCRATE. Vous l'allez fentir. Les Geometres, & les Arithmeticiens, ont en referve, pour le befoin, comme vous fçavez, un grand amas d'axiômes, & de demandes, fur les nombres, & fur les lignes ; parmi lefquels ils choififfent, lorfqu'un problême leur eft propofé, les plus capables de leur en donner la refolution. GLAUCON. Leur maniere eft très connue. SOCRATE. Ils commencent par tracer leurs figures ; mais ce n'eft du tout point d'elles que dans tout le cours de leurs demonftrations ils parlent. Ils en contemplent d'autres, infiniment correctes ; qui font les feules, dont les rapports les intereffent. Je veux dire, que ce n'eft point d'un tel triangle, d'un tel quarré, ni d'un tel cercle, mais du quarré, du triangle, du cercle, qu'ils demontrent les proprietés. Ceux qu'ils decrivent au hazard, font des fignes, utiles feulement pour donner prife à l'entendement pur fur des objets, que tout relevé qu'il eft au deffus des fens, il auroit de la peine autrement à faifir. GLAUCON. Je vous entends. Le quarré, le cercle, & le triangle vus, ne font qu'arrêter l'attention fur le quarré, le triangle, & le cercle intelligibles. SOCRATE. Vous avez un œil d'aigle, mon cher Glaucon. Je pourfuis.

Dans la methode Synthetique, l'efprit ecarte abfolument tout le fenfible ; &, par une enchainûre fuivie d'idées claires, il avance, de principe en principe, jufqu'à celui qui tient immediatement à fa propofition generale. GLAUCON. Je ne vous perds point encore ici de vue, mon cher Socrate. Vous dites beaucoup ; & vous nous faites fouvenir de la grande preeminence que la Dialectique a fur la Geometrie, & fur la Science du Calcul. Quand on enfeigne, la lumiere fort egalement de toutes les parties du difcours. Mais lorfqu'on demontre, on en eft reduit à chercher par de longs detours les verités les plus compofées, à la lüeur d'un petit nombre des plus fimples. SOCRATE. Vous m'avez excellemment compris, mon cher Glaucon. Nous avons dans l'Entendement humain, pour repondre à nos quatre derniers fegments proportionnels, l'intuïtion

pure,

pure, le raisonnement, la foi, l'opinion. Je les range dans l'ordre, qu'exige le genre d'evidence qui leur convient. GLAUCON. Je reçois votre division. Elle nous met sous les yeux toutes les differentes approches de notre esprit vers la verité. SOCRATE. Puisque vous etes satisfait, nous finirons. GLAUCON. Il est en temps.

DE LA
REPUBLIQUE;
OU
DU JUSTE, ET DE L'INJUSTE.

LIVRE SEPTIEME.

SOCRATE.

POUR ouverture d'un nouvel Entretien, je m'avisai de l'image qui va suivre. Elle vous exprimera, dis-je à Glaucon, toute la difference que je conçois, entre les hommes dont l'ignorance est le partage, parceque jamais ils n'eurent que les sens pour Maîtres ; & ceux qui par un long commerce avec touts les objets du Monde intellectuel, ont enrichi leur esprit des connoissances les plus sublimes. Voici les uns & les autres, au naturel.

Imaginez vous d'une part des forçats, depuis leur premiere enfance enchainés par touts les membres du corps, dans un antre souterrain ; en telle sorte qu'il ne leur eût jamais eté possible de se retourner vers la lumiere ; dont un large soupirail, ouvert sur un chemin passant, laisseroit devant eux les foibles raïons aller mourir, au fond de la caverne. Ils y verroient defiler continuellement des ombres d'hommes, d'animaux, de voitures. Vieux esclaves de l'habitude, ils les prendroient unanimement pour des realités ; ils leur attribueroient tout

le

le bruit entre autres, dont leurs oreilles feroient frappées, au paſſage de chacune. Ils en parleroient enſuite, precifement comme nous faiſons des choſes mêmes. GLAUCON. Ce debut, mon cher Socrate, nous prepare à quelque denouement fort extraordinaire. SOCRATE. Moins que vous ne penſez, mon cher Glaucon. C'eſt le commun des hommes, dont l'oeil eſt comme immobile, dans la priſon tenebreuſe où nos corps font renfermés, depuis leur premiere entrée au Monde, & colé ſur les objets materiels, que je pretends vous peindre. Continuons.

Si quelqu'un, après avoir briſé les fers d'un de ces malheureux, l'invitoit à tourner la tête, & s'efforçoit de le tirer par la main de ce reduit obſcur; aux premieres approches de la lumiere, ne ſouffriroit-il pas les plus cruelles peines? GLAUCON. Ses yeux en feroient etrangement bleſſés; il feroit entierement ebloui. SOCRATE. Mais quel feroit ſon etonnement; lorſqu'il entendroit ſon Conducteur traiter ſes images ſombres de phantômes vains, & lui vanter les nouveaux objets, dont il feroit environné! Interrogé de ce qu'il en penſeroit, ne feroit-il pas dans un parfait embarras; & n'aſſureroit-il pas qu'ils n'auroient ni la realité, ni la douçeur des autres? GLAUCON. Il les croiroit enchantés; il s'en detourneroit; il en auroit peur. SOCRATE. Que feroit-ce donc, ſi par un ſentier difficile, il etoit conduit au grand jour? Quelles douleurs! Quels hauts cris! Quelle entiere impoſſibilité de voir! Quels regrets pour ſes chaînes, & pour ſes ombres! GLAUCON. Il regarderoit l'effet du bon zele de ſon Guide charitable, comme un très mauvais ſervice. SOCRATE. Sa vue par degrés ſe fortifieroit. Il commenceroit par les corps les moins eclairés. De l'un à l'autre, il parviendroit à ſoutenir la reverberation des raïons du Soleil, vu dans un miroir, ou dans l'eau. Enfin il auroit le regard aſſez ferme, pour en contempler quelques moments le difque. GLAUCON. Oui, mais que de mal aux yeux, mon cher Socrate, avant que d'en venir là! SOCRATE. Il eſt vrai. Mais preſentement fait comme un autre, il raiſonneroit ſur la nature de cet Aſtre; il admireroit la regularité merveilleuſe de ſon cours, le bel ordre qu'il met dans les ſaiſons, & le nombre infini

D d 2

de

de ſes productions admirables ſur notre terre. GLAUCON. Le grand ſpectacle du monde viſible, auroit dans ſa nouveauté, quelque choſe de raviſſant pour lui.

SOCRATE. Quand, revenu de ſon premier tranſport, il ſe rappelleroit le ſouvenir de ſa tenebreuſe demeure, de ſes anciens compagnons d'eſclavage, & des manieres de penſer eſtimées entre eux; combien ne ſe feliciteroit-il pas de ſon nouvel etat; & quelle compaſſion n'auroit-il pas du leur! Que d'indifference, & que de mepris, pour les loüanges, & pour les honneurs, dont ils combloient ceux qui faiſoient à leur gré les obſervations les plus fines ſur leurs neants mobiles; & qu'ils regardoient comme les plus beaux genies; pour deviner mieux que les autres le moment precis de leur arrivée, ou de leur eclypſe! Porteroit-il envie aux plus admirés, aux plus applaudis? Plutôt que d'aſpirer à l'empire de la caverne; ne croïez vous pas qu'il choiſiroit, avec le Heros chagrin d'Homere; " d'aller ſervir le Bouvier le plus indigent du plus pauvre hameau?" GLAUCON. Vivre avec eux, & ſe repaître de chimeres avec eux, lui paroîtroit aſſurement le plus grand des ſupplices.

SOCRATE. Emu de pitié pour ces miſerables, d'autant plus à plaindre, qu'ils ne ſentiroient point leurs maux; s'il formoit le deſſein genereux de les aller rejoindre, pour leur en faire connoître toute l'etendue; & ſi, tout offuſqué longtemps qu'à ſon arrivée il ne pourroit manquer d'être, on le faiſoit parler ſur les vieux ſujets d'entretien, & de conteſtation; quels prodigieux eclats de rire dans toute la chaîne, à chaque mot qu'il diroit? Il auroit les yeux perdus, en punition de les avoir quittés; & l'on ſeroit fou, d'aller, après un ſi triſte exemple, rendre viſite au Soleil. Si, malgré ce mauvais accueil, il s'obſtinoit à leur conſeiller de venir ſe rendre participants de ſon bonheur; quel ſoulevement n'exciteroit-il pas contre lui? La mort, oui la mort, ſeroit peut-être ſa recompenſe. GLAUCON. Les huées cependant, mon cher Socrate, devroient ſuffire.

SOCRATE. Cette Allegorie s'explique d'elle-même. L'antre ſouterrain, c'eſt le monde ſenſible. L'enlevement d'un des Captifs,

arraché

arraché de fa prifon obfcure, pour être conduit à la lumiere, figure l'affomption de l'âme dans le Monde intellectuel, fi j'ofe parler de la forte, operée par la Philofophie. Dieu fçait, mon cher
Glaucon, fi je la comprends bien. Du moins vous dirai-je ma façon
de l'entendre. De toutes les idées intelligibles, celle du Bien eft
la plus fublime; & pour les yeux ordinaires auffi la plus difficile à
decouvrir. Quand on la contemple attentivement; on voit que
toutes les beautés, qui parent ce grand Univers, & l'Univers même, ne font que des emanations de lui. Non feulement il conferve allumé, pour nos befoins, l'immortel Flambeau qui nous
eclaire, dit-on, dans les tranfports de l'adoration la plus refpectueufe,
& de l'admiration la plus vive; il en fait lui-même l'office, dans
cet autre Monde; en comparaifon duquel celui que nos corps ha-
bitent, n'eft qu'un cachot, horrible par fes tenebres. C'eft lui qui
repand les raïons purs de la verité, dans tout cet horizon immenfe, auquel s'etend la vue des Efprits : c'eft lui qui leur diftribue la
Sageffe. Tout particulier, tout homme public, qui n'entend point
ce language, n'en aura certainement qu'une portion très mediocre; & ne fera jamais ce qu'on appelle un grand homme, ni dans
fa maniere de penfer, ni dans fa conduite. GLAUCON. Le moïen
d'avoir des lumieres, quand on ne connoît pas celui qui les donne?
SOCRATE. Ne foïons aucunement furpris, que les habitants heureux de ce Monde, entierement inconnu pour la plûpart des hommes, aient tant de peine à le quitter, pour s'intereffer dans ce
qu'on nomme parmi nous les grandes affaires; & que leur âme, attachée au lieu de fon origine par les plus forts liens, ne fe plaife
que très imparfaitement ailleurs. Il eft impoffible autrement, fi
notre allegorie eft jufte. GLAUCON. Le gain feroit petit, & la
perte infinie pour eux. SOCRATE. Nous ne devons point davantage nous etonner, de les voir deconcertés, confus, prefque interdits;
lorfqu'au fortir d'un commerce inftructif, & plein de charmes,
avec la Divinité, ils retrouvent les hommes, avec leurs chimeres,
& leurs vices. Jufqu'à ce que par degrés leurs yeux fe familia-
rifent avec l'obfcurité; fe peut-il qu'ils trouvent auffi bien les

êtres

êtres que les autres? Comment n'apprêteroient-ils pas souvent à rire, dans un barreau; où l'on mugit; où l'on se bat, helas! pour l'ombre de la justice; aussi cruellement outragée par ceux qui la violent, que peu connue de ceux qui l'administrent? La Cour pareillement, le Senat, l'Armée, doivent être des païs, assez perdus pour eux. Cependant comme il est certain qu'on voit mal, soit que l'on passe d'un lieu fort eclairé dans un lieu sombre, ou d'un lieu sombre dans un autre où le jour luit; pour avoir droit d'insulter à leurs tatonnements, il faudroit avoir bien examiné, de laquelle de ces deux causes viendroient les embarras, & la mauvaise vue.   On pourroit ensuite à meilleur titre les feliciter, ou les plaindre; & juger si les rieurs, avec leur œil, depuis l'enfance colé sur leurs ombres, ne seroient pas eux-mêmes les gens ridicules. GLAUCON. Mon cher Socrate, ils seroient presque toujours les victimes d'une exactitude scrupuleuse à raisonner, sur les choses qui les divertissent.

SOCRATE. Les Sophistes, mon cher Glaucon, leur fourniront un plus beau champ; lorsqu'ils se vantent entre autres d'avoir des yeux de leur façon à nous donner; pendant que notre âme est constamment née avec celui de la perception, qui vaut touts les autres. GLAUCON. Il n'est rien qu'il ne penetre. SOCRATE. Vous avez raison.   Mais il est fixement attaché sur les objets sensibles. Elle ne peut être eclairée, à moins que par un mouvement entier d'elle-même, elle ne se retourne, de tout ce qui perit, & qui forme un cahos parfaitement tenebreux au devant d'elle, vers l'Etre eternel, qui n'est que lumiere; vers le Bien Souverain. C'est à quoi doivent l'aider touts les Preceptes. GLAUCON. Ceux qui n'operent pas ce retour vers Dieu, sont desavoués par la vraie Philosophie. SOCRATE. Si la Nature n'avoit pas mis en nous l'œil merveilleux dont je parle; ils ne nous le donneroient certainement pas.   Mais ils ecartent les obstacles; ils l'epurent; ils le dirigent, ils le tournent du coté qu'il faut.   GLAUCON. C'est très bien dit. SOCRATE. Il n'en est pas de l'Entendement, comme des qualités acquises.   Les dernieres sont le fruit de l'application, & des bonnes habitudes. On se les procure; on peut les perdre. L'autre

est

eſt un preſent du Ciel. Nous pouvons le bien, ou le mal appliquer ; mais le vice, outré même, ne l'ôte à perſonne. Mon cher Glaucon, n'avez vous jamais eté ſurpris de la grande fineſſe d'eſprit, que ſouvent on trouve à certains hommes fort corrompus ? Ce n'eſt aſſurement point la penetration, c'eſt un cœur droit & bon qui leur manque. Parcequ'ils n'ont pas l'un, touts leurs autres talents ne ſervent qu'à les rendre plus mauvais, & gens plus à fuir dans le commerce. GLAUCON. Il ſeroit beaucoup à ſouhaiter pour eux, auſſi bien que pour toutes les perſonnes auxquelles ils ont affaire, qu'ils fuſſent à la lettre des ſtupides. Ils auroient moins de mouvement, d'inſtinct, & d'avantages pour nuire. SOCRATE. Oui. Mais ſi quelque main propice avoit de bonne heure ſoulagé leur âme de ces poids enormes, qui la tiennent courbée vers la terre ; on l'auroit vue ſe redreſſer avec effort ; & plus epriſe que mille autres des charmes de la verité, s'elancer vers elle, avec une ardeur fort au deſſus de l'ordinaire. GLAUCON. Vous voulez dire, mon cher Socrate, qu'une bonne tournure, donnée de jeuneſſe, auroit des plus illuſtres Sçelerats fait les plus grands hommes. SOCRATE. C'eſt mon ſentiment. L'education fait preſque les uns & les autres ce qu'ils ſont. Entendez moi neanmoins.

Je ne veux pas dire que les eſprits trop amoureux de la Philoſophie, & de tout temps comme abſorbés dans les Sçiences, doivent être jugés beaucoup plus propres à gouverner, que ceux qui n'y firent jamais aucuns progrès ; & qui ſe montrerent toujours ſans goût pour elles. Les grandes fins, pour leſquelles on vit, particulier, homme public, ſeront entierement cachées pour les derniers ; & par conſequent ils ſeront de mauvais guides, pour y tendre. Les Meditatifs auſſi ne ſont pas fort capables d'un ſi beau ſoin ; par la raiſon que leur cabinet eſt les champs Elyſées pour eux ; & qu'ils ne peuvent ſe reſoudre à le quitter, pour aller augmenter le nombre des Ixions dans le grand Monde. GLAUCON. Ils y demeurent ; parcequ'ils y jouïſſent d'un bonheur, que rien n'egale ; & que, de leur retraite, ils voient les pierres monſtrueuſes, qu'ils auroient à rouler, s'ils devenoient perſonnes publiques. SOCRATE. Mais quoi ? Pendant qu'à leurs yeux,

des

des Peuples entiers feront dans l'accablement, & dans la fouffrance, vivront-ils feuls ainfi dans les delices, & dans le fein du repos? Non. Ils feront arrachés de leur fejour tranquille; après qu'ils auront connu, goûté le Souverain Bien; affez pour ne plus nous donner lieu de craindre, que jamais ils logent dans leur âme aucune paffion, prejudiciable à celle qu'on doit avoir pour lui. Ils feront deformais gens trop neceffaires, pour confentir à nous priver de leurs fervices. Nous les obligerons de redefçendre vers d'infortunés captifs; vers des aveugles, dont le trifte etat implore à haute voix leur fecours. Ils iront partager avec eux, & leurs grands travaux, & leurs grands titres; qu'il ne leur fera pas libre de refufer, fous pretexte qu'ils les meprifent. GLAUCON. Mon cher Socrate; pour des gens à votre compte qui meritent tout, vous les traitez fort durement, ce me femble; de leur enlever ainfi les douçeurs de leur fçavant loifir, pour les plonger dans l'embarras des affaires. SOCRATE. Mon cher Glaucon, vous oubliez qu'un Fondateur de Republique etend fes vues au general. Il ne travaille point à ne rendre heureux qu'un certain nombre de Citoïens. Au contraire il veut que touts contribuent de leurs talents à la felicité commune. Son but principal eft de les unir etroitement, par un commerce de bons offices mutuels. Craint-il d'echoüer, par la voie de la perfuafion; il emploiera la force, pour les contraindre à beaucoup facrifier de leurs avantages particuliers à l'interêt public. Sa plus grande fraïeur eft, qu'ils ne vivent detachés les uns des autres; comme il arrivera, lorfqu'ils vivront chacun à fa mode, & chacun pour foi; & fon plus grand foin, de former entre eux des liens, que rien ne puiffe rompre. GLAUCON. J'ai tort, mon cher Socrate. Il feroit criminel, pour les perfonnes les plus capables de faire le bonheur des autres, de fe renfermer tout entieres en elles-mêmes. Le reproche qu'elles auroient à fe faire de leur inutilité, leur cauferoit de l'amertume; &, quoi qu'il en foit, la Republique aura befoin d'elles.

SOCRATE. Pour leur faire moins regretter leurs prairies, emaillées de fleurs, & leurs arbres toujours verds; nous avons beaucoup

de

de chofes à leur dire. Il eft vrai, leur avouerons nous d'abord, que les Etats d'aujourdhui, mal arrangés dès leur premiere origine, & gouvernés plus mal encore, n'ont aucun droit d'exiger de vous un devouement abfolu de vous-mêmes à leur fervice. Vous ne devez ce que vous etes qu'à vous feuls. Il vous a même fallu tout votre courage, pour triompher de ce nombre infini d'obftacles, que forment leurs mauvais gouvernements, & la grande corruption de mœurs qu'on y voit, à l'acquifition de la Sageffe. Quand on ne la tient que de fon propre fond, comme vous autres, & de fon travail uniquement ; on ne peut être, en titre de juftice, obligé de la repandre fur un Public, non feulement qui ne fournit point de facilités pour l'acquerir, mais qui fouvent même traverfe de toutes les manieres ceux qui la cherchent. Cependant fouvenez que vous etes redevables à nos leçons de ce noble empire, que vous avez fur vous-mêmes, & qui vous rend dignes de commander au refte du Monde. La reconnoiffance vous impofe le devoir de nous prêter la main, pour l'execution d'un nouveau plan ; qui, fi les hommes le veulent fuivre, les mettra touts en voie d'arriver au même parfait bonheur, dont vous jouïffez, à l'ecole de la Vertu. Que leur caverne foit auffi peu charmante, leurs tenebres auffi defagreables pour vous qu'il vous plaira ; c'eft à vos yeux de s'agguerrir, & c'eft à vous de les contraindre. L'horreur qu'elles vous cauferont, vous fera d'autant mieux fentir la douce impreffion de la lumiere, que vous irez de temps en temps revoir. Avec un peu d'habitude, affûrez vous auffi que vous raifonnerez plus pertinemment qu'eux fur leurs ombres ; parceque vous aurez fecrettement commerce avec les realités ; & que le vrai, le jufte, le beau, feront des objets familiers pour vous. Pour fruit de nos facrifices, & de nos travaux ; nous aurons une Republique, où la vie fera pour chacun des Citoïens quelque chofe de beaucoup meilleur qu'un rêve inquiettant, & qu'un mauvais fommeil. On n'y verra point les perfonnes les plus diftinguées par leurs talents, & par leur naiffance, la tête ceinte du bandeau de l'Ambition, s'entre-arracher des mains le commandement : comme fi le fouverain bien etoit de fe voir maître des autres! Cependant quoi de plus certain, qu'un Etat fleurit, à mesure que ceux qui gouvernent ont moins de cet empreſſement vicieux; & qu'il ne faut rien davantage, pour le mettre à toute heure ſur le penchant de ſa ruïne? Qu'en penſez vous, mon cher Glaucon? Nos Diſciples, ou, pour mieux dire, ceux de la Philoſophie, nous refuſeront-ils leur ſecours; & s'obſtineront-ils à ne point vouloir quitter leur Ciel pur, pour un lieu ſombre? GLAUCON. Ils feront leurs reflexions, mon cher Socrate; & j'augure qu'elles vous ſeront favorables. Ils aimeront la juſtice; & vous ne leur demandez rien que de juſte. SOCRATE. Oui, mon cher Glaucon, ils ſe laiſſeront perſuader. Mais on les verra monter aux premiers poſtes, avec des ſentiments fort differents des ordinaires; comme des gens, que leur inclination porteroit entierement à ſe cacher; mais que l'utilité publique, dont la conſideration doit l'emporter ſur toutes les autres, fait ſeule reſoudre à ſe produire. GLAUCON. Quand eſt-ce, mon cher Socrate, que les Grands voudront penſer de la ſorte! SO- CRATE. Si par touts nos efforts, nous pouvions leur faire connoître, & goûter une vie, ſans comparaiſon meilleure que celle dont ordinairement l'orgueil eſt en eux le mauvais principe; nous commencerions enfin à voir des Etats bien gouvernés, & des Peuples heureux. C'eſt alors que le Monde auroit des Maîtres veritablement riches; riches, moins par leurs amas d'or, & d'argent, que par la poſſeſſion des threſors, infiniment plus precieux, de la ſageſſe. Mais tant qu'il n'en aura que de neceſſiteux, d'inſatiables, à qui tout manque, au milieu de tout leur faſte, & de toute leur abondance, enfin d'empreſſés uniquement de ſervir le Public, pour ſe charger de ſes depouilles; qu'attendre, que touts les malheurs enſemble? Où pourroit aboutir cette guerre inteſtine, eternellement allumée entre eux, à qui ſera le plus en ſituation de faire un gros butin, que ſouvent à les enſevelir eux-mêmes dans le tombeau de la Republique? GLAU- CON. C'eſt à quoi l'Ambition tôt ou tard conduit. SOCRATE. Une paſſion ardente pour la vraie Philoſophie, mon cher Glaucon, eſt ſeule capable de refroidir un cœur pour des objets, qui ſont dans le Monde une ſource continuelle de renverſements; & de faire conçevoir pour

eux

eux un noble mepris. GLAUCON. Pour n'en être point enchanté, mon cher Socrate, il en faut connoître, il en faut aimer d'autres; dont seule elle fait sentir les charmes, & qu'elle seule fait decouvrir. SOCRATE. La bonne regle sera, pour mettre fin à touts ces combats echauffés, de ne confier la puissance qu'à ceux qui la redoutent, beaucoup plus qu'ils ne la desirent. Autrement à la tête de l'Etat, on n'aura qu'une troupe de concurrents; qui le sacrifieront, pour s'aggrandir. GLAUCON. C'est, mon cher Socrate, ce qu'on voit arriver, lorsqu'on la donne à la brigue. SOCRATE. Si les Peuples ont leur repos, & leur salut à cœur; outre qu'ils ne prendront jamais pour Maîtres que les plus habiles dans l'art de gouverner; ils choisiront aussi toujours ceux qui sçavent être touchés d'une gloire, preferable à toute l'enflure de l'orgueil; & qui sont animés de motifs, très superieurs à touts ceux que l'Ambition inspire. GLAUCON. Ils sont les seuls dignes d'occuper les postes les plus eminents de la Republique; parceque seuls ils ont assez de grandeur d'âme, pour les mepriser.

SOCRATE. Je crois, mon cher Glaucon, pouvoir enseigner au Monde le secret de se former des hommes de ce charactere; & de les evoquer, pour ainsi dire, de leurs tenebres favorites, comme, par le secours de la magie, on fait les mânes de leur sombre sejour. GLAUCON. Voulez vous bien nous l'apprendre? SOCRATE. C'est mon dessein. Mais auparavant je dois vous avertir, qu'il s'agit ici de beaucoup plus, que de ce jeu d'Enfants, auquel c'est la Dame, noire par dessous, qui gagne, lorsqu'après avoir fait ses tours en l'air, elle tombe sur le blanc. Il est question de tourner l'âme, entierement obscurcie, du coté qu'elle presente au Monde materiel; jusqu'à ce qu'elle ait de front celui, que la Divinité remplit de sa lumiere. C'est encore une fois l'ouvrage de la Philosophie; ou, pour mieux dire, son grand miracle. GLAUCON. Il est bien nommé grand. SOCRATE. De ses nombreuses forces mouvantes, laquelle sera capable, mon cher Glaucon, de lui faire ainsi changer tout à fait de posture; & de vaincre les poids enormes, dont je vous parlois tantôt? Quelle science la ramenera vers l'Etre immu-

E e 2

able;

able; & lui fera comme tourner le dos à tout ce qui naît, & qui perit? ..... La queſtion eſt du plus haut genre..... Souffrez que j'y penſe un moment..... Nous avons fait ſouvent l'eloge de la Gymnaſtique, & de la Muſique. GLAUCON. Unies enſemble, elles produiſent des effets, qui ne ſe peuvent exprimer. SOCRATE. Oui; mais prenez garde que la premiere ne perfectionne que le corps; & qu'elle eſt utile ſeulement pour ſe conſerver la paiſible jouïſſance des biens qui paſſent. GLAUCON. Il eſt vrai. SOCRATE. Ce n'eſt donc pas celle qu'il nous faut. GLAUCON. Non. SOCRATE. Que dirons nous de la Muſique? GLAUCON. Elle donne des mœurs; elle eſt Mere de l'elegance, & de l'harmonie, dans les actions, & dans le diſcours; ſoit qu'il ait la fable, ou la verité pour ſujet. Cependant je ne vois pas encore qu'il en faille attendre la connoiſſance du Souverain Bien, dont vous etes en peine. SOCRATE. Envain l'eſpererions nous, à plus forte raiſon, des Arts mechaniques. GLAUCON. Ils ſont d'un ordre beaucoup inferieur. SOCRATE. Nous reüſſiſſons très mal, ce me ſemble, dans le particulier. Peut-être dans le general ſerons nous plus heureux. GLAUCON. Tirez nous d'embarras, je vous en ſupplie, mon cher Socrate.

SOCRATE. Vous allez être ſurpris, mon cher Glaucon. Pour introductrice à la Sçience relevée, que nous cherchons, j'en conſeillerois une, que toutes les autres emploient très utilement au beſoin; mais qui cependant n'eſt pas fort eſtimée; l'Arithmetique, en un mot. Vous ſçavez qu'elle eſt d'uſage partout; à commencer par l'art militaire. Dans nos Tragedies, Palamede fait certainement les Grecs plus ſtupides qu'ils ne pouvoient l'être; lorſqu'il ſe vante au ſiege de Troie d'en avoir eté le premier inventeur; & qu'il aſſûre, ſans lui qu'ils n'auroient pas ſçu le nombre de leurs Vaiſſeaux, ni de leurs Troupes. Sans Palamede, Agamemnon auroit ignoré combien de pieds il avoit de haut, & combien de doigts à la main! GLAUCON. Ce ne ſeroit pas être, je ne dirai pas grand Capitaine, mais homme ſeulement, que de ne ſçavoir pas compter, un, deux, trois, quatre. SOCRATE. Fort bien. Mais croiriez vous, pendant qu'on ne fait gueres ſervir la ſçience

du

du calcul qu'aux usages les plus communs, qu'elle pût conduire l'esprit à des connoissances très sublimes ; & l'elever même naturellement à celle de l'Etre suprême ? GLAUCON. Vous m'etonnez. De quelle maniere, je vous prie ? SOCRATE. Je ferai mes efforts, pour vous l'expliquer, mon cher Glaucon. Vous me remettrez dans la voie, si je m'ecarte.

De nos sensations, les unes sont parfaites ; & ne laissent dans notre esprit aucun embarras, sur les qualités des objets, qui nous les causent. Les autres nous jettent au contraire dans mille incertitudes ; qui nous excitent à des recherches ; pour sçavoir à quoi nous en tenir. GLAUCON. Apparemment vous entendez ceux qui sont eloignés, ou peints. SOCRATE. Non. Je parle des corps qui nous environnent, & qui sont même fort près de nous. Mes trois doigts, le petit, le suivant, & celui du milieu, vous feront comprendre ce que je veux dire. Je les vois d'une certaine figure, & je ne revoque point en doute le temoignage de la vue ; parceque jamais elle ne varie à cet egard. Il n'en est pas de même de leurs qualités sensibles ; de leur grosseur, par exemple. Si je les compare à ceux d'un enfant, elle me fera juger qu'ils sont enormes ; à ceux d'un Geant, le contraire. Les autres sens ne sont pas moins sujets à nous dire le pour & le contre. Ils nous representeront le même corps petit & grand, dur & mou, pesant & leger, vite, & lent tout à la fois. GLAUCON. Ces exposés irreconciliables, ne peuvent manquer en effet de causer à l'âme d'etranges embarras ; & de lui faire chercher les moïens de s'eclaircir. SOCRATE. Elle consulte l'entendement pur ; afin d'apprendre s'ils parlent d'une seule chose, ou de plusieurs. Bientôt il separe les idées, qu'ils avoient confondues. En un mot il corrige leurs faux jugements, & la ramene, comme en titre d'office, à la verité. C'est là dessus que la distinction fameuse de l'intelligible, & du sensible, est etablie. GLAUCON. Elle est très juste. SOCRATE. Il reste à voir auquel de ces deux genres appartient l'unité, mere, comme on sçait, de touts les nombres. GLAUCON. Je n'oserois, mon cher Socrate, me hazarder à resoudre une question si metaphysique. SOCRATE. Ce qui vient de preceder nous met neanmoins beaucoup sur les voies. Nos sens nous representent à toute heure un objet, comme un, & multiple, en même temps. Il faut un Juge, qui prononce lequel on croira. L'âme rentre en elle-même, pour etudier, sans leur intervention, la nature de l'unité veritable ; dont la connoissance lui sert d'echelon ensuite, pour l'elever jusqu'à celle de l'Etre souverain. GLAUCON. Il est vrai que l'unité sensible en est fort differente ; puisqu'elle subsiste avec la multitude, dans toutes les choses materielles.

SOCRATE. L'Arithmetique sera donc une des sçiences que nous cherchons. GLAUCON. On ne peut nier qu'elle ne tourne beaucoup l'esprit vers la verité pure. SOCRATE. L'homme de guerre auroit tort de l'ignorer ; ne fût-ce que pour sçavoir mieux ranger son monde. Le Philosophe doit s'en faire un capital ; parcequ'elle detache l'âme des choses perissables, & l'unit à l'Essence divine. GLAUCON. Je comprends, mon cher Socrate, qu'elle se rapporte naturellement à ces deux fins sublimes. SOCRATE. On ne se contentera donc pas de l'enseigner superficiellement, & seulement pour l'usage de la vie, à ceux qui rempliront un jour les plus importantes charges de la Republique. Il faudra leur faire sentir avec soin tout le merveilleux de la nature des nombres ; dans la vue de les passionner pour les verités immuables ; & de les accoutumer, si, je l'ose dire, à traverser toute la basse region des objets corruptibles, pour arriver jusqu'à l'Etre eternel. GLAUCON. Etudiée de la sorte, elle contribuera beaucoup à l'acquisition de la vraie sagesse.

SOCRATE. Mon cher Glaucon, je ne puis assez admirer combien la sçience dont nous parlons est commode pour tout, & belle en soi ; pourvu qu'un vil interêt ne soit pas le motif qui porte à l'apprendre ; & qu'on y cherche à se perfectionner l'Esprit. Il est incroïable à quel point les speculations qu'elle lui presente, le degagent des sens, & de la Matiere. On sçait, par exemple, qu'elle est infiniment divisible. Mais qu'on prie un Arithmeticien de partager l'unité veritable en deux moitiés, ou d'y faire appercevoir l'affinité la plus legere avec le corps ; il ne repondra que par un souris, qui punira le faiseur de question. L'a-t-on divisée ? Il multipliera

tipliera le numerateur de la fraction par le diviseur ; & la rendra tout ce qu'elle etoit, avant la division. GLAUCON. Il est vrai. SOCRATE Que repliquera-t-il encore, si le même Esprit grossier lui demande, un million de fois multipliée par elle-même, comment elle ne donne toujours qu'elle-même pour produit ; & comment, rompue à l'infini, elle demeure indiscerpible ? Qu'elle a ces proprietés, & mille autres, incomprehensibles à nos sens ; mais que le meilleur pour eux est de se taire, quand la raison parle, & leur impose silence. GLAUCON. On a demonstration pour toutes ces choses, mon cher Socrate. Il seroit extravagant de les contester. L'Arithmetique est donc une Science des plus necessaires ; puisqu'elle fournit un exercice continuel à l'entendement pur ; & qu'elle forme insensiblement un goût pour la verité, plus delié qu'on ne peut dire. J'ajoûte qu'elle donne de l'ouverture pour toutes les autres ; ou qu'elle augmente beaucoup celle qu'on avoit dejà. Enfin il n'en est aucune, qui demande un travail plus opiniâtre ; & par consequent elle accoutume à tout celui, dont elles sont la recompense. GLAUCON. Par touts ces endroits, les jeunes gens, de qui l'on aura des attentes plus qu'ordinaires, doivent l'apprendre à fond. SOCRATE. Me direz vous, à laquelle il faudra les tourner ensuite ? GLAUCON. A la Geometrie, apparemment. SOCRATE. Vous me devinez. GLAUCON. Il est hors de doute qu'elle est très utile dans la profession des armes ; pour camper, pour se fortifier, pour se mettre en bataille, pour faire les evolutions, pour ordonner les marches. Un Guerrier Geometre s'en acquittera toujours mieux qu'un autre. SOCRATE. Oui. Mais avec assez peu de Geometrie, & d'Arithmetique, on fera très habilement la guerre. L'essentiel est de voir, si la premiere approche aussi l'âme du Bien Souverain ; dont la connoissance est le grand fruit, comme nous l'avons posé d'abord pour principe, qu'on doit remporter de toutes ses etudes. Si donc il nous paroît qu'elle l'unisse à cette bienheureuse Essence, elle meritera touts nos eloges ; mais nous en ferons assez peu de cas, si toute la pompe de ses decouvertes ne s'etend point au delà de la sphere des choses passageres. GLAUCON. Mon cher Socrate, les

Sciences

Sçiences veritables tiendront beaucoup à la Religion; s'il est vrai qu'elles nous fassent de la sorte avoir un commerce intime avec la Divinité!

SOCRATE. Pour peu qu'on ait penetré la nature de celle dont je parle; on sçaura que ceux qui l'estiment uniquement, par les bons services qu'elle rend aux arts, en ont une très fausse idée; puisque la Theorie est certainement le principal, & les usages, l'accessoire. C'est pourtant une erreur fort commune, parmi les personnes même qui la manient. GLAUCON. A leur compte, il semble que son utilité seroit mediocre. SOCRATE. Assurement. Qu'elle nous aide à calculer touts les mouvements des Astres, & qu'elle nous fasse trouver sous la pointe du Compas les dimensions de touts les corps; il ne s'agit là que d'objets, qu'un jour vit naître, & qu'un autre verra perir. Le sien est affranchi des loix du temps. GLAUCON. Il est vrai. Les rapports, qu'elles nous decouvre dans l'Etendue ideale, sont necessaires, immuables, eternels.

SOCRATE. Mieux que l'Arithmetique encore, elle souftrait l'esprit à l'empire des sens, le detache des choses corruptibles, l'unit à la verité, le prepare aux leçons les plus sublimes de la sagesse. On la cultivera donc avec soin dans une Republique, où chacun n'aura point de plus forte passion que de les pratiquer. GLAUCON. On auroit tort d'y negliger une Sçience, à laquelle on ne peut faire trop d'accueil. SOCRATE. La multitude, & l'excellence de ses usages, la rehaussent encore beaucoup. Ce n'est pas dans la guerre seulement que l'esprit geometrique est d'un grand secours. Il se fait remarquer partout; & s'il manque, on le sent d'abord. GLAUCON. Il est vrai. Dans quelque genre que ce puisse être, la difference est presque entiere.

SOCRATE. Après que nos jeunes gens auront percé toutes les profondeurs de la Geometrie; à quoi les appliquerons nous? GLAUCON. Mon cher Socrate, je suis arrêté. Votre sentiment, je vous prie? SOCRATE. A l'Astronomie. GLAUCON. Elle est utile à beaucoup de choses. La navigation, en particulier, lui doit tout. SOCRATE.

Mon

Mon cher Glaucon, vous semblez craindre qu'on ne nous accuse de vanter ici des Sçiences, dont la Societé civile ne tire que des avantages mediocres. Cependant, croïez moi, le danger n'est point là du tout. La difficulté seroit de faire comprendre aux hommes, qu'elles epurent, & qu'elles raniment l'œil de l'âme; unique orgâne qu'elle ait reçu de la nature, pour decouvrir la verité, plus precieux par consequent mille fois que les yeux du corps; pendant que celles qui dans le Monde ont le plus d'eclat, le gâtent, ou le font même souvent perdre tout à fait. Ceux qui connoissent toute l'excellence des premieres, applaudiront avec empressement à nos loüanges. Mais les autres les croiront données sur des fondements peu solides; ou meritées seulement par les endroits, j'ai presque dit meprisables, dont nous parlons toujouts en second lieu. Auxquels adresserons nous ici la parole, mon cher Glaucon? Nous contenterons nous simplement d'approfondir ce grand sujet, pour notre instruction particuliere; sauf à ne point envier aux Esprits bien disposés ce que nous aurons appris de bon. GLAUCON. J'aurois pour maxime, d'apprendre toujours, mon cher Socrate; sans contraindre personne de partager mes acquisitions en fait de connoissances avec moi.

SOCRATE. Puisque vous etes resolu de marcher, soit qu'on vous suive, ou qu'on vous laisse; tournons la tête un moment derriere nous. L'ordre, ce me semble, est violé. Du plan, que la Geometrie considere en premier lieu, nous avons passé tout d'un coup au corps en mouvement; sans faire hommage à la doctrine des solides. GLAUCON. Imparfaite comme elle est encore, mon cher Socrate, qu'en dirions nous? SOCRATE. Deux choses font, à mon avis, que nous sommes si fort en arriere. Les Mathematiques pures sont difficiles, & mediocrement honorées. Les decouvertes sont peu nombreuses, parceque les recherches sont languissantes. Il faudroit d'habiles gens, pour y presider; ils sont rares. Fût-il possible d'en trouver; les Mathematiciens pour l'ordinaire sont gens trop pleins d'eux-mêmes, pour daigner se conduire par autrui. Le remede seroit, que le Public s'en mêlat. Si, par les recompenses, il excitoit l'emulation des beaux genies ; on verroit bientôt les difficultés vaincues, & la verité contrainte par leurs efforts de se trahir. De quelques epines que soient environnées les belles Sçiences dont je parle ; quoique le Monde en retarde infiniment les progrès, par son mepris ; enfin, quoique leurs beautés principales soient absolument cachées pour la plûpart de ceux qui les cultivent ; telle est la force irresistible de leurs charmes, que malgré ce grand nombre d'inconvenients, touts les jours elles se perfectionnent, & s'enrichissent. GLAUCON. On ne doit point en être surpris. Le plaisir attire ; & rien n'egale celui qu'elles donnent à l'esprit. Mais revenons, je vous prie, mon cher Socrate. Après la Geometrie, vous placiez l'Astronomie dabord ; mais vous vous etes repris. SOCRATE. Je laisse entre elles un vuide, que la premiere aura bientôt rempli, si quelque Republique en fait son affaire. GLAUCON. A cette condition, je conçois que la Stereometrie avanceroit. Mais vous, mon cher Socrate, qui tout à l'heure me faisiez des reprimandes, pour vanter à l'excès votre quatrième Sçience, comme vous souhaitez qu'on la compte ; remarquez vous que vous l'estimez ? Il doit par consequent m'être permis de lâcher un peu la bride à ma passion pour ses loüanges. J'en appelle à touts les hommes. Ils vous diront touts que l'Astronomie eleve l'âme ; & même jusqu'à lui faire etablir son domicile dans les Cieux. SOCRATE. Enorgueillissez vous de leur suffrage tant qu'il vous plaira, mon cher Glaucon. Dans le sens que vous l'entendez, vous n'aurez jamais le mien. GLAUCON. Pourquoi donc ? SOCRATE. Cette Sçience, pretendue sublime, de la maniere qu'on l'etudie ordinairement, ravale plutôt l'esprit, & le fait descendre, selon moi. GLAUCON. Vous m'etonnez ! SOCRATE. Cher Glaucon, c'est moi qui suis un peu surpris de vous entendre ! A ce que je vois, vous auriez grande opinion d'un Curieux ; couché sur le dos, qui les nuits entieres, contempleroit aux bougies un plat-fond bien peint ? Je trouverois pour moi qu'il auroit les yeux fort emploïés, mais l'entendement fort inutile. Peut-être est-ce moi qui me trompe ; mais j'estime que l'âme ne regarde en haut, que l'œil detaché de touts les objets des Sens, lorsqu'elle observe les intelligibles. Un homme aura

beau,

beau, l'Aſtrolabe en main, pourſuivre infatigablement touts les corps celeſtes; & las de ce travail, faire la diſſection de touts les corps terreſtres l'un après l'autre; je ne conviendrai point qu'il acquiere une Science.   Monté ſur le plus haut obſervatoire de l'univers, eût-il la vue toujours fixée au Zenith; je ſoutiendrai qu'il regarde en bas, & qu'il rempe à terre. GLAUCON. Je ſuis puni, mon cher Socrate. Mais comment remedier à l'abus qu'on fait de l'Aſtronomie; & la faire ſervir aux fins relevées, auxquelles vous entendez qu'on la rapporte? SOCRATE. Je conſentirois qu'on regardât cette multitude innombrable de globes lumineux, que la main du Createur fait rouler ſi majeſtueuſement ſur nos têtes, comme tout ce que le Monde ſenſible offre à nos yeux de plus digne d'être admiré.   Mais je voudrois qu'on ſçût en même temps, que ce grand ſpectacle, tout raviſſant qu'il eſt, cede beaucoup en magnificence à cet autre, que preſentent à la contemplation de l'Entendement pur les Spheres archetypes, & veritables; qui, de leur coté, figurent entre elles dans l'etendue ideale, avec une juſteſſe, une regularité, que les premiers n'ont point.   En un mot je penſerois à la vue du Ciel, comme feroit un Geometre, à la rencontre d'un marbre animé par un habile ciſeau, d'une toile, devenue eloquente, par l'art divin d'un peintre fameux. Il ne refuſeroit pas ſes eloges à ces chefs-d'oeuvres; qui nourriroient quelques moments ſon admiration. Mais il ſe mocqueroit avec raiſon d'un Connoiſſeur, qui paſſeroit la vie à ſe recrier ſur leur excellence; & bientôt il retourneroit à ſes idées Geometriques, à ſon gré tout autrement pleines de Symmetrie, & de beauté? GLAUCON. Pour ce qui plaît à l'œil, il ne feroit aſſurement pas homme à quitter ce qui charme l'eſprit. SOCRATE. L'Aſtronôme philoſophe eſtimera pareillement le ceintre merveilleux, qui fait l'objet de ſon etude, l'ouvrage le plus beau du grand Ariſte, qui de ſes mains forma le Ciel, & la terre. Mais quelle pitié n'aura-t-il pas d'un mal-habile homme, qui leur attribuera dans leurs mouvements, & dans leurs figures, une exactitude, dont les choſes materielles ne ſont aucunement capables? Il plaindra ſon ignorance davantage encore, s'il va juſqu'à s'imaginer,

F f 2

que

que cette reguliere fucceffion de jours, & de nuits, de mois, & d'années, qui fe comptent par les revolutions des corps celeftes, foit inalterable de fa nature, eternelle dans fa durée. GLAUCON. L'Aftronomie intelligible, mon cher Socrate, à ce que je vois, paffe de beaucoup celle qui manie le Telefcope. SOCRATE. Nulle comparaifon à faire, mon cher Glaucon. Les problêmes aftronomiques feront par confequent dirigés aux mêmes fins, que ceux de l'Arithmetique, & de la Geometrie. On s'y propofera moins de fatisfaire une curiofité loüable, fur tout ce qui regarde les etoiles, & les planettes, que d'enrichir, & d'orner cette partie de l'Ame, que la Nature deftina pour fanctuaire à la Sageffe. GLAUCON. Vous preparez aux Aftronômes plus d'affaires, que vrai-femblablement ils ne jugeront à propos de s'en donner. SOCRATE. Peu nous importe. C'eft à nous de finir l'article des Sciences, en Legiflateurs affez inftruits de leurs utilités, pour faire connoître aux hommes ce qu'elles ont de meilleur. En fçauriez vous quelqu'une encore, bonne à faire apprendre aux jeunes gens? GLAUCON. Non, je n'en ai point, mon cher Socrate.

SOCRATE. L'idée du mouvement neanmoins, qu'elle offre inceffamment à l'efprit, fait naturellement penfer à plufieurs autres, dont il eft auffi l'objet. Un plus habile homme vous en feroit l'enumeration exacte. Mais c'eft affez pour un Mathematicien du fecond ordre, comme je fuis, de vous en indiquer une, Sœur de l'Aftronomie. GLAUCON. Sœur, par quelle raifon, je vous prie, mon cher Socrate? SOCRATE. C'eft qu'elle enchaîne les oreilles aux inftruments; comme celle-ci fait les yeux aux aftres. Un Difciple de Pythagore vous prouveroit mieux la parenté. GLAUCON. Je vous entends; & j'aurois dû me fouvenir de la Mufique, proprement dite. SOCRATE. C'eft aux grands praticiens de nous en faire des leçons. Mais, à tout ce qu'ils auront la bonté de nous en dire, ils nous permettront d'ajoûter un mot. C'eft qu'il eft encore plus vrai d'elle, que ni de l'Arithmetique, ni de la Geometrie, ni de l'Aftronomie, quelle n'eft pas fort eftimable; à moins qu'elle ne conduife à la fin fublime, à laquelle dans toutes

nos

nos etudes je repete que nous devons tendre. Cependant vous fçavez que les Maîtres de l'harmonie ont ordinairement des vues, qui ne font pas fort elevées. Tout occupés du foin de marier les fons enfemble, de la maniere la plus capable de charmer les fens; ils travaillent auffi laborieufement à ranger leurs notes, que les Aftronômes, à calculer leurs eclipfes. GLAUCON. Je me divertis fouvent, je vous l'avoue, mon cher Socrate, à voir les premiers, la bouche remplie d'un jargon, intelligible pour eux feuls, avancer l'oreille par deffus les epaules les uns des autres, & la tenir des heures entieres tendue; pour ne perdre aucun bel endroit d'un tumultueux concert. L'un diftingue un ton, trop delicat, pour être fenti par le refte de la Troupe. L'autre fe recrie fur un nouveau, plus imperceptible encore; mais qui paroît beaucoup en approcher. Enfin le plaifir d'entendre eft tout, & celui de penfer n'eft rien pour eux. SOCRATE. Vous peignez bien le vulgaire des Muficiens; qui pafferont la meilleure partie du temps à gronder leurs cordes; à punir l'infolence des unes, & le peu de langue des autres. Mais j'attaque les Orphées; efprits auffi peu fages que les Aftronômes, felon moi. Enchantés de l'execution, ils negligent la Theorie; & quelquefois même ils iront jufqu'à la meprifer. GLAUCON. Quoi de plus curieux cependant, que de connoître en nombres les rapports, d'où refultent les confonances douces, & celles qui deplaifent; en un mot de voir les raifons, qui rendent les unes agreables, & les autres penibles à l'oreille? SOCRATE. De cette forte, la Mufique ne conduiroit pas moins à la connoiffance du Beau par effence, du Bien Souverain, que l'Arithmetique, la Geometrie, & l'Aftronomie, purement intelligibles. La premiere eft utile par cet endroit; mais du refte à quoi peut-elle beaucoup fervir? GLAUCON. A l'amufement; à la fatisfaction de la molleffe.

SOCRATE. Pour tirer, fi je l'ofe dire, la moüelle des Sçiences, mon cher Glaucon; il faut donc aller jufqu'à ce qu'elles ont d'abftrait, & de commun entre elles. De cette maniere nous en remporterons un fruit, digne de nos travaux; dont autrement nous ferons toujours mal recompenfés. Elles nous uniront toutes à l'E-

tre

tre parfait. GLAUCON. Quoi de plus à fouhaiter! Je trouve feulement que vos eleves auront bien de l'emploi.

SOCRATE. Vous n'y penfez pas, mon cher Glaucon. Je n'en fuis qu'aux preliminaires encore avec eux. Ignorez vous qu'on peut être bon Geometre, Aftronôme du premier ordre, Muficien excellent, & Dialecticien pitoïable? GLAUCON. Non; mais il n'eft pas facile d'être homme univerfel, au point que vous le demandez. SOCRATE. Il n'en eft pas moins vrai, qu'il vaudroit prefque autant ne rien fçavoir, que fçavoir toutes chofes à demi; & que la nouvelle Sçience, dont il me refte à vous parler, eft la plus neceffaire, auffi bien que la plus fublime, dont puiffe être orné l'Efprit humain. Le forçat, perdu nouvellement pour la caverne, a tout à fait recouvré la vue, lorfqu'il en eft au point de regarder fixement le Soleil. Quand auffi l'œil de la perception eft affez vigoureux, pour s'arrêter facilement fur les idées lumineufes de la * Metaphyfique, & fur les effences des chofes, que renferme dans fon immenfité l'Etre bon par excellence; il eft parfaitement gueri; aucun objet du Monde intellectuel ne lui caufera plus de peine. GLAUCON. C'eft, je le vois, où tendoit la belle Allegorie, qui me demeurera toujours dans l'efprit. SOCRATE. Oui, mon cher Glaucon. D'un coté, les chaînes tombent; le commerce avec les ombres finit; le mal d'yeux oblige de ne pas trop les expofer dabord au grand jour. De l'autre, les plus forts des liens, par lefquels on tenoit à la matiere, fe rompent. On paffe dans un horizon nouveau. Le regard, affermi par degrés, fe porte librement fur toutes les verités immuables; & l'on juge des chofes paffageres, aux raïons purs de la lumiere divine. La partie du corps la plus diftinguée, là parvient à confiderer le plus bel objet du Monde vifible. Ici, la partie la plus noble de l'âme, devient capable de contempler le plus excellent de touts les Etres, dont l'eclat remplit tout le Monde intellectuel.

GLAUCON. Mon cher Socrate, je trouve qu'il eft egalement difficile de vous comprendre, & de vous contredire. De fi hautes

---

* Platon commence à parler de la Dialectique. Mais pour le faire mieux entendre, nous avons mieux aimé d'abord lui donner un nom, plus connu de nous autres Modernes.

fpe-

fpeculations demandent qu'on les proportionne à la foibleffe de notre efprit. Faites nous donc connoître la Metaphyfique, & developpez nous en les myfteres; puifque c'eft elle qui fait arriver au terme, où l'on n'a plus, dites vous, qu'à fe feliciter, & prendre haleine.

SOCRATE. Je doute qu'il foit en mon pouvoir de vous fatisfaire. Cependant je vais raffembler toutes mes forces; exçité par l'importance extraordinaire du fujet, & par un defir parfait de vous marquer mon zele. Ce ne feront plus au refte ici des ombres, & des images de la verité; c'eft elle-même, qui va paroître à decouvert. Je n'ofe davantage m'etendre, fur les loüanges de la Sçience dont je vous parle. Mais j'eftime que fi la clarté lui manque, il ne faut l'attendre de pas une autre. GLAUCON. Je vous ecoute.

SOCRATE. Elle feule conduit l'Efprit par ordre, dans l'examen de chaque chofe, & l'inftruit parfaitement de fa nature. La Phyfique n'a pour objet que la compofition, ou la decompofition des corps. Les Sçiences, qui dans le monde ont le plus d'eclat, ne roulent que fur les opinions, & fur les differents jeux des paffions des hommes. Celles dont le grand charactere eft d'approcher l'âme de l'Etre immuable, la Geometrie, & les autres, ne la font avancer dans fes recherches, pour ainfi dire, qu'à tâtons. Ce n'eft qu'à force d'axiômes, & d'hypotefes, qu'elles font arriver à la refolution de leurs problêmes. Des Sçiences, dont toute l'enchainûre depend ainfi de chofes qui ne font pas connues, n'en meritent affurement pas beaucoup le nom. GLAUCON. Il eft vrai.

SOCRATE. La Metaphyfique, fans le fecours d'aucune fuppofition, mene toujours l'efprit, de principe clair, en principe clair. Elle epure l'œil de la perception, fali par les approches impetueufes des objets fenfibles; & le tourne vers les plus fublimes d'entre les intellectuels. Par deference pour la coutume, nous avons donné jufqu'ici le nom de Sçiences à celles-la; quoiqu'elles ne foient à proprement parler que des arts, miniftres de celle-ci. GLAUCON. Je comprends, mon cher Socrate, qu'elle merite toute notre eftime.

SOCRATE.

Socrate. Notre division d'autrefois ici retrouve son lieu, mon cher Glaucon; & nos differentes manieres d'apperçevoir se rangent encore naturellement, de la maniere qui suit: l'intuïtion, le raisonnement, la foi, la probabilité. Les deux premieres forment en nous la Science; & les dernieres l'opinion. L'une borne l'esprit aux choses corruptibles, & ne le repaît que d'incertitudes. L'autre, par une vue claire, lui fait embrasser l'Etre eternel, dans son infinité. L'essence est à l'existence, ce que la connoissance intuïtive est à l'opinion; ce que la Science est à la foi; ce que la demonstration est à la vrai-semblance. Pour eviter les redites; j'omets la division generale du sensible, ou de l'apparent, & de l'intelligible, ou du reel. Glaucon. J'entre tout à fait dans vos pensées, mon cher Socrate. Achevez, je vous en supplie.

Socrate. Un Metaphysicien est un homme, qui penetre le fond des choses; & qui par cette raison, en parle juste. Celui qui ne les voit pas jusques dans l'interieur, à bien dire, ne sçait rien; & n'apprendra jamais rien aux autres. Glaucon. Pour enseigner, il faut entendre parfaitement ce qu'on enseigne. Socrate. Que juger par consequent de toute personne, qui manque de la force d'esprit necessaire, pour ecarter, comme les armes à la main, touts les phantômes, qui se brouillent incessamment avec la plus vaste, & la plus simple de nos idées; sinon qu'il ne connoît ni le Bien souverain, ni les biens, qui sont emanés de lui. Eternellement duppe des apparences, il passe la vie dans les illusions d'un songe, qui ne se dissipe, que lorsque la mort le reveille. Glaucon. Il n'est certainement point d'ignorance plus deplorable, que celle qui nous derobe la vue de ce divin objet.

Socrate. Vous ne confierez pas, j'en suis persuadé, mon cher Glaucon, le sort des hommes à des gens, à qui l'on pourroit justement la reprocher; & qu'on verroit muets, si-tôt qu'on parleroit de quelque Science abstraite en leur presence? Glaucon. Les Maîtres des autres, ne doivent pas seulement être meilleurs qu'eux, mais aussi plus eclairés. Socrate. Avant que de les elever aux premiers emplois, on leur fera donc percer toutes les profondeurs de la Metaphysique;

physique; pour achever de les rendre habiles dans l'art de penser; au dessus duquel on n'estimera rien pour eux. La Dialectique en un mot, finira ce que les autres Sçiences n'auront fait qu'ebaucher. GLAUCON. Elle en est le couronnement, je le conçois, mon cher Socrate.

SOCRATE. Touts les esprits n'y sont pas propres. C'est donc à nous d'assigner les marques, auxquelles on distinguera ceux qui certainement y feront un jour de grands progrès. On attendra que nous enseignions aussi la maniere de les conduire dans une etude, encore une fois plus importante que toutes les autres. GLAUCON. Ces nouvelles recherches serviront beaucoup à notre instruction. SOCRATE. Nous avons souvent recommandé, pour avoir toujours de quoi remplir avantageusement les deux premiers ordres de la Republique, d'elever dans une classe à part les jeunes gens d'un beau naturel, & d'une bonne grace exterieure parfaite, autant qu'il sera possible. Ici nous avertissons qu'ils ne surmonteront jamais les difficultés, qui rendent les Sçiences abstraites à la portée de si peu de personnes; sans une etendue, une force, une penetration d'esprit plus qu'ordinaire. Nous avons ailleurs dit qu'elles ont quelque chose de plus effraïant pour l'âme, que les exercices du corps les plus penibles. Elle est comme soulagée, par la part qu'il a dans les derniers; au lieu qu'elle est seule à vaincre les autres. De là vient qu'un problême de Geometrie, une meditation Metaphysique, fera pâlir tel, qui se plaît à se voir couvert de poussiere dans le Cirque; & qui dans un jour de bataille se montrera parfaitement intrepide. Noublions pas l'amour du travail, effet d'une passion ardente pour la verité. GLAUCON. Ces qualités seront toutes necessaires, mon cher Socrate, pour ne se point rebuter dans une double carriere, si difficile à fournir.

SOCRATE. Ne nous etonnons plus de voir la Philosophie decriée dans le monde, au point que nous le disions tantôt, mon cher Glaucon; puisqu'il faudroit que son Temple ne fût ouvert qu'aux plus excellents sujets; & qu'il est prophané par des millions d'hommes, qui pour ne rien dire de plus, n'ont que le faux merite en

TOME II.   G g   partage.

partage. GLAUCON. Il eſt vrai que tout s'y jette en foule. SoCRATE. Elle ne s'accommode point des perſonnes infatigables aux exercices du corps, mais pleines de langueur, lorſqu'il faut paſſer à ceux de l'eſprit? N'aimer auſſi que les derniers, ſeroit pêcher beaucoup, par un autre endroit. GLAUCON. Elle a, mon cher Socrate, un droit egal ſur les deux parties qui nous compoſent. Elles doivent ſortir egalement perfectionnées de ſon ecole. SOCRATE. Oui. Mais certaines âmes, naturellement pleines d'oppoſition pour le parfait, ne profitent jamais qu'à demi de ſes leçons. Elles haïront le menſonge, juſqu'à tomber dans une eſpece de noir chagrin, à la vue de ſon extrême deformité. Mais elles reçevront l'erreur à bras ouverts ; & ſemblables à certains animaux ſales, elles ſe plairont à ſe rouler dans la fange de l'ignorance. GLAUCON. Les vrais Philoſophes, mon cher Socrate, ſont exempts de ces defauts. Ils veulent tout connoître ; ils ne crainent rien tant que de ſe tromper. SOCRATE. Il eſt d'une conſequence infinie de ne les pas confondre avec les faux. Autrement la temerité s'appellera bravoure, la profuſion magnificence, l'ambition grandeur d'âme. Touts les vices en un mot ſeront vertus, & les vertus vices. La Republique enſuite ne pourra que très dangereuſement ſe meprendre dans les choix de ſes Magiſtrats ; & le Citoïen, dans celui de ſes amis. GLAUCON. Il eſt vrai. SOCRATE. Si nous prenons ſoin de n'appliquer à la Gymnaſtique, & de n'introduire dans le Sanctuaire des Sçiences, que les meilleurs ſujets ; la Sageſſe elle-même, du haut du Ciel, baiſſera les yeux ſur notre Etat ; qui jouïra ſous leurs auſpices d'un parfait bonheur. Mais ſi nous nous relâchons là deſſus ; il en reçevra le plus grand prejudice ; & la Philoſophie en ſouffrira plus que jamais dans l'opinion du Monde. GLAUCON. C'eſt une double raiſon, pour les bien choiſir.

SOCRATE. Je fais un retour aſſez etrange, mon cher Glaucon, ſur l'apologie que nous venons de faire en ſa faveur. Dieu veuille que nous ne l'aïons pas deſſervie! GLAUCON. Comment donc? SOCRATE. Emporté par le deſir de la venger du tort qu'on ui fait ; je crains d'avoir trop lâché la bride à ma douleur ; & quoi au fond

fond très juſtement indigné contre ceux que j'en accuſe; je ne ſçai,
je vous l'avoue, ſi je ne dois pas me reprocher d'en avoir trop dit ſur
leur chapitre. GLAUCON. Je ne me ſuis pas apperçu, mon cher
Socrate, que vous leur aïez fait injuſtice. Ni ceux qui la deſhono-
rent, par leur fauſſe maniere de raiſonner, & par leurs mœurs corrompues, ni ceux qui la decrient, par une injuſte antipathie pour
elle, ne meritent à mon avis d'être epargnés. SOCRATE. Je n'oſe
être tout à fait de votre ſentiment, cher Glaucon; & j'apprehende
qu'au lieu d'engager les uns à bien penſer, & les autres à lui rendre plus de juſtice, nous n'aïons fait que les aigrir. Quoiqu'il en
ſoit; abandonnons les deſormais à leurs reflexions; & retournons à
notre ſujet.

Nous voulions plus haut des perſonnes d'âge, pour les fonctions
de la Magiſtrature, & de la guerre. C'eſt de jeunes gens, pour les
Sçiences, qu'il nous faut. Quoique Solon fût dans un autre principe; la vieilleſſe eſt auſſi peu faite pour apprendre, que pour courir. Tout le feu de nos plus belles années eſt certainement neceſſaire, pour bien reüſſir aux exercices du corps, & de l'eſprit. GLAU-
CON. Il eſt etonnant, mon cher Socrate, que ce grand Legiſlateur
ait pu ſe laiſſer prevenir d'une erreur, inexcuſable dans un Eſprit
ordinaire.

SOCRATE. On enſeignera donc aux enfants de fort bonne heure,
les elements de toutes celles qui prepareront les voies à la Dialectique; mais on leur ôtera ce viſage auſtere, qui ſouvent pour toute
la vie leur en inſpire un eloignement parfait. Pendant que pour
l'ordinaire on les force de regarder l'etude, comme une occupation,
qui demande extraordinairement qu'on ſe captive; on s'y prendra
de façon au contraire à la leur faire enviſager, comme un paſſage,
de leurs petits amuſements, à de grands plaiſirs. Tout ce qui reſſemble à la contrainte, rebute, & revolte une âme, qui n'eſt pas
tout à fait ſtupide. Pour n'avoir d'abord monté qu'avec chagrin, peut-
être n'en ſeront-ils pas moins bien à cheval, après quelques années.
Mais tout ce qui leur ſera mis dans l'eſprit par force, n'y fera pas
un long ſejour; & de plus ils en conçevront pour tout ce qui s'ap-

　　　　　　　　pelle

pelle fçience une averfion, que rien ne pourra jamais guerir. GLAU-
CON. La crainte eft un mauvais principe, & ne produit aucun
bon effet durable. SOCRATE. Qu'on leur faffe donc tracer des figures, & refoudre des problêmes, comme en badinant; ne fût-ce,
dans les moments où leur belle humeur les trahira davantage, que
pour decouvrir à quoi le fond de leurs inclinations les porte, & ce
que la Nature en veut faire. GLAUCON. Vos preceptes fur l'education des jeunes gens, mon cher Socrate, font admirables.

SOCRATE. Nous avons autrefois confeillé de les rendre Spectateurs des combats, à quelque diftance du peril; & de leur donner
l'avant-goût du carnage; comme on fait aux jeunes chiens de meute celui du Sang. GLAUCON. Je m'en fouviens. SOCRATE. On
tirera de la foule ceux qui dans les rencontres auront montré le
plus de mepris pour les fatigues militaires, le plus de fang froid
dans les dangers, & le plus d'ardeur pour les Sçiences. GLAUCON.
A quel âge leur donneriez vous une premiere teinture de celles-ci?
SOCRATE. Après leurs exercices finis. Les deux ou trois années
qui fuivront, ne feront gueres propres que pour l'etude; avec les
paifibles travaux de laquelle ils s'accordent auffi peu, qu'avec l'inaction parfaite. Il faut ajoûter que la maniere dont ils auront re-
üffi dans les uns, aidera beaucoup à juger de ce qu'on aura lieu d'en attendre dans l'autre; & de leurs fuccès dans les deux
genres, on pourra furement conclurre tout ce qu'ils feront un jour.
GLAUCON. Vos remarques, mon cher Socrate, continuent d'être à
mon gré tout à fait judicieufes. SOCRATE. Les plus avancés, dont
le Public exçitera l'emulation par touts les endroits, à vingt ans feront une revue generale de tout ce qu'ils auront appris, & feront
conduits plus avant. On s'appliquera particulierement à leur faire
fentir les etroites liaifons que toutes les fçiences ont entre elles; pour
leur developper enfin le grand myftere de leur reünion, dans l'E-
tre infiniment parfait. GLAUCON. Cette efpece de recapitulation
achevera de les mettre en pleine poffeffion des connoiffances qu'ils
auront acquifes, & beaucoup en voie de les etendre. SOCRATE.
Elle fera de plus cōnnoître ceux qui bientôt excelleront dans la
Dia-

Dialectique, & ceux qui toute leur vie demeureront en arriere. Les uns verront une fçience entiere, pour ainfi dire, d'un coup d'œil; pendant que les autres y regarderont toujours de fort près, & n'en decouvriront que de petits cotés à la fois. GLAUCON. L'efprit d'analyfe eft la marque la moins equivoque d'un beau genie.

SOCRATE. Quand les premiers auront paffé trente ans; on fera paffer tout de nouveau dans une claffe plus elevée, aux fignes que nous avons donnés, ceux qui feront jugés capables des principales charges de l'Etat. On etudiera plus attentivement que jamais leur portée, & leurs inclinations. Pour derniere epreuve, on effaiera leur vue fur tout ce que la Metaphyfique a de plus fublime, & de plus abftrait. On examinera s'ils l'ont affez forte, pour l'arrêter fixement fur l'Etre immenfe, qui fait luire conftamment le grand jour de la verité pour touts les Efprits. Qui pourroit dire le foin, ici qui fera neceffaire, mon cher Glaucon, pour les armer contre les impoftures de la fauffe Dialectique? GLAUCON. Mon cher Socrate, qu'en apprehendez vous pour eux?

SOCRATE. Une image nouvelle vous le fera comprendre. Reprefentez vous un enfant de bon naturel, derobé dans fes premiers jours à des parents fages; pour être elevé dans le fein d'une famille pleine de fafte; où fes bienfaiteurs pretendus emploieront touts les artifices de la flatterie, pour le façonner à leur maniere. A peine eft-il en âge, qu'il eft informé de ce que la nature l'avoit fait naître; mais quelques recherches qu'il faffe, il ne peut decouvrir fon Pere, & fa Mere. Tiré d'erreur, vous conçevez bien qu'il fe comportera tout differemment de ce qu'il faifoit, lorfqu'elle duroit encore. Dabord il avoit de beaucoup plus grands egards pour les perfonnes, auxquelles il croïoit appartenir de fort près, que pour cette foule de gens, empreffés à lui plaire. Etoit-il queftion de caufer du chagrin aux unes, ou de mecontenter les autres? Les derniers etoient facrifiés à coup fûr. C'eft le contraire, depuis qu'il a fçu qu'il leur eft redevable de fa haute fortune. Il leur tranfporte incontinent tout le refpect, qu'il avoit autrefois pour ceux dont il ne doutoit pas qu'il n'eût reçu le jour. S'il n'a le

cœur

cœur autrement bien placé que l'ordinaire ; toute ſa tendreſſe, toutes ſes deferences, & ſes aſſiduités, ne ſeront plus que pour les auteurs de ſon elevation. GLAUCON. Mon cher Socrate, l'application, je vous prie ? SOCRATE. Les bons Parents, ſont les preceptes, par leſquels dans notre enfance on nous forme à la vertu. Les oppoſés, qui nous portent au plaiſir, ne corrompent que difficilement les belles âmes. Elles demeurent toujours longtemps pleines de veneration pour les autres. GLAUCON. L'allegorie eſt juſqu'ici bien ſoutenue. SOCRATE. Un jeune homme, dans les commencements, ne vous repondra qu'avec une parfaite emotion, quand vous lui demanderez ce que c'eſt que l'Honnête, & le Beau. Touché d'un ſentiment religieux ; il vous le montrera ſur l'airain ; tel qu'il eſt emâné de la bouche d'un Legiſlateur, plein de Sageſſe, vous dirat-il. Qu'un Libertin, ſur les entrefaites, un Sophiſte exercé, dreſſent leurs batteries ; pour lui perſuader qu'il s'entête puerilement d'idées vaines, & qu'il adore des chimeres ; de quel coté la victoire ſe declarera-t-elle, penſez vous ? GLAUCON. C'en eſt fait ; il ſera bientôt perverti. SOCRATE. Plein de penchant pour des maximes, qu'une ancienne habitude lui fit toujours regarder comme ſacrées ; mais d'une lumiere trop foible, pour en connoître aſſez parfaitement le prix ; quel genre de vie choiſiroit-il, que le plus favorable à ſes paſſions ; qui toutes lui diront à l'envi, que ſes nouveaux Maîtres entendent admirablement la Dialectique ? GLAUCON. Touts les beaux principes de Morale s'eclipſeront ; & les Loix même ne ſeront plus un frein pour lui. SOCRATE. J'excuſe beaucoup, mon cher Glaucon, des eſprits encore neufs dans l'art de penſer, lorſqu'ils chancelent ainſi dans le bien ; & qu'ils ſe laiſſent ravir leur innocence, par ces deux eſpeces, egalement redoutables, de Sophiſtes. GLAUCON. Loin de les condamner trop ; j'ai comme vous pitié d'eux.

SOCRATE. Pour empêcher une ruïne, ſi digne de larmes ; j'interdirois entierement l'uſage de la Dialectique, avant l'âge de trente ans. Permettre plutôt d'entrer en lice avec des adverſaires experimentés, ſeroit expoſer de jeunes gens au plus grand peril. Inca-

pables

pables à leur âge de rien approfondir, & pleins d'un feu, qui les porte à se faire honneur de tout ce qu'ils sçavent ; pour peu qu'on leur donne le champ libre, ils acquierent touts les jours le mauvais talent, de soutenir indifferemment sur toutes les matieres le pour & le contre. Leur plaisir est d'engager la dispute avec les premiers venus. Ils ressemblent aux jeunes mâtins ; qui ne peuvent long-temps être en compagnie, sans tirer quelqu'un par l'habit. Si les attaqués ne jouent, & ne sont incessamment sur la defensive ; ils sortiront dechirés, ou du moins très mal divertis. GLAUCON. L'argent, mon cher Socrate, assurement n'est pas perdu, quand les Parents recouvrent, au sortir des Ecoles, des enfants si philosophes, & si pleins d'esprit ! SOCRATE. A force de combattre les sentiments des autres, & de voir les leurs combattus ; ils n'en conservent plus aucun ; ils deviennent parfaitement neutres en fait d'opinions. Cependant la Philosophie est rendue très injustement responsable de la sottise des Maîtres, & de leurs Disciples. GLAUCON. On sçait, mon cher Socrate, que de tout temps elle eut de grands fardeaux à porter. SOCRATE. Un homme fait n'aura point cette extrême fureur de contester. Il aimera sans comparaison mieux s'entretenir raisonnablement avec un homme d'âge, assez plein de condescendance, pour le conduire à la verité, qu'user inutilement toutes les forces de son esprit, & perdre son temps à de vaines disputes. La modestie, & la douçeur, les autres qualités aimables qu'on lui verra, feront un peu respirer la Philosophie. On dira qu'elle ne souffre dans les jugements du Monde, qu'à l'occasion d'une foule de Pedants ; qu'elle abhorre, & dont elle rougit. GLAUCON. Il est vrai qu'un seul de ses nourrissons la dedommage quelquefois.

SOCRATE. Je ne me contenterois pas de fermer l'Ecole de la sagesse aux esprits trop jeunes ; j'en exclurrois sur-tout les esprits pleins d'audace, qui touts les jours s'y presentent, sans genie, & sans mœurs. GLAUCON. Combien d'années voudrez vous que donnent les Sujets d'elite à la Dialectique ? SOCRATE. Cinq, ou six ; à condition même d'une application vive, & soutenue ; sans autre soin pendant ce long temps, que celui de ne pas oublier leurs exercices.

cices. GLAUCON. Qu'en ferez vous enfuite? SOCRATE. On les obligera de redefçendre dans la caverne. Je veux dire, qu'on les fera fucceffivement paffer par toutes les charges du Senat, & de l'armée. Cependant on ne difcontinuera point de les eprouver, & de les faire marcher entre les attraits du vice, & de la vertu; pour voir s'ils conferveront jufqu'au bout un attachement inviolable pour l'une, & de l'horreur pour l'autre. GLAUCON. Combien de temps rouleront-ils par touts les emplois inferieurs, civils, & militaires? SOCRATE. Depuis trente ans, jufqu'à cinquante. Alors commencera le dernier acte, & le plus beau de la vie pour eux. On attendra qu'après avoir glorieufement fourni la carriere des Sçiences, & fervi l'Etat avec diftinction, ils aient l'œil inceffamment tourné vers l'Etre adorable, qui feul eclaire touts les Efprits; afin que leur âme, penetrée de fa lumiere, ne faffe elle-même rien à l'aveugle, & la reflechiffe continuellement fur toute la Republique. Ainfi tenus dans le refpect, & dans le devoir, par la prefence du Souverain Bien, auquel ils s'efforceront de reffembler touts les jours de plus en plus; ils formeront les mœurs des Citoïens, fur un fi parfait modelle. Pour s'animer à l'execution de fi grandes chofes, leurs entretiens les plus frequents feront avec la Philofophie. Quand leur tour viendra de prendre en main le timon; loin d'en avoir de la joie, ou de la fierté; ils feront voir au contraire, par leur modeftie, & par leur desintereffement, que la vue des befoins publics etoit la feule, qui fût capable de les arracher au repos, & de les engager dans le mouvement des affaires. Non contents de pratiquer eux-mêmes ces leçons, ils les inculqueront foigneufement aux autres; pour laiffer à l'âge fuivant des Peres de la Patrie, auffi dignes qu'eux de fa veneration, & de fa tendreffe. Après qu'ils auront vieilli dans l'exercice de toutes les vertus, fortables à l'importance de leur charge; il ne leur reftera plus, au milieu de fes actions de graces, & de fes applaudiffements, que d'attendre avec tranquillité le moment de paffer dans le fejour des Ames bienheureufes. Quand elle les aura perdus; moins occupée de fa douleur, que de fa reconnoiffance, elle jettera les fleurs à pleines mains fur leurs tombeaux.

4

On

On leur decernera les facrifices, ufités pour les Genies, fi l'Oracle les autorife; ou les honneurs qu'on a coutume de rendre aux hommes divins.

GLAUCON. Vous etes un merveilleux Artifte, mon cher Socrate. Vôtre pinçeau vient de nous faire des Maîtres bien accomplis. SOCRATE. Vous ne dites rien des Maitreffes, mon cher Glaucon. Cependant il faudroit vous fouvenir que les femmes ont la moitié, dans tout ce que nous donnons aux hommes. GLAUCON. J'ai tort, mon cher Socrate. Le beau Sexe ne doit en rien être feparé du notre.

SOCRATE. Que vous en femble prefentement, cher Glaucon. Nos idées, difficiles à remplir, tant qu'on voudra, font-elles impratiquables? Mais efpererons nous, dites moi, de les voir jamais executées par d'autres, que par de vrais Philofophes; par des âmes nobles, qui fçauront meprifer tout ce que l'ambition eftime, & mettre leur gloire à faire partout regner la juftice? GLAUCON. Ils font les feuls, de qui l'on doive attendre les grands biens. Mais je ne vois pas fur quel fondement on affûreroit que les fiecles à venir jamais ne produiront aucun Souverain de leur charactere.

SOCRATE. Je n'ai plus qu'un mot, pour obvier aux brigues. Je ferois du fentiment que les Magiftrats ne fuffent en charge dans la Capitale que dix ans. On les relegueroit dans les Provinces enfuite; & leurs enfants feroient gardés, pour être elevés, conformement à nos preceptes.

Tels font les moïens, felon moi, de former un Etat heureux, fous les aufpices de la vertu. GLAUCON. Si le Monde en a quelque jour un femblable; il ne s'eloignera certainement pas de votre plan. SOCRATE. Nous finirons, fi vous y trouvez bien l'homme jufte, & la Republique jufte. GLAUCON. Vous avez parfaitement reüfli, mon cher Socrate. Que le refte foit pour un nouvel Entretien.

DE LA

REPUBLIQUE;

OU

DU JUSTE, ET DE L'INJUSTE.

LIVRE HUITIEME.

NOUS avons vu que trois chofes confommeroient la felicité publique, mon cher Glaucon ; la communauté des femmes,
& des enfants, dans les deux premiers ordres de l'Etat ; la
coutume de former la jeuneffe, de l'un & de l'autre Sexe, à touts
les exercices du corps, & de l'efprit ; enfin la regle, de n'elever
aux grands emplois que les Sujets, les plus diftingués par leurs progrès dans les Sçiences veritables, auffi bien que par un merite fuperieur dans la profeffion des armes. GLAUCON. Il ne faut
pas douter, mon cher Socrate, que par ces voies, elle ne fût portée au plus haut point. SOCRATE. Nous avons auffi donné, ce
me femble, de fuffifantes preuves, que les malheurs, & les ren-
verfements feront eternels dans le Monde, auffi longtemps que
les Magiftrats, & les Gens de guerre, poffederont quelque chofe
en propre ; maifons, ameublements, revenus, fonds de terre. De
ce que les uns font chargés de pourvoir à touts les befoins de l'Etat,
& les autres, d'en repouffer les ennemis ; la reconnoiffance, & l'interêt, s'uniffent pour l'engager à leur fournir dequoi fe conduire au

bout

bout de l'an ; mais la prudence l'oblige à s'en tenir là. GLAUCON.
J'ai toutes vos raisons presentes à l'esprit.

SOCRATE. Presentement que nous voïons où nous en sommes ;
rappellons nous les pas que nous avons fait. GLAUCON. Je decouvre, ce me semble, très distinctement les principaux objets, que
nous laissons derriere nous. Pour nous faire mieux connoître le
Citoïen, exact observateur de la justice, vous nous avez, à differentes reprises, fait la description d'une Republique juste. Si rien
n'y manque, nous avez vous dit ; toutes celles qui nous environnent, feront etrangement depravées ; puisqu'elles s'en ecartent prefque entierement. Vous les avez distinguées en quatre classes ; &
vous avez promis de les examiner chacune à part. Le grand but,
auquel vous n'avez point cessé de tendre, est la parfaite connoissance du cœur de l'homme de bien, & du mechant homme. L'u-
sage que vous en pretendez faire, est de nous demontrer que le
bonheur suit la vertu, de même que l'ombre fait le corps ; & que
le vice porte en croupe la misere. Vous alliez, à ma requête, parcourir les vices des quatre especes de gouvernements corrompus,
dont vous nous avez depuis longtemps fait l'enumeration. Adimante, & Polemarque, vous ont interrompu. Sans eux, nous au-
aurions perdu la belle digression, qui nous a conduits où nous
voici.

SOCRATE. Que votre memoire est fidelle, mon cher Glaucon ;
& que les endroits de consequence font une vive impression sur
votre esprit! GLAUCON. Mon cher Socrate, il est question d'autre
chose ici que de compliments. Je vous somme, en Athlete ri-
gide sur le point d'honneur, de me rendre la même prise avanta-
geuse, que j'avois tantôt ; sauf à vous de me porter ensuite par terre.
SOCRATE. Oui, cher Glaucon, si j'ai des forces. GLAUCON. Esperez bien ; & presentez vous. C'est tout ce qu'il faut. SOCRATE.
J'obeïs.

La division, à laquelle vous me ramenez, est ancienne. L'Aristocratie, universellement estimée le gouvernement le plus parfait,
se voit actuellement à Lacedemône, & dans l'Isle de Crette. L'O-

ligarchie, où les defordres commencent d'être grands, vient en fecond lieu. La Democratie, par l'etabliffement de laquelle un Peuple mutin fe gouverne fuivant fon caprice, la fuit. Elle fraie le chemin à la Tyrannie; des fleaux qui peuvent affliger un Etat, le plus terrible. Les principautés, les feigneuries, toutes les autres efpeces, dont le nombre eft infini, dans les Païs etrangers, & dans la Grece, ne font que des combinaifons des premieres. Celles-ci naiffent de la difference des mœurs du gros des particuliers, dont l'affemblage fait les Nations. Aux cinq characteres dominants, qui fe rencontrent parmi les hommes, y compris celui du bon Citoïen, repondront par confequent cinq formes de Gouvernement, à la tête defquelles fera la plus excellente. GLAUCON. Retracez nous en l'idée, je vous prie.

SOCRATE. L'homme ne fe corrompt pas tout d'un coup. D'ambitieux, il devient amateur des richeffes; d'avare, diffolu; de libertin, oppreffeur des autres. Une Republique degenere auffi par degrés. L'efprit de conquête, affecté particulierement aux Ariftocraties, & reprochable à Sparte, fe tourne en paffion pour l'argent. Les Riches appauvriffent les Nobles; & l'Oligarchie s'etablit. Elle ne dure pas longtemps. Les Depouillés fe revoltent; & forment la Democratie. La licence monte bientôt à fon comble; & la Tyrannie fe montre. Suivant notre methode ordinaire, nous confiderons dabord les divers progrès de la depravation des mœurs dans le grand; pour les fuivre avec moins de peine dans le raccourci. Quand nous en ferons à l'homme vicieux au plus haut degré; nous le comparerons au parfait adorateur de la Vertu. Ce parallelle nous donnera la refolution de notre ancien problême; & nous fera decouvrir lequel eft l'heureux, lequel le miferable. Il ne reftera plus que de choifir auquel reffembler; & peut-être faudra-t-il nous laiffer conduire par Thrafymaque dans les fentiers charmants du vice. GLAUCON. Cet ordre eft beau, mon cher Socrate; & la matiere à mon gré la plus intereffante, qui puiffe être au monde.

SOCRATE. Les revolutions n'arrivent dans un Etat, que par les diffenfions qui s'elevent entre les poffeffeurs de la fouveraine puiffance.

sance. GLAUCON. Tout est calme, lorsqu'ils sont d'accord. SO-CRATE. Qui nous dira quelle Furie, envieuse du bonheur des humains, sort des enfers; pour soulever les uns contre les autres les Peres, & les Defenseurs de la Patrie? Invoquerons nous les Muses, à l'exemple d'Homere, cher Glaucon; & les prierons nous de nous enseigner, avec cet air de badinage, dont elles ont peine à se defaire, lors même qu'elles ont les evenements les plus tragiques à raconter, de quelle maniere la Discorde en premier lieu s'introduisit dans le Monde? GLAUCON. Le sujet y convie.

SOCRATE. Une Republique, formée sur le modelle de la nôtre, ne tomberoit pas en decadence facilement. Comme neanmoins tout ce qui prend naissance, degenere par degrés, & perit enfin; après un temps, elle subiroit la loi commune. Les Magistrats, quoique d'ailleurs très eclairés, ne sçauront pas toujours exactement celui d'assortir les couples; pour lui menager des enfants, bien conditionnés de corps, & d'esprit. * Ils auront par consequent des Successeurs, qui ne les vaudront pas. Ceux-ci negligeront la Musique premierement, & la Gymnastique ensuite. Le discernement, l'attention, leur manquera; pour distinguer l'or de l'argent, & l'airain du fer; si vous souffrez une autre fois le stile figuré d'Hesiode. De leur funeste alliage, l'inimitié, la Guerre. GLAUCON. Il me semble, mon cher Socrate, que les neuf Sœurs, par votre orgâne, l'entonnent assez bien. SOCRATE. Faut-il être surpris qu'on s'exprime avec un enthousiasme plus

grand

---

* J'omets dans cet endroit un raisonnement tout à fait inintelligible, fondé sur la nature des nombres; que fait mon Auteur, pour determiner le temps dont il s'agit. J'ose prendre cette liberté; parcequ'on sçait bien qu'il n'est pas facile de traduire ce qu'on n'entend pas; & que d'ailleurs on n'aimeroit pas à ne voir par l'espace de quelques lignes que du blanc & du noir. Nous ne risquons rien au reste à laisser dans ses tenebres ce passage, de tout temps qui donna d'inutiles tortures aux Commentateurs; après que deux aussi grands admirateurs de Platon, que l'etoient Ciceron, & Quintilien, en ont parlé comme ils ont fait. Le premier, dans le septième livre de ses Epitres à Atticus, ne croit pas mieux pouvoir tourner en ridicule je ne sçai quelle enigme impenetrable; qu'en disant, qu'elle passe le nombre de Platon. L'autre menage plus ses termes; Chap. X. du premier livre de ses Institutions. Platon apparemment s'entendoit lui-même. Homme d'un sens exquis, comme il se montre partout ailleurs, il n'est pas vrai-semblable qu'il en eût manqué, jusqu'à ne sçavoir en certaines rencontres absolument ce qu'il disoit. Nous ne nous avisons pas de bien des choses, qu'il avoit dans l'esprit, quand il ecrivoit; & de là viennent apparemment les obscurités sans egales, que nous trouvons quelquefois dans ses ecrits. Peut-être avoit-il aussi des connoissances fort elevées au dessus des notres; & comme les grands hommes d'Egypte, auprès desquels il etoit allé jeune encore chercher des lumieres, avoit-il ses raisons pour s'envelopper.

grand que l'ordinaire, lorsqu'on est actuellement inspiré par ces De-esses? GLAUCON. Non; mais qu'auront-elles encore de bon, & d'excellent, à nous apprendre?

SOCRATE. Les âmes, dans lesquelles domineront l'airain, & le fer, n'auront de passion que pour les richesses, les ameublements superbes, les palais somptueux, les delicatesses de la table. Les autres, inaccessibles à la pauvreté, par la possession des metaux precieux, que la nature aura mis en elles, aspireront presque uniquement à celle de la vertu; & ne cesseront de soupirer après le retour de l'ancienne innocence. Dans ce combat d'inclinations opposées, deux Ennemis, très animés l'un contre l'autre, *le Mien*, & *le Tien*, se disputeront le champ de bataille. Pour moderer leur acharnement, on fera le partage des terres. Les Magistrats, desormais attentifs aux occasions d'asservir leurs Concitoïens, ne traiteront plus qu'en vassaux, en esclaves, ceux qu'ils servoient autrefois, & qu'ils cherissoient comme leurs egaux, leurs amis, & leurs Peres nourriciers. Les deux grandes affaires du Peuple seront, de fournir à leur depense, & d'aller à la guerre pour eux. GLAUCON. Vous decrivez parfaitement le premier grand pas, que fait un Etat vers la servitude.

SOCRATE. L'Ambition y sera le vice dominant; & sa nouvelle forme de gouvernement s'appellera Timocratie. Elle retient beaucoup de l'Aristocratie; mais elle a ses characteres particuliers. On y revere encore beaucoup les personnes constituées en dignité. La Gymnastique est toujours plus en recommendation que tout le reste; & l'art militaire fait negliger entierement touts les autres. Les refectoires publics subsistent; & les Citoïens continuent à manger en commun. Mais les vrais sages, dont le nombre se trouve extraordinairement diminué, sont craints pour Maîtres. On se tourne vers les esprits bouillants, altiers, inquiets. Ils ne proposent les honneurs, & les recompenses, qu'à ceux qui s'efforcent de porter à sa perfection un metier sanguinaire, presque devenu l'unique. GLAUCON. C'est Lacedemône, au naturel.

SOCRATE. Comme dans l'Oligarchie, le Dieu des richesses a mille Temples, impenetrables à la lumiere du jour. Ses adorateurs

fa-

faroûches regulierement s'y proſternent devant leur coffres forts. Retrenchés dans leurs hôtels, comme en des fortereſſes inacceſſibles ; ils n'y font entendre le bruit de leurs cent clefs, que lorſqu'il faut meriter les careſſes de leurs Reines, achetter les ſoumiſſions de leurs Eſclaves. GLAUCON. C'eſt là ce que notre ſiecle voit ; & ce que nos Deſçendants verront après nous. SOCRATE. Cependant à d'autres egards, auſſi jaloux de leurs threſors, que prodigues dans ces rencontres de l'argent du public ; ils menagent dans les reduits les plus cachés un ſanctuaire à la debauche. Ils y raſſemblent tout ſon cortege ; & s'y livrent aux plaiſirs les plus criminels, à l'inſçu des Loix ; qu'ils redoutent, comme des enfants libertins font un Pere, armé de l'inſtrument, qui doit les punir. La perſuaſion ne peut rien ſur eux. Ils ne ſont prenables que par la force ; parceque de tout temps inſenſibles aux charmes de la Philoſophie, ils prefererent les avantages du corps à ceux de l'eſprit. GLAUCON. On voit là, mon cher Socrate, un melange de bien, & de mal. SOCRATE. Il eſt vrai ; mais le dernier l'emporte ; & l'Ambition gouverne tout. J'omets les details, qui ſeroient infinis. Les vues generales nous ſuffiſent. GLAUCON. Vous avez raiſon d'aller au plus court.

SOCRATE. Je paſſe à la Timocratie en petit ; je veux dire, à l'homme de bien, dans qui la paſſion de l'Orgueil aura cauſé les mêmes derangements, que nous venons de voir dans l'Etat Timocratique. ADIMANTE. Si vous voulez, mon cher Socrate, que je vous diſe ma penſée ; j'apprehende que ce ne ſoit un peu mon très cher Frere, que vous allez nous peindre. Je vous le donne pour un Philoſophe, amoureux de la belle gloire, autant qu'homme du Monde. SOCRATE. Vous le connoiſſez mieux que perſonne, il n'en faut pas douter, cher Adimante. Cependant j'oſerois bien repondre, que nous ne lui donnerons, ni vous, ni moi, les traits qui vont ſuivre.

Un Ambitieux eſt un Eſprit plein d'audace ; & facile à connoître, par ſon inconçevable dedain pour les Sçiences. Il ſe plaira quelquefois neanmoins à des converſations ſçavantes, par boutade, ou par vanité. Mais il tiendra chez lui ſoigneuſement toutes les avenues fermées

aux

aux inftructions falutaires de la Philofophie ; & fa pareffe, fous les plus grieves peines, lui defendra furtout de jamais afpirer aux lauriers toujours verds de l'Eloquence. Infiniment eloigné des fentiments de l'honnête homme, qui n'aime à fouler perfonne aux pieds ; il n'a point de plus grande beatitude, que de voir de malheureufes victimes de fon arrogance profternées devant lui. Pendant qu'à fon tour il rempe de la maniere la plus baffe devant fes Maîtres ; il n'eft que politeffe, & que douçeur, pour touts ceux qui n'ont point affaire de lui. Nul pofte affez elevé dans l'Etat, pour fon orgueil. Ce n'eft pas que par les beaux endroits il puiffe y pretendre. La chaffe, les courfes de chevaux, la guerre, font les feuls par lefquels il brille. Dans fes jeunes années, il aura meprifé les richeffes ; mais, avec l'âge, il y prend goût ; & parceque fon penchant le porte à l'avarice ; & parcequ'il manque du fentinelle, qui defend à touts les vices l'entrée du cœur. ADIMANTE. De quel fentinelle parlez vous ? SOCRATE. D'une raifon eclairée, feule capable, felon moi, jufqu'à la fin de la conferver à la vertu. ADIMANTE. Il eft vrai, mon cher Socrate, qu'elle n'eft folide, qu'autant qu'elle a de faines lumieres pour principe, & pour foutien.

SOCRATE. Tel eft l'homme ambitieux, mon cher Adimante ; fidelle image d'un Etat, gouverné par la même paffion. ADIMANTE. Pourfuivez, je vous prie.

SOCRATE. Peut-être viendra-t-il d'un pere, honnête homme ; que le malheur de la naiffance aura fait tomber de haut, dans une Republique, dont les defordres, & les defaftres, l'auront toujours fait gemir. Incapable d'y faire aucun bien, il fuit les honneurs, le procès, & le maniment des affaires publiques ; & pour vivre en paix, il renonce même à toutes fes pretentions legitimes. Cependant une Mere, pleine de vanité, ne fera que deplorer continuellement fon malheur ; d'avoir un mari, qu'elle n'appellera point autrement que fon hermite ; & de fe voir la fable, dira-t-elle, des femmes de fon rang. Nul empreffement pour les belles charges ; nulle vivacité fur le fait des richeffes. L'entendit-on jamais tonner dans le menage à leur fujet ? Un noir chagrin fe repandroit fur fon

visage,

viſage, ſi quelques jours il lui falloit eſſüier les cris epouvantables du Barreau, pour les arracher des mains du raviſſeur. Il en ſouffre la perte, ſans preſque ouvrir la bouche, pour ſe plaindre. Sa grandé compagnie c'eſt lui-même; &, pour ſa femme; il ne manque à rien; mais du reſte il n'en fait pas tout le cas poſſible. Chaque jour elle en pouſſe de nouveaux ſoupirs..... Votre pere n'eſt-il pas un homme indolent, &, pour le bien definir, un corps ſans âme; dit-elle ſans ceſſe à ſon fils; avec toute la Rhetorique, donnée au Sexe, lorſque le cœur ſent la plus legere bleſſure..... Les Domeſti-ques, ardents à faire les perſonnes attachées, couronnent l'œuvre..... Notre jeune Maître, nous en ſommes très ſûrs, aura l'âme beaucoup mieux placée que ſon pauvre Pere. Il donnera moins de bon temps à ſes creanciers; & par les premiers venus il ne ſe laiſſera point ravir ſon bien..... Sort-il de la maiſon paternelle; il voit le perſonnage deſagreable, qu'ont à ſoutenir dans le Monde ceux qui ne ſe mêlent que de leurs propres affaires. Chacun en parle, comme d'Eſprits imbecilles; pendant qu'on n'a point aſſez de loüanges pour ceux qui s'intriguent, & qui ſont partout. ADIMAN-TE. On ne conçoit pas, mon cher Socrate, qu'il ſoit fort poſſible de reſiſter à de ſi nombreux, à de ſi violents aſſauts. SOCRATE. Non. Mais enfant né d'un bon naturel, temoin conſtant de la ſerenité, repandue ſur chacun des jours que la Parque file pour ſon Pere, & captivé par le miel, qui decoule inceſſamment de ſes levres; il eſt à toute heure ſur le point de ſe rendre pour jamais à ſes le-çons. Placé de la ſorte, entre un Precepteur cher, & reſpec-table, qui fait à petit bruit touts ſes efforts pour le gagner à la Philoſophie, & mille corrupteurs empreſſés, qui ne lui tiennent que le languate de l'Orgueil; il ne ſçait longtemps quel parti prendre. Enfin l'Ambition victorieuſe l'enleve à la ſageſſe; & le traîne après ſon char à l'Empire du monde. ADIMANTE. Vous nous demon-trez là, d'une main fine, mon cher Socrate, la formation de l'Am-bitieux; pris, ſi j'oſe ainſi m'exprimer, depuis ſon point ſail-lant.

<table>
<tr><td>TOME II.</td><td>I i</td><td>SOCRATE.</td></tr>
</table>

SOCRATE. Eſchyle nous diroit ici, cher Adimante : " Pour une " eſpece nouvelle de Republique, il faut un homme d'un tour " d'eſprit nouveau." ADIMANTE. Achevez, mon cher Socrate, un parallelle, ſi fecond en beaux rapports.

SOCRATE. Dans l'Oligarchie, où les terres ne ſont auſſi plus en commun, l'adminiſtration ne roule que ſur les riches ; & les pauvres en ſont exclus. ADIMANTE. Racontez nous, je vous prie, de quelle maniere elle prend la place de la Timocratie ? SOCRATE. L'amour du faſte avoit produit l'amour de l'argent ; & ce dernier à ſon tour bannit l'amour du faſte. C'eſt dabord à qui rencherira ſur les autres, en fait de luxe. Pour le ſupprimer, on eſt contraint de faire des loix ; mais les Magiſtrats, & leurs femmes, ſont les premiers à les enfreindre. Il faut des ſommes immenſes, pour le ſoutenir. Chacun n'eſt occupé que du ſoin d'accumuler. C'eſt une ancienne obſervation, que la vertu tombe dans le mepris, à meſure qu'un vil metal devient l'objet de l'eſtime publique. Ils trebuchent toujours enſemble. Quand l'un monte ; l'autre deſcend à coup ſûr. ADIMANTE. Il eſt vrai ; la regle eſt certaine. SOCRATE. Au commencement, on ſacrifioit tout à la vanité ; preſentement tout cede au lucre. Les diſtinctions nombreuſes de la Societé ſe perdent, dans celles de pauvre, & de riche. L'un eſt adoré, l'autre chaſſé de partout ; l'un tremble, & l'autre fronce le ſourcil ; l'un regorge d'abondance ; l'autre voit, & meurt de faim. ADIMANTE. Tels ſont les maux, & plus grands encore, qu'une paſſion aveugle pour l'argent produit !

SOCRATE. Le premier ſoin du nouveau Senat, eſt d'ordonner qu'à moins d'un certain bien, on ne parviendra point aux emplois ; & que les plus importants ſeront pour les mieux rentés. L'Oligarchie s'etablit au reſte, ou les armes à la main ; ou quand toutes les meſures ſont priſes, pour empêcher le Peuple d'y former des oppoſitions. ADIMANTE. Qu'y remarquez vous de plus vicieux ?

SOCRATE. J'aimerois autant voir un vaiſſeau, je vous l'avoue, cher Adimante, où l'on feroit mouſſe, matelot, pilote, ſuivant qu'on auroit la bourſe pleine ; pendant que tout homme qui l'auroit mal garnie,

ſçûtsçut-il le pilotage divinement, se promeneroit sur le tillac; sans autre affaire, que celle d'admirer la manoeuvre des gens aux pistoles. ADIMANTE. Il auroit assurement de quoi rire; si la Mer entendoit raillerie. SOCRATE. Seroit-il possible que la regle fût mauvaise, de quelque autre emploi de la vie civile qu'il soit question; & bonne seulement, lorsqu'il s'agira de conduire une Republique? ADIMANTE. Comme il n'en est point de plus important, ni de plus difficile; il n'en est point aussi qu'on doive plus donner au merite.

SOCRATE. Le grand mal est, mon cher Adimante, qu'un Etat Oligarchique en renferme deux; & même deux très ennemis l'un de l'autre; l'un petit, mais puissant; l'autre vaste, mais epuisé. ADIMANTE. Les guerres intestines par consequent n'y finiront point. SOCRATE. Les Ennemis du dehors, mon cher Adimante, n'auront pas beaucoup à faire. Toutes les fois qu'ils paroîtront en campagne; le Magistrat sera contraint, ou d'armer la multitude, au hazard de la trouver infidelle; ou de marcher à leur rencontre, avec une poignée de gros rentiers; avec une armée oligarchique dans toutes les formes. Sans dire qu'on ne fait pas la guerre sans depense; & que dans une Oligarchie on va toujours à l'epargne. ADIMANTE. L'alternative est consolante; il faut en convenir.

SOCRATE. L'union de plusieurs professions ensemble, dont nous avons exaggeré les inconvenients plus d'une fois, en est un troisiême ici, moindre à la verité que les deux autres, grand neanmoins. ADIMANTE. Tout l'argent est soigneusement resserré par les riches. Il ne restera donc aux autres, que de faire tout les metiers, pour vivre.

SOCRATE. Voici quelque chose de plus encore, mon cher Adimante. C'est que les loix, faites par des Senateurs, uniquement attentifs aux moïens d'avoir tout, permettront de vendre jusqu'à son habit, & de rouler ensuite sur les terres de l'Etat, sans autre Seigneurie, que celle d'homme qui n'a rien. ADIMANTE. Comment se pourroit-il autrement qu'ils eussent tout l'argent; & que les pauvres fissent les deux tiers de la Republique?

I i 2

SOCRATE.

Socrate. Je vous laiffe à penfer, mon cher Adimante, fi plu-fieurs d'entre eux, lorfqu'ils etoient dans les emplois, ont bien me-rité d'elle, par avoir eté grands diffipateurs? Adimante. Elle eft au contraire aujourdhui la victime de leur prodigalité; qui dans un Etat ouvre la porte à l'avarice. Socrate. Je compare egalement les avares, & les prodigues, à des frêlons; qui font un degât inex-primable dans la rûche. Il faut remarquer feulement, que Dieu n'a point armé d'un eguillon les frêlons moûches. De ceux à deux pieds, les uns font depourvus auffi de cet inftrument terrible; mais les autres, en recompenfe, l'ont d'une longueur epouvantable. Vous m'entendez. Les premiers font les hommes d'Etat, dont toute la mechanceté fe borne à faire un butin, que les feconds ordinairement leur enlevent. Mais ces derniers, outre qu'ils mangent beaucoup mieux encore, font à tout ce qu'ils recontrent les plus douloureufes bleffures. Adimante. Je vous comprends. Ceux-là penfent da-vantage à devorer le miel, qu'à nuire. Ceux-ci piquent avec fu-reur, pour demeurer feuls maîtres des raïons. Socrate. Rete-nez de moi cette obfervation, qui ne vous trompera jamais. C'eft qu'où l'on voit des Malheureux; les Filoux, les Brigands, les Sa-crileges, qui les ont depouillés, & reduits à ce deplorable etat, font grandiffime chere dans les Coupe-gorges voifins. Adimante. Mon cher Socrate, elle eft vraie, au delà de tout ce qu'on peut dire. La nature, mere commune, & liberale, affigne une legitime à touts fes enfants. Si quelques-uns en font fruftrés, les autres la leur ont ravie. Socrate. Puifque les Miferables ne font nulle part ailleurs plus nombreux, que dans un Etat Oligarchique; il en faut conclurre que l'Injuftice s'y trouve à fon comble. Adi-mante. Oui. Socrate. Il retire donc un gros effain de ces infectes, formidables par leurs piquures, dont nous parlions tout à l'heure; je veux dire qu'il a le malheur d'avoir une troupe de Maîtres, affran-chis du joug des loix, & libres en toute occafion de fatisfaire leurs mauvais inftincts. Adimante. Il eft vrai. Socrate. Touts ces maux, & mille autres, que l'Oligarchie traîne après elle, viennent de ce que les perfonnes qui font à la tête des affaires, ont manqué

d'une

d'une education vertueuse, & fçavante? ADIMANTE. Elle, apprend à sentir le plus touchant de tous les plaisirs; celui de faire du bien à tout un Monde. SOCRATE. Voïons presentement de quelle maniere l'Esprit Oligarchique s'empare de l'homme ambitieux; & quel nouveau genre de vie il lui fait embrasser. ADIMANTE. Je ne perdrai pas un mot de ce que vous allez nous dire.

SOCRATE. Un jeune homme aura longtemps suivi l'exemple d'un Pere, qui fera sa chute, dans le moment auquel il couroit le plus rapidement à la fortune. Il le verra terriblement froissé. Les grands emplois, les beaux palais, la nombreuse cour, disparoîtront tout à coup. Noirci par des calomniateurs malins, assailli de procès criminels, enfin depouillé de touts ses biens, perdu d'honneur, il ira grossir la troupe des illustres malheureux. Peut-être expirera-t-il même sur un gibet. ADIMANTE. De si grands desastres produiront une revolution d'idées entiere dans l'esprit du Fils. SOCRATE. Epouvanté, nud presque; il en dethrône promptement l'auteur, & le chasse pour jamais de son âme. ADIMANTE. Il fait un divorce eternel avec l'Orgueil. SOCRATE. Oui. La pauvreté lui rabaisse le sourcil, beaucoup au dessous du naturel, & le courbe entierement vers le lucre. Il y trouve un nouveau charme; qui l'anime dans ses travaux, & qui lui fait trouver du goût dans ses epargnes. Quel bonheur comparable au sien, quand ses coffres seront pleins! A peine en un mot l'Avarice a-t-elle mis en fuite Ambition, qu'elle est couronnée Reine dans son cœur. Toutes les passions, toutes les facultés, lui sont données pour satellites, & pour Ministres. Elles s'y prosternent devant elle; & dans cette humble posture, la Raison elle-même attend ses ordres. On lui defend d'estimer que les richesses, & les gens riches. On lui prescrit de s'emploïer à fournir des inventions, pour faire de moins plus, & de rien quelque chose. ADIMANTE. Le passage d'un vice à l'autre, souvent est entier, & subit.

SOCRATE. L'homme copie, à l'ordinaire, d'après l'Etat. Comme l'Etat Oligarchique, le jeune Avare fait de l'argent son unique objet.

objet. De part & d'autre, on fe donne des mouvements inconçevables, pour s'enrichir. On fe refufe jufqu'au neceffaire; & l'on ne connoît plus que deux arts utiles; celui du gain, & celui du menage fordide. ADIMANTE. La reffemblance, mon cher Socrate, continue d'être parfaite. SOCRATE. La mauvaife education eft pareillement la caufe de la fureur, avec laquelle un jeune homme fe livre à ce vice nouveau. Eût-il jamais de la forte fléchi le genou devant une Divinité farouche, fi de bonne heure on avoit etalé devant fes yeux les fupplices, auxquels elle condamne fes adorateurs; & pris un guide, le plus propre à l'egarer dans la recherche du bonheur veritable? ADIMANTE. Non. Il feroit devenu tout autre, à l'ecole de la Sageffe. SOCRATE. Etudiez le de près, mon cher Adimante, & vous le trouverez frêlon; je dis frêlon de la pire efpece; quoique les occafions de montrer fon eguillon ne fe prefentent pas toujours. Mais qu'il ait des Orphelins confiés à fa garde, & qu'il trouve des indefendus en fon chemin; on verra jufqu'où le portera fa rapine, & combien de larmes leur fera verfer le mauvais ferment, dont il eft plein. Ce n'eft pas qu'il ne fçache admirablement contrefaire l'abeille, & fupprimer à propos fes deux inftincts pernicieux. On approchera de lui, fans defiance; parcequ'il aura touts les dehors de l'homme de bien. Ce ne fera pas neanmoins humanité, raifon, amour du bien, qui l'empêcheront de faire du mal; mais fraïeur, en fe preffant trop d'accumuler fes injuftices, d'en perdre tout d'un coup le fruit. ADIMANTE. C'eft un cœur, que devore la paffion des richeffes, exprimé très parfaitement.

SOCRATE. Pouffé d'un côté par fa convoitife, & retenu de l'autre par la crainte, ce cœur fera le theatre d'une guerre inteftine, un champ de bataille difputé; que la derniere emportera le plus fouvent. Il faudra donner un frein à la premiere. Il ne la reprimera point avec ce calme, qu'eprouvent au dedans les perfonnes, chez qui tout eft paifible, parceque tout eft dans l'ordre; mais avec un trouble, un defefpoir, caufés par l'impoffibilité d'obtenir certaines fins, que par le facrifice de mille autres. Il redoutera la depenfe, beaucoup plus qu'il n'eftimera la gloire. Cependant echauffé contre des ri-

vaux,

vaux, qui le furpafferont dans la carriere des honneurs, dans mille occafions, il s'arrachera les entrailles, pour l'emporter fur eux. L'Efprit oligarchique n'en conferve pas moins fon afcendant fur lui; & dans le courant, fon vice dominant tient le pied fur la gorge à touts les autres. ADIMANTE. La Philofophie, mon cher Socrate, epargne ces combats, & ce martyre, à fes amateurs. Ils apprennent d'elle à tout aimer avec moderation, & tout fuivant fon prix.

SOCRATE. J'ai dit que l'Oligarchie etoit rarement de longue durée. L'amour des richeffes, & la frugalité, ne peuvent compatir enfemble. Les Prodigues vont aux emprunts en foule chez les Magiftrats; qui, loin d'oppofer les digues accoutumées à la fureur de leur depenfe, ouvrent au contraire touts les jours de nouvelles ravines, pour faire entrer tout l'argent dans leurs maifons. Le tiers Etat manque de pain. La Nobleffe vit fans patrimoine, & pour la plus grande partie, effroïablement oberée. Jugez fi les depouillés, abhorreront des Maîtres, qu'ils voient courbés fous le poids d'un butin, fait fur eux; & fi d'un commun accord, ils ne mediteront pas une revolution dans l'Etat. ADIMANTE. C'eft deformais l'unique reffource, pour ceux qui periffent. SOCRATE. Les Changeurs feignent de ne pas voir les profondes plaies, qu'ils ont faites aux premieres familles; & continuent de fournir des fommes, à groffe ufure. La Republique fe remplit chaque jour de gens inutiles, & defeperés, d'avoir mangé tout. Ne craignez pas, je le repete, qu'il foit parlé de loix, pour arrêter ces defordres; ni qu'on fe mette en peine de recommander aux Citoïens la pratique de la vertu. Bientôt elle en auroit tari la fource. Mais pauvres, & riches, la foulent aux pieds egalement. ADIMANTE. Les derniers s'en trouveroient mal; & l'argent ne rouleroit plus dans leurs coffres avec la même impetuofité. SOCRATE. Pendant que nuit & jour ils travaillent à lui faire mille nouveaux chemins; leurs femmes, leurs enfants, touts ceux qui les approchent, vivent dans les plaifirs, & dans la molleffe. ADIMANTE. Où tout fe termine-t-il enfin? SOCRATE. Quand ils fe rencontrent au theatre, fur mer, en voïage, à la guerre, avec ceux dont ils ont plusieurs années fait leur proie; ils commencent à ne les plus traiter avec le même dedain. Tel d'entre ceux-ci, n'aura pour tout en partage que la maigreur, & la disette. Mais son corps sec, & decharné, lorsqu'il est question de marcher à l'ennemi, brave les ardeurs les plus cuisantes du Soleil. A ses côtés se trouve un camarade opulent, qui traîne avec difficulté sa lourde masse ; & dont l'allarme n'est pas moins apparente sur le front, que la süeur, qui decoule à gros bouillons de son visage. Le premier se dira certainement tout bas à lui-même, que c'est bien sa faute, s'il n'a rien; pendant que ce gros homme, tout transi de peur, & tout hors d'haleine, jouït de cent fois plus qu'il ne merite, & qu'il ne lui faut. ADIMANTE. Touts les squelettes, mon cher Socrate, assembleront là dessus leur grand conseil.

SOCRATE. Un souffle abbat un corps infirme; & decide entre les mauvaises humeurs, qui s'y combattent. Sans l'intervention même d'aucune cause du dehors, le mal souvent devient mortel. Une force ennemie, peu redoutable par elle-même, reduira pareillement aux dernieres extremités un Etat, epuisé par l'Avarice de ceux qui gouvernent. Que dis-je ? Il ne sera pas toujours besoin qu'une puissance etrangere fomente ses divisions. Un des partis ruïnera l'autre. ADIMANTE. Il est vrai. La comparaison est parfaitement juste. SOCRATE. Si les riches succombent; les plus haïs seront immolés à la vengeance publique : on bannira le reste. Quelquefois la crainte les portera deux-mêmes à prendre la fuite. Les restaurateurs de l'egalité, jaloux de la conserver entre eux, tirent ordinairement au sort les charges de la Magistrature. La Democratie commence ; & le Peuple se conduit. ADIMANTE. Mon cher Socrate, nous direz vous de quels nouveaux symptômes est travaillé presentement le corps politique ?

SOCRATE. D'abord il brille de liberté, si j'ose m'exprimer ainsi. On parle, on dit, on fait ce qu'on veut. ADIMANTE. C'est le cas de plusieurs villes de la Grece ; où chacun est Maître, & vit comme bon lui semble. SOCRATE. Une bigarrure de mœurs, & d'occupations inexprimable, sera le premier effet de l'Anarchie. Les

ama-

amateurs de la varieté, quelque bizarre que foit leur goût, y trouveront de quoi le fatisfaire. Jamais boutique de joüallier, jamais foire au Monde, n'eut le premier coup d'œil auffi charmant. Les plans de Republique entre autres, y feront à choifir. Qu'un Citoïen ait touts les talents, pour commander; on ne le force point. Il obeït pareillement, fi bon lui femble. Le matin on embraffe le fervice; on le quitte le foir. Les loix auront eu beau profcrire un coupable illuftre, l'eloigner du manîment des affaires, ou mettre l'adminiftration de la juftice en d'autres mains, & le condamner même, foit à la mort, foit au banniffement; il leve la tête; il conferve touts fes emplois, il fe fait voir dans les rues, comme en triomphe. Pour comble, on n'en eft point furpris; on ne dit mot. Se peut-il une maniere de vivre plus agreable! ADIMANTE. Elle aura pour les efprits inquiets de grands charmes. SOCRATE. Pour ofer tout, & parvenir à tout, il ne faut que plaire à la Multitude. Le merite, pour l'acquifition duquel nous avons fouvent dit qu'envain la Nature aura donné les plus grands avantages, fi l'art, & le travail, ne les font valoir, feroit de trop. Quelquefois du fond d'une boutique, porté fur les epaules d'une bruïante Populace, dans les atours d'un Magiftrat, un vil Artifan ira s'affeoir au timon. Voila, cher Adimante, l'image veritable de la Democratie; où chaque particulier gouverne; où marchent fur la même ligne le fçelerat, & l'homme de bien, le faquin, & l'homme d'efprit. ADIMANTE. C'eft, mon cher Socrate, ce que nous voïons en plufieurs endroits autour de nous.

SOCRATE. Comme un Etat, l'homme paffe de l'avarice à la licence. Un Pere, brûlé de la foif des richeffes, la communique à fon fils. Celui-ci, dans les commencements, reprimera foigneufement chez lui touts les goûts, qui l'expoferoient à la depenfe. Enfin il fe reduira touts les jours de plus en plus à l'etroit neceffaire; que pour la clarté, je voudrois definir. ADIMANTE. Mon cher Socrate, je ferai bien aife d'apprendre en quoi vous le faites confifter.

SOCRATE. La Nature, cher Adimante, nous a donné des paſſions, qu'il n'eſt pas en notre pouvoir de fruſtrer entierement, & dont le contentement nous fait plaiſir. ADIMANTE. Celles du boire, & du manger, ſont les principales. SOCRATE. On s'en fait d'autres; dont l'aſſouviſſement, loin de cauſer une ſatisfaction veritable, expoſe au contraire à des inconveniens infinis. La crapule, & la lubricité, ſont de ce dernier genre. Elles nuiſent au corps, à l'âme. De jeuneſſe par conſequent rien ne ſeroit plus facile, que de les empêcher de prendre l'aſçendant. ADIMANTE. Il ne s'agiroit que de former de bonnes habitudes; qu'on auroit enſuite peine à rompre. SOCRATE. On les raſſaſie difficilement, & toujours à grands frais; au lieu que peu ſatisfait les premieres. L'Intemperant lâche la bride à celles-là; mais l'Avare la tient ſerrée même à celles-ci. ADIMANTE. Preſentement nous direz vous, mon cher Socrate, comment de l'un on devient l'autre?

SOCRATE. Attiré par le bourdonnement des frêlons, un jeune homme accourt au pillage, qui les occupe. Il goûte le miel, de compagnie, & le trouve delicieux. Toute la troupe des voluptés ſouleve l'amour du plaiſir contre l'Avarice; qui perd bientôt l'autorité ſouveraine dans ſon cœur. ADIMANTE. L'Oligarchie finit; & la Democratie commence. SOCRATE. Cette nouvelle eſpece de revolution n'arrive gueres dans un Etat, que par la jonction de quelques alliés avec les pauvres, attentifs aux occaſions de ſe venger des riches. Le penchant d'un jeune homme au libertinage, ne demeureroit pas auſſi communement vainqueur de celui, qui l'avoit rendu longtemps eſclave des richeſſes; s'il n'etoit fortifié par les impreſſions du mauvais exemple. ADIMANTE. La juſteſſe du parallelle, mon cher Socrate, continue d'être parfaite. SOCRATE. Cependant ſon Pere, & ſes Proches, que l'eſprit d'epargne n'aura point quittés, l'accableront de remontrances; & s'efforceront en lui de rallumer l'amour de l'argent, à meſure qu'ils le verront prêt à s'eteindre. Interieurement combattu, longtemps il tiendra la victoire en balance. Quelquefois l'avarice reprendra ſes anciens droits ſur lui. Peut-être un grand fond de bonté naturelle, lui fera conçevoir de l'horreur

pour

pour les deux extremités, & prendre le parti de se remettre tout à fait dans l'ordre. ADIMANTE. Il n'est point rare que de la sorte un jeune homme passe du bien au mal, & du mal au bien. SOCRATE. Non. Mais le plus souvent, pour une passion dereglée, qui sera bannie; mille autres auront touts les chemins libres dans son âme. Cette multitude inquiette, reçoit, comme j'ai dit, chaque jour du renfort, par la frequentation des mauvaises Compagnies. Elle plante le siege devant la Citadelle même, si j'ose ainsi m'exprimer, & l'emporte d'assaut; parcequ'elle manque des remparts, qui dans les personnes cheries du Ciel, la mettent entierement hors d'insulte : j'entends ces pures lumieres, & ces habitudes vertueuses, qui font le fruit de la bonne education, & qui munissent la Raison contre toutes les attaques du dehors. ADIMANTE. Il ne faut pas s'etonner, dans cet etat, s'il est pour le vice une conquête facile. SOCRATE. D'autant plus facile, mon cher Adimante, qu'il est trahi par un million de fausses maximes, & d'opinions corrompues; qui s'emparent de son esprit, pitoïablement ouvert à toutes les suggestions de ses maîtres de luxure. Vous le verrez, au milieu d'eux, oublier les graves leçons d'un Pere, grand Oeconôme, aussi parfaitement que les Compagnons d'Ulysse firent leur Patrie; engagés par le mets cheri des Lotophages. Que les personnes, à touts egards les plus dignes d'être ecoutées, lui parlent de mettre fin à la debauche, à la depense; touts leurs avis salutaires echoueront contre les mauvais preceptes, que d'ailleurs on lui donne. La modestie, & la retenue, ne font bientôt plus que bêtise à son compte, & bassesse d'âme. Il estime la temperance une austerité ridicule; & l'attention à ses affaires, une extrême petitesse de genie. Toutes les vertus font chassées comme des infâmes, & touts les vices reçûs en triomphe dans son cœur. Il en fait un Temple; qu'il dedie à ses nouvelles Divinités, avec les ceremonies les plus augustes. L'orgueil, la dissolution, la licence, la prodigalité, l'impudence, y font adorés, sous les plus beaux noms. N'est-ce pas là, mon cher Adimante, un jeune homme, d'avare qui devient liber-

K k 2

tin?

tin? ADIMANTE. Oui, mon cher Socrate. La maniere dont il se metamorphose, est très bien expliquée.

SOCRATE. Il se jette ordinairement dans les excés à corps perdu. Cependant quelquefois ses passions seront moins emportées; & l'âge, au pis aller, avec ses glaces, en viendra moderer l'ardeur. Au lieu de se livrer tout entier à quelqu'une, au prejudice des autres; il retablira l'egalité; pour mieux dire, il introduira l'anarchie entre elles. Le hazard decidera toujours de celle, qui pour un temps aura l'empire dans son âme. ADIMANTE. C'est ainsi que le sort faisoit tantôt le Magistrat, dans le gouvernement populaire. SOCRATE. Si vous lui vantez les plaisirs de la Science, & de la vertu, comme infiniment superieurs à touts les autres; il ne vous en croira point; mais il ne vous le contestera point aussi; plein de la maxime, qu'en fait d'amusement tout est bon. Jamais il ne pense au delà du jour auquel il vit; & pour n'y laisser aucun vuide, la phantaisie qui le saisit à son reveil, est l'oracle qu'il consulte. Le premier du mois, une partie, où l'on boive jusques fort avant dans la nuit, sera quelque chose de très interessant. Le jeûne plaira d'avantage, le second. Une flûte chassera la melancholie du jour suivant. Le charme d'une semaine entiere, ecoulée dans l'inaction, se fera beaucoup mieux sentir, après un combat de ceste. On ira l'esprit content au Senat; où l'on fera tout ce que la caprice pourra suggerer; où l'on dira tout ce que l'imagination pourra fournir; du Senat, au comptoir, & du comptoir, au camp. La Philosophie une fois l'année aura son tour, & son moment d'audiance. Enfin la suprême beatitude, pour ce Prothée en fait des mœurs, est de vivre sans regle, sans attention, sans contrainte. ADIMANTE. Voilà sans doute un homme libre, & le parfait raccourci d'un Etat Democratique, mon cher Socrate! SOCRATE. La bigarrure, dont nous parlions tantôt, se trouve ici de part & d'autre. ADIMANTE. Assurement au plus haut point.

SOCRATE. De touts les characteres le plus engageant, & l'espece de gouvernement aussi la plus aimable, cher Adimante, nous restent à decrire: le Tiran, & la Tirannie. Elle s'etablit sur les

ruïnes

ruïnes de la Democratie, en confequence d'un excès, fort femblable à celui qui renverfe Oligarchie, & qui releve le gouvernement populaire. D'un coté, c'eft une paffion demefurée pour les richeffes, qui perd les riches ; & de l'autre, un amour aveugle de la liberté, qui fait tomber dans l'efclavage. L'amour de l'argent avoit ouvert la porte à la licence ; & bientôt la licence demande un frein. ADIMANTE. Expliquez nous, mon cher Socrate, de quelle maniere ce dernier defaftre arrive aux Etats democratiques ?

SOCRATE. Pour eteindre la nouvelle foif, dont chacun eft confumé ; des Echanfons, devenus liberaux, à force d'être cent fois le jour appellés gens endormis, verfent à boire autant qu'on veut ; & font les premiers à rire de touts les mouvements irreguliers, que produit l'ivreffe. ADIMANTE. Les Magiftrats, expofés à d'eternelles plaintes, s'ils ne fe montrent d'une facilité fans bornes, cedent au torrent ; contre lequel ils s'efforceroient inutilement de fe roidir. C'eft, mon cher Socrate, ce que vous voulez dire. SOCRATE. Oui. Pour meriter le nom d'âme fervile, il fuffit de refpecter leurs ordres ; & les chofes vont mal, toutes les fois qu'elles ne s'accommodent pas aux idées de l'homme qui bat l'enclûme, ou qui manie l'aleine. ADIMANTE. On peut dire certainement alors, que la licence eft montée à fon comble. SOCRATE. Vous vous trompez, mon cher Adimante ; elle va plus loin encore. Des hommes, le croiroit-on ? elle defcend jufqu'aux animaux. ADIMANTE. Oh! Oh! voïons, je vous prie ? SOCRATE. Pendant que le fils falue à peine fon Pere ; le Pere ne paroît que la tête nue devant fon fils ; & pour meriter fes bonnes graces, il s'applique à prendre fes airs, & fes manieres. Le Maître, le Valet, le Bourgeois, le Païfan, l'Etranger, l'Efclave, l'Affranchi, l'homme libre ; tout va du pair enfemble. Celui dont la charge fera d'enfeigner, tremble devant fes Difciples ; heureux, par fes complaifances, d'eviter leurs railleries, & leurs infultes. Les jeunes gens tiennent enfin tête hardiment aux perfonnes d'âge ; qui n'ont plus d'autre parti, que d'outrer avec eux la belle humeur, pour être jugés de même parure, & pour ne point être eftimés des Mifanthropes infupportables. L'autre fexe de fon côté

s'oublie

s'oublie egalement. ADIMANTE. C'eft l'image d'un parfait defor-dre. SOCRATE. A moins que d'avoir foi-même vu les chofes dans une Republique, où le Peuple gouverne le Magiftrat; jamais on ne s'imagineroit à quel point la liberté, comme on la nomme, y fleu-rit. Le Proverbe s'y verifie parfaitement; & les Epagneuls n'y font pas fur un moins grand pied que leur Maitreffes. Par une efpece de contagion, qui fe repand; les Mulets, d'un trot plein de fierté, couvrent de boue le paffant, & le renverfent de très bonne heure, s'il ne fait place. ADIMANTE. Je fuis la preuve de leurs manieres degagées, mon cher Socrate. Je ne vais point à ma mai-fon de campagne, qu'une partie de l'accident ne m'arrive.

SOCRATE. Ce goût, de faire ce qu'on veut, forme dans l'âme une mauvaife delicateffe, qui la rend incapable de fouffrir le joug de la raifon, & celui des loix. Elle redoute l'ombre même de la contrainte, & s'effaroûche au feul nom de tout ce qui s'appelle un Maître. ADIMANTE. C'eft la grande maladie, qui produit les fimptômes terribles, qu'on voit dans le Gouvernement Populaire. SOCRATE. L'excès eft pernicieux en tout; & d'une extremité l'on paffe aifement à l'autre. Ces deux maximes, vraies dans la Nature, ne le font pas moins dans la Morale, & particu-lierement lorfqu'on parle du Corps politique. Une paffion furieufe pour la liberté, conduit à la plus affreufe fervitude; & la Tirannie forge fes chaînes, à mefure que l'efprit d'Anarchie brife fes freins. ADIMANTE. Il eft vrai, mon cher Socrate. Mais dites nous fi les principes, qui caufent la diffolution de l'Oligarchie, & celle d'un Etat Democratique, ont du rapport; ou faites nous voir comment ils different.

SOCRATE. Dans la premiere; parmi les amateurs du luxe, aux-quels elle doit fa naiffance, nous avons dit que les uns etoient hardis, entreprenants, capables d'entraîner les Peuples après eux; & du refte mechants au plus haut point. Les autres, timides, pareffeux, vont comme on les mene; & n'ont pas grande intention de nuire. Ces deux efpeces de Frêlons, fe retirent dans touts les Etats; où, quel-quefois fans bruit, ils font d'horribles ravages. A l'exemple du Jar-
dinier,

dinier, qui tremble pour fes abeilles, un fage Legiflateur prendra des mefures efficaces, pour empêcher qu'ils ne s'engendrent; & coupera l'appartement entier, dans lequel ils auroient deja formé leur effain. ADIMANTE. Autrement toute la rûche, puifque vous aimez la comparaifon, fera pillée impitoïablement. SOCRATE. Les uns & les autres font touts les maux, dans les deux genres de Republiques dont nous parlons; avec cette difference, que le Peuple, dans la diftribution des emplois, compte pour beaucoup d'avantage les talents qui le frappent, que les richeffes. Tout roule fur les Orateurs; qui fçavent le mieux s'emparer de fes oreilles. Ceux à qui l'eloquence manque, voltigent autour de leurs tribunes; où, par leur bourdonnement epouvantable, ils etouffent toutes les propofitions des perfonnes fages, & des gens de bien. ADIMANTE. Que voïons nous autre chofe, dans les Etats Democratiques? SOCRATE. Cependant un grand nombre de Citoïens laborieux, & zelés pour le Public, amaffent du bien, par les voies legitimes. C'eft la proie, comme on fçait, des Moûches affammées dont je parle. Quant à la Multitude; renfermée dans un petit cercle d'affaires, elle ne fort des boutiques de temps en temps, que pour donner les charges, & pour faire les loix. Vous comprenez bien, mon cher Adimante, que jamais fa complaifance pour fes Oracles n'eft parfaitement defintereffée; & qu'elle ne laiffera pas faire aux Frêlons un butin confiderable, fans en avoir fa part. ADIMANTE. Il eft jufte qu'elle partage avec eux les depouilles de qui bon leur femble. Elle fe contente au refte du rebut; qui la paie des acclamations, par lefquelles, au moindre figne, elle confacre leur rapine. SOCRATE. Les attaqués rempliffent tout de leurs cris; & fe liguent, pour fe mettre à couvert de l'oppreffion. Ce ne font plus que factions; qui s'entre-choquent avec fureur. Enfin quand les bien-intentionnés voient le Souverain charmé d'être feduit, & refolu de les perdre; ils fe retournent vers l'Oligarchie, comme leur unique, refuge dans leur defefpoir. Les infectes dangereux, dont l'eguillon s'eft fait fentir, caufent partout des mouvements convulfifs; dont la fuite eft une revolution dans l'Etat. ADIMANTE. C'eft où mene ordinaire-

ment

ment l'injuſtice des Tribuns du Peuple, auſſi-tôt qu'ils ont affermi leur autorité.

SOCRATE. Il ne peut ſe paſſer d'un favori ; qu'il aime à diſtinguer extraordinairement par deſſus touts les autres. Sur lui coule avec impetuoſité le torrent de ſa bienveillance, & de ſes graces. ADIMANTE. On ſçait qu'il lui faut toujours un Preteur. SOCRATE. Il a, mon cher Adimante, les jambes, & les cuiſſes du Tiran. A meſure que le dernier s'acheve ; on voit par degrés la même etrange metamorphoſe, qui faiſoit trembler d'effroi toute l'Arcadie, aſſemblée aux jours ſolemnels dans le Temple de Jupiter Lupin. ADIMANTE. Aidez ma memoire, mon cher Socrate, je vous en prie. SOCRATE. Touts ceux à qui le malheur arrivoit d'y goûter de quelque viſcere humain, confondu par megarde avec les entrailles des victimes, etoient ſur l'heure changés en Loups. Vous rappellez vous le miracle ? ADIMANTE. La fable n'en a point de plus frappant, ni de plus celebre. SOCRATE. Un Roi de la Multitude, après avoir porté juſqu'à ſa langue impie les premieres gouttes du Sang de ſes Concitoïens ; mis à mort les uns, banni les autres, amorti les dettes, fait brêche aux loix agraires ; un Oppreſſeur de ce haut genre encore une fois, ceſſe pareillement d'être homme ; & devient Bête feroce. L'alternative pour lui deſormais, eſt de reüſſir à devorer tout ce qu'il rencontre, ou de perir. ADIMANTE. Le premier eſt difficile ; & pour eviter le ſecond, il faut n'être emu d'aucun ſentiment d'horreur, à la vue des plus inſignes ravages. SOCRATE. Dabord il ſaute ſur touts les gens riches, l'un après l'autre. Peut-être ſeront-ils aſſez heureux, pour venir à bout de le bannir. Mais ſon exil ne ſera pas long ; & bientôt, avec tout l'appareil d'un Conquerant, il reviendra, plein de fierté, reçevoir les hommages forcés de tout le monde. ADIMANTE. Il ne ſera plus facile de le chaſſer. SOCRATE. Non. Mais on aura le poignard ſous l'habit ; & chaque jour fera penſer à de nouveaux moïens de s'en defaire. ADIMANTE. C'eſt le retour, auquel doit s'attendre un particulier entreprenant, j'ai penſé dire ſacrilege, qui,

4

pour

pour fatisfaire une ambition demefurée, envahit les libertés de fa
Patrie.

SOCRATE. Une garde nombreufe eft neceffaire, pour empêcher
les affaffins d'approcher le Dieu tutelaire du Peuple : c'eft le titre
que lui-même il s'arroge, & le nom que fes flatteurs lui donnent. ADIMANTE. Quel malheur, fi leur fer audacieux trenchoit
fa belle vie ! SOCRATE. Le grand interêt qu'on prend à fa perfonne,
& la haute opinion qu'on a de fon amour fincere pour le Public, font
en un inftant paroître une forêt de hallebardes autour de lui. Im-
placable ennemi de touts ceux, qu'il n'a pas encore appauvris tout
à fait ; vous jugez bien, que fuivant la prediction faite par l'Oracle
à Crefus, il fecouera toute honte, & que les crimes les plus horribles ne lui coûteront plus rien. ADIMANTE. Si dans quelque
rencontre il hefitoit à les commettre ; il ne balanceroit pas deux fois.

SOCRATE. Le nouveau Maître, enhardi par fon peril, met
donc efficacement la main à l'œuvre. Il fait monter les uns derriere fon char, & les autres fur un echafaud. ADIMANTE. De
ces deux manieres, il faut que fans relâche il travaille à fa propre
fûreté.

SOCRATE. Il n'eft pas encore temps, cher Adimante, d'examiner s'il vit heureux. Felicitons feulement la Republique, d'avoir
nourri dans fon fein un Monftre fi formidable ; & finiffons de le
peindre. ADIMANTE. Je m'interefferai fort au portrait.

SOCRATE. Son grand foin eft de ne point fe montrer, noir comme
il eft dans l'âme, & de ne point aller trop vîte. Les premiers jours, un
fouris de commande, adoucit prefque tout ce que la Nature mit de faroûche dans fon regard, & dans les principaux traits de fon vifage.
D'après de lui chacun fort comblé de belles paroles, & de careffes.
Ciel, quel tort n'auroit-on point de le regarder comme un Tiran ! Le
Public eft dejà foulagé. Les particuliers auront, avec le temps, ce qu'il
leur faut. On dechargera toutes les perfonnes oberées. Sa Maifon entiere eft fur la Lifte, pour des arpents de terre. Le Peuple en aura fa part. Touts en un mot feront contents ; & touts auront un
Pere en lui. C'eft comme il parle. ADIMANTE. Ces magnifiques

promeſſes, & ces airs engageants, mon cher Socrate, ſont des moïens qu'il emploie, pour appaiſer la vengeance publique. SOCRATE. Il eſt perdu, s'il ne trouve le ſecret de ſe rendre neceſſaire. Pour cet effet, il travaille à tout pacifier au dehors, par des guerres heureuſes, ou par des Traités avantageux. Mais il prend ſoin que le Public en ait toujours quelqu'une de reſerve à ſoutenir. ADIMANTE. De cette maniere, les lauriers du Generaliſſime de l'Etat ne ſe fletriront point. SOCRATE. Ce n'eſt pas tout. Le Peuple, ſaigné par les plus cruelles depenſes, n'aura ni forces, pour s'oppoſer à ſes entrepriſes, ni temps de reſte, pour former des Conſpirations, Cependant chaque nouvelle action lui fournira mille belles occaſions d'expoſer à la mort certaine ceux, qu'il ſoupçonnera de pleurer en ſecret ſur le tombeau de la Republique. Par toutes ces raiſons, il ne fera la paix, que pour la rompre. ADIMANTE. S'il n'accable tout, mon cher Socrate, il faut que lui-même il ſuccombe. SOCRATE. Il deviendra par conſequent touts les jours de plus en plus odieux. Pluſieurs de ceux même qui l'auront aidé, par attachement pour ſa perſonne, ou par imprudence, à jetter les fondements de ſa Tirannie, commenceront d'en conçevoir la derniere horreur. Les plus timides la deteſteront dans le particulier; & les plus hardis oſeront faire eclater leur haine en public. ADIMANTE. Il verra l'indignation peinte ſur les viſages autour de lui. SOCRATE. Amis, Ennemis, de quelque rang, de quelque merite qu'ils puiſſent être, s'ils ouvrent la bouche, perdront la vie. ADIMANTE. Son grand emploi ſera d'imaginer des moïens, pour s'en defaire. SOCRATE. De quel œil d'aigle, ouvert nuit & jour, n'aura-t-il donc pas beſoin, pour voir qui d'entre les Citoïens a de la probité, de la bravoure, de l'eſprit, des richeſſes, de la conſideration dans le Monde; quelqu'une des qualités en un mot, qui peuvent les faire craindre? Ou purger la Republique de ces hommes redoutables; ou tomber ſous leurs coups. Point de milieu pour lui. ADIMANTE. O la belle evacuation, mon cher Socrate! SOCRATE. Un Medecin tâche de procurer au Corps humain celle de ſes mauvaiſes humeurs. Le Tiran va chercher touts les ſucs nourriciers, juſques dans les veines

ca-

capillaires du Corps politique. ADIMANTE. Il faut le tenir mourant, ou perir. SOCRATE. Que fa condition eſt donc heureuſe, mon cher Adimante! Il faut qu'il ne vive, qu'entouré d'eſprits mechants, comme lui, qui touts l'abhorrent, s'il veut vivre. ADIMANTE. Elle eſt aſſurement digne d'envie! SOCRATE. Haï de plus en plus, expoſé touts les jours à de nouvelles entrepriſes contre ſa perſonne, il penſe à renforcer extraordinairement ſa garde. ADIMANTE. Il a raiſon. Il y va pour lui du tout. SOCRATE. Où trouver aſſez de Janiſſaires? C'eſt l'embarras. ADIMANTE. Une paie mediocre en fera bientôt accourir en foule de toutes les parties du Monde. SOCRATE. C'eſt pour le coup, cher Adimante, qu'on verra, ſi je l'oſe dire, lair obſcurci par une epaiſſe nuée de frêlons, venus de loin, & bigarrés, autant qu'il eſt poſſible. ADIMANTE. Quel autre parti, mon cher Socrate? Un Citoïen, un Ennemi, ſont pour un Tiran des noms ſynonimes. SOCRATE. Vous oubliez, mon cher Adimante, un grand nombre d'Eſclaves, qui dans l'horrible boucherie, par laquelle il aura cimenté ſon depotiſme, auront perdu leurs Maîtres. Eſt-il rien de plus propre à voltiger dans ſon palais, avec ſûreté pour lui, qu'un eſſain, vil en apparence, d'affranchis? ADIMANTE. Il n'aura point de gens plus attachés. SOCRATE. Quoi de comparable, pouvons nous, cher Adimante, encore ici nous demander à la douçeur de ſa vie? Defait heureuſement de mille perſonnes incommodes; combien d'autres, entierement devouées, dont l'unique affaire eſt d'eloigner touts les maux qui le menacent, & de travailler à ſes delices! Les gens de bien qui reſtent, fuient ſa vue. Mais en peut-il être mieux conſolé, que par cette multitude, empreſſée à lui plaire, à le flatter, à le defendre, à le ſervir? ADIMANTE. Pourvu qu'on le craigne, & qu'on tremble à ſes ordres, qu'importe qu'on l'aime?

SOCRATE. Il faut avouer que la Tragedie eſt une invention merveilleuſe de l'eſprit humain! Je trouve entre autres que rien n'eſt au deſſus d'Euripide, quand il nous dit: " qu'un Tiran ac-
" quiert une ſageſſe conſommée, par le commerce qu'il a conti-
" nuellement avec les ſages; qui de toutes parts viennent embel-

" lir fa Cour." Peu s'en faut qu'il ne nous en faffe un Demi-Dieu dans toutes les formes! ADIMANTE. On remarque prefque partout dans les Poëtes la même beauté de fentiments, la même juftefle d'efprit. SOCRATE. En hommes, apparemment plus fages que nous autres, faifeurs de Republiques, ils nous pardonneront de ne point fouffrir qu'ils approchent de la nôtre; pendant qu'ils feront ainfi refolus de prodiguer leurs eloges aux Opprefleurs du Genre Humain. ADIMANTE. Les plus raifonnables d'entre eux, mon cher Socrate, ne feront pas affez injuftes, pour s'en plaindre. SOCRATE. Plutôt que de penfer à nous, je leur confeille de faire à pied le tour de la Grece; & d'aller de ville en ville, reciter leurs vers admirables à des auditoires nombreux, une bourfe à la main. Ils peuvent raifonnablement fe promettre une quête abondante, lorfque, par les preftiges de leurs poëfies, ils feront venus à bout d'ôter aux Peuples entiers l'horreur de l'efclavage, ou de leur infpirer l'amour de la licence. Les Tirans furtout leur feront accueil. Ils iront encore affez bien à la gloire, aux recompenfes, dans les Etats, où c'eft le Peuple qui les diftribue. Mais s'ils veulent effaïer de monter plus haut; un gros afthme les empêchera de faire des progrès. Le meilleur fera de refter en bas; avec toutes leurs couronnes de lierre, & toute leur haleine. ADIMANTE. Le confeil eft bon. Ni dans une Oligarchie, ni dans une Ariftocratie vertueufe, on ne feroit enthoufiafmé d'eux.

SOCRATE. Où l'Opprefleur de fon païs, mon cher Adimante, prendra-t-il dequoi païer fa garde, & fes troupes? C'eft le fujet pour lui d'un autre fouci. ADIMANTE. Les depouilles de touts les Temples dans les commencements y fuffiront, avec des taxes modiques. SOCRATE. Et quand touts les vafes facrés auront difparu? ADIMANTE. Le Peuple trouvera des fonds nouveaux, pour Satellites, Gens de guerre, Favoris, Maitrefles. SOCRATE. Le Peuple, cher Adimante, l'a mis au monde: Il eft jufte qu'il le nourriffe. ADIMANTE. Envain deformais voudroit-il s'en defendre; il eft contraint de fournir à tout. SOCRATE. Peut-être le dernier epuifement arrachera-t-il quelques plaintes, affez permifes, de fa bouche.

Il

Il dira que le fils en âge, ne doit point être à la charge du Pere; & que c'eſt au premier de pourvoir à touts les beſoins de celui du quel il a reçu la naiſſance. S'il a tout fait, pour aggrandir un ſujet, ajoûtera-t-il, avec amertune; etoit-ce pour n'avoir qu'un Maître avide, imperieux, cruel; & pour être en proie à ſon Eſcorte, ramaſſée de touts les endroits du Monde. Au contraire on eſperoit, que donné pour chef à touts les bons Citoïens, il s'oppoſeroit avec eux aux entrepriſes des mechants..... Si, pour concluſion, le Peuple s'aviſoit de vouloir uſer du même empire, avec lequel un Pere, las du vacarme que lui fait touts les jours un fils diſſolu dans ſa maiſon, l'en chaſſe, avec touts ſes inſtruments, & ſes groſſes Compagnies : par Jupiter, le Peuple verra quel horrible Monſtre il a graſſement nourri. ADIMANTE. Mon cher Socrate, il ſera beaucoup trop tard, pour lui faire quitter la partie. SOCRATE. Quoi? L'enfant denaturé n'obeïra point; & s'oubliera même, juſqu'à frapper! ADIMANTE. Juſqu'à paroître, les armes à la main. SOCRATE. O Ciel! Le deteſtable Parricide! Eſt-ce ainſi que le Peuple mord à l'hameçon du depotiſme, caché ſous un appas trompeur de liberté? Il fuit l'ombre de la ſervitude, & tombe dans tout ce qu'elle a de plus affreux. ADIMANTE. C'eſt une faute, qu'eternellement il commet; & qu'il expie toujours à loiſir.

SOCRATE. N'avons nous pas, cher Adimante, aſſez bien vu, comment la Tirannie s'etablit ſur les ruïnes du gouvernement populaire; & de quelle deſolation epouvantable elle eſt ſuivie? ADIMANTE. Mon cher Socrate, vous avez tout dit.

DE LA
REPUBLIQUE;
OU
DU JUSTE, ET DE L'INJUSTE.

LIVRE NEUVIEME.

SOCRATE.

LA formation du Tiran, & l'etat veritable de son âme, cher Adimante, nous restent à decrire. Voïons de quelle maniere la debauche allume le desir en lui de la puissance absolue; ce qui se passe dans son interieur, quand il s'en est mis en possession; & s'il est heureux, ou miserable, dans le temps que tout fléchit le genou devant lui. ADIMANTE. C'est, mon cher Socrate, ce que nous nous sommes proposé, comme la fin principale de nos recherches.

SOCRATE. Avant que d'entrer en matiere, touchons quelque chose en general des passions; afin de repandre plus de lumiere sur tout ce que nous avons à dire. ADIMANTE. Vous etes le Maître; & c'est à vous de nous montrer le chemin.

SOCRATE. Celles qui nous portent au plaisir illicite, sont dans touts les hommes plus ou moins fortes. Mais retenues dans les plus emportés par la crainte des loix, & par la reflexion dans les plus Sages, elles s'amortissent presque tout à fait dans quelques

hommes privilegiés ; pendant qu'au moindre objet qui les enflamme, elles mettent aisement tout en combustion dans le cœur des autres. ADIMANTE. Dites nous, je vous prie, lesquelles principalement vous avez en vue. SOCRATE. Celles qui s'echappent durant le sommeil ; après que la Raison en a comme laissé tomber les rênes ; & qu'echauffées par les excès precedents, elles courent, où leur fougue impetueuse les emporte. Nul crime alors, pour enorme qu'il soit, ne se presente à l'imagination, dont la partie animale ait horreur. ADIMANTE. Je vous entends, mon cher Socrate. Un homme, qui s'endort, le sein rempli du feu de la debauche, est adultere, meurtrier, sacrilege, toute autre chose qu'un homme en un mot. SOCRATE. Au contraire un autre, à qui les plaisirs n'auront point manqué le jour, mais qui n'en aura fait aucun excès, est tranquille, quand il va prendre son repos. Il n'est point agité par la folle joie, inquietté par le noir chagrin, troublé par la penible colere. Son esprit, elevé, si je l'ose dire, au dessus de l'atmosphere des passions, contemple mieux qu'en tout autre temps la verité pure, est exempt de toutes les illusions de la nuit. ADIMANTE. Il n'est jamais en plus grande liberté, mon cher Socrate. Le passé, le present, l'avenir, font un livre ouvert devant lui. SOCRATE. Ce que je veux conclurre de là, mon cher Adimante ; c'est que les plus reglès, les plus calmes, les plus Philosophes, ont une moitié d'eux-mêmes fiere, indisçiplinable, toujours prête à se revolter contre l'autre. ADIMANTE. Touts n'eprouvent que trop ce combat deux-mêmes contre eux-mêmes, aussi pendant la veille.

SOCRATE. Ce principe etabli ; souvenez vous de la maniere, dont un jeune homme passe de l'avarice à la dissolution. Fils d'un Pere grand Oeconôme, ennemi du superflu, dans les habits, dans la table, dans les ameublements ; il tombe au milieu d'une troupe de Libertins, à force de ravilir en sa presence tout ce qui s'appelle regle, esprit de menage, qui font naître en lui bientôt l'amour du faste, & de la licence. Cependant né d'un meilleur charactere, & retenu par les bons exemples, qu'après les avoir quittés il retrouve dans la maison paternelle ; il epouse un milieu, fort semblable à

celui

celui qui characterise une Democratie naissante. Adimante. Il aime ses plaisirs ; mais il evite la debauche.

Socrate. Un de ses enfants aura suivi longtemps ses traces, & vecu toujours en deçà comme lui de touts les excès. Les plus à craindre de touts les Enchanteurs, ceux qui possedent l'art abominable de metamorphoser un jeune homme doux en Tiran inhumain, desesperés presque de reüssir, après avoir tout emploié, lui mettront enfin l'Amour en tête. C'est un frêlon, cher Adimante, qui vole bien ; & qui fait de cruelles blessures. Adimante. Ce n'est pas d'aujourdhui qu'il fait parler de lui dans le monde sur ce pied là, mon cher Socrate. Socrate. Cette passion imperieuse, devient Reine de toutes les autres dans son cœur. Moûches, de leur coté mechantes, & desormais à ses commandements, elles goûtent à l'envi de son miel. Touts leurs nerfs abreuvés se reparent ; &, par leur bourdonnement, elles lui signifient leur empressement à la servir. Fiere de se voir ainsi maitresse ; elle s'oublie, elle s'abandonne aux mouvements les plus irreguliers, elle entre en fureur. Si dans l'âme il reste quelque opinion saine, de la bonté, de la modestie, de la retenue, de la pudeur ; elle fait main basse, & n'epargne rien. Sans opposition, elle en bannit tout ce qui d'un peu loin ressemble à la sagesse. Adimante. Je vous entends, mon cher Socrate. L'Amour, le redoutable Amour, acheve le Tiran. Socrate. Oui, depuis longtemps, avec justice, il en porte le nom. Adimante. Il commence par exercer au dedans son despotisme ; qui se manifeste au dehors touts les jours, par des traits, suffisants pour allarmer tout un Monde. Socrate. Je ne vois point à quoi mieux les comparer, mon cher Adimante, qu'aux symptômes les plus dereglés de l'ivresse, & de la phrenesie. Dans la chaleur du vin, & dans un delire, on voit les hommes, & les Dieux, infiniment petits ; on s'estime capable de gouverner le Ciel, la terre, & l'onde. Adimante. Rien n'est trop, pour l'orgueil de l'Homme, veritablement phrenetique, dont vous parlez. Socrate. Ses paroxismes les plus aigus sont causés par l'Amour, & par une extrême noirçeur de temperament ; dont l'effet immanquable est d'ôter

5

même

même à cette passion tout ce que la Nature lui donna d'humain. C'est ainsi qu'il se forme, cher Adimante. Nous decrirez vous presentement les exploits, dont est semée d'un bout à l'autre sa belle vie ; & par lesquels de très bonne heure il aura paru destiné pour être le fleau du Monde ? ADIMANTE. Je vous repondrai sur le ton plaisant, mon cher Socrate ; que vous n'avez point du tout besoin qu'un autre vous aide. SOCRATE. Les jeux, & les ris, suivent partout, comme on sçait, le char de l'Amour. Bals, grands Repas, Concerts, Maitresses, absorbent dans peu d'années les revenus, & les emprunts. Une foule d'appetits necessiteux, & souvent frustrés, dont le nombre croît touts les jours, demandent avec hauteur si l'Univers manque de gens, à qui, par l'artifice, ou par la force, enlever de quoi les satisfaire. Il faut choisir. Ou souffrir les plus cruelles tortures au dedans ; ou prendre à toutes mains. ADIMANTE. Le second est detestable ; mais il est jugé le moins penible. SOCRATE. Les passions, qui s'emparent l'une après l'autre du Tiran futur, ne se contenteront pas des aliments, qui suffisoient à celles d'autrefois. Le bien du Pere, & de la Mere, après qu'il aura mangé sa legitime, ne sera point sacré pour lui. S'il ne les trouve pas assez indulgents, pour conniver à ses usurpations declarées ; il emploiera la ruse ; & s'ils ne font pas assez faciles à tromper, il usera de violence. Ils s'armeront de fermeté. Quelquefois ils oseront ne point fermer les yeux à tout. Ne doutez pas qu'alors il ne laisse voir à leur egard les traits les plus marqués de son humeur faroûche. ADIMANTE. Ils feront à plaindre. SOCRATE. Les plus etroits liens du fang, anciens autant que lui-même, feront brisés par d'autres, formés recemment avec une femme debauchée, avec une troupe de Libertins. Ses nouvelles connoissances, introduites avec ceremonie dans la maison paternelle, qu'on les priera de regarder parfaitement comme la leur, adresseront touts leurs hommages à leur Hôte veritable. De concert, ils relegueront au coin du feu le vieillard, & sa bonne Menagere ; ou peut-être même ira-t-on jusqu'à les mettre hors de chez eux. ADIMANTE. C'est un grand bonheur, en verité, mon cher Socrate, que d'avoir mis au monde un fils debonnaire, & re-

TOME II.M mspectueux

fpectueux à ce haut point! SOCRATE. Quand tout eft diffipé; que faire de mieux, que vivre fur le Public. De nuit on perce les murs du voifin; on detrouffe dans les rues le paffant; on ne refpecte pas les Temples. Toutes ces paffions indomptées, qui dans le temps auquel il n'avoit pas encore tout à fait fecoué le joug du Pere, ne couroient à bride abbatue où leur fougue les emportoit, que fous les aufpices du fommeil, mordent, fi je l'ofe dire, le frein des loix; & foulent aux pieds toutes les maximes, qui dans l'enfance le penetroient d'eftime pour la vertu. Entrainé de la forte, il eft aujourdhui pendant la veille, ce qu'il n'etoit autrefois, que lorfque Pluton lui detachoit les fonges les plus affreux. Les debauches outrées, les meurtres horribles, les facrileges enormes, ne l'arrêtent plus. L'Amour, fouverain Maître de fon cœur, le remplit d'audace. Du ton de parfait Monarque, il lui commande, à quelque prix que ce puiffe être, de trouver dequoi fournir à la fubfiftance des fatellites nombreux, qu'il a comme à fa folde, tant au au dedans, qu'au dehors. Ai-je exaggeré quelque chofe, mon cher Adimante; & reconnoiffez vous à touts ces traits l'Efclave, qui bientôt va mettre fon Païs, &, fi ce n'eft affez, le Monde entier aux fers? ADIMANTE. Il eft tiré d'après nature, mon cher Socrate; & rien ne fe peut de plus reffemblant.

SOCRATE. Si les mauvais Efprits, qui font venus à bout de le pervertir, ne fe voient qu'en petit nombre; & fi dans l'Etat on eftime les bonnes mœurs; ordinairement ils s'en banniffent; pour aller groffir la Cour de quelque Tiran qui fait du bruit, ou s'engager dans fes guerres. Quand l'occupation leur manque au dehors; ils fe retrenchent à faire chez eux des maux, qui valent peu la peine qu'on en parle. ADIMANTE. Par exemple? SOCRATE. Couper des bourfes, voler fur le grand chemin, piller, comme j'ai dit, les Temples, noircir l'innocence, exercer le metier de faux temoins, corrompre la juftice, eft leur pis aller, & leur amufement de touts les jours. ADIMANTE. Ils font encore, mon cher Socrate, en trop petit nombre, pour entreprendre des exploits d'une plus haute importance. SOCRATE. Qu'ils aient le temps de former leur troupe;

on

on les verra porter la defolation dans le lieu de leur naiffance. Auffi-tôt qu'ils auront appris qu'on y commence à marcher fur leur traces ; affez pour fe dire les uns aux autres, le verre à la main, qu'ils font forts ; ils y retourneront, comme en triomphe, à la fuite du plus determiné d'entre eux. Bientôt ils jettent les fondements de fa Tirannie, heureufement fecondés par l'infatuation du Peuple. ADIMANTE. Un fi bon chef les affûre d'un prompt fuccès. SoCRATE. Peut-être fa Patrie ne fubira-t-elle pas le joug fans refiftance. Il traitera fa Patrie, nom eftimé fi tendre par toutes les Nations du Monde, & par les Cretois entre autres, avec la même dureté, que dans fa jeuneffe il eut pour ceux qui lui donnerent le jour. Il l'abandonnera comme au pillage à fes compagnons d'exil. Telle eft fon etoile, & la leur. ADIMANTE. Quels tigres!

SOCRATE. Vous vous trompez, mon cher Adimante ; rien dans les commencements de plus doux. Etudiez leur air, à l'approche des gens dont ils ont befoin. Vrais Prothées, ils prendront toutes les formes, pour les gagner. On s'en iroit perfuadé qu'ils n'auroient point de parents plus proches, d'amis plus chers ; s'ils les connoiffoient le moment d'après. ADIMANTE. La duplicité, mon cher Socrate, & l'infenfibilité, font les deux principaux characteres du Tiran. SOCRATE. Pour le bien definir ; c'eft un homme qui n'aime rien, & qui n'eft aimé de perfonne. Une âme baffe ; qui rempera devant mille inferieurs, pour voir à fes pieds vingt de fes egaux. L'amitié, la liberté, font des biens entierement inconnus pour lui. ADIMANTE. Un triple airain defend fon cœur ; & pour Tirans il a touts ceux qui lui font utiles pour fes fins. SOCRATE. C'eft une âme fans foi, fans honneur, fans droiture. Le nom d'injufte, fi nous en avons bien compris le fens, lui convient dans toute fon etendue. ADIMANTE. A qui mieux le donner, qu'à l'homme affez eperduement amateur de lui-même, pour facrifier tout l'Univers au plus frivole de fes defirs ? SOCRATE. Il fera donc mechant au plus haut point ; auffi mechant eveillé, qu'il eft poffible de l'être endormi. N'oublions pas que plus il vit dans la grandeur, plus il croît en malice. . . . .

Mm 2

GLAUCON.

GLAUCON prit ici la parole; & foufcrivit à tout, avec de grandes marques d'approbation..... Fort bien, repris-je. Mais, dites moi, le plus mechant homme, cher Glaucon, eft il auffi le plus miferable; & jugerons nous qu'un Tiran eft de plus en plus malheureux, parcequ'à mefure qu'il avance en âge, il devient de jour en jour incorrigible? Les fentiments ne s'accordent pas là deffus. Je voudrois fçavoir le vôtre? GLAUCON. Mon cher Socrate, j'eftime, à la premiere vue, qu'il n'eft point de mifere pareille à celle, de n'être au Monde, que pour y faire du mal. SOCRATE. Prenons garde que le bonheur d'un particulier naît des mêmes fources, eft fujet aux mêmes differences, que celui d'un Etat. L'amour de la gloire, & l'efprit de conquête, y caufent de moindres calamités que l'avarice; l'avarice de moindres que l'anarchie; & l'anarchie encore de moindres que le depotifme. Rien n'approche de la felicité d'une Republique, foumife aux Loix de la Raifon, aux regles de la vertu; telle en un mot que nous l'avons decrite; & rien n'egale au contraire le malheur d'une autre, affervie aux paffions d'un feul. Pour ne fe point ici tromper, il ne faut pas fe laiffer eblouïr par le vain eclat, dont eft environné le Maître; & qui ne fe repand que fur un petit nombre d'Oppreffeurs du fecond ordre, abforbés dans la grandeur, comme lui. GLAUCON. Il n'eft point de condition plus heureufe, que celle d'un Peuple fagement gouverné, mon cher Socrate; ni de plus trifte, que celle d'un autre, fujet à touts les mouvements irreguliers du Pouvoir defpotique.

SOCRATE. Tranfportons ces idées de bonheur, & de mifere, cher Glaucon, des quatre efpeces de Republiques, dont nous avons parlé fouvent, aux quatre characteres, qui leur repondent parmi les hommes; & pour bien juger de celui du Tiran, ne foïons point les duppes encore une fois de tout ce fafte, qui derobe aux yeux du vulgaire les tourments, que lui caufent les furies, dont il eft interieurement agité. C'eft aux perfonnes capables de penetrer le fond des chofes, & furtout à celles qui le voient touts les jours hors de fes habits de theatre, à nous apprendre ce qu'il faut penfer de lui. GLAUCON. Elles feules peuvent bien nous dire, fi nous devons eftimer

son

ſon etat redoutable, ou digne d'envie. Socrate. Pour ne point interrompre le Dailogue, ſi vous en etes conſentant, oſons nous mettre l'un & l'autre de leur nombre, & parler ici, comme elles feroient à nôtre place. Glaucon. J'en ſuis d'accord. Vous interrogerez, mon cher Socrate ; & je continuerai de repondre à vos queſtions.

Socrate. Après vous avoir fait ſouvenir du parallelle, qui doit nous ſervir de moïen, pour reſoudre le grand problême, que nous avons à manier ; je vous demande ſi vous appellerez libre un Etat, où le deſpotiſme eſt à ſon comble ? Glaucon. Au contraire, j'aſſurerai qu'il eprouve une cruelle ſervitude. Socrate. Cependant, on y voit beaucoup de gens qui font ce qu'ils veulent, & dont chacun s'empreſſe d'executer les ordres. Glaucon. Oui. Mais ſans dire qu'ils ſont les plus vicieux ; leur nombre eſt petit, en comparaiſon du reſte des Citoïens ; dont les plus gens de bien ſont foulés aux pieds par ces maîtres arrogants, & pleins d'inſolence. Socrate. Nul eſclavage donc auſſi plus dur, que celui dont eſt affligée l'âme du Tiran. La partie la plus noble, & la plus digne en lui de commander, eſt pareillement aſſervie à la plus vile, à la plus indiſciplinable. Glaucon. Il eſt eſclave, mon cher Socrate ; vînt-il à bout de faire porter ſes chaînes au Monde entier. Socrate. Pendant que tout ſemble aller au devant de ſes deſirs ; il n'eſt au fond perſonne, qui faſſe plus ſouvent le contraire de ce qu'il deſire. Pour ſatisfaire les plus preſſants, il faut à toute heure vaincre ſes plus fortes repugnances, & faire les plus violentes revulſions dans ſon cœur. Eguillonné par l'ambition d'un côté, retenu de l'autre par l'avarice, pouſſé d'un ſens par l'amour, & d'un autre par la crainte, il avance, il recule. Son partage eſt l'inquietude, le chagrin, le trouble, & le remords. Glaucon. Ajoûtons, le deſeſpoir, toutes les fois qu'il echoue dans ſes entrepriſes. Socrate. L'indigence de touts cotés paroît dans ſes Etats, & dans ſon âme ; que l'Univers conquis laiſſeroit encore dans le beſoin. Glaucon. Il eſt toujours pauvre, parcequ'il eſt inſatiable. Socrate. Autour de lui s'il met tout dans les gemiſſements, & dans l'allarme ; ſes paſſions inquiettes, fruſtrées, timides, le dechirent, le rongent, l'ef-

fraient

fraient, & lui font eſſuïer les plus terribles agonies à ſon tour. GLAUCON. Il ſouffre plus qu'il ne fait ſouffrir aux autres.

SOCRATE. En ramaſſant le tout enſemble ; rien de plus malheureux qu'un Etat opprimé. Que devons nous penſer de l'Oppreſſeur ? GLAU-CON. Suivant la regle de comparaiſon, que vous avez etablie, pour en juger ; c'eſt de touts les hommes le plus miſerable. SOCRATE. Oui, pourvu que, du charactere dont il eſt né, il ne demeure pas reſſerré dans les bornes d'une condition privée ; & que ſon mauvais Deſtin l'eleve juſqu'à l'Empire. GLAUCON. Le paradoxe etonne, mon cher Socrate. Il ſembleroit au contraire que ſes peines interieures dûſſent être fort adoucies, par la poſſeſſion de la ſouveraine puiſſance. Je preſumerois cependant qu'elles ſont grandes. SO-CRATE. Ce n'eſt pas aſſez, mon cher Glaucon. Il faut que la conviction ſoit parfaite, lorſqu'on veut s'aſſûrer de ce qui fera le bonheur de l'homme durant tout le cours de la vie, ou ſa miſere. Pour comprendre celle d'un Tiran, qui tient un Peuple nombreux dans l'oppreſſion ; jugeons en par celle d'un ſimple particulier, qui maltraite ſes gens. Quelque imperieux qu'il ſoit à leur egard, il ne les redoute point ; & dans ſa maiſon il ſe compte en parfaite ſûreté. GLAUCON. Qu'auroit-il à craindre d'eux ? SOCRATE. Mais faites vous reflexion à ce qui le tranquilliſe ? GLAUCON. Tout l'Etat le protege ; & les loix ſont armées en ſa faveur. SOCRATE. Oui ; mais s'il vivoit avec eux ſeul, au milieu des forêts ? Quelle fraïeur continuelle n'auroit-il pas d'en être à toute heure aſſaſſiné, lui, ſa femme, & ſes enfants ? GLAUCON. Il ſe croiroit ſans doute en fort grand peril. SOCRATE. L'unique parti ſeroit de recourir aux paroles douces, aux belles promeſſes, aux bons traitements ; pour les empêcher de rien entreprendre contre lui. GLAUCON. Peu s'en faudroit qu'ils ne fûſſent les Maîtres, & lui le Domeſtique. SOCRATE. Si de plus Dieu lui donnoit un voiſinage, reſolu de ne ſouffrir l'oppreſſion de perſonne, & de punir toujours ſeverement l'Oppreſſeur ? GLAUCON. Environné d'ennemis dans ſon domeſtique ; au dehors menacé de touts les chatiments par des voiſins gens de bien ; il vivroit dans de perpetuelles alarmes ; il ne dormiroit ni jour ni nuit. SOCRATE. Celles

d'un

d'un Tiran font-elles moindres, cher Glaucon? Pouſſé par ſon inſtinct à faire du mal; il eſt expoſé de touts cotés à des repreſailles; & ſon cœur d'effroi palpite, à chaque nouvelle hoſtilité, qu'il exerce contre le Genre humain. GLAUCON. Armé contre touts les hommes, il arme touts les hommes contre lui. SOCRATE. Pendant que les autres Citoïens demeurent dans leur Patrie, ou vont librement d'un bout du Monde à l'autre ſatisfaire une innocente curioſité; la crainte, & l'avarice, le tiennent priſonnier dans ſes Louvres; & l'envie le devore, quand il entend parler des grands fruits, qu'ils ont remportés de leurs voïages. GLAUCON. C'eſt un Ours, après ſes expeditions nocturnes, à qui le bruit des chaſſeurs fait paſſer tout le jour en allarme dans ſa tanniere.

SOCRATE. Oui, mon cher Glaucon; c'eſt un fait certain qu'un homme, dont le derangement interieur va juſqu'à n'avoir aucun empire ſur lui-même, n'eſt jamais plus malheureux, que d'avoir à commander aux autres. Avec cette funeſte anarchie au dedans; il le ſeroit moins, au fond d'une ſolitude, que ſur le plus beau thrône du monde. Lorſque ſa naiſſance le produit, ou que la Fortune le met aux priſes avec les grands evenements; qu'eſt-ce autre choſe qu'un malade, impitoïablement trainé du lit dans l'arêne, pour eſſaïer ſes forces contre des corps vigoureux? GLAUCON. L'image eſt magnifique. SOCRATE. Sa condition eſt donc plus triſte, que nous ne l'avons jugée dabord. Malgré toute la pompe, qui brille autour de ſa perſonne, c'eſt le pire de touts les eſclaves. Meurtri ſans relâche ſous le foüet de ſes paſſions, il obeït eternellement à celles des hommes les plus mechants. Lorſqu'il travaille avec le plus de ſuccès à contenter les ſiennes propres; il les ſatisfait moins, qu'il ne les irrite. Neceſſiteux, effaré, toujours rugiſſant; il eſt encore plus à plaindre que ceux qu'il accable; & dans ſa vie à peine trouveroit-on de courts moments, capables d'interrompre ſes continuels ſupplices. En un mot, le pouvoir ſuprême ne lui ſert qu'à devenir injuſte, perfide, inhumain, impie; &, par cet aſſemblage d'horribles qualités un Ixion, puni ſans interruption. GLAUCON. Un homme ingenieux à faire ſon propre tourment, & celui des autres.

So-

SOCRATE. Vous avez cinq characteres differents, tracés devant vous, mon cher Glaucon; l'Homme de bien, l'Ambitieux, l'Avare, le Voluptueux, le Tiran. Prenez les balances de Themis; pour decider par ordre, auquel un amour propre eclairé doit nous faire donner la preference? GLAUCON. Mon cher Socrate, puisque vous me les mettez en main; je n'hesite point à prononcer, que le degré de vice, ou de vertu, qu'on y decouvre, doit regler celui du bonheur, ou de la misere, qu'il faut attribuer à chacun d'eux. SOCRATE. Ciel! qu'entends-je? Ferai-je crier à haute voix par un Herauld, ou me chargerai-je moi-même de publier la magnifique sentence, que vient de rendre l'incomparable fils d'Ariston? Emprunterai-je l'orgâne de la Renommée; pour aller apprendre à tout l'Univers, que l'homme le plus vertueux, & le plus juste, c'est à dire le plus maître de lui-même, est le plus heureux; que le plus injuste, & le plus vicieux, ou le plus esclave de ses passions, & le plus obeï dans tout ce qui peut les satisfaire, est le plus miserable? GLAUCON. Armez vous de sa trompette, mon cher Socrate, j'y consens; parcequ'il est de la derniere consequence, qu'une si grande verité ne soit ignorée d'aucun Particulier, ni d'aucun Peuple. SOCRATE. Ajoûterai-je que cet arrêt, si digne en touts lieux d'être conservé sur l'airain, n'en seroit pas moins regulierement executé; fût-il possible de faire le bien, & le mal, à l'inscû des Dieux, & des hommes? GLAUCON. Oui. C'est une clause très importante, & qui ne doit point en être separée. SOCRATE. Il n'est pas deformais necessaire, mon cher Glaucon, de confirmer par de nouvelles preuves un Oracle, parfaitement Oracle pour nous. Cependant j'aurois une autre voie, pour demontrer le grand axiôme en fait de Morale, dont nous parlons. GLAUCON. Mon cher Socrate, je serai bien aise de l'apprendre.

SOCRATE. Nous avons autrefois distingué dans l'âme trois appetits; le raisonnable, l'irascible, & le concupiscible. GLAUCON. Je m'en souviens. SOCRATE. Ce troisiême se distingue en plusieurs; celui qui nous porte à la recherche des aliments, & de plus à celle des plaisirs du Corps. Comme l'argent est le grand moïen pour se les

procurer;

procurer ; on peut confondre cet appetit avec l'amour du lucre.
Le second nous fait aspirer en tout à la superiorité. C'est l'amour
de la gloire. Le premier enfin n'a pour objet, ni la reputation, ni
les richesses. Il nous passionne uniquement pour la connoissance
de la verité. C'est le desir de sçavoir, ou l'amour des Sçiences.
GLAUCON. Je souscris à vos definitions. SOCRATE. L'un de ces
trois amours l'emporte sur les deux autres dans touts les hommes ;
& fait dire qu'on est Philosophe, Ambitieux, Avare, empressé
pour les biens de la Fortune. GLAUCON. La passion dominante
fait ce qu'on appelle un charactere ; & touts les characteres se re-
duisent à ceux dont vous parlez. SOCRATE. Touts ces amours ont
leurs plaisirs. Demandez même en particulier à ces trois sortes de personnes, lesquels ils jugent les plus doux ; elles vanteront, chacune à
leur tour, celui qui possede entierement leur âme ; & temoigneront
pour ceux des autres un parfait mepris. L'homme ardent pour le bien,
ne comprendra seulement pas quel goût on peut trouver à briller dans
le monde, à tout connoître ; à moins que l'argent ne vînt, & que
les coffres ne se remplissent par ces deux voies. L'Ambitieux, pareillement surpris qu'on soit capable d'une soif, aussi meprisable
qu'est celle des richesses, ou se plaire, comme il parle, à voïager
avec des fatigues immenses par les espâces imaginaires, nommera
l'avarice un horrible defaut, & les Sçiences, des conteuses de fornettes ;
bonnes seulement, lorsqu'elles pourront tourner au profit de l'Am
bition. Le Sçavant, & l'Amateur de la sagesse, de son coté, plein de la
derniere compassion pour ses deux Competiteurs, en matiere de felicité,
trouve des utilités, & des charmes, dans la recherche de la verité,
qui le satisfont infiniment, & qu'il prefere de beaucoup à tout le
reste. Il n'oublie pas un soin moderé d'acquerir l'estime, & d'a-
masser un necessaire ; parcequ'il le faut. Mais il leur abandonne, avec dedain, tout l'or, qu'ils aiment si passionnement ; &
toute la fumée, après lesquels ils courent, avec une si folle ardeur.
GLAUCON. Cette ancienne contestation, entre plusieurs Antagoni-
stes, qui se donnent à l'envi mutuellement le tort, est assez de consequence, pour meriter un examen fort attentif. SOCRATE. Elle
a, mon cher Glaucon, de quoi d'autant plus etonner, qu'il ne

s'agit point entre eux d'une theorie fine fur les devoirs, mais d'une chofe de pur fentiment.   La difpute n'eft pas du meilleur en foi; mais de ce qui touche l'âme le plus delicieufement, & la rend heureufe.   GLAUCON. Mon cher Socrate, comment terminerez vous ce different? SOCRATE. Je ne vois point de moïen plus infallible, que de nous en tenir à ce que nous en dira celui des trois Adverfaires, partagés fur la grande affaire du bonheur, à qui nous aurons lieu d'attribuer une plus parfaite connoiffance de caufe, & des lumieres moins fujettes à l'erreur, dans les divers genres, fur lefquels ils auront à prononcer. GLAUCON. C'eft parfaitement bien dit.

SOCRATE. Prenons d'abord le Philofophe, & l'Avare, mon cher Glaucon.   Lequel, à vôtre avis, eft le juge le plus competent des plaifirs de l'autre? GLAUCON. J'y mettrois une extrême difference, mon cher Socrate.   Le premier ne peut aucunement ignorer la jufte valeur des richeffes; parcequ'il en a toute fa vie eprouvé les douçeurs, auffi bien que le fecond.   Au contraire celui-ci, de tout temps qui negligea de s'eclairer l'efprit, n'a jamais goûté les delices inexprimables de la vraie Sçience.   Si même il s'avifoit de vouloir fi tard en effaïer; apparemment feroit-il arrêté tout court; & n'y trouveroit-il que le plus affreux degoût. SOCRATE. Le prix de la gloire leur eft à touts egalement connu; ne fût-ce que par la raifon qu'ils y parviennent touts, lorfqu'ils excellent, dans la voie qu'ils ont choifie. Le Riche, l'Ambitieux, le Sage, ont de la confideration dans le monde.   Mais il n'eft donné qu'au dernier, de fçavoir par experience combien la Sageffe eft liberale de plaifirs, & combien la poffeffion de fes threfors eft douce. Il eft donc le feul, qui doive en être confulté; & fur les deux autres articles auffi bon juge que fes Rivaux, il aura du moins droit d'opiner avec eux. GLAUCON. On ne peut juftement lui contefter ce double privilege. SOCRATE. Comme il n'appartient qu'à la Raifon de regler nos jugements, & qu'il ne prend qu'elle pour fon Oracle; pendant qu'ils evoquent tout au tribunal aveugle, & corrompu des fens; il meritera d'être plus ecouté. GLAUCON. Affurement. SOCRATE. En fait de gloire, & de richeffes, peut-être faudroit-il

fouffouſcrire à leur deciſion. Mais on auroit tort d'en reçevoir une autre que la ſienne, dès qu'il s'agira de Sçience, & de Vertu. GLAU-CON. Ils doivent certainement lui ceder. SOCRATE. Des trois eſpeces de biens, dont l'homme eſt capable, il nous aſſûre que ceux de l'eſprit ſont infiniment ſuperieurs aux autres; & que s'ils ne tiennent le premier rang, c'eſt envain qu'on eſpere d'être heureux. L'honneur, qui participe davantage de leur nature, vient enſuite; & les biens de la fortune en dernier lieu. GLAUCON. De cette ſorte, mon cher Socrate, ils ſeront touts de vrais biens; parcequ'ils ſeront aimés dans l'ordre.

SOCRATE. Mon cher Glaucon, ſouvenez vous que c'eſt ici la ſecon-de victoire, qu'à remportée l'homme juſte. Une troiſième l'attend; pour laquelle rendons par avance des actions de graces à Jupiter Con-ſervateur; avec toute la reconnoiſſance, que la Grece fait eclater aux jeux Olympiques, lorſqu'elle a, par un effet de ſa protection particuliere, pleinement triomphé de ſes Ennemis. Les plaiſirs de l'Ambitieux, & de l'Avare, ſont defectueux, & fort ſurpaſſés par leurs amertumes. Un Sage les appelle à bon droit, des plaiſirs en perſpective. Ceux du Vainqueur, deux fois couronné, ſont reels, purs, touchants, parfaits. GLAUCON. Si vous reüſſiſſez, mon cher Socrate, à nous prouver l'un & l'autre, par un nouveau tour; il aura tout l'avantage ſur les deux vaincus.

SOCRATE. Le plaiſir eſt l'oppoſé de la douleur; & l'exemption de la peine tient le milieu. GLAUCON. Il eſt vrai. SOCRATE. Vous ſçavez le diſcours ordinaire des malades, mon cher Glaucon. Preſque inſenſibles auparavant à la jouïſſance de la ſanté, quand ils l'ont perdue, ils s'ecrient, que c'eſt de touts les biens le plus pre-cieux. GLAUCON. Ce jargon les ſoulage. SOCRATE. En general, touts ceux qui ſouffrent, ne conçoivent point de plus grand bon-heur, que la delivrance actuelle du mal qui les afflige. Un homme accablé de triſteſſe, ne va point juſqu'à deſirer de la joie. La feli-cité ſuprême eſt pour lui, de ne plus eprouver un ſentiment ſi deſa-greable. GLAUCON. Peut-être le plaiſir, mon cher Socrate, n'eſt-il que l'abſence du chagrin. SOCRATE. Le chagrin ne ſeroit donc

auſſi

auffi que l'abfence du plaifir. Glaucon. Quel inconvenient, je vous prie? Socrate. A ce compte là, mon cher Glaucon, l'infenfibilité feroit tantôt plaifir, & tantôt chagrin. Elle n'eft, de fa nature, ni l'un, ni l'autre. Comment deviendroit-elle tour à tour les deux? Glaucon. Il eft impoffible. Socrate. La triftefle, & le chagrin, le plaifir, & la douleur, font par confequent des fenfations particulieres de l'âme; qui la penetrent, & la modifient, de la maniere la plus vive. Glaucon. Rien ne feroit plus mal entendu, que de les confondre avec un etat, où l'on ne fent rien. Socrate. Ce qui trompe, mon cher Glaucon; c'eft qu'il paroît agreable, par rapport à tel autre, fâcheux; & fâcheux, par rapport à tel, agreable. Glaucon. C'eft un jugement de pure comparaifon, plein d'erreur par confequent; au lieu qu'il faudroit juger de chaque fituation en foi. Socrate. Sans parcourir toutes les differentes efpeces de modifications contraires, dont nous fommes capables; pour achever de nous convaincre que le plaifir eft quelque chofe de plus que l'exemption de la douleur, & la douleur, que la privation du plaifir; prenons une bonne odeur pour exemple. Qu'elle faififfe un homme, qui ne fentoit point de mal auparavant; il aime à la flairer; mais après qu'il l'a perdue, il demeure tranquille. Glaucon. C'eft une fenfation à part; on n'en peut douter.

Socrate. De tout ce qui precede, mon cher Glaucon, je veux conclurre, que les plaifirs, qui nous tirent fimplement de peine, en meritent fort peu le nom; & vous faire obferver, que touts les plaifirs du corps font de ce meprifable genre. Sçavez vous à qui je compare un Senfuel, qui n'en eftime, & qui n'en connoît point d'autres? Glaucon. Dites le moi, je vous en fupplie? Socrate. A quelque homme, chargé de la colere du Ciel; dont la fentence l'obligeroit, comme un Pendule, à decrire eternellement la moitié de la perpendiculaire, tirée du Zenith, au Nadir. Sa premiere vibration à peine commencée, s'il baiffoit les yeux vers le dernier de ces deux points, dont il feroit parti; fort etonné du long chemin qu'il auroit fait, il croiroit avoir infailliblement atteint le premier. Glaucon. Son erreur viendroit, de ce que dans l'Univers, il ignoreroit

roit où prendre ailleurs le Zenith veritable. SOCRATE. Il ne feroit pas en plus grand mecompte, felon moi, qu'un autre efpece de Voïageur perpetuel; qui, pour n'avoir que des idées confufes de toutes chofes, & pour s'orienter mal dans la vie, quand de la douleur il a monté jufqu'à la fin de la fouffrance, de bonne foi s'imagine être au fommet, je veux dire, être parvenu jufqu'au plaifir. GLAUCON. L'image eft neuve, & tout à fait rejouïffante. SOCRATE. C'eft encore un mauvais juge, en fait de couleurs; qui, faute de connoître le beau blanc, le confond avec le gris, parcequ'il le voit auprès du noir. GLAUCON. Cette meprife, toute groffiere qu'elle eft, mon cher Socrate, vu la grande ignorance où l'on vit, n'a rien qui doive furprendre.

· SOCRATE. Que font la faim, la foif, les autres inftincts naturels, que des fenfations, qui nous portent à fubvenir aux befoins du corps? L'Ame a les fiens à part. L'ufage des aliments fatisfait aux uns, & l'acquifition de la fageffe aux autres. GLAUCON. Il eft vrai. SOCRATE. La queftion eft de fçavoir, laquelle de ces deux fortes de nourritures eft la plus delicieufe, & la plus capable de raffafier? GLAUCON. Un eftomac, chargé de viandes, ne vaut pas affurement un efprit rempli de lumieres, un cœur plein de vertu. SOCRATE. En voici la preuve. La realité n'appartient, à proprement parler, qu'à ce qui n'eft point fujet au changement; & l'immutabilité n'eft l'attribut que de l'Etre eternel. GLAUCON. Touts les autres, fujets à de continuelles viciffitudes, font un moment, & ne font plus, ou font differents d'eux-mêmes, le moment d'après. SOCRATE. Il renferme touts les rapports de grandeur, & de perfection, dans fon effence infinie. En un mot, la Verité ne fe trouve point ailleurs. La Sçience nous la decouvre; & par confequent elle eft de fa nature invariable, comme fon objet. GLAUCON. Il ne fe peut rien de mieux dit. SOCRATE. L'âme, par fon union avec Dieu, fe realife, fi j'ofe ainfi m'exprimer, fe fixe, & s'ennoblit; jufqu'à participer en quelque forte au grand charactere qui le diftingue; pendant que le corps, & tout ce qui ne tend qu'à fes utilités, eft vil, n'eft jamais deux inftants le même, & fe diffipe pe enfin. GLAUCON. Il eſt vrai. SOCRATE. Si les plaiſirs doivent être touchants, à meſure que la cauſe qui les produit renfermera plus d'excellence & de perfection en ſoi; combien ceux que nous goûterons dans la contemplation de l'Etre immuable, ſurpaſſeront-ils ceux que nous eprouvons dans l'uſage des choſes corruptibles? GLAUCON. Ils ſeront infinis. SOCRATE. Puiſque la joüiſſance de touts les biens, propres à nôtre nature, a neceſſairement des charmes pour nous; plus ces biens ſeront reels, moins ils ſeront ſujets à l'inſtabilité, plus notre âme en trouvera la poſſeſſion delicieuſe. GLAUCON. Aſſurement. SOCRATE. Ceux donc, qui mauvais Connoiſſeurs en fait de beatitude, juſqu'à negliger l'acquiſition de la Sçience, & de la vertu, quoiqu'elles en ſoient les principales ſources, vont inceſſamment de l'apathie à la volupté, & de la volupté retournent à l'apathie, ne font que monter quelque temps, pour bientôt retomber au même centre. Jamais ils n'arrivent à la haute region, où ſe trouvent les vraies delices. Courbés vers la terre, à la façon des Brutes; ardents pour une pâture, qui les excite à s'entre-choquer avec des armes, plus redoutables que ni pieds de derriere, ni griffes, ni defenſes; ils laiſſent la plus noble partie d'eux-mêmes ſans la nourriture qu'il lui faudroit, pout augmenter ſes forces naturelles, & pour la mettre en etat de reduire la partie animale. GLAUCON. Mon cher Socrate, vous repreſentez bien les mauvais inſtincts de la plûpart des hommes.

SOCRATE. Que le chagrin corrompt leurs plaiſirs, mon cher Glaucon; & qu'ils ſont eloignés d'être purs! On diroit que très legers en eux-mêmes, ils ne ſe font ſi vivement ſentir, que par la violences des peines, qui les ſuivent toûjours de près. L'habitude qu'ils ont d'en juger avantageuſement, par comparaiſon avec ce qu'à toute heure ils ſouffrent, ſemble être la ſeule cauſe de cette fureur, qui les pouſſe à ſe les entre-diſputer, avec une opiniâtreté, qui va juſqu'à les faire travailler ſans relâche à la deſtruction les uns des autres. On peut bien leur appliquer ce que Steſichore diſoit des Grecs, acharnés au ſiege de Troie; qu'une Helene phantaſtique leur inſpiroit toute leur belle ardeur; & qu'elle venoit de ce qu'ils ignoroient, quel lieu du

Monde

Monde poffedoit la veritable. * GLAUCON. Si les hommes connoiffoient les vrais biens; les biens imaginaires cauferoient des guerres moins animées entre eux. SOCRATE. L'ambition, l'envie, la
colere, la vengeance, ont-elles de plus grands charmes que la volupté;
les portent-elles à de moindres excès? GLAUCON. Ces vices horribles ne font que les expofer au contraire à des maux plus affreux
encore, de touts les genres. SOCRATE. Ofons par confequent affûrer, que le contentement des deux appetits, dont les dereglements
produifent toutes les calamités que nous voïons dans le monde, ne
contribue au bonheur que de ceux qui fçavent leur donner un frein;
& qui pour remplir ce vuide prodigieux, que laiffent après eux les
plaifirs des fens, recherchent avec empreffement ces autres, infiniment plus parfaits, qu'on trouve dans la connoiffance, & dans l'a-
mour de la verité. Par leur union, la Raifon eft fatisfaite; & les
paffions ne murmurent point. GLAUCON. Le Philofophe, mon
cher Socrate, eft le feul, qui poffede l'art de les accorder enfemble.
SOCRATE. Nul trouble, nulle rebellion, aucun dechirement dans fon
âme. Chacun des appetits, jufte, s'il m'eft permis de le dire, à l'egard
des autres, fe tient dans les bornes que la nature lui prefcrit; & s'applique paifiblement à la recherche des biens qui lui font propres.
GLAUCON. L'homme rend fa felicité complette, par la fubordina-
tion qu'il fçait conferver entre eux. SOCRATE. Quand au contraire
l'un des trois fait tort aux deux autres; il corrompt toute la douçeur de fes objets, & les fruftre en même temps des leurs. GLAU-
CON. L'Avare ne jouït point de fes richeffes, & renonce à la gloire.
L'Ambitieux facrifie argent, fanté, vie, à la reputation. La Science,
& la vertu, font tout à fait du refte fans attraits pour eux. SO-
CRATE. Plus on eft l'un où l'autre, mon cher Glaucon, & moins
on a de goût pour elles; moins on a de contentement, & plus on
eprouve touts les maux que nous avons dit. GLAUCON. On n'en
peut difconvenir. SOCRATE. C'eft le cas du Tiran; dont le Sage
eft l'oppofé. GLAUCON. Oui. SOCRATE. Le dernier vit donc

* On fçait que Paris l'avoit enlevée. Herodote raconte leurs avantures en Egypte. Les
Grecs remonterent fur leurs vaiffeaux, quand ils apprirent que leur proie leur etoit echappée.

heu-

heureux, & l'autre miferable. GLAUCON. C'eft une verité, qui doit paffer deformais pour demontrée dans toutes les formes.

SOCRATE. Il ne refteroit plus qu'à determiner le rapport du bonheur de l'un, au malheur de l'autre. GLAUCON. Un expofant, qui l'exprimeroit, ne fût-ce qu'imparfaitement, fatisferoit beaucoup ma curiofité. SOCRATE. Il n'eft pas facile d'y parvenir: effaïons pourtant.

Des trois efpeces de plaifirs, dont le jufte melange fait la felicité parfaite, ceux de l'efprit font les plus grands. Un Tiran eft abfolument incapable de les goûter ; & l'emportement avec lequel il fe livre aux autres, fait qu'ils fe changent en vrais tourments pour lui. Le Philofophe au contraire, eft toûjours dans la pleine jouïffance des premiers ; & par la moderation qu'il obferve dans l'ufage de ceux des fens, il ne perd jamais rien de ce qu'ils ont d'aimable. GLAUCON. Je vous ecoute.

SOCRATE. Soient donc les plaifirs du Sage, & ceux de l'Oppreffeur du Genre humain, les deux extrêmes d'une progreffion geometrique. Ceux de l'Ambitieux, de l'Avare, & du Voluptueux, feront les moïens. Si nous la reduifons en nombres ; je dis que les chiffres fuivants reprefenteront affez bien le rapport cherché :

$$9 : 27 : 81 : 243 : 729.$$

C'eft à dire, comme les Mathematiciens l'entendront facilement, qu'un Tiran fera, dans un jour, dans un mois, dans tel efpâce de temps qu'on voudra marquer, fept cents ving neuf fois moins heureux qu'un honnête homme, revêtu de la Souveraine puiffance. * GLAUCON. Vous m'etonnez! Qui l'auroit cru, mon cher Socrate? SOCRATE. Ce n'eft pas tout. Dans le Calcul il faut de plus faire entrer l'infamie, attachée au vice, & la gloire, infeparable de la

---

* On s'eft ici beaucoup plus eloigné qu'à l'ordinaire des paroles de l'Original ; & l'on a fupplée les chiffres; pour en exprimer le fens aux Geometres, d'une maniere plus nette, & plus concife.

vertu.

vertu. GLAUCON. Le mechant homme eſt defait, par Jupiter ;
& rien ne manque au triomphe de l'homme juſte.

SOCRATE. Nôtre principal deſſein eſt heureuſement executé,
& nôtre grand Problême reſolu, mon cher Glaucon. Il ne s'agit
plus que de revenir à Thraſymaque ; pour eſſaïer de le convaincre,
& de le ramener à nous. Il a mis en avant qu'un ſçelerat, qui
ſçait habilement ſe contrefaire, & ne point l'être à demi, de
touts les hommes eſt le plus heureux. GLAUCON. Je n'ai pas oublié qu'il en etoit là, quand nous l'avons quitté. SOCRATE. Pour
lui faire horreur à lui-même de ſon paradoxe, aſſez affreux à la premiere vue ; j'emprunterai le ſecours d'une fiction, plus hardie que
toutes celles des Poëtes ; & je lui prepare un Monſtre de ma façon, plus effroïable, que ni la Chimere, ni l'Hydre, ni le Chien
des enfers. GLAUCON. Oh ! oh ! Voici de quoi nous rendre attentifs. Voïons, je vous prie ?

SOCRATE. Imaginez vous un Lion, homme juſqu'au deſſous de
la poîtrine ; avec un grand nombre de têtes, attachées en rond, à
l'endroit qui la ſepare. Elles naiſſent, & meurent, elles acquierent de l'embonpoint, & maigriſſent tour à tour. Les unes ſont
des animaux les plus doux ; & les autres des plus feroces.
GLAUCON. Vous etes un très habile Artiſan, mon cher Socrate.
Auſſi paroît-il que vous travaillez ſur une matiere, cent fois plus
obeïſſante que l'argille. Achevez donc. SOCRATE. J'ai fini, mon
cher Glaucon ; & je ne vous demanderai plus, à ce que j'ai dit,
qu'un ſur-tout de figure humaine. GLAUCON. J'ai parfaitement
vôtre epouvantable compoſé dans l'eſprit.

SOCRATE. Le grand principe de Thraſymaque, vous le ſçavez,
eſt qu'on ne peut arriver que par l'Injuſtice au vrai bonheur. N'eſt-
ce pas comme s'il pretendoit, que le monſtrueux animal, dont je
vous ai fait la deſcription, ne ſera jamais plus à ſon aiſe, que lorſque toute la nourriture coulera dans les arteres du Lion, pendant
que l'homme deviendra ſec ? N'eſt-ce pas encore, comme s'il exhortoit les mille têtes à ſe mordre inceſſamment les unes les autres ;
au lieu de s'entre-ſouffrir, & de s'accoutumer à vivre enſemble ?

TOME II. O o GLAU-

GLAUCON. Oui. Mais il est bien sûr que le plus grand mal pour l'homme, est que les passions profitent, & que la Raison languisse. SOCRATE. Pour être heureux, il doit se nourrir, travailler à connoître la verité, continuellement augmenter en soi l'amour de la justice. De cette maniere, il se procure en même temps l'utilité, la gloire, & le plaisir. GLAUCON. Peu s'en faut, mon cher Socrate, que je ne laisse echapper contre vôtre Adversaire quelque parole dure. SOCRATE. Gardez vous en bien, mon cher Glaucon. Unissons nous plutôt, pour le detromper avec douçeur; puisqu'il est certain que ce n'est jamais de gaieté de cœur que l'on se trompe.

Apostrophons le donc charitablement; pour ne pas l'aigrir au moins, si nous ne reüssissons pas à le convaincre..... Quelle difference, mon cher Thrasymaque, faites vous du Vice à la Vertu, de l'Honnête, à son contraire? N'est-ce pas que nôtre attachement pour l'un, conserve à la partie la plus noble, & la plus divine qui soit en nous, son empire naturel sur la plus vile, & la plus brutale; au lieu que notre assujettissement à l'autre change cet ordre; & fait que la premiere, naturellement pleine de lumiere, apprivoisée, obeït aux mouvements aveugles, & dereglés, de la plus faroûche. GLAUCON. Il ne vous contestera pas une verité si manifeste.

SOCRATE. Puisqu'on ne peut ravir le bien d'autrui, par exemple, sans qu'un renversement si deplorable arrive; où seroit l'avantage, d'en souiller criminellement ses mains? Supposons, le moment d'après, qu'il fallût voir un enfant cheri tomber en celles des Barbares. Quel seroit le Pere assez denaturé, pour à ce prix vouloir jouïr des fruits de sa rapine? GLAUCON. L'amour de l'argent, mon cher Socrate, rendroit peu de gens durs à ce point. SOCRATE. Que penserons nous par consequent de l'homme, qui de son propre mouvement livre son âme, ce qu'il a de plus excellent, & de plus precieux, je le repete, à des ennemis domestiques, mille fois plus cruels; & complice charmé de leur Atheïsme, qui va jusqu'à se plaire dans la coupable possession d'un vil metal, après un sacrifice d'un si haut genre? N'est-il pas, cher Glaucon, plus à plaindre que la detestable Eriphyle; qui, pour un colier, prit la resolution sacrilege d'envoïer

à

à la mort certaine Amphiaraüs son Epoux? GLAUCON. De beaucoup, mon cher Socrate. Je continue de vous repondre, pour Thrasymaque; puisqu'il s'obstine à garder un morne silence.

SOCRATE. Pourquoi, je vous prie, a-t-on une si grande horreur pour l'intemperance, lui demanderai-je toûjours; si ce n'est parcequ'elle fait prendre un mauvais cours aux sucs nourriciers du Monstre, nôtre semblable en apparence, dont nous parlions tout à l'heure? L'homme qu'il renferme, a de l'insolence, & de la fierté; quand ils lui sont derobés en abondance par le Lion; de la pusillanimité, de la mollesse au contraire, quand le dernier en est frustré. Le premier deperit encore, à mesure que, par la flatterie, & par la dissimulation, il s'efforce d'arriver aux richesses, aux honneurs. Cependant le Serpent, & le singe profitent. GLAUCON. Je vous comprends. A mesure que chaque vice dans l'homme se fortifie, sa metamorphose s'acheve par degrés; jusqu'à ce qu'enfin il ne lui reste plus de l'homme que la figure.

SOCRATE. Oui. Mais ce n'est pas tout. On met à bon droit presque au rang des brutes, ceux d'entre les hommes qui sont bornés au travail des mains, & que le gain seul anime. La Raison est trop foible en eux, pour tenir dans l'ordre la menagerie nombreuse, qui les suit partout; & leurs plus hautes pensées ne vont qu'à donner un prejudiciable embonpoint aux nombreux bouts d'animaux feroces, qui la composent. Aussi convient-on qu'ils doivent être gouvernés par ceux, qui se meuvent constamment par l'action du principe divin, que le Ciel a mis dans nôtre âme. Les premiers doivent obeïr; non pour servir de malheureuses victimes à l'orgueil de ceux qui commandent, & pour satisfaire les passions du plus Fort, comme Thrasymaque le pretend; mais pour en tirer eux-mêmes au contraire le plus grand fruit: celui d'être conduits à tout ce qui peut leur procurer le plus grand bien, par les inspirations toûjours salutaires de la sagesse. Le plus à souhaiter assurement seroit de l'avoir en propre. Mais que faire de mieux, lorsqu'elle manque, ou qu'on n'en a qu'une portion mediocre, que d'emprunter celle de ces âmes distinguées, à qui la Nature donna

des

des facilités extraordinaires pour l'acquerir ; & qui, par des soins infatigables, sçurent couronner ses largesses. C'est le moïen que touts, reünis sous l'obeïssance d'une même Souveraine, la Raison, entrent dans une entiere conformité de sentiments, & vivent en parfaite bonne intelligence ensemble. GLAUCON. Mon cher Socrate, il est l'unique. SOCRATE. Pourquoi les loix, cher Glaucon ? N'est-ce pas pour intimer ses ordres aux Esprits, incapables, par un grand defaut de lumiere, de les reçevoir immediatement d'elle ; & pour les mettre, sans effort de leur part, en possession de ses plus importants Oracles ? Les Enfants sur-tout ont besoin de secours exterieurs. On ne les abandonne à leur propre conduite, qu'après qu'on a, si je l'ose dire, mis la police chez eux ; & quand on les voit disposés à suivre le Guide, que nous devons touts ne jamais perdre un moment de vue. GLAUCON. Par là, mon cher Socrate, il paroît bien qu'on est generalement persuadé, qu'il nous mene au but, & qu'on ne peut que mal aboutir, lorsqu'on le quitte. SOCRATE. Par quel endroit, mon cher Glaucon, seroit il donc avantageux de commettre des injustices, de se livrer à la debauche, & de ne pâlir en aucune rencontre à l'aspect du crime ; puisque, l'empire même de l'Univers en dût-il être la recompense, presentement c'est un fait certain qu'on est malheureux, à mesure qu'on est mauvais ? GLAUCON. On a beau vanter les charmes du vice, mon cher Socrate ; il n'en a point ; ceux qu'il a, sont trompeurs. SOCRATE. S'il est ignoré, s'il n'est suivi d'aucun fâcheux retour ; ce n'est qu'un nouvel eguillon, pour y perseverer toute la vie. Le chatîment au contraire, & l'infamie, en degoûtent. Ils ressusçitent par consequent l'homme, & rabbatent les fougues du Lion. Seroit-il donc sage de ne les pas juger plus souhaitables que l'impunité ; s'il est vrai que l'âme, rendue souple, & ramenée au devoir par leur moïen, recouvre sa force, & sa beauté naturelles ; de beaucoup preferables à toute la vigueur, à touts les agrements du corps ? GLAUCON. Que le Monde est dans l'erreur, mon cher Socrate ; si le Mechant qui prospere, comme il ne faut plus en douter, est deux fois miserable !

SOCRATE. Oui, mon cher Glaucon, le Monde est fort en me-

compte.

compte. Le Sage calcule plus jufte. Rempli de ces idées, qui ne font point fujettes à l'inconftance, il n'aura d'autre foin, que d'y conformer parfaitement fa vie. La Sçience, qui les fait inceffamment luire à fes yeux, comme les emanations les plus pures de la Verité, & qui lui fit cette grande-âme, qu'il ne voudroit pas changer pour une autre; la Sçience, dis-je, poffedera tellement fon eftime, qu'en comparaifon, il n'aura qu'indifference, & que mepris pour tout le refte. Je ne veux pas dire qu'il n'aimera point la fanté, ni qu'il fe refufera touts les plaifirs : Mais il donnera fes attentions à l'une, & fe procurera les autres, dans la vue d'en pouvoir mieux goûter ceux de la fageffe, & perfectionner la plus importante partie de lui-même. GLAUCON. Le Philofophe, mon cher Socrate, fubordonne les moindres aux plus grands. Par ignorance, ou par depravation de goût, il ne fait point divorce avec les derniers. Par un ufage exceffif, il ne tourne point les premiers en peines. SOCRATE. Incapable d'être eblouï par les plans de felicité mal-entendue, qui mettent en mouvement le commun des hommes, & de fe laiffer entraîner par le torrent du mauvais exemple, il n'amaffera point à l'infini; pour augmenter fes maux, comme eux, dans la même proportion que fes richeffes. GLAUCON. Une haute prudence l'empêche d'imiter leur folie. SOCRATE. Pendant qu'ils accumulent, avec inquietude, avec fatigue; il travaille à regler fon cœur, à mettre le bon ordre dans toutes fes facultés, à fe menager au dedans la tranquillité parfaite. Il evite prefque egalement d'avoir trop, ou trop peu; dans la jufte apprehenfion que l'abondance, ou la difette, n'y produisît du renverfement, & du trouble. En un mot, il fçait proportionner fa depenfe à fes revenus, & fes acquifitions à fes befoins. GLAUCON. De quel profond calme ne jouïra-t-il pas, avec ces difpofitions! SOCRATE. Fait precifement de même fur le chapître des honneurs, il acceptera ceux qui pourront fortifier ces precieufes difpofitions en lui, qui du moins ne viendront pas à bout de les affoiblir; il fuira les autres. GLAUCON. Mon cher Socrate, au portrait que vous en faites, je doute qu'il puiffe jamais fe refoudre à fe mettre au timon des affaires.

So-

SOCRATE. Non ; à moins que le fort ne lui prefente un Etat, extraordinairement cheri du Ciel ; je fuis guarand pour lui, qu'il ne penfera qu'au bon gouvernement de lui-même. GLAUCON. Je vous entends. Il faut qu'il rencontre une Republique, dans le goût de la nôtre. Mais, où la trouver fur la terre ? SOCRATE. Je ne vous le dirai pas, mon cher Glaucon. Mais je fçai que tout homme n'à qu'à lever les yeux enhaut, pour decouvrir le divin original, d'après lequel nous avons travaillé ; & qu'il ne tiendra qu'à lui de realifer nôtre ouvrage, au moins dans fon âme. Qu'elle foit en quelque lieu du Monde au refte, cette Republique, docile à la voix de la Nature, & difpofée, pour être heureufe, à fuivre les confeils du Sage, ou qu'elle n'exifte qu'en idée ; ce n'eft point un fouci pour lui. Toûjours eft-il certain, qu'il ne fe prodiguera jamais à pas une autre. GLAUCON. Il en feroit pour fon repos, & pour fes peines ; fans efperance de faire que des biens très limités, & fort difproportionnés à fon zele.

DE LA
REPUBLIQUE;
OU
DU JUSTE, ET DE L'INJUSTE.

LIVRE DIXIEME.

NOtre plan de Republique me paroît complet, mon cher Glaucon. Ce que j'y trouve presque de mieux, c'est d'en avoir banni la Poësie mimique. Les progrès que nous avons faits dans la connoissance de l'homme, m'afsûrent que c'est parfaitement bien fait. GLAUCON. Oui, mon cher Socrate; mais les Poëtes ne seront pas fort de vos amis. SOCRATE. Vous n'irez pas trahir la confidence, & me brouiller avec eux. Ainsi je vous parlerai naturellement sur leur sujet. Mon sentiment est, que leurs poisons, preparés avec tout l'art du monde, se glisseront infailliblement dans tout esprit, qui n'a pas l'antidote prêt. GLAUCON. Vous ne les epargnez point. SOCRATE. Croïez moi, cher Glaucon, je ne me fais pas à moi-même une mediocre violence, pour les maltraiter ainsi. Je ne sçai quelle pudeur, fruit de l'enfance, & pour ne rien aussi vous deguiser, un grand foible en particulier pour Homere, m'en feroient monter aisement le rouge au visage. La verité me commande neanmoins, de le respecter aussi peu que les autres. GLAUCON. Si toute la foule de ses adorateurs vous entendoit!

So-

SOCRATE. Mon cher Glaucon, ne nous laiſſons point communiquer leur yvreſſe, & leur enthouſiaſme ridicule. Mon premier embarras eſt de ſçavoir, quelle fin utile ſe propoſe dans la Societé raiſonnable ce qu'on appelle un Poëte; & quel bien elle retire de lui? GLAUCON. Si vous l'ignorez, mon cher Socrate, qui pourroit oſer vous l'apprendre? SOCRATE. Pourquoi, je vous prie? Souvent, avec des yeux aſſez mauvais, un homme verra certaines choſes, qu'avec de meilleurs n'apperçoit pas un autre, même ſuppoſé plus clairvoïant d'ailleurs. GLAUCON. Il n'eſt pas impoſſible. Quoiqu'il en ſoit; où vous etes, je n'aimerois pas à me hazarder beaucoup. SOCRATE. Hé bien, pour ne point vous faire ſouffrir, je prends la parole.

Pour juger avec lumiere, permettez moi d'emprunter le ſecours de la Metaphyſique; dont le premier ſoin, comme vous ſçavez, eſt de ranger les Etres particuliers ſous divers genres, pour leur donner enſuite dans chaque genre un nom commun. Prenons un lit, une table, par exemple. Ces deux mots ne reveillent que deux idées; quoiqu'on puiſſe faire de ces meubles à l'infini. GLAUCON. Il eſt vrai. SOCRATE. Les deux Ouvriers ont ces idées preſentes à l'eſprit, tout le temps qu'ils font en œuvre; mais vous conçevez bien qu'elles ne font point leur ouvrage. GLAUCON. Oui. Je comprends même que s'ils les perdoient un moment de vue, ils travailleroient entierement à l'aveugle. Quand du reſte on leur donneroit aſſez de puiſſance, aſſez d'habileté pour les faire; ſur quel modelle, mon cher Socrate, les feroient-ils? SOCRATE. Vous avez raiſon. Mais le Poëte eſt un Artiſte, incomparablement plus habile que touts les autres. Il ſçait faire des lits, des tables, de tout. GLAUCON. A ce compte là, quel eloge aſſez beau pour lui! SOCRATE. Que dis-je? Il ne ſe borne pas aux utenſiles innombrables d'un menage. Rien n'arrête ſon talent; plantes, arbres, animaux, rivieres, aſtres, Dieux celeſtes, terreſtes, infernaux. Lui-même enfin, pour comble, il eſt ſoumis à ſon art merveilleux. GLAUCON. C'eſt un Enchanteur, un homme divin, mon cher Socrate! Je n'ai point d'epithete, aſſez haute pour lui. SOCRATE. Que vous etes
bon!

bon! Par une legere inflexion de poignet, vous le furpafferez tout à l'heure. GLAUCON. Comment donc? SOCRATE. Detachez ce Miroir, je vous prie; & faites le tourner un moment fur fon axe, à la fenêtre..... Ne vous l'ai-je pas dit? Nous avons dejà tout l'horizon fait; & vous ferez auffi rapidement toute la chambre, fi bon vous femble. GLAUCON. Oui; mais ce ne font là que des apparences. SOCRATE. Hé bien, cher Glaucon, vous etes peintre, comme le Poëte, ou l'Artifte, qui fait generalement tout ce qu'il veut: n'eft-ce pas beaucoup? GLAUCON. J'en conviens; mais cette glace reüffit beaucoup mieux que lui. SOCRATE. Et le Tourneur, qu'en dirons nous? Il fera deux, trois cent tables. Mais la table, d'après laquelle il en fait mille, n'eft encore une fois point de fa façon. GLAUCON. Non affurement. SOCRATE. Puifque touts ceux qui foumettement la matiere à nos befoins, ne font point les auteurs des idées, qui les dirigent dans leur travail; & qu'ils trouvent les effences des chofes, auxquelles ils tâchent de le rendre femblables, toutes faites, fi j'ofe m'exprimer ainfi, devant eux; ils imiteront, plus & moins parfaitement: c'eft tout. GLAUCON. Pour arriver jufqu'à la realité, mon cher Socrate, il faut monter plus haut que les Ouvrages de la main; qui ne font que des copies defectueufes, & corruptibles, d'Archetypes neceffaires, & corrects. SOCRATE. Nous aurons par confequent des tables, de trois fortes bien differentes. Les ideales, qui de tout temps exifterent dans la Nature, chefs-d'œuvres effentiels de l'Art divin; celles qu'on prend chez l'ouvrier; & celles qui naiffent au bout du pinçeau. Nous aurons auffi trois efpeces d'Artifans; Dieu, le Tourneur, & le Peintre. GLAUCON. Fort bien. SOCRATE. Soit neceffité, foit bon plaifir en Dieu; fi vous fouffrez un language, pris à la rigueur, très impropre; il a de toute eternité fait la table par excellence, effentiellement unique. GLAUCON. Pourquoi, mon cher Socrate, n'en auroit-il pu faire deux? SOCRATE. Il les auroit neceffairement formées d'après ce Modelle, fur une troifiême, prealablement conçue dans fon Entendement fuprême; qui n'auroit point ceffé d'être une, eût-il produit au dehors toutes celles de même forme, qui font nombre. Glo-

TOME II.P prieux

rieux de le poſſeder, ce modelle eternel, immuable, incorruptible, de toutes les tables particulieres, dans le threſor immenſe de ſes idées; il ne s'eſt point abaiſſé juſqu'à celles que le temps conſume. GLAUCON. Toutes les perſonnes, accoutumées aux raiſonnements abſtraits, mon cher Socrate, trouveront ceux-ci parfaitement clairs, & ſolides. SOCRATE. Declarons le donc Pere de toutes les choſes, qui ſont veritablement; parcequ'elles ſont invariablement, eternellement. GLAUCON. Cet adorable attribut lui convient, à d'autant plus juſte titre, qu'il a donné l'être à la matiere, dont l'Ouvrier tire tout ce qui ſert à nos uſages. SOCRATE. Il merite auſſi quelque loüange, pour les meubles propres, & commodes, qu'il nous fait. GLAUCON. Aſſurement. SOCRATE. Mais que penſez vous du Peintre? GLAUCON. Tout ſon merite eſt de bien imiter l'art, & la nature. SOCRATE. Un Poëte, mon cher Glaucon, lui reſſemble. Il ſera par conſequent auſſi plus reculé du vrai, d'une claſſe entiere, que le Tapiſſier, & le Tourneur. GLAUCON. Les derniers travaillent immediatement ſur les idées archetypes; mais les deux autres ne font rien que d'après les copies. SOCRATE. Un lit, une table, ne changent point de figure, pour former une differente projection dans l'œil, & pour être vus directement, ou de profil. Cependant, tout occupé du ſoin de lui plaire, le Peintre neglige abſolument le reel, & ne s'attache qu'à l'apparent. GLAUCON. Il s'applique à repreſenter les choſes comme on les voit, & non pas comme elles ſont. SOCRATE. Sans jamais avoir manié l'aleine; il la mettra ſi proprement à la main d'un Cordonnier, que les femmes, & les enfants, accourront en foule, & ſe diront les uns aux autres, avec extâſe, qu'aſſûrement le bon vieux homme tout chauve eſt en beſogne. GLAUCON. Après qu'ils ont touché la toile pluſieurs fois; les exclamations redoublées, en l'honneur du ſçavant Artiſte, ne finiſſent point. SOCRATE. Oui; mais nous, qui nous piquons de n'être pas peuple, mon cher Glaucon; à qui nous parlera de venir voir les Cef-d'œuvres admirés d'un de ces hommes qui fait tout, & ne ſçait rien; nous lui repondrons qu'il n'eſt de la ſorte infatué d'un Impoſteur, que parcequ'eſprit ſimple, il s'imagine

que

que le talent d'imiter eſt une grande ſçience; pendant qu'il eſt le fruit, & la marque d'une ignorance, qui fait peur. GLAUCON. Sa curioſité ridicule meritera cette reprimande. SOCRATE. Mille gens nous ſoutiendront qu'Homere etoit conſommé dans la Theologie, dans la Morale, dans touts les Arts: Sans quoi, le moïen d'exceller, comme il a fait? Nous examinerons avec eux, s'il n'eſt pas vrai que ce Poëte, & touts les autres, n'approffondiſſent rien; s'il n'eſt pas juſte de ne leur attribuer, que ce petit merite d'imagination, qui voltige agreablement ſur la ſurface des choſes; &, ſans en avoir même une connoiſſance mediocre, ſi l'on ne pourroit pas avoir ecrit leurs ouvrages. GLAUCON. Il eſt bon d'arrêter, par des oppoſitions de ce genre, mon cher Socrate, les fougues de l'admiration qu'on a pour eux.

SOCRATE. Un homme a de l'habileté, pour bâtir de pompeux edifices, & pour les decrire, ou pour en loüer l'Architecte en beaux vers. S'il choiſiſſoit de conſacrer toute ſa vie à ces derniers emplois; n'auroit-il pas entierement perdu l'eſprit? GLAUCON. Aſſurement. SOCRATE. Il aimeroit beaucoup mieux, s'il etoit ſage, laiſſer après lui des monuments dignes d'une eſtime ſolide, que de vaines deſcriptions; & meriter les remercîments les plus purs des Siecles à venir, par de grands biens, faits à ſes Contemporains, qu'aller ſe faire ſiffler chez nos Deſcendants, par des volumes de panegyriques frivoles. GLAUCON. L'un ſeroit plus glorieux ſans doute, & plus utile au Monde, que l'autre.

SOCRATE. Epargnons Homere, & les Poëtes, ſur beaucoup d'articles. Mais qu'ils nous diſent, avec tout leur talent à badiner autour de la Medecine entre autres, ſi jamais de leur Corps venerable ils ſortit un Eſculape; & ſi quelqu'un d'eux fonda, comme lui, des Ecoles fameuſes, pour le ſoulagement des miſeres du Genre humain? Je leur fais grace, ils ont ma parole, ſur le chapître des autres arts, qui ſervent à nous rendre la vie agreable, & commode. Mais puiſque leur Chef oſe manier les plus grands ſujets; l'education des Enfants, la fondation des Etats, la Politique, la Guerre; il faut le diſtinguer dans la troupe.....

Pp 2

Divin

Divin Homere, ſi vous n'etes pas, de profeſſion, eloigné de la verité d'un plus grand intervalle que le faiſeur de Ceſtes, & de boucliers ; ſi vous avez ſçû dans votre vie ce qui peut rendre un homme bon, ou mauvais, heureux, ou miſerable ; produiſez nous quelque Etat, qui l'ait appris de vous ; & qui vous ait les obligations, que Lacedemône aura, par exemple, eternellement à Lycurgue. L'Italie, & la Sicile, retentiſſent des loüanges de Charondas. Nous ne voïons autour de nous que les Statues du grand Solon, Mais à quel coin reculé du Monde, pauvre Homere, donnâtes vous jamais de ſages Loix ? GLAUCON. Ses Admirateurs mêmes ſont modeſtes à cet egard. SOCRATE. De ſon temps fut-il guerre, heureuſement terminée par la juſteſſe de ſes conſeils, ou par la force de ſon bras ? GLAUCON. Non ; les Filles de Memoire s'en taiſent parfaitement. SOCRATE. Elles celebrent, avec les accents les plus vifs, mille decouvertes, pleines de ſagacité, milles inventions precieuſes, dont les Philoſophes enrichirent les Arts, & les Sçiences ; par leſquelles ils polirent, ils reformerent les mœurs, ils ornerent la vie humaine, ils en multiplierent les agrements. Ne citons qu'Anacharſis, le Scythe, & Thalès, de Mileſe. L'Auteur de l'Iliade, & de l'Odyſſée, qu'a-t-il fait ? GLAUCON. Rien de pareil, qu'on ſçache. SOCRATE. Du moins, rival de Pythagore, aura-t-il eu le ſecret d'enchaîner les gens par la beauté, par la douçeur de ſon charactere, pendant ſa vie ; & d'attirer autour de lui, par les charmes imperieux de ſon commerce, une foule d'illuſtres ſectateurs, honorés de porter ſon nom, après ſa mort ? GLAUCON. Celui de Creophile, qui fait une alluſion ridicule à l'indigence de ſon Heros en matiere de Poëſie, eſt le ſeul que l'Hiſtoire ait fait paſſer juſqu'à nous. Encore ſemble-t-elle, au travers de toute ſon eſtime, laiſſer voir quelques traits de mepris. SOCRATE. Homere, n'en doutons pas, auroit eté recherché, couru, cheri, comme un grand nombre d'autres, s'il avoit eu des lumieres à repandre, capables de rendre les hommes plus ſages, & meilleurs ; s'il avoit ſçu quelque choſe de plus intereſſant pour eux, que faire des vers, & pouſſer la fiction à l'infini. Protagore, d'Abdere, Prodique, de Chio, combien d'autres grands Perſonnages, ſont

venus

venus à bout de faire comprendre à leurs Concitoïens, que les affaires du Particulier, & celles de la Republique, iroient toûjours
mal; auſſi longtemps qu'ils refuſeroient de prêter l'oreille à leurs
preceptes, & qu'ils ne viendroient pas apprendre ſous eux l'art
de bien vivre. Charmés de leur ſageſſe, eſclaves des Oracles qui
ſortoient de leur bouche; volontiers ils les euſſent portés, comme
en triomphe, ſur les epaules. Ils n'ont point eu de marques de veneration, aſſez grandes pour eux. Ceux d'Homere, & d'Heſiode,
les auroient-ils, je le demande, laiſſés triſtement promener de porte
en porte leurs incomparables Rhapſodies; s'ils en avoient pu tirer
des utilités reelles pour la vie civile, & des ſecours extraordinaires
pour la vertu? Quelqu'un d'eux ne les auroit-il pas, ſi j'oſe m'exprimer de la ſorte, achettés au poids de l'or; & ne leur eût-il pas
fait violence, pour accepter une retraite honorable dans ſa maiſon?
S'ils avoient mieux aimé vivre en liberté; ne ſeroit-on pas venu de
toutes parts, avec le dernier empreſſement, ecouter leurs graves leçons, & profiter de leurs beaux exemples? GLAUCON. Les habits
de ces Poëtes euſſent apparemment eté moins dechirés; ſi quelque
Muſe bienfaiſante les eût favoriſés d'un cerveau plus ſage.

SOCRATE. Le tort de touts ces Verſificateurs fameux, dont Homere conduit la Troupe, eſt encore une fois de n'avoir pour but
que d'amuſer; au lieu qu'il eſt beaucoup moins queſtion de plaire,
que d'inſtruire. Un de ces Apelles, qui donneroit infiniment à rire,
s'il entreprenoit de tailler un Cuir, ne ſe propoſe d'enſeigner le
metier à perſonne. Il eſt content, s'il en exprime les poſtures les
plus divertiſſantes au naturel; & par ſes repreſentations naïves, s'il
reüſſit à ſe faire admirer d'une Multitude, auſſi mal-habile à faire
un ſoulier que lui. Le Poëte, comme on a dit, rival du Peintre,
a ſes couleurs. Le mal eſt qu'il les prête à tout, ſans rien connoître. Retranchez les; ſa raviſſante poëſie, devenue miſerable proſe,
reſſemble à ces viſages, que le brillant de la jeuneſſe fait ſupporter,
ou quelquefois même rend gracieux; mais qui, pour n'avoir pas
la regularité des traits, font peur, quand les roſes & les lis s'effacent.
GLAUCON. La comparaiſon me charme. SOCRATE. Tel eſt le

pouvoir

pouvoir enchanteur du nombre, & de l'harmonie, mon cher Glau-con, que si l'on n'y prend garde, ils feront imperceptiblement cou-ler dans l'esprit les plus grandes sottises, debitées par un ignorant, qui ne manquera pas d'oreille ; & qui parlera de ligneul, de labou-rage, de batailles rangées, de Politique, de tout, sans jamais sçavoir ce qu'il dit. Qu'on ôte seulement au vers sa cadence ; qu'on le de-charge de ses epithetes, & qu'on exprime ce qu'il renferme en termes communs ; on sera choqué des mêmes choses, qui captivoient auparavant : du moins seront-elles insipides. GLAUCON. Pour faire souffrir aux personnes de bon goût les belles images, & les belles paroles, mon cher Socrate ; il faut qu'elles couvrent toujours un beau sens ; & le Poëte court uniquement après les premieres.   So-CRATE. Oui, c'est un vrai badin, qui ne connoît pas la verité, qui la meprise, & qui trafique en pures apparences.   Mais il faut exa-miner de plus près encore la juste valeur de son talent.

Le Peintre embouche un Coursier vigoureux ; le Sellier fait la bride ; l'Ecuïer monte, & manie son animal fougueux avec adresse. Lequel, je vous prie, est le plus à priser des trois ? GLAUCON. Le premier imite ; le second execute ; le dernier recueille les utilités reelles.   SOCRATE. Sans parcourir touts les differents arts l'un après l'autre ; je distinguerai donc l'artisan ; l'habile homme, qui le met en œuvre ; & l'homme inutile, qui pour tout sçavoir, co-pie bien. GLAUCON. Il ne se peut rien de mieux pensé, mon cher Socrate. SOCRATE. La perfection d'un ouvrage, ou d'une action en general, consiste dans son rapport aux fins, que l'Art, ou la Nature, s'y proposent.   GLAUCON. Ce principe est incontestable. SOCRA-TE. L'homme qui sçait tirer les usages d'une chose, faite pour un certain but, les connoît mieux que l'Ouvrier, qui travaille de la main.   Celui-ci par consequent doit être conduit par l'autre.   Un joüeur de flûte en marque les defauts à celui qui l'a faite.   Le der-nier la reforme, sous le bon plaisir de ce Dieu des sons ; à l'ecole duquel il apprend touts les jours.   L'un est paié, pour son adresse, & pour sa docilité.   On admire le genie de l'autre, & son habile-té.   GLAUCON. Il est vrai.   SOCRATE. L'Imitateur est beaucoup

au

au deſſous d'eux. Armé de la plume, ou du pinçeau, envain il pour-
ſuit touts les objets de ce grand Univers l'un après l'autre, pour les
peindre ; il n'en acquiert une connoiſſance veritable, ni par ſa deference pour ceux qui la poſſedent, ni par la contemplation reite-
rée de ſes propres tableaux. Excellent Copiſte, mais Eſprit faux,
ignorant, derouté, quelque ſujet qu'il manie, & fier des applaudiſſements de ceux qui ne vont point au delà de l'ecorce des choſes ; il
ſe remercie, avec eux, infiniment de ſon ignorance, & de ſes erreurs. GLAUCON. Vous l'avez plus haut bien defini, mon cher
Socrate. C'eſt un homme qui parle de tout, & qui ne ſçait rien.
SOCRATE. Oui. Son art eſt un pur badinage : Gardons nous bien de
l'appeller un art ſerieux. Je n'excepte pas au reſte les faiſeurs d'ïambes, & de vers heroïques. GLAUCON. Ils ſont auſſi Poëtes, &
peut-être encore plus cenſurables que les autres.

SOCRATE. Voici, cher Glaucon, de quoi finir de leur faire bien
leur procès..... La vue nous trompe, en mille manieres : c'eſt un
fait conſtant. Un changement peu conſiderable dans la diſtance,
nous fait juger fauſſement de la grandeur, de la figure, & du mouvement des mêmes corps. GLAUCON. De loin, une Pyramide
nous paroît un Cône ; un Parallelippipede, un Cylindre. Plus
on s'en eloigne, plus ils s'appetiſſent. Au bout d'un certain eſpâce,
ils diſparoiſſent tout à fait. SOCRATE. Lors même qu'ils ſont
proches ; il ſeroit infini de raconter les erreurs, de nos yeux entre autres, à leur egard. GLAUCON. Elles ſont aſſez connues.
Quand on en parle, on n'oublie point l'exemple du bâton droit,
qu'on voit courbé dans l'eau. SOCRATE. Charlatans, Enchanteurs,
Peintres, Poëtes, inſtruits de l'extrême foibleſſe de nos ſens, & du
prodigieux empire, qu'ils ont neanmoins ſur nôtre âme, s'appliquent
touts entiers à les mettre dans leur interêts ; &, par leur entremiſe, lui
cauſent un enſorcelement veritable. GLAUCON. Il faut avouer, mon
cher Socrate, que ſon penchant à ſuivre leurs faux rapports, ouvre un
très vaſte champ à l'Impoſture. SOCRATE. Elle eſt arrêtée tout court,
par l'Arithmetique, la Geometrie, la Statique. Ces trois ſçiences,
pleines de lumiere, pour nous empêcher d'être ſeduits, meſurent,

peſent,

pefent, calculent; & par leurs raifonnements exacts, nous mettent en poffeffion de la verité. GLAUCON. A cette parfaite juftéfle, qui fait leur propre charactere, mon cher Socrate, on diftingue le Mathematicien, & le Philofophe, des autres Artiftes. SOCRATE. La regle, & le compas en main, il trouve que la Raifon donne aux fens le dementi fur la plûpart des chofes; & qu'à n'ecouter que leurs fuggeftions fauffes, un même corps feroit grand, petit, mou, dur, leger, pefant, loin, proche, mille fois le jour. GLAUCON. Il eft vrai qu'ils fe contredifent perpetuellement. SOCRATE. Puifqu'il en eft ainfi; l'une fera tout ce que l'homme renferme en foi de plus excellent, & les autres de plus à meprifer, lorfqu'ils la contredifent. GLAUCON. Affurement. SOCRATE. La Peinture, tant celle dont le faux language s'adreffe aux oreilles, que celle qui parle auffi fauffement, & fans fruit, aux yeux, ont les alliances les plus etroites avec ces Maîtres d'erreur. Ces Arts feront par confequent les moins amis du vrai; ceux defquels on pourra le moins efperer quelque chofe de bon. GLAUCON. On doit les juger dangereux, ou du moins inutiles.

SOCRATE. Ce parfait rapport de la Poëfie mimique avec la Peinture, ne fait pas honneur à la premiere. Mais ce n'eft pas affez, mon cher Glaucon. Pour avoir un plein droit de la profcrire, il faut lui trouver fes defauts à part. GLAUCON. Vous avez raifon. SOCRATE. Elle prend pour fujet les actions des hommes; dont les unes font l'effet de la contrainte, & les autres celui d'un choix libre. Ils s'abandonnent à la douleur, à la joie; ils fe felicitent de ce qu'ils ont fait, ou de ce qui leur eft arrivé, ils s'en affligent, ils s'en repentent; felon qu'ils voient des raifons d'en attendre du bien, ou du mal. N'eft-ce pas là tout? GLAUCON. Vous n'oubliez rien, mon cher Socrate. SOCRATE. Tour à tour on les voit fort differents d'eux-mêmes; & ces prodigieufes variations dans leurs jugements fur les objets fenfibles, dont nous parlions tout à l'heure, n'egalent point celles qu'on remarque dans leur conduite. GLAUCON. Il eft vrai. SOCRATE. Nous avons fouvent exaggeré le nombre, & la fureur des combats, qu'ils ont

inte-

interieurement à foutenir. J'en ai de nouveaux à vous decrire.
GLAUCON. Je vous ecoute.

SOCRATE. Un Pere vertueux perd un fils, qu'il cheriſſoit beaucoup; ou la mort lui ravit quelque autre objet, aimé tendrement.
Il en reçevra le coup, avec plus de reſignation, plus de fermeté,
plus de grandeur d'âme, qu'un mechant homme, à ſa place. GLAU-
CON. Sa pieté, mon cher Socrate, en adoucira pour lui certainement la rigueur. SOCRATE. Il ne ſera pas tout à fait inſenſible;
puiſque la nature ne le fit point à l'epreuve de la douleur; mais
il ſçaura par ſes reflexions la moderer, & ſe la rendre ſupportable.
GLAUCON. C'eſt le plus que nous puiſſions faire, lorſqu'elle nous
attaque par certains endroits vifs; & c'eſt aſſez que le temps, qui
triomphe de tout, en devienne le remede. SOCRATE. Quand ſe
croira-t-il permis de laiſſer echapper quelques larmes? En public;
ou ſeul, & ſans temoins? GLAUCON. Dans la ſolitude, il aura de
l'indulgence pour des ſoupirs, qu'il auroit honte qu'on entendît. Il
ſe contraindra moins, pour ſupprimer certaines demonſtrations, dans
le fort deſquelles il rougiroit d'être ſurpris. SOCRATE. C'eſt la Raiſon, qui le porte à ſe contenir ainſi devant le Monde. La paſſion dans
le particulier ſe dedommage, & ſe met à l'aiſe. GLAUCON. Oui. So-
CRATE. Voilà deux Antagoniſtes, en grande conteſtation. L'un dit
qu'il eſt beau de conſerver au milieu des afflictions au moins un
reſte de ſerenité; l'autre veut qu'on ſe deſole, & qu'on s'abandonne
au deſeſpoir. Le premier remontre qu'il eſt très incertain, ſi l'objet qu'on pleure avec tant d'amertume, auroit fait nôtre bonheur, ou
s'il auroit eté nôtre tourment. Après tout, nos gemiſſements ne viendront pas à bout de nous le rendre. Toutes les choſes de la vie
ſont-elles d'ailleurs ſi dignes de nôtre amour, qu'il faille exceſſive-
ment s'affliger à leur ſujet? Enfin la triſteſſe ne tend pas ſeulement
à nous accabler par ſon propre poids; elle nous derobe encore la
vue des moïens, qui peuvent nous faire inceſſamment reparer nos
pertes. Il s'agiroit de ſouſcrire paiſiblement à l'arrêt de la Parque,
inexorable à toutes nos plaintes. Sur un dez peu favorable, un habile joüeur, au lieu de quereller puerilement la fortune, fait ſes

arrangements le mieux qu'il eſt poſſible. Dans les deſaſtres qui nous arrivent, pourquoi ſe conſumer en vaines lamentations; & ne pas de même voir incontinent le meilleur coup à faire? GLAUCON. C'eſt le ſeul bon parti, mon cher Socrate. Il faut laiſſer aux enfants à pleurer, quand ils tombent; au lieu de ſe relever dabord, & de reprendre leur chemin. Que fait la douleur immoderée, que redoubler nos maux, y mettre le comble? SOCRATE. Il n'eſt donc rien de plus ſage, que de la calmer; & rien de plus inſenſé que de l'aigrir; rien qui marque d'avantage une âme lâche, incapable de ſe roidir contre les accidents fâcheux, que la vertu ſurmonte. GLAUCON. Mon cher Socrate, tout ce que nous avons dit eſt parfaitement inconteſtable.

SOCRATE. Retournons ſur nos pas. Le Tragique eſt, comme on ſçait, le fort de la Poëſie. Plus que touts les autres genres, il lui fournit cette agreable varieté, qui la fait par un grand nombre de gens ſi paſſionnement cherir. Un eſprit calme, un homme toujours ſemblable à lui-même, eſt un fond beaucoup plus ſterile, qu'un autre, qui tour à tour s'abandonne à touts les emportements de la joie, & de la triſteſſe, de l'eſperance, & de la crainte. Ce premier charactere de plus n'eſt pas facile à peindre. Le Poëte fît-il des prodiges; le Monde, accoutumé ſur le theâtre, & dans le commerce ordinaire, à d'autre mœurs, n'entendroit aucunement ſon language. GLAUCON. Heureux ſi les ſifflets ne ſe dechaînoient pas contre lui! SOCRATE. Il ne faut donc pas s'etonner, que le pinçeau de celui-là, toujours mis en œuvre par une paſſion demeſurée pour les applaudiſſements du grand nombre, n'aime rien moins qu'à s'emploïer ſur un ſujet, difficile en lui-même, & de plus ennuïeux pour la plûpart des Spectateurs, par la raiſon qu'il eſt uniforme. Pour les enchanter, & pour ne rien perdre auprès d'eux auſſi de ſon talent; il faut des habits ſombres, des cheveux arrachés, des fleuves de larmes. GLAUCON. Il brille, à meſure que ſes heros pleurent.

SOCRATE. C'eſt donc lui faire grace, mon cher Glaucon, que de le mettre au niveau du Peintre. Ce n'eſt point à la Raiſon qu'ils

par-

parlent; & la verité regarde leurs ouvrages, du haut du Ciel, avec le même dedain. Ainſi mon avis eſt, qu'ils ſoient bannis enſemble de nôtre Republique. Il ne nous y faut point de beaux genies, dont l'art ne tende qu'à flatter les ſens, exçiter les paſſions. Un Citoïen, qui dans un Etat ſe ligueroit avec les mechants, contre les bons, travailleroit de la maniere la plus efficace à ſa ruïne. Dans l'Homme, un Poëte qui ſollicite continuellement la partie la plus dereglée à l'uſurpation de l'empire, & qui n'amuſe l'Ame que d'images, propres à former en elle une eſpece de revolte generale contre la verité, ſera-t-il jugé moins pernicieux? GLAUCON. Mon cher Socrate, je ne vois point de raiſon, pour diſculper l'un plus que l'autre.

SOCRATE. Je ne vous ai pas dit encore, cher Glaucon, le plus grand mal que j'y trouve. C'eſt que les Eſprits même les plus ſains, auront quelquefois toutes les peines du monde à ſe defendre de ſes poiſons. Qu'Homere, ou quelqu'un des Tragiques, mette une long recit de vers lugubres à la bouche d'un de ſes Acteurs; qu'il nous le repreſente armé contre lui-même, & dans toutes les attitudes, que font prendre les tranſports les plus exceſſifs de la douleur; peu s'en faut que l'Auditeur ému, ne ſe frappe auſſi la poîtrine, & ne ſe roûle dans la pouſſiere, avec lui. S'il paſſe à des mouvements de joie; peu s'en faudra qu'un Parterre ſot de touts les membres du corps ne les exprime. Ces differents jeux de mechaniſme ſe jouent, comme à l'inſçu de la raiſon. L'Auditoire charmé, ne peut enſuite aſſez combler d'eloges l'habile main, qui ſçait mouvoir un ſi grand nombre de reſſorts, & toucher delicatement, comme on parle, toutes les parties ſenſibles. GLAUCON. La Serenité, mon cher Socrate, n'eſt pas l'etat qui plaît à la plûpart des hommes. SOCRATE. Cependant rien de plus ordinaire, que d'affecter un air de conſtance, dans les malheurs inopinés qui leur arrivent. Ils veulent paroître en quelque ſorte braver la fortune; & ſouvent ils ſe feront beaucoup de violence, pour ne laiſſer voir aucun abattement au dehors. N'eſt ce pas qu'ils trouvent je ne ſçai quoi de beau, de ſeant, de mâle, à ſe commander; & qu'après avoir eté femmes au Theâtre, ils jugent qu'elles feules ont quelque droit de montrer de la foiblefle dans ces rencontres? GLAUCON. On fçait qu'il eft toûjours glorieux de vaincre, & honteux de fuccomber. SOCRATE. Dans les regles, ce devroit être une raifon, pour moins admirer un Heros de poëme, qui fond en larmes, à quelque defaftre imprevu. N'eft-il pas vrai que d'après lui, nous rougirions d'en verfer, de nous en prendre aux hommes, d'accufer les Dieux? C'en eft donc une auffi, pour moins eftimer le jugement du Poëte; qui le rabaiffe, & dans le temps qu'il ne penfe qu'à le faire grand à nos yeux, nous le fait meprifer. GLAUCON. Le bon fens, mon cher Socrate, manque certainement là beaucoup. SOCRATE. Il femble qu'il ne faffe des efforts, que pour ouvrir dans l'âme, fi l'on fouffre l'expreffion, toutes les eclufes de la pitié; que la Raifon y ferme prefque toûjours affez foiblement contre lui. On ne voit point le mal, de plaindre un illuftre affligé; quelque ridiculement qu'il s'oublie. Que dis-je? on y trouve même les plus grands charmes. L'excès condamnable de fa douleur, eft precifement ce qui donne au poëme de la pointe, & du haut goût. Le Poëte ne pourroit être moins touchant; à moins que de vouloir paffer abfolument pour infipide. Peu de gens voient, qu'on devient malade, auffi bien de trifteffe, que d'une infirmité corporelle; & qu'on fe laiffera facilement aller dans les occafions à tous les fymptômes extravagants, dont une imagination feconde fçait embellir cette paffion, au gré du Vulgaire. GLAUCON. Le Poëte pathetique, & fes Demi-Dieux, le plus fouvent defolés à l'infini, mon cher Socrate, ne peuvent que fournir aux Efprits judicieux beaucoup à rire.

SOCRATE. Le Comique outré, cher Glaucon, n'eft pas moins juftement reprehenfible, que le Tragique impertinent. Au Theatre, en compagnie, on ne fe fait aucun fcrupule de lâcher la bride à je ne fçai quelle humeur folle, à des plaifanteries, dont on ne voudroit pas être le Pere; parcequ'on n'aimeroit pas à paffer dans l'efprit des perfonnes fages pour un Bouffon. GLAUCON. C'eft un defaut, que l'on connoît, mon cher Socrate, & dans lequel d'honnêtes gens tombent neanmoins touts les jours.

SOCRATE.

SOCRATE. Les mauvais effets de la Poëfie au refte ne fe bornent pas à ces deux inconvenients fupportables. Elle reveille, elle enflamme les paffions; l'amour, la colere, les autres; qu'il faudroit beaucoup plutôt amortir. Par degrès, elles deviennent maitreffes, toûjours obeïes, dans l'âme; elles, qu'il s'agiroit de tenir rigoureufement foumifes. La vertu nous quitte; & le bonheur nous fuit. GLAUCON. Vos raifons, mon cher Socrate, font convaincantes par elles-mêmes; & l'experience de plus n'eft ici que trop pour vous.

SOCRATE. Quand donc un adorateur d'Homere viendra nous dire, que cet Homme fublime a dans fes divins Ouvrages enfeigné la bonne politique à toute la Grece, & qu'on ne peut fi parfaitement apprendre l'art de bien vivre ailleurs; nous le baiferons vingt fois; parceque fon extafe ne viendra certainement d'aucun fond de malice. Nous aurons foin de ne point lui nier, que fon Poëte n'entendît le vers, & la fiction, excellemment. Dans toute la Troupe des Tragiques, nous avouerons même qu'il n'en eft point de comparable à lui. Mais, ajoûterons nous, dans nôtre petite Republique, des hymnes en l'honneur des Dieux, & des hommes, par des mœurs parfaites, qui leur reffemblent, nous fuffifent. Nôtre maxime eft, qu'une Poëfie molle, epique, dramatique, affoibliroit la veneration due aux loix, dans le cœur des Citoïens. Peutêtre les debaucheroit-elle entierement à la Raifon; du moins les accoutumeroit-elle infailliblement à paffer tour à tour, des plus grands excès de la joie aux agonies de la trifteffe, & des agonies de la trifteffe, aux plus grands excès de la joie. GLAUCON. Mon cher Socrate, vous avez pleinement juftifié l'arrêt de banniffement, que nous avons depuis longtemps prononcé contre eux.

SOCRATE. Afin qu'on voie qu'il n'eft dicté par aucune humeur bizarre, aucune averfion pour les Mufes; il eft bon de faire fouvenir, que de tout temps la Poëfie fut en guerre declarée avec la Philofophie. Depuis combien de fiecles n'a-t-on pas dit de la premiere, à l'occafion des hoftilités, qu'elle exerce contre fa Rivale?

" Cette

" Cette Chienne glapiſſante, ne ceſſera-t-elle point d'abboïer con-
" tre ſa Maitreſſe ?

Parlant d'un Poëte :

" C'eſt un Oracle, une Divinité, pour le Vulgaire; & pour les
" gens, d'un auſſi petit ſens que lui."

" Le Monde aura toujours des ſages de ſon eſpece, en abon-
" dance.

" Les Eſprits de ſa trempe, font rarement groſſe maiſon.

Je pourrois citer mille autres monuments de l'inimitié, qui fut
toûjours entre les Poëtes, & les Amateurs de la ſageſſe. Perſonne
cependant, je vous aſſûre, n'entendroit plus volontiers ce que les
premiers auroient à dire; pour nous montrer, dans une Republique vertueuſe, à quoi leur art pourroit être bon. Ce n'eſt pas
que je n'en ſois moi-même ſouvent charmé, plus qu'un autre. Mais
quelque plaiſir, lorſque je ſuis peu ſur mes gardes, qu'il me faſſe;
la verité m'eſt trop chere, pour la trahir. Avouez le moi, cher
Glaucon. Ne vous ſentez vous point ému, lorſque la Poëſie vous
dit ſes raiſons, entre autres, par l'orgâne d'Homere? GLAUCON.
Beaucoup, mon cher Socrate. Je ſuis dans une eſpece de ſaiſiſſe-
ment, à certains endroits, extraordinairement pathetiques. SOCRA-
TE. L'accuſée ne peut donc qu'eſperer de nous une audiance très
favorable. Ses Defenſeurs doivent ſe promettre d'autant mieux
ecoutés, en proſe, en vers, que nous y verrons pour nous un
gain fort conſiderable, s'ils reüſſiſſent à nous faire voir qu'elle ait
des fruits, avec les fleurs, à nous donner; & de bonnes qualités,
propres à faire valoir ſes graces. GLAUCON. De cette maniere, on
y trouveroit l'utile, & l'agreable enſemble. Quoi de plus à ſouhaiter? SOCRATE. Après avoir tout entendu; s'il eſt impoſſible de
revoquer l'arrêt de proſcription, porté contre elle; il ne reſtera plus
que de faire comme les Amans, bien conſeillés. Quand ils voient que
leur tendreſſe les expoſeroit à de mauvais retours; ils ſe font une violence extraordinaire, pour s'en guerir. La plaie demeure, ils ont beau
faire; mais cependant ils ſe retirent. Celle que nous conçûmes dès
l'enfance pour un Art, trop honoré parmi toutes les Nations polies,

nous

nous fera toûjours prier le Ciel de menager à la Poëſie de bons apologiſtes. Mais, juſques à ce qu'ils aient deploïé leur talent, à nôtre parfaite ſatisfaction; nous oppoſerons nos contre-charmes à ſes philtres. Loin d'être pour elle fous d'amour, comme le grand nombre; nous l'eſtimerons entierement incapable de nous conduire à la verité, de nous former à la vertu. Juſtement allarmés, pour cette Republique interieure, dont le bon gouvernement doit faire le principal de nos ſoins; nous fermerons les oreilles au chant des Poëtes, auſſi doux, mais auſſi dangereux que celui des Sirênes. Aurons nous une derniere fois vôtre ſuffrage, mon cher Glaucon, pour des Loix ſeveres contre eux? GLAUCON. Oui, mon cher Socrate, je les croirai juſtes.

SOCRATE. Quoiqu'il en puiſſe d'abord ſembler, mon cher Glaucon; il faut plus que de mediocres efforts, pour ſe determiner entre le Vice, & la Vertu; & pour ſe fixer une bonne fois au bien. On a beſoin d'une force d'eſprit plus qu'ordinaire, d'une grandeur d'âme très peu commune, pour ſe reſoudre à ne jamais chanceler dans la pratique de la juſtice; & pour n'être point pris à l'amorce des richeſſes, eblouï par l'eclat des honneurs, ſeduit par les preſtiges de la Poëſie. GLAUCON. Touts nos entretiens paſſés, mon cher Socrate, nous en ſont guarands; & vos Contradicteurs ſeront en fort petit nombre ici. SOCRATE. Mais ſi les difficultés ſont grandes; les recompenſes propoſées les ſurpaſſent infiniment. Nous n'en avons juſqu'ici touché que la moindre partie. GLAUCON. Mon cher Socrate, eſt-il poſſible? En auriez vous de plus magnifiques encore à nous decouvrir? SOCRATE. Ne donnez point un ſi beau nom à toutes celles, qui n'ont pour objet que le court eſpâce de la vie preſente. L'ouvrage penible dont je vous parle, meriteroit beaucoup moins nos travaux; ſi nous n'en devions pas recueillir plus abondamment les fruits, dans toute l'etendue immenſe de la durée, qui doit la ſuivre. Qu'eſt le petit nombre de nos années, en comparaiſon, qu'un point, qui s'evanouït? GLAUCON. Il eſt vrai. Le rapport eſt nul. SOCRATE. Un plan de felicité, qui ſe

4

bor-

borneroit à quelques jours, mon cher Glaucon, peut-il valoir fi fort les applications d'un Efprit, fait pour des fiecles infinis ?.....

Glaucon jetta fur moi dans cet endroit un regard, qui marquoit de la furprife..... Douteriez vous donc, lui dis-je, que nôtre âme foit immortelle ; & feriez vous auffi des gens qui penfent, qu'avec le corps elle doit perir ?..... Après un moment de filence, il me repondit..... Je ferois peut-être embaraffé qu'en dire. Tirez nous de peine, mon cher Socrate, je vous en conjure. SOCRATE. Je vous ai depuis longtemps promis de faire tout ce que vous fouhaiteriez, mon cher Glaucon. Cependant j'oferois affûrer, s'il vous plaifoit, que vous debrouilleriez un point, qui n'a felon moi rien d'obfcur, parfaitement bien fans moi. GLAUCON. Je fuis charmé d'entendre qu'il n'ait rien d'epineux pour vous. On en a d'autant plus droit à vos fecours. Comptez feulement que vous allez être ecouté plus que jamais avec plaifir.

SOCRATE. Je me rends..... Vous reconnoiffez du bien, & du mal, dans le Monde, cher Glaucon. GLAUCON. Oui, fans doute. SO-CRATE. Apparemment auffi que nous avons les mêmes idées de l'un & de l'autre ? GLAUCON. Je vous le dirai bientôt. SOCRATE. Le bien de chaque chofe, de la maniere que je le conçois, eft tout ce qui la conferve dans fon etat naturel ; & fon mal, tout ce qui l'en tire, ou qui la derange, & la detruit. La nielle eft le mal du bled, fi je l'ofe dire ; la rouille, celui du fer ; la pourriture, en general, celui de prefque touts les corps inanimés ; la maladie, & la mort, ceux de l'homme, & des animaux. GLAUCON. Oui. SOCRATE. Les principes contraires, à l'action defquels font expofées toutes les chofes corruptibles, les alterent, & les decompofent tout à fait. Ceux qui les prefervent, ou qui ne leur font nuifibles en aucune maniere, n'en cauferont pas l'entiere diffolution. GLAUCON. Affurement. SOCRATE. Dans le nombre infini des Etres, que renferme l'Univers, fi donc il s'en trouve quelqu'un, fujet au mal, comme les autres, mais dont le mal n'intereffe aucunement fon exiftance ; nous dirons qu'il eft immortel. GLAUCON. Nous en aurons une premiere demonftration, très fuffifante.

La

SOCRATE. Comme le corps, l'âme a ſes maux. GLAUCON. L'ignorance, l'erreur, l'injuſtice, l'intemperance, l'orgueil, l'avarice, la puſillanimité ; mille autres. SOCRATE. Ces defauts, & ces vices, la corrompent. Mais vont-ils juſqu'à l'aneantir ?..... D'être malade, on meurt ; mais qu'on ſoit injuſte, ignorant, inſenſé, tant qu'on voudra ; certainement on ne s'en portera pas moins bien. GLAUCON. Au contraire, on ſera contrefait, infirme, & ſage, vertueux, au plus haut point. SOCRATE. Prenez donc garde. Le mal du corps le mine par degrés, & le fait enfin tomber en ruïnes. Il faudroit que celui de l'âme par conſequent eût un effet pareil ſur elle, pour en conclurre qu'elle eſt mortelle, comme lui. Cependant il eſt inouï, que reduite au neant, à force d'être depravée, elle ait fait la ſeparation la premiere. GLAUCON. Il eſt vrai que jamais elle ne vient de ſon coté. SOCRATE. Ne ſeroit-ce pas, mon cher Glaucon, la choſe du monde la plus etonnante, que ſon propre mal ne pût rien ſur elle, pour la faire ceſſer d'être ; & que celui d'un aſſocié, diſons plutôt, d'un parfait Etranger, fût capable de la faire perir ? Il ne devient point la proie des vers, parcequ'un arbre ſêche, ou qu'un grain pourrit dans la terre ; mais parceque des cauſes internes produiſent le derangement de ſes orgânes. Si donc l'âme auſſi doit n'être plus ; ce ne ſera point, parcequ'il ſe confondra bientôt avec la pouſſiere ; mais parcequ'elle aura dans elle-même les principes de ſa deſtruction. Mais nous venons de voir qu'elle eſt à l'epreuve de touts ceux qu'elle renferme. GLAUCON. Cette entiere ſympathie entre deux êtres, dont les biens & les maux n'ont rien de commun, eſt hors de toute vrai-ſemblance. SOCRATE. Juſqu'à ce qu'on nous ait montré qu'elle devient ignorante, injuſte, impie, à meſure que le corps eſt conſumé par les ardeurs de la fievre, par exemple ; nous ne conviendrons point qu'elle meure avec lui. Nous y trouvons auſſi peu d'apparence, qu'à nous perſuader, qu'un homme robuſte perd la vie, parcequ'une fleur tendre ſe flêtrit. GLAUCON. On aura certainement de la peine à vous prouver qu'un malade, un mourant, ſoit un plus mechant homme, qu'un homme en pleine ſanté. Vôtre principe general eſt d'ailleurs inconteſtable ; & rien n'eſt plus clair, que la diſſolution de l'Ame, ou de tel Etre au Monde que l'on voudra même, ne peut être operée que par des cauſes, nées dans ſon propre fond.

SOCRATE. Si les Eſprits forts, par averſion pour le ſentiment de l'Immortalité de l'âme, s'obſtinent à vouloir en trouver quelques-unes ; ils ne peuvent alleguer raiſonnablement que les divers crimes, dont elle ſe rend coupable. Ils font un principe infaillible de mort en elle : c'eſt tout ce qui leur reſte à dire. En ce cas, les gibets ſeroient de trop, pour l'en punir. GLAUCON. L'horreur des plus grands forfaits diminueroit beaucoup, à ce compte là, mon cher Socrate ; puiſqu'ils rendroient à ceux qui les commettent le bon ſervice, de leur procurer un aneantiſſement total. Quoi de plus ſouhaitable pour eux, que d'être, par ce moïen, ſouſtraits pour toûjours au chatiment ? Je ſerois au contraire d'opinion que le meurtre, par exemple, bien loin d'exterminer le meurtrier, ne fait que lui donner aux Enfers un ſentiment plus vif de ſes tourments, & plus exquis. SOCRATE. C'eſt excellement dit, mon cher Glaucon. Il reſte à conclurre, que ſi le mal ſouverain de l'âme n'eſt point capable de la detruire, à plus forte raiſon ne ſera-t-elle point enveloppée dans les ruïnes du corps. Ajoûtons même, de touts les êtres differents d'elle. GLAUCON. Leurs maux ne ſont point les ſiens ; mon cher Socrate. Pourquoi donc, ſeule exceptée de la loi generale, ſeroit-elle, par les deſordres qui leur arrivent, menacée d'un ſort pareil au leur ? SOCRATE. Si le derangement, & l'aneantiſſement abſolu même, ni de l'un, ni des autres, ne peuvent en aucune maniere intereſſer le fond de ſon être ; elle ſubſiſtera toûjours. Loin donc qu'à la mort on doive penſer qu'elle perd tout ; c'eſt alors plutôt, comme vous l'avez dit, qu'elle commencera proprement à vivre. GLAUCON. Elle eſt immortelle, mon cher Socrate ; j'en ſuis pleinement convaincu.

SOCRATE. Je ne vois pas qu'on doive heſiter, mon cher Glaucon, à regarder le nombre des Etres immortels comme neceſſairement fixe. De nouveaux tireroient leur origine du ſein des choſes pe-

riſſa-

riſſables; qui toutes changeroient un jour de nature, par cette transformation, operée ſans fin. GLAUCON. La choſe paroît devoir être comme vous le dites, mon cher Socrate.

SOCRATE. Puiſque l'âme n'eſt point ſujette aux accidents, après mille eclatantes marques de caducité, qui font aboutir le corps au ſepulcre, & qu'elle reſiſte même à touts les principes apparents de diſſolution, qui ſont en elle; c'eſt un ſigne manifeſte, qu'elle eſt infiniment ſimple. GLAUCON. Le nombre des parties l'expoſeroit à ces combats du dedans, à ces attaques du dehors, dont la fin eſt la diſſipation entiere des Etres compoſés. Son unité l'en met parfaitement à couvert.

SOCRATE. L'immortalité de l'âme, cher Glaucon, ſe demontre en beaucoup d'autres manieres. Sa beauté paſſe tout ce qu'on en peut dire. Le malheur eſt, que nous la voïons ordinairement plus differente d'elle-même, & plus defigurée, par les impuretés dont la couvre l'Ocean toûjours enflé des choſes materielles; que ne l'eſt un Dieu Marin, endormi profondement ſur le ſable, par toutes les herbes, & touts les coquillages, que les flots, parmi l'ecume, ont roulé ſur lui. Elle paroît quelque choſe de ce qu'elle eſt à nos yeux; quand l'onde pure, que de ſon urne la ſageſſe fait tomber ſur elle, a fini d'entraîner tout ce qui ſaliſſoit. On lui trouve deſormais beaucoup l'air, & les penchants d'une Immortelle. Defaite entierement de ceux, que les charmes trompeurs des objets paſſagers tenoient autrefois ſi fort en haleine; elle n'aſpire plus qu'après d'autres, eternels, comme elle, immuables, divins. C'eſt lorſqu'elle en aura la pleine jouïſſance, qu'elle ſera parfaitement elle-même. C'eſt alors qu'il nous ſera poſſible de parler ſçavamment de ſa nature; & que s'evanouïra tout ce qu'aujourdhui pour nous elle a d'obſcur. D'ici là, qu'il nous ſuffiſe d'avoir entrevu quelques-uns de ſes principaux lineaments, au travers des voiles, qui nous la cachent dans la vie preſente. GLAUCON. Mon cher Socrate, je ſuis charmé.

R r 2   SOCRATE.

SOCRATE. Avant que de mettte fin à nos Entretiens ; il nous reste encore une chose à faire, mon cher Glaucon. C'est de couronner la justice, & de lui rendre nos derniers hommages. Nous avons prouvé, demonstrativement ce me semble, que l'homme ne sçauroit posseder un plus grand thresor ; & qu'eût-il l'anneau de Gygès, avec le casque de Pluton, pour se derober, quand il voudroit, à la vue des autres, il devroit toûjours la pratiquer, & la cherir, pour être heureux. GLAUCON. C'est un point depuis long-temps arreté, qu'elle merite par elle-même tout nôtre attachement ; & que sans elle, il n'est point de bonheur solide. SOCRATE. La gloire, & les biens, qu'au sentiment d'Homere, & d'Hesiode, elle procure, pendant la vie, après la mort, de la part des Dieux, & de la part des hommes, viennent encore, mon cher Glaucon, rehausser à nos yeux son prix ; & finir de nous convaincre, qu'elle est la plus grande source de felicité pour nous. GLAUCON. Vous en dites beaucoup, mon cher Socrate. Je souhaite que vous ne vous hazardiez point trop en sa faveur ! SOCRATE. Reposez vous en sur moi ; & rendez moi seulement ce que je n'ai fait que vous prêter. GLAUCON. Quoi, je vous prie ? SOCRATE. Je vous en ferai souvenir. Ni vous, ni moi, nous ne doutons que l'œil de la Divinité n'eclaire toutes les demarches de l'homme de bien, & du mechant homme ; & qu'ils ne soient tôt ou tard connus aussi dans le Monde pour ce qu'ils font. J'ai cependant bien voulu pour un temps supposer le Ciel aveugle, & touts ceux qui vivent en liaison avec eux, trompés sur leur sujet. On a peint l'un depouillé de touts les avantages exterieurs, selon moi, qui sont naturellement annexés à la vertu ; & l'autre, en possession de touts les fruits d'une heureuse hypocrisie, ordinairement abhorrée. Vous le desiriez ainsi de moi ; & nous avons touts eté bien aises de comparer la Justice dans son foible, à l'Injustice dans son fort ; pour voir laquelle, dans cette inegalité même, trop desavantageuse pour la premiere, remporteroit le prix. GLAUCON. Vous avez, il est vrai, cedé beaucoup de vos droits, mon cher Socrate ; parceque nous vous en avons prié. SOCRATE. J'exige

donc

donc prefentement que touts fes appanages lui foient rendus. Ce n'eft point affez qu'elle verfe mille douçeurs, dans le fein de touts ceux qui l'ouvrent, pour les reçevoir; &, quand nous l'aimons fans referve, qu'interieurement elle ne fruftre point nôtre attente. Il faut de plus montrer qu'elle donne la reputation, & les autres biens du dehors. C'eft le moïen de mettre le comble à fon triomphe. GLAUCON. Vous ne demandez rien que de raifonnable, mon cher Socrate; pourvu que votre amour pour elle ne vous emporte pas trop loin.

SOCRATE. Si les Dieux connoiffent le cœur de l'homme de bien, & du mechant homme; ils auront l'un en abomination; ils cheriront l'autre. GLAUCON. Leur Sainteté ne permet pas qu'on en doute. SOCRATE. Ils combleront certainement de touts les biens celui qu'ils aiment; à moins que les pechés d'une vie anterieure à celle-ci, ne fufpendîffent le cours de leurs bienfaits. GLAUCON. Il eft digne de toute leur protection; & les Dieux font juftes. SOCRATE. Qu'il foit donc pauvre, meprifé, malade, accablé de ce que le commun des hommes redoute comme les plus grands des maux; qu'il vive enfin, & qu'il meure; tout ne fçauroit que tourner à fon plus grand bien. Un homme, qui s'efforce, autant que la foibleffe de la nature le permet, de fe rendre femblable au Souverain Etre, par un foin conftant de pratiquer la juftice, & d'arriver à la parfaite vertu; n'a point à craindre, mon cher Glaucon, de ne pas être à la mort, & durant la vie, l'objet de fes attentions les plus tendres. GLAUCON. Quelle apparence qu'il neglige celui, dans lequel il voit fon image? SOCRATE. Le contraire eft veritable, de l'homme injufte. Pendant que le premier a raifon de fe promettre tout favorable de la part du Ciel; l'autre n'en doit rien attendre que de funefte. GLAUCON. Il fe dedommagera du coté du Monde. SOCRATE. Il faut avoüer qu'il entre bien en lice. D'abord, pour la rapidité, c'eft un eclair. Mais au milieu de la carriere, les oreilles lui flottent fur les epaules; & chacun le fiffle. Cependant, à pas egaux, vient derriere lui le bon Coureur; qu'on admire, & qui remporte le prix. GLAUCON. On parle neanmoins fi fort de la profperité des mechants, & de l'accablement des gens de bien, dans cette vie! SOCRATE. Donnons leur feulement, cher Glaucon, le temps de vieillir. Nous verrons les derniers pour l'ordinaire fuppliés d'accepter les premieres charges de la Republique. Chacun briguera l'honneur de leur alliance. Les gros partis s'offriront en foule; & leurs enfants fe diftribueront avec facilité dans les plus grandes Maifons. Enfin ils feront environnés de toute l'abondance, & de toute la gloire, que vous nous reprefentiez autrefois comme le partage immanquable des Impies. Il eft vrai qu'un Fourbe, enveloppé des nüages de l'Hypocrifie, avant que d'être penetré, fera quelquefois d'affez bons coups. Peut-être tout lui reüffira-t-il même, pendant la fleur de l'âge. Mais l'Infamie l'attend, avec fes foüets, à l'entrée de fes vieux jours. Parents, Amis, Etrangers, Concitoïens, n'auront pour lui que de l'horreur, & fouvent le chargeront à l'envi d'infultes. C'eft du moins alors qu'on verra fondre fur lui ce deluge de maux, fous lequel vous, & Thrafymaque, vous nous avez peint l'Homme de bien occupé toute la vie à gemir. Heureux, fi le dernier fupplice ne met pas fin à touts fes crimes. Voïez fi vous trouverez bon que je vous combatte ainfi de front; & que je tranfporte à l'un tout ce que vous avez dit en faveur de l'autre. GLAUCON. Vôtre Adverfaire, & moi, nous fommes vaincus, mon cher Socrate; & j'en fuis charmé. Jufqu'aux plus fçelerats même font forcés de païer le tribut de leur eftime à l'homme de bien; & tout l'avantage lui demeure.

SOCRATE. Je n'ai pas fini, mon cher Glaucon; & l'effentiel me refte à vous ajoûter. Les biens, qui font dans cette vie la recompenfe ordinaire de la vertu, ne font rien, en comparaifon de ce qui leur eft refervé dans une autre. Il faut en parler avec etendue; pour nous acquitter pleinement de ce que nous avons entrepris. GLAUCON. Mon cher Socrate, vous ne ferez point long; & nous aurons un extrême plaifir de voir fi parfaitement couronner l'œuvre.

SOCRATE.

SOCRATE. Je ne vous prepare ici, cher Glaucon, rien de pareil aux contes incroïables, dont le cauſeur Ulyſſe entretint les Conviés, au repas que lui donnoit Alcinoüs. C'eſt l'hiſtoire authentique, & merveilleuſe, du fameux Herès de Pamphilie, que vous allez entendre. Enlevé mort du champ de bataille par ſes proches, après douze jours, ſans aucune marque de corruption; il ne fut pas plutôt etendu ſur le bucher, qu'au grand etonnement des Spectateurs, il ſe leva; pour leur faire part, conformement à ſes ordres, de tout ce qu'il avoit vu dans le ſombre ſejour des Mânes.

A peine eus-je reçu le coup fatal, dit-il; que nos aîles nous tranſporterent en troupe dans une prairie delicieuſe. Elle avoit au milieu deux ouvertures, d'une extrême largeur, percées juſqu'aux Enfers. Au deſſus, dans la voute azurée, on en voïoit deux autres, qui ſervoient comme de vues au palais de Jupiter. Un amphitheâtre de gazon bordoit l'eſpâce, qui ſeparoit les premieres. Pluton, ſouverain juge des vivants, & des morts, ſous un dais de lumiere aſſis au centre, tenoit là ſon lit de juſtice. A meſure qu'il prononçoit à chacun ſon arrêt; il ordonnoit aux bons de paſſer à ſa droite; & leur montroit du doigt le Ciel ouvert au deſſus d'eux. Bientôt ils prenoient leur vol enhaut, armés d'etendards, où paroiſſoient en broderie leurs belles actions, & leurs bonnes œuvres. Les mechants, relegués à la gauche, avec des inſcriptions honteuſes derriere le dos, etoient pouſſés en confuſion dans l'un des abîmes.

Quand, pour le Reſſuſcité, le temps fut venu d'approcher du redoutable Tribunal; il lui fut enjoint d'obſerver ſoigneuſement tout; pour en aller faire un recit fidelle aux Mortels.

Après la ſeance finie; par l'autre ſoupirail, il avoit, ajoûtoit-il, vu monter en foule des âmes fatiguées, & toutes couvertes de pouſſiere; des ſquelettes, pour la maigreur. Vis à vis, il en deſçendoit par l'air, dans le même nombre; avec des habits, dont la blancheur etoit rehauſſée par un teint, plus vif que les roſes. Les unes & les autres, à leur arrivée, cherchoient des yeux leurs anciennes Connoiſſances; & prenoient plaiſir reciproquement à ſe faire

mille

mille queſtions empreſſées, aſſiſes à l'ombre de Cedres, toûjours verds. Les premieres ſe plaignoient avec amertume des travaux infinis, qu'elles avoient eſſuïés, dans un voïage de mille ans. Les autres exaggeroient, avec tranſport, la magnificence de l'heureux ſejour, qu'elles avoient quitté; & les delices inexprimables, dont il etoit rempli.

Je n'aurois jamais fait, mon cher Glaucon, de vous dire tout. En general, Herès aſſûra ſes auditeurs, que touts ceux qui pendant la vie avoient commis des injuſtices, en etoient punis au decuple; & les religieux obſervateurs de la juſtice, recompenſés de même. Il ne dit rien de memorable des enfants morts nés; ni de ceux qui ne font qu'ouvrir, & fermer les yeux à la lumiere. Les Meurtriers inſignes, les Homicides volontaires, les Infracteurs des droits du Sang, le Traîtres à leur Patrie, les Oppreſſeurs du Genre humain, les Impies, les Athées, ont des ſupplices à part; & les hommes, recommendables par une longue obſervance des vertus contraires, une beatitude très diſtinguée.

Il raconta qu'il s'etoit trouvé dans une Compagnie; où quelqu'un avoit demandé ce qu'etoit devenu le grand Aridée, ſouverain d'une ville de Pamphilie, mort depuis dix Siecles; & coupable, entre autres forfaits, d'avoir fait aſſaſſiner ſon Pere caduc, avec ſon Frere aîné. Il n'eſt point dans la prairie; & ne l'attendez pas, repondit-on. Nous l'avons apperçu de loin, quand nous commencions d'entrevoir le jour, au milieu d'un grand nombre d'autres fameux Tirans, & de pluſieurs illuſtres Sçelerats, qui dans une vie privée, les avoient egalés en malice. Touts ils s'efforçoient d'arriver enhaut. Mais (phainomêne, de touts ceux qui ſur la route nous cauſerent de l'effroi, le plus capable de faire trembler!) l'embouchure mugiſſoit horriblement, toutes les fois qu'ils s'y preſentóient; & rejettoit avec fureur vers le Tartare les incorrigibles dans le mal; avec les Damnés, qui n'avoient reçu qu'en partie leur chatiment. Pour ſurcroît, elle etoit gardée par des ſentinelles, d'horrible figure; qui rendoient le feu par les yeux, par la bouche, & par les narines. Attentifs

tentifs aux retours frequents du bruit epouvantable, qui leur etoit donné pour fignal ; ils fe jetterent touts enfemble fur Aridée, & fes Compagnons, avec une viteffe plus grande que celle des eclairs. Après
les avoir ecorchés vifs ; ils leur attacherent les pieds, & les mains,
avec la tête ; pour les roûler enfuite, à côté de nôtre chemin, par
un precipice, couvert d'epines, dont la pente roide les conduifoit
en très peu de temps au fond des Enfers. Ces Executeurs inexo-
rables de la divine juftice, ne s'interrompoient, que pour dire aux
paffants les crimes de ces Malheureux, & les raifons, pour lefquelles ils etoient ainfi reftitués à l'Averne. Auffi-tôt que l'antre avoit
fini fes refonnements ; chacun profitoit à l'envi du moment favorable, pour arriver à la lumiere.

Toutes les âmes, après fept jours de conference dans la prairie,
fe rendoient en quatre, dans une autre ; d'où fe voit un grand arc
de lumiere fermé ; dont les couleurs font mille fois plus vives que
celles de l'Iris ; & qui foutient le Ciel tout entier. Du fommet, pend
le fufeau de la Neceffité, dont les tours mefurent le nombre de
fes revolutions. Les pointes, & le corps, font de diamant, emaillé
d'autres pierres auffi dures. Il eft compofé de huit cônes renverfés,
& proprement enchaffés les uns dans les autres. Leurs bâfes, feparées, forment enfemble un plan horizontal ; & s'elargiffent, à mefure qu'elles s'eloignent de l'axe. Quand la Deeffe, entre les ge-
noux de laquelle il eft fufpendu, le meut ; les fept interieurs tournent dans le fens contraire ; avec des viteffes inegales, fuivant leur
ordre ; à commencer par le plus proche du centre commun ; qui
fait fes tours avec plus de rapidité que les autres. Chacun emporte
une Sirêne ; qui chante en partie avec fes Compagnes. Les trois
Filles de la Neceffité, affifes fur un thrône, leur repondent en chœur.
Elles ont des habits blancs, & portent une couronne en tête. Lachefis entonne le paffé, Clothon le prefent, Atropos l'avenir. Les
trois Sœurs partagent tour à tour le travail de leur Mere. La feconde imprime le mouvement, de la main droite, à la Zône exterieure du facré fufeau La derniere prefide à celui des interieures ;

qu'elle touche, de la gauche; & la premiere fait ce double office, tantôt d'une main, tantôt de l'autre.*

Les âmes premierement comparoiſſent devant celle-ci. Un de ſes Prêtres, après les avoir fait mettre en ordre, va prendre avec reſpect dans ſon giron des billets numerottés; & d'autres, où ſont marqués des genres de vie, de toutes les eſpeces. Il monte enſuite ſur une tribune, pour les haranguer..... Vous toutes, dont la vie precedente ne fut que d'un jour, & qui devez bientôt en recommencer une autre, auſſi courte; ecoutez les Oracles, & les arrêts, que la Vierge Lacheſis, fille de la Neceſſité, vous prononce par ma bouche. On vous donne vôtre condition future à choiſir; mais ſoïez averties qu'elle ſera fixe. La Vertu ſeule n'eſt point ſoumiſe à l'empire du Deſtin. Vous la poſſederez, à meſure que vous travaillerez avec ardeur à l'acquerir. Le Vice pareillement eſt le pur effet de la volonté libre. Ne l'imputez aucunement à Dieu, qui n'eſt point Auteur du mal, mais à vous-mêmes uniquement; s'il vous arrive de faire un choix, dont vous aïez à vous repentir.....

Son diſcours fini, le Predicateur jette à la ronde ſur tout l'auditoire ſes premiers billets; qui reglent ſimplement l'ordonnance de cette maniere de lotterie. Chacun s'empare de celui qui tombe à ſes pieds; mais ſans oſer l'ouvrir, juſqu'à la permiſſion donnée. Enſuite le Miniſtre de la Parque deſçend; & range les ſeconds par terre. Diſette, abondance, force, beauté, nobleſſe, rôture, ſanté, maladie, exil, eſclavage, liberté, l'etat même des animaux, doux, & feroces; tout ſe rencontre dans ces derniers. Rien de ce qui regarde l'âme ne s'y trouve; parceque du bon, ou du mauvais uſage de ſa liberté, depend ſon bonheur, ou ſa miſere.....

OUBLIONS toutes les autres Sçiences, mon cher Glaucon; pour nous appliquer ſeulement à celle de bien vivre. Reflechiſſons attentivement ſur tout ce que dans le cours de nos En-

* On peut voir l'explication de cet emblême, dans la vie de Platon, de Mr. Dacier.

tretiens,

tretiens nous avons dit; pour voir fi nous en avons decouvert les vrais principes. Puifqu'il y va de tout pour nous; apprenons l'eftime que nous devons faire des avantages de la fortune, des belles qualités foit du corps, foit de l'efprit ; & connoiffons avant tout les difpofitions interieures, qui les feront fervir de moïens, pour nous conduire à la vie heureufe. Ne jugeons telle, croïez moi, que celle, qui dans toutes fes parties, fera marquée au coin de la juftice ; & regardons les aveugles, qui ne la font point entrer dans les plans de felicité, qu'ils fe forment à l'infini, comme de touts les hommes les plus miferables. C'eft un fait certain, qu'il n'eft point de gens qui paffent plus doucement la vie, que ceux qui la pratiquent; & qu'elle prepare les plus folides confolations, pour l'heure de la mort. Confervons en le fouvenir. Qu'il foit ineffaçable de nôtre efprit; & qu'il nous guide, jufqu'au tombeau. Craignons autrement que l'amour cruellement rongeur de la puiffance, & des richeffes, ne nous fuive au delà même du trepas, & ne faffe encore aux enfers nôtre fupplice. N'aïons point la deteftable fureur d'exerçer nôtre tirannie fur nos femblables, & de nous plaire à voir autour de nous un deluge affreux de maux, dont nous foïons les auteurs ; bien affurés, que fi nous nous livrons aux infpirations abominables d'un cœur mauvais, dur, inhumain, quelques rigueurs qu'ils eprouvent de nôtre part, leurs fouffrances n'egaleront pas les nôtres. Comptons enfin que la Vertu, jointe avec une honnête mediocrité, vaut mieux infiniment que le Vice, avec fon incommode, & pernicieufe abondance.

POUR reprendre le fil de la narration du Revenant de l'autre monde ; il ajoûta que l'Interprete venerable de Lachefis, avoit dit ces courtes paroles, avant que de faire aller aux lots. " Premier, " dernier à choifir; qui fçaura faire un choix prudent, & fe " conduire enfuite felon les regles de la fageffe, aura des jours au " moins tranquilles." Le numero, qui parut d'abord, fouhaita pour fon partage un vafte empire; où fa volonté fût la fuprême loi. Son ambition, & fon ignorance, le perdirent. S'il avoit eu

                                   l'œil

l'œil de la Parque; il se seroit vu lui-même à table, dans l'action horrible de manger ses propres enfants, & dans l'execution journaliere de mille autres crimes enormes, de même genre. Après quelque retour sur les avertissements salutaires du grand Prêtre; il est vrai qu'il condamna son insigne folie; de ne pas mieux les avoir mis à profit. Mais il s'en prit à la Fortune, aux suggestions des mauvais Genies, à tout, plutôt que de s'en accuser lui-même. C'etoit neanmoins un des nouveaux arrivés du Ciel. Avant que d'aller y prendre sa place, il avoit gouverné passablement une Republique, où les mœurs n'etoient pas extraordinairement dereglées. Un naturel assez bon, mais denué des preservatifs de la Philosophie, & par consequent facile à corrompre, ne l'avoit conservé que par une espece d'heureux hazard à la Vertu. Le croiroit-on? Parmi les âmes, desçendues d'enhaut, il s'en trouve encore un plus grand nombre, qui font des vœux en etourdies, que parmi les autres. La raison en est, que celles-là ne furent point à l'ecole de la souffrance; & que la Süeur ne leur baigna point le front. Au contraire, les pelerines de mille ans, rendues sages par le souvenir de leurs maux, & de ceux de leurs compagnes, reflechissent beaucoup, avant que de choisir. De là vient que souvent elles passent dans un etat meilleur; ouvrage de leur circonspection, secondée pour l'ordinaire suffisamment par la fortune. En effet tout homme, qui s'emploie serieusement à philosopher, après son retour sur la terre, à moins que cette Deesse insolente ne le foule absolument aux pieds, aura d'heureux jours. Il sera dispensé, pour grand surcroît, de ce long voïage, où l'on a si fort à monter, & si fort à gemir.

L'envoïé du Monarque des Enfers, assûra que jamais spectacle ne fut plus curieux; sur-tout à l'endroit, où les âmes formoient leurs divers souhaits. Ils etoient communement le fruit des habitudes, qu'elles avoient conservées de la vie precedente; & fournissoient aux spectateurs dequoi pleurer, dequoi rire, & dequoi s'etonner tour à tour. Celle d'Orphée, par haine contre le sexe, qui l'avoit mis à mort, &

pour

pour ne pas naître d'une femme une feconde fois, voulut animer le corps d'un Cygne. Thamyris eut pareillement de vieilles raifons, pour ne defirer que d'être fait Roffignol. Tel oifeau melodieux, plus fage, fut bien aife d'être homme. Le celebre Ajax, fils de Telamon, dans l'apprehenfion d'avoir encore des armes à fe laiffer ravir par quelque nouvel Ulyffe, pria qu'on le fit Lion. Echauffé de même, par un fouvenir cuifant de fes travaux militaires, Agamemnon demanda le plumage, le bec, & les ferres d'une aigle. Atalante, qui n'avoit autrefois rien admiré comme un Athlete, armé du cefte, en fouhaita les mufcles. Epée, connu de fon fiecle pour femme artificieufe par l'efprit, importuna, pour en obtenir jufqu'au fexe même. Therfite, à l'ecart, mecontent de fa figure impertinente, commençoit à fe transformer en Singe. Ulyffe parut en dernier lieu. Las de fes courfes vagabondes, & des immenfes fatigues, auxquelles fon ambition l'avoit expofé, fur la terre, & fur l'onde, chercha longtemps; & faifit enfin avec empreffement un billet de rebut; dont l'etiquette etoit, *la vie privée*. Ces metamorpho-fes, quoique fort etranges, l'etoient beaucoup moins pourtant que d'autres, qui fe faifoient remarquer par deffus tout. Les bons de-venoient animaux, amis de l'homme; & les mechants, Sangfues, Serpents, Loups, Tigres.

A la clôture, toutes les âmes, par files, de nouveau fe repre-fenterent devant Lachefis. A fes ordres, accoururent en foule touts les Genies. De fes mains, chacune reçut le fien; pour l'ac-compagner durant tout le cours de fa vie nouvelle; & pour l'in-fpirer, conformement au choix qu'elle venoit de faire. L'Ange tu-telaire la conduifoit à Clothon; qui confirmoit le tout, par un tour du fufeau myfterieux, & le lui faifoit toucher. Il la menoit en-fuite à la troifiéme des Parques; dont les doigts tordent un fil, qu'aucune force ne peut rompre; & la ramenoit enfin aux pieds du thrône de la Neceffité.

De là toutes s'acheminoient, avec leurs Conducteurs, vers les campagnes arides, & brulées par les ardeurs continuelles du Soleil,

où

où le fleuve Lethé roule ses foibles ondes. Le defaut d'ombre les obligea, vers le soir, d'aller se refraîchir, sur les bords de l'Amelite. Son eau, claire, & tranquille, à des proprietés fort surprenantes. Aucun vase ne la peut contenir. Il en faut boire. Mais on n'est point du nombre de ceux, que sauve des perils du Monde la sagesse, quand on en fait excés; & l'on perd la memoire, lorsqu'on en boit sans mesure.

Vers le milieu de la nuit, continua le Nouvelliste respectable de l'autre Monde, après que le sommeil eut repandu les plus assoupissants de ses pavots; on entendit un grand tonnerre, suivi d'un tremblement de terre fort long; qui servent comme de Signaux, pour les embrassements les plus tendres des Epoux. On n'avoit pas voulu permettre, pour une raison que l'Histoire n'apprend pas, qu'il se defalterât, comme les autres. Il dit, en finissant, qu'il ne pouvoit rendre aucun compte de la maniere, dont il s'etoit retrouvé dans son corps; & que, le matin, il avoit eté parfaitement surpris de se voir etendu sur le bucher, d'où les Assistants venoient de l'entendre faire son reçit.

CETTE fable, mon cher Glaucon, s'est, par un bonheur insigne, conservée jusqu'à nos temps. Nous trouverons nôtre salut, dans une religieuse exactitude à mettre en pratique les instructions importantes, dont elle est remplie. Si nous nous en faisons des regles inviolables de conduite; nous preserverons ici nôtre âme de toute souillure; & nous traverserons les fleuves de l'Enfer, sans peine, sans peril.

SI vous m'en croïez, mes chers Amis, vivement persuadés qu'elle est immortelle, capable dans une autre vie de jouïr de touts les biens, d'être accablée de touts les maux ; nous vivrons de sorte, à pouvoir nous promettre, qu'à l'a fin de nôtre carriere, elle prendra son vol directement vers le Ciel. Nous pratiquerons, dans touts les moments qui nous sont donnés, la Justice ; & nous nous efforce-

rons

rons de croître en fageffe; pour être en paix avec nous-mêmes, en faveur auprès des Dieux, tout le temps que durera nôtre premiere courfe. Quand la mort l'aura terminée; couverts d'une gloire, infiniment preferable à toute celle, qui fait tant de jaloux aux jeux Olympiques, chargés des fruits de la Vertu; nous commencerons le delicieux voïage de mille ans; avec les marques de nos victoires, qu'elle nous aura mifes en main.

F I N.

www.ingramcontent.com/pod-product-compliance
Ingram Content Group UK Ltd.
Pitfield, Milton Keynes, MK11 3LW, UK
UKHW020122130726
13696UKWH00001B/167